Das Dubliner Übereinkommen

Europäische Hochschulschriften

Publications Universitaires Européennes
European University Studies

Reihe II
Rechtswissenschaft

Série II Series II
Droit
Law

Bd./Vol. 3940

PETER LANG
Frankfurt am Main · Berlin · Bern · Bruxelles · New York · Oxford · Wien

Birgit Schröder

Das Dubliner Übereinkommen

Eine rechtsvergleichende Untersuchung zur Umsetzung des Dubliner Übereinkommens in Deutschland und in den Niederlanden

PETER LANG
Europäischer Verlag der Wissenschaften

Bibliografische Information Der Deutschen Bibliothek
Die Deutsche Bibliothek verzeichnet diese Publikation in der Deutschen Nationalbibliografie; detaillierte bibliografische Daten sind im Internet über <http://dnb.ddb.de> abrufbar.

Zugl.: Berlin, Freie Univ., Diss., 2004

D 188
ISSN 0531-7312
ISBN 3-631-52612-1

www.peterlang.de

Meinen Eltern

Vorwort

Die vorliegende Arbeit wurde im Wintersemester 2003/2004 von dem Fachbereich Rechtswissenschaften der Freien Universität Berlin als Dissertation angenommen. Mein Dank gilt meinem Doktorvater, Herrn Prof. Dr. Philip Kunig für die Betreuung der Arbeit sowie Herrn Priv.-Doz. Dr. Oliver Dörr, der das Zweitgutachten erstellte. Angesichts der aktuellen Thematik der Arbeit konnte es nicht verwundern, dass über ihrer Fertigstellung die EU-Verordnung zur Bestimmung des zuständigen Asylstaats verabschiedet wurde. Diese wird im letzten Teil der Arbeit eingehend vorgestellt und bewertet. Literatur, Rechtsprechung und der Stand der EU-Harmonisierung sind im Wesentlichen bis Oktober 2003 eingearbeitet.

Die Idee zu dieser Arbeit entstand während meiner Tätigkeit als Projektassistentin am Europäischen Institut für öffentliche Verwaltung (EIPA) in Maastricht. Dort wirkte ich bei der Konzeption und Organisation zweier Seminare zum Dubliner Übereinkommen mit und konnte vielfältige Kontakte zu den in den Mitgliedstaaten der Europäischen Union für die Umsetzung des Dubliner Übereinkommens zuständigen Behördenvertretern knüpfen. Die hierdurch gewonnenen Informationen ermöglichten mir erst, dieses in der Literatur bis dahin wenig erforschte Thema zu bearbeiten.

Ganz herzlich bedanken möchte ich mich bei allen, die mir in Gesprächen und Diskussionen geholfen haben, das Thema gedanklich zu entwickeln und die mich fachlich und persönlich unterstützt haben und damit zum Entstehen dieser Arbeit und zu ihrem Abschluss beigetragen haben. Zu Dank verpflichtet bin ich Frau Clotilde Marinho vom EIPA für Anregungen zum Thema und darüber hinaus vielen weiteren Personen in Ministerien und Behörden, die bereitwillig Auskunft über ihr nationales Asylverfahren und insbesondere das Dublin-Verfahren gegeben haben. Besonderer Dank gebührt meinen Eltern für die finanzielle Unterstützung meines Studiums und ihre immer währende Geduld, meinem Bruder Frank für unermüdliches Korrekturlesen und Katharina Spieß und Jeanette Züfle für ihre fachliche Kritik an der Arbeit.

Berlin, im Februar 2004 *Birgit Schröder*

Inhaltsverzeichnis

Darstellungsverzeichnis

Abkürzungsverzeichnis

a.A.	andere Ansicht
a.a.O.	am angegebenen Ort
AA	Auswärtiges Amt
abl.	ablehnend
ABl.	Amtsblatt der Europäischen Gemeinschaften
Abk.	Abkommen
Abs.	Absatz
Add.	Addendum
a.F.	alte Fassung
AFIS	Automatisiertes Fingerabdruckidentifizierungssystem
allg.	allgemein
Alt.	Alternative
a.M.	andere Meinung
Anl.	Anlage
Anm.	Anmerkung
AöR	Archiv des öffentlichen Rechts
Arch	VölkRArchiv des Völkerrechts
ARRvS	Afdeling Rechtspraak van de Raad van State
Art.	Artikel
AsylbLG	Asylbewerberleistungsgesetz
AsylVfG	Asylverfahrensgesetz
AsylZBV	Asylzuständigkeitsbestimmungsverordnung
AuAS	Ausländer und Asylrecht - Schnelldienst
Aufl.	Auflage
AuslG	Ausländergesetz
AWB	Algemene Wet Bestuursrecht
AZC	Asielzoekerscentrum
AZR	Ausländerzentralregister
BAFl.	Bundesamt für die Anerkennung ausländischer Flüchtlinge
Bd.	Band
Bek.	Bekanntmachung
Begr.	Begründung
BGBl.	Bundesgerichtshof
BGS	Bundesgrenzschutz
BMI	Bundesministerium des Innern
BR Deutschland	Bundesrepublik Deutschland
BRat-Drs.	Bundesrats-Drucksache
BReg	Bundesregierung

Bst.	Buchstabe
BT	Bundestag
BT-Drs.	Bundestagsdrucksache
Bull.	Bulletin
BVerfG	Bundesverfassungsgericht
BVerfGE	Entscheidungssammlung des Bundesverfassungsgerichts
BVerfGG	Bundesverfassungsgerichtsgesetz
BVerwG	Bundesverwaltungsgericht
BVerwG	Entscheidungssammlung des Bundesverwaltungsgerichts
bzw.	beziehungsweise
ca.	circa
CDU	Christlich Demokratische Union
COA	Centraal Orgaan Opvang Asielzoekers
CSU	Christlich Soziale Union
ders.	derselbe
dies.	dieselbe
d.h.	dass heißt
Diss.	Dissertation
Doc.	Dokument
DÖV	Deutsches Verwaltungsblatt
DVO	Durchführungsverordnung
ebd.	ebenda
ECRE	European Consultation on Refugees and Exiles
ECOSOC	Economic and Social Council
EEA	Einheitliche Europäische Akte
EFTA	Europäisches Freihandelsabkommen
EG	Europäische Gemeinschaft(en)
EGMR	Europäischer Gerichtshof für Menschenrechte
EGV	Vertrag zur Gründung der Europäischen Gemeinschaft in der Fassung vom 7.2.1992
EK	Eerste Kamer
EKMR	Europäische Kommission für Menschenrechte
EMRK	Europäische Menschenrechtskonvention
EP	Europäisches Parlament
et.al.	und andere
etc.	et cetera
ETS	European Treaty Series (Europarat)

EU	Europäische Union
EuGH	Europäischer Gerichtshof
EuGHE	Entscheidungssammlung des Europäischen Gerichtshofs
EuGRZ	Europäische Grundrechte - Zeitschrift
EUV	Vertrag über die Europäische Union vom 7.2.1992
evtl.	eventuell
EWG	Europäische Wirtschaftsgemeinschaft
EWGV	Vertrag zur Gründung der Europäischen Wirtschaftsgemeinschaft
EXCOM	Exekutivkomitee für das Programm des UNHCR
EZAR	Entscheidungssammlung zum Ausländer- und Asylrecht
f., ff.	folgende Seite(n)
FAZ	Frankfurter Allgemeine Zeitung
FDP	Freie Demokratische Partei
Fn.	Fußnote
FS	Festschrift
GBl.	Gesetzblatt
Gc	Grensbewakingscirculaire
gem.	gemäß
Ges.	Gesetz
GFK	Genfer Konvention über die Rechtsstellung der Flüchtlinge vom 28. Juli 1951
GG	Grundgesetz für die Bundesrepublik Deutschland
ggf.	gegebenenfalls
GK-AsylVfG	Gemeinschaftskommentar zum Asylverfahrensgesetz
GK-AuslR	Gemeinschaftskommentar zum Ausländergesetz
GMBl.	Gemeinsames Ministerialblatt
GVBl.	Gesetz- und Verordnungsblatt
GW	Grondwet voor het Koninkrijk der Nederlanden
h.M.	herrschende Meinung
HR	Hoge Raad
HRLJ	Human Rights Law Journal
Hrsg.	Herausgeber
Hs.	Halbsatz
HumAG	Gesetz über Maßnahmen für im Rahmen humanitärer Hilfsaktionen aufgenommener Flüchtlinge
i. d. F.	in der Fassung

i. d. R.	in der Regel
IGH	Internationaler Gerichtshof
IJRL	International Journal of Refugee Law
IMK	Konferenz der Innenminister und –senatoren der Länder
IND	Immigratie- en Naturalisatiedienst
InfAuslR	Informationsbrief Ausländerrecht
IPR	Internationales Privatrecht
IRO	International Refugee Organization
i.e.S.	im engeren Sinn
i.S.d.	im Sinne des
i.S.v.	im Sinne von
i.V.m.	in Verbindung mit
i.w.S.	im weiteren Sinne
JR	Juristische Rundschau
JuB	Jurisprudentiebijlage Vreemdelingenbulletin
Jura	Juristische Ausbildung
JuS	Juristische Schulung
JV	Jurisprudentie Vreemdelingenrecht
JZ	Juristenzeitung
Kap.	Kapitel
KB	Koninklijk Besluit
krit.	kritisch
Lfg.	Lieferung
lit.	litera
Lit.	Literatur
Losebl.	Loseblattsammlung
Ls.	Leitsatz
m.E.	meines Erachtens
MR	Migrantenrecht
m.w.N.	mit weiteren Nachweisen
NAV	Nieuwsbrief Asiel- en Vluchtelingenrecht
n.F.	neue Fassung
NGO	Non-Governmental Organization
NJB	Nederlands Juristenblad
NJW	Neue Juristische Wochenschrift
NJW-RR	Neue Juristische Wochenschrift Rechtsprechungsreport

Nord. J. Int'l L.	Nordic Journal of International Law
Nr.	Nummer
NVwZ	Neue Zeitschrift für Verwaltungsrecht
NVwZ-RR	Neue Zeitschrift für Verwaltungsrecht-Rechtsprechungsreport
OC	Onderzoek- en Opvangcentrum
ÖBGBl.	Österreichisches Bundesgesetzblatt
OVG	Oberverwaltungsgericht
Pres.	Rechtbank
Protokoll 1967	New Yorker Protokoll zum Flüchtlingsstatus vom 31. Januar 1967
RegEntw.	Regierungsentwurf
REK	Rechtseenheidskamer
Rev.	Revised, Revision
RL	Richtlinie
Rn.	Randnummer
ROA	Regeling Opvang Asielzoekers
Rspr.	Rechtsprechung
RV	Rechtspraak Vreemdelingenrecht
S.	Satz/Seite
s.	siehe
SDÜ	Schengener Durchführungsübereinkommen
SIS	Schengener Informationssystem
s.o.	siehe oben
sog.	sogenannt
SPD	Sozialdemokratische Partei Deutschlands
Stb.	Staatsblad
Stcrt.	Staatscourant
std. Rspr.	ständige Rechtsprechung
StlÜbk.	Übereinkommen über die Rechtsstellung von Staatenlosen
str.	streitig
suppl.	Supplement oder supplémentaire
SZ	Süddeutsche Zeitung
TBV	Tussentijdse Berichten Vreemdelingencirculaire
TK	Tweede Kamer
Trb	Tractatenblad

u.a.	unter anderem
UAbs.	Unterabsatz
UN	United Nations
UNHCHR	United Nations High Commissioner for Human Rights
UNHCR	United Nations High Commissioner for Refugees
UNRRA	United Nations Relief and Rehabilitation Administration
usw.	und so weiter
u.U.	unter Umständen
VA	Verwaltungsakt
Vc	Vreemdelingencirculaire
VG	Verwaltungsgericht
VGH	Verwaltungsgerichtshof
VerwArch	Verwaltungsarchiv
vgl.	vergleiche
VN	Vereinte Nationen
VO	Verordnung
vol.	Volume
Vw	Vreemdelingenbesluit
VwGO	Verwaltungsgerichtsordnung
VwVfG	Verwaltungsverfahrensgesetz
Vtv	vergunning tot verblijf
VV	Vorschrift Vreemdelingen
Vvtv	voorwaardelijke vergunning tot verblijf
WVK	Wiener Übereinkommen über das Recht der Verträge
ZAR	Zeitschrift für Ausländerrecht und Ausländerpolitik
ZaÖRV	Zeitschrift für ausländisches öffentliches Recht und Völkerrecht
z. B.	zum Beispiel
ZfSH/SGB	Zeitschrift für Sozialhilfe und Sozialgesetzbuch
ZDWF	Zentrale Dokumentationsstelle der Freien Wohlfahrtspflege für Flüchtlinge
Ziff.	Ziffer
ZP EMRK	Zusatzprotokoll zur Europäischen Menschenrechtskonvention
ZRP	Zeitschrift für Rechtspolitik
z.T.	zum Teil
zust.	zustimmend

Einleitung

Mit Inkrafttreten des Amsterdamer Vertrages am 1. Mai 1999 haben sich für die Asyl- und Einwanderungspolitik der Europäischen Union völlig neue Perspektiven ergeben. Die Asylpolitik (sowie die Einwanderungspolitik)[1] ist nun kein Bereich der intergouvernementalen Zusammenarbeit mehr, sondern gehört dem Kompetenzbereich der Europäischen Gemeinschaft an. Ziel der angestrebten gemeinsamen europäischen Asyl- und Migrationspolitik ist die Schaffung eines Raums der Freiheit, der Sicherheit und des Rechts; Bestandteile sind ein gemeinsames europäisches Asylsystem, die Steuerung der Migrationsströme, Partnerschaften mit Herkunftsländern sowie eine gerechte Behandlung von Drittstaatsangehörigen in der Europäischen Union. Aufgabe des Rates der Europäischen Union ist es, bis zum Mai 2004 auf Vorschlag der Kommission oder Initiative eines Mitgliedstaates diverse Rechtsinstrumente zur Harmonisierung des Asylrechts zu verabschieden.

Bereits ab Mitte der 80er Jahre gab es Überlegung auf Seiten der damaligen Mitgliedstaaten der Europäischen Gemeinschaft angesichts zunehmender Asylbewerberzahlen ein gemeinsames Asylrecht zu schaffen, um so die Attraktivität einzelner Länder auf Asylbewerber, wie insbesondere Deutschland, Frankreich und den Benelux-Staaten, zu vermindern. Eine Harmonisierung des Asylrechts zum damaligen Zeitpunkt war aber mangels politischer Übereinstimmung und mangels Kompetenz der Europäischen Gemeinschaft nicht zu verwirklichen. Der zum 1. Januar 1993 anvisierte interne Binnenmarkt ohne Grenzen machte aber nach Ansicht der Mitgliedstaaten eine gemeinsame Lösung unabdinglich, wollte man nicht die Kontrolle über die Einreise und die Bewegungen von Ausländern, insbesondere von Asylbewerbern, in der Europäischen Gemeinschaft (ab 1993: der Europäischen Union) verlieren.

Diese gemeinsame Lösung wurde sodann auf intergouvernementaler Ebene gefunden, indem mit dem Schengener Durchführungsübereinkommen (SDÜ)[2] vom 19. Juni 1990 und dem Dubliner Übereinkommen (DÜ)[3] vom 15. Juni 1990 zwei Abkommen zur Bestimmung des für ein Asylverfahren zuständigen Staates geschaffen wurden. Ziel des Dubliner Übereinkommens ist es, jedem Asylantragsteller die Durchführung seines Asylbegehrens in einem Mitgliedsstaat zu gewährleisten und so das Weiterschieben von einem Staat

---

[1] Im Rahmen dieser Dissertation wird auf die Einwanderungspolitik der EU nicht vertiefend eingegangen.

[2] BGBl. 1993 II S. 1010, das SDÜ enthält in den Artikeln 28 bis 38 Zuständigkeitsregelungen für die Bestimmung des zuständigen Staates.

[3] BGBl. 1997 II S. 1452.

zum anderen zu verhindern (sog. *Refugees-in-orbit*). Ebenso soll aber auch verhindert werden, dass Asylbewerber in mehreren Staaten gleichzeitig oder nacheinander Anträge stellen und sich den Staat mit dem chancenreichsten Asylverfahren aussuchen (sog. *Asylum-shopping*). Das DÜ trat erst nach einem längeren Ratifikationsprozess am 1. September 1997 in Kraft und ersetzte die im SDÜ geregelten Zuständigkeitsbestimmungen.[4]

Das Flüchtlingsvölkerrecht selbst, wie etwa die Genfer Flüchtlingskonvention von 1951 (GFK), kennt keine Bestimmung der Zuständigkeit eines Staates für die Durchführung eines Asylverfahrens. Bestrebungen, auf internationaler Ebene die Verantwortlichkeit eines Staates für die Behandlung eines Asylantrages festzulegen, gab es bereits im Rahmen der Konferenz der Vereinten Nationen zum territorialen Asyl von 1977. Die Konferenz endete jedoch mit einem Misserfolg, die Delegierten konnten sich nicht auf die Verabschiedung einer Asylrechtskonvention einigen.[5] Das SDÜ und das DÜ stellen somit ein Novum im Flüchtlingsrecht dar und sollten auch als „Katalysator" für eine spätere Harmonisierung des europäischen Asylrechts dienen.[6] Im Zuge der durch den Amsterdamer Vertrag erfolgenden Harmonisierung des Asylrechts, hatte der Rat der Europäischen Union auch den Auftrag, ein Rechtsinstrument als Nachfolge zum DÜ verabschieden. Die Kommission der Europäischen Union hat am 26. Juli 2001 den Entwurf einer Verordnung des Rates mit dem Regelungsgehalt des Dubliner Übereinkommens vorgelegt.[7] Dieser Entwurf der Kommission wurde nach längeren Verhandlungen und etlichen Änderungen am 18. Februar 2003 vom Rat angenommen und ist am 17. März 2003 in Kraft getreten. Die Verordnung findet Anwendung auf alle Asylanträge, die nach dem 1. September 2003 gestellt werden.

Ziel der Dissertation ist eine Evaluierung des Dubliner Übereinkommens nach einer nun mehrjährigen Anwendung in der Praxis, insbesondere im Hinblick auf die Harmonisierung des Asylrechts in der Europäischen Union. Da ein umfassender Vergleich zwischen den fünfzehn Mitgliedstaaten im Rahmen dieser Dissertation nicht möglich war, wurde der Rechtsvergleich auf die beiden Mitgliedstaaten Deutschland und die Niederlanden beschränkt, wenngleich zu einzelnen Aspekten des DÜ auch Erkenntnisse aus den anderen Mitgliedstaaten einfließen. Ein Vergleich zwischen Deutschland und den

---

4 Österreich und Schweden sind dem DÜ am 1. Oktober 1997 beigetreten, seit dem 1. Januar 1998 nimmt auch Finnland als Vertragspartner am Verfahren nach dem DÜ teil. Im Jahr 2001 wurde ein Parallelabkommen mit Norwegen und Island geschlossen.

5 Vgl. *Lavenex*, 2001, S. 81; *Hailbronner*, IJRL 1993, S. 31 (59).

6 *Achermann* in: Achermann/Bieber/Epiney/Wehner, S. 79 (80).

7 KOM(2001)447 endg., ABl. 2001 C 304 E / 192.

Niederlanden bot sich an, da beide Staaten eine hohen Zugang an Asylbewerbern haben und somit an dem guten Funktionieren des Übereinkommens interessiert sind. Beide Staaten konnten bereits seit 1995 Erfahrungen mit der Umsetzung des Schengener Durchführungsübereinkommens gewinnen, so dass bereits mit Inkrafttreten des SDÜ die gesetzlichen Grundlagen auch für die spätere Anwendung des DÜ geschaffen wurden. Im Verlauf der Arbeit an der Dissertation trat in den Niederlande am 1. April 2001 ein neues Ausländer- und Asylgesetz in Kraft, das *Vreemdelingenwet 2000*. Aus Gründen der Übersichtlichkeit wird zunächst die Rechtslage und die hierauf basierende Rechtsprechung bis April 2001 beschrieben. Ergänzend werden die Änderungen des neuen Gesetzes aufgezeigt und die bis zum Abschluss der Dissertation veröffentlichte Rechtsprechung untersucht. Ebenso wurde kurz vor Abgabe der Dissertation das Nachfolgerechtsinstrument zum DÜ – die EU-Verordnung zur Bestimmung des zuständigen Asylstaats – verabschiedet, so dass diese noch berücksichtigt werden konnte.

Im ersten Teil der Arbeit werden zunächst die Rechtsquellen des Flüchtlingsvölkerrechts vorgestellt und der historische und rechtliche Kontext der Entstehung des Dubliner Übereinkommens erläutert. Zudem werden kurz die Bestimmungen des DÜ dargestellt, ohne bereits näher auf die Erfahrungen mit deren Anwendung in der Praxis einzugehen.

Der zweite Teil der Arbeit ist der Umsetzung des DÜ in Deutschland und den Niederlanden gewidmet. Gegenstand des ersten Kapitels ist die gesetzliche Umsetzung des DÜ, die in Deutschland sogar zur Änderung des Grundgesetzes führte. Im zweiten Kapitel wird die Einbindung des Dublinverfahrens in das Asylverfahren erläutert und eine Auswertung der statistischen Angaben zu Übernahmeersuchen, Überstellungen und Transfers nach dem DÜ vorgenommen. Schließlich erfolgt im dritten Kapitel eine genaue Untersuchung der Auslegung des DÜ durch die Verwaltung und die Gerichte beider Staaten. Die Auswertung der deutschen und niederländischen Verwaltungspraxis und Rechtsprechung warf verschiedene Probleme auf. Hinsichtlich Deutschlands bestand dies vor allem in der geringen Anzahl publizierter Entscheidungen – zumeist im einstweiligen Rechtsschutzverfahren – der Gerichte in den einschlägigen Fachzeitschriften. Um einen repräsentativen Überblick über die Rechtsprechung zu gewährleisten, wurden daher auch unveröffentlichte Entscheidungen ausgewertet. Im Gegensatz dazu finden sich in den juristischen Fachzeitschriften der Niederlande eine Vielzahl von Entscheidungen der dortigen Verwaltungsgerichte, ebenso wie einschlägige Artikel zu allen Aspekten des Dubliner Übereinkommens. In den Niederlanden werden zudem die Dienstanweisungen für die Ausländerbehörde (sog. Ausländerrundschreiben) veröffentlicht. Hierdurch ist das Verfahren nicht nur für die Beteiligten transparenter, sondern den Behörden wurden genaue Ermessenskriterien zum Beispiel für die freiwillige Übernahme der Zuständigkeit zur Prüfung eines Asylbegehrens vorgegeben. Jedem Kapitel folgt ein Rechtsvergleich zwischen den beiden Staaten.

Im dritten Teil der Dissertation wird anhand der im Rechtsvergleich Deutschland – Niederlande gewonnen Erkenntnisse, und der Erfahrungen der anderen Mitgliedstaaten, wie sie vor allem im Arbeitspapier der Europäischen Kommission zum Nachfolgeinstrument des DÜ dokumentiert sind, untersucht, ob die Zielvorstellungen des DÜ erreicht wurden. Die häufig von Flüchtlingsorganisationen und in der Literatur geäußerte Kritik an den Ungenauigkeiten und Lücken des DÜ wird ebenso beleuchtet, wie die Erfahrungen der Mitgliedstaaten mit der Anwendung des DÜ in der Praxis. Es wird abgewogen, ob von einem Erfolg des DÜ in der Praxis gesprochen werden kann und wo Verbesserungsbedarf bei dem nachfolgenden Rechtsinstrument besteht.

Der abschließende vierte Teil widmet sich zunächst der Entwicklung der europäischen Asylpolitik seit dem Abschluss des DÜ und stellt die durch den Amsterdamer Vertrag eingetretenen Änderungen im europäischen Asylrecht vor. Im zweiten Kapitel wird sodann die EU-Verordnung zur Bestimmung des zuständigen Asylstaats eingehend vorgestellt und bewertet.

Erster Teil: Das Dubliner Übereinkommen

1. Kapitel Rechtsquellen des Flüchtlingsvölkerrechts

Nach einem feststehenden Grundsatz des Völkerrechts haben die Staaten das Recht, die Einreise, den Aufenthalt und die Ausweisung von Ausländern zu kontrollieren. Die Gewährung von Asyl stellt das souveräne Recht eines jeden Staates dar, welches gegenüber allen Staaten wirkt, einschließlich des Herkunftslandes des Flüchtlings.[1]

Alle Versuche auf der Ebene der Vereinten Nationen, das Recht auf Asyl zu kodifizieren, scheiterten. So wurde das in einem Entwurf vorgeschlagene Recht auf Asyl nicht in die Allgemeinen Erklärung der Menschenrechte vom 10. Dezember 1948 (AEMR)[2] aufgenommen[3]. Art. 14 Abs. 1 AEMR vermittelt kein subjektives Recht auf Asyl, sondern enthält lediglich das Recht „in anderen Ländern vor Verfolgung Asyl zu suchen und zu genießen".[4] Zudem handelt es sich bei der Allgemeinen Erklärung der Menschenrechte nicht um eine rechtsverbindliche Erklärung, da die Generalversammlung der Vereinten Nationen zum Erlass rechtsverbindlicher Normen für ihre Mitglieder nicht zuständig ist.[5] Da eine Verankerung des Asylrechts in den Menschenrechtspakten von 1966 bereits im Vorfeld auf unüberwindbare Schwierigkeiten gestoßen war,[6] konzentrierten sich die Vereinten Nationen auf die Verabschiedung einer separaten Asylrechtskonvention. Im Ergebnis blieb es allerdings bei einer Asylrechtsdeklaration, die als Empfehlung keine Rechtsverbindlichkeit erzeugt. Die Asylrechtsdeklaration der Vereinten

---

1 Vgl. *Goodwin-Gill*, 1996, S. 172 ff.; *Kimminich*, AVR 1982, S. 369 (385); *Grahl-Madsen*, 1972, Bd. II.

2 Resolution 217 (III) Universal Declaration of Human Rights in: United Nations, General Assembly, Official Records third Session (part I) Resolutions (Doc. A/810) S. 71.

3 Art. 12 des Entwurfes der AEMR lautete: „...everyone has the right to seek and to be granted, in other countries, asylum from persecution." (UN Doc. E/800)

4 Abs. 1 Jeder Mensch hat das Recht, in anderen Ländern vor Verfolgung Asyl zu suchen und zu genießen.
Abs. 2 Dieses Recht kann im Falle einer Verfolgung wegen echter nicht-politischer Verbrechen oder wegen Handlungen, die gegen die Ziele und Grundsätze der Vereinten Nationen verstoßen, nicht in Anspruch genommen werden.

5 *Verdross/Simma*, 1984, S. 822 § 1234.

6 Siehe *Kimminich*, AVR 1982, S. 369 (393, 403). Der Internationale Pakt über bürgerliche und politische Rechte vom 19.12.1966 (BGBl. 1973 II S. 1534) enthält zwar kein Recht auf Asyl, in Artikel 7 aber ein Verbot der Folter sowie der grausamen, unmenschlichen oder erniedrigenden Behandlung. Hieraus wird ein Abschiebungsverbot abgeleitet, welches aber neben der EMRK und der UN-Antifolterkonvention keine größere Bedeutung erlangt hat.

Nationen vom 14. Dezember 1967[7] bestätigt die Grundsätze des allgemeinen Völkerrechts, wonach die Gewährung von Asyl das Recht der souveränen Staaten ist. Artikel 2 betont den humanitären Aspekt des Asylrechts und fordert die Staaten auf sich „im Geiste der internationalen Solidarität" gegenseitig zu unterstützen, wenn es einem Staat schwer falle, Asyl (weiterhin) zu gewähren, „um die Last jenes Staates zu erleichtern". Artikel 3 bekräftigt das Gebot des *non-refoulement*, d.h. den Schutz vor Abweisung, Ausweisung oder Abschiebung in einen Staat, in dem dem Flüchtling Verfolgung und Gefahr für Leib und Leben droht.[8]

A. Die Genfer Flüchtlingskonvention und das Protokoll von 1967

Auch der wichtigste völkerrechtliche Vertrag des Flüchtlingsrechts, die Genfer Flüchtlingskonvention vom 28. Juli 1951 (GFK)[9] in Verbindung mit dem Protokoll von 1967,[10] enthält kein subjektives Recht auf Asyl.[11] Indes bietet die GFK mit Art. 33 Abs. 1 einen Schutz vor *Refoulement,* d.h. vor der Zurück- oder Ausweisung in einen Verfolgerstaat.[12] Die inzwischen von 143 Staaten unterzeichnete GFK[13] regelt die Rechtsstellung von Flüchtlingen nach Anerkennung durch einen Staat,[14] die Ausgestaltung des Asylverfahrens hingegen bleibt grundsätzlich den Staaten überlassen.[15]

Der personelle Anwendungsbereich der GFK ergibt sich aus Artikel 1. Art. 1 A Nr. 2 GFK definiert einen Flüchtling als eine Person, „die ... aus der

---

7 Resolution der UN-Generalversammlung Nr. 2312 (XXII) vom 14.12.1967, UN-Doc. A/6716.

8 *Kimminich*, AVR 1982, S. 369 (393 ff.); *Goodwin-Gill*, 1996, S. 175 f.

9 BGBl. 1953 II S. 559.

10 BGBl. 1969 II S. 1244. Mit diesem Zusatzprotokoll wurde sowohl die zeitliche, also auch die geographische Beschränkung aufgehoben. Der geographische Vorbehalt beschränkte die im Rahmen der Konvention übernommenen Verpflichtungen auf Personen, die „aufgrund von Ereignissen in Europa" Flüchtlinge geworden waren. Nachdem Italien sich im Jahre 1990/1991 bereit erklärt hat, seinen geographischen Vorbehalt zurückzunehmen, ist die GFK nun in allen europäischen Staaten ohne zeitlichen oder geographische Beschränkung anwendbar

11 Erste Entwürfe zur GFK, die von Frankreich und dem Sekretariat der UN eingereicht wurden, sahen ein Recht auf Asyl vor. Siehe hierzu *Goodwin-Gill*, 1996, S. 175, insbesondere Fn. 17.

12 Ausführlich zu dem nicht unumstrittenen Konzept des *Refoulement* unten S. 33 f.

13 Insgesamt 143 Staaten sind entweder Vertragspartner der GFK und/oder des Zusatzprotokolls von 1967.

14 Hierzu gehören z. B. das Recht auf Ausstellung eines Reiseausweises, Bestimmungen zur Erwerbstätigkeit, Bildung und öffentlichen Fürsorge.

15 In einigen Ländern ist der UNHCR auf Wunsch des Vertragsstaates auch in das Verfahren der Flüchtlingsanerkennung eingebunden.

begründeten Furcht vor Verfolgung wegen ihrer Rasse, Religion, Nationalität, Zugehörigkeit zu einer bestimmten sozialen Gruppe oder wegen ihrer politischen Überzeugung sich außerhalb des Landes befindet, dessen Staatsangehörigkeit sie besitzt, und den Schutz dieses Landes nicht in Anspruch nehmen kann oder wegen dieser Befürchtungen nicht in Anspruch nehmen will; ...". Entscheidend ist das Vorliegen einer begründeten Furcht des Asylbewerbers vor Verfolgung, diese subjektive Verfolgungsfurcht muss objektiv begründbar sein. Der Begriff des ‚Konventionsflüchtlings' wird von den Vertragsstaaten zum Teil unterschiedlich interpretiert.[16] So besteht zwischen den europäischen Staaten zum Beispiel Uneinigkeit über die Behandlung von Opfern nichtstaatlicher Verfolgung. Während der UNHCR und die überwiegende Mehrheit der Vertragsstaaten die GFK in dem Sinne auslegt, dass auch nichtstaatliche Verfolgung vom Flüchtlingsbegriff umfasst ist, stehen Deutschland,[17] die Schweiz und Frankreich weiterhin auf dem Standpunkt, dass nur staatliche oder staatlich zurechenbare Verfolgung – bzw. nach neuester Rechtsprechung des BVerfG auch sog. quasistaatliche Verfolgung[18] – von der GFK umfasst werden.[19] Weitere unterschiedliche Interpretationen bestehen unter anderem zur Frage der inländischen Fluchtalternative, der Asylerheblichkeit der Kriegsdienstverweigerung und zur Schutzgewährung durch einen Drittstaat.[20] Die EU-Mitgliedstaaten haben am 4. März 1996 in einem (unverbindlichen) „Gemeinsamen Standpunkt betreffend die harmonisierte Anwendung der Definition des ‚Flüchtlings' in Art. 1 GFK" verschiedene Leitlinien für die Anwendung der Kriterien für die Anerkennung und Zulassung von Flüchtlingen niedergelegt.[21]

Neben den sog. ‚Konventionsflüchtlingen' hat im Laufe der letzten Jahrzehnte die Zahl der Flüchtlinge stark zugenommen, die als ‚De-facto-Flüchtlinge' bezeichnet werden. Hierbei handelt es sich um Personen, die nicht unter den Flüchtlingsbegriff der GFK fallen, aber dennoch schutzwürdig sind und nicht in ihren Heimatstaat abgeschoben werden können. Vielfach ist im nationalen Asylrecht ein sekundärer Schutzstatus entstanden, der Anwendung auf De-facto-Flüchtlinge findet. Dieser garantiert normalerweise aber keinen der GFK

---

16 Siehe die vergleichende Studie von *Carlier et al.*, 1997, „Who is a refugee?", zur unterschiedlichen Interpretation des Flüchtlingsbegriffs der GFK durch ausgewählte europäische Staaten.

17 Eine Einbeziehung der nichtstaatlichen Verfolgung ist im Entwurf eines Zuwanderungsgesetzes vorgesehen, dass sich derzeit zum zweiten Mal im Gesetzgebungsverfahren befindet.

18 BVerfG, Beschluss vom 27.07.2000, EZAR 048 Nr. 51.

19 *Marx*, ZAR 2001, S. 12 ff; UNHCR, The State of the World's Refugees, 2000, S. 163.

20 Eine ausführliche rechtsvergleichende Untersuchung der Anwendung der GFK findet sich bei *Wolter*, 1999.

21 ABl. L 63/2 vom 13.03.1996.

vergleichbar ausgestalteten und gesicherten Rechtstatus.[22] Ein erweiterter Flüchtlingsbegriff, der auch einen Großteil der De-facto-Flüchtlinge mit einbezieht, konnte sich nur in Afrika im Rahmen der *Organisation für afrikanische Einheit (OAU)*[23] – der Vorgängerorganisation der am 9. Juli 2002 gegründeten *Afrikanischen Union* – und in Lateinamerika, in der Erklärung von Cartagena,[24] durchsetzen. Die europäischen Staaten konnten sich auf keine Erweiterung des Flüchtlingsbegriffes einigen. Bestrebungen des Europarates[25] und des Europäischen Parlaments,[26] auch De-facto-Flüchtlinge in die Flüchtlingsdefinition aufzunehmen, blieben erfolglos. Der Arbeitsauftrag des UNHCR hingegen umfasst „persons in need of assistance" und „persons of concern to UNHCR". Das Mandat des UNHCR, dass sich seit der Gründung im Jahr 1950 durch die internationale Staatengemeinschaft kontinuierlich erweitert hat, umfasst somit weit mehr als Flüchtlinge im Sinne der GFK-Definition.[27]

Die Tatsache, dass sich aus der GFK kein Recht auf Asyl ergibt, besagt nicht, dass es im Völkerrecht keinerlei Schranken der Ausweisung oder Abschiebung in einen Verfolgerstaat gibt. Das *Refoulement–Verbot* aus Art. 33 Abs. 1 GFK verbietet die Ausweisung oder Zurückweisung über die Grenzen von Gebieten, in denen das Leben oder die Freiheit eines Ausländers wegen seiner Rasse, Religion, Staatsangehörigkeit, seiner Zugehörigkeit zu

---

22 Siehe zu De-facto-Flüchtlingen *Hailbronner*, ZAR 1993, S. 3 ff. und die Dissertation von *van Eck*, 1999.

23 Gemäß Art. 1 Abs. 2 der Flüchtlingskonvention der OAU vom 10. September 1969 (UN Treaty Series No. 14 691) findet der Begriff ‚Flüchtling' auch Anwendung „...to every person who, owing to external aggression, occupation, foreign domination or events seriously disturbing public order in either part or the whole of his country of origin or nationality, is compelled to leave his place of habitual residence in order to seek refuge in another place outside his country of origin or nationality."

24 Der Flüchtlingsbegriff, der nach Ansicht der teilnehmenden Staaten in Anbetracht der großen Flüchtlingszahlen in Mittelamerika gelten soll, umfasst zusätzlich zur Flüchtlingsdefinition der GFK und des Protokolls von 1967 „ persons, who have fled their country because their lives, safety or freedom have been threatened by generalized violence, foreign aggression, internal conflicts, massive violation of human rights or other circumstances which have seriously disturbed public order." (Erklärung von Cartagena vom 22. November 1984 mit den teilnehmenden Staaten Belize, El Salvador, Mexiko, Venezuela, Kolumbien, Guatemala, Nicaragua, Costa Rica, Honduras und Panama, zu finden bei *Goodwin-Gill*, 1996, S. 444).

25 Die Empfehlung Nr. 773 der Parlamentarischen Versammlung fordert die Mitgliedstaaten auf, die Flüchtlingsdefinition der GFK erweiternd anzuwenden und De-facto-Flüchtlinge nicht abzuschieben, wenn sie nicht in einem anderen sicheren Drittstaat Aufnahme finden können (zitiert nach *Hailbronner*, ZAR 1993, S. 3 (6)).

26 Entschließung des Europäischen Parlaments vom 12. März 1987, in Auszügen abgedruckt bei *Hailbronner*, ZAR 1993, S. 3 (6 f.)

27 *Goodwin-Gill*, 1996, S. 8 ff.

einer bestimmten sozialen Gruppe oder wegen seiner politischen Überzeugung bedroht sein würde. Aus dem *Refoulement-Verbot* ergibt sich auch ein Verbot der Zurückweisung an der Grenze für schutzbedürftige Flüchtlinge. Somit sind nicht nur Personen geschützt, die sich bereits im Land aufhalten, sondern auch diejenigen, die an der Grenze Einlass begehren.[28] Hieraus folgt jedoch kein Recht auf Asyl, sondern nur das Recht auf Durchführung eines Asylverfahrens zur Prüfung, ob eine Gefährdung bei Abschiebung oder Ausweisung in den betreffenden Staat besteht. Somit besteht ein Abschiebeschutz zumindest für die Dauer des Feststellungsverfahrens. Art. 33 Abs. 1 GFK verbietet auch die Abschiebung in einen Drittstaat, wenn die Gefahr besteht, dass der Flüchtling von dort in den ihn verfolgenden Heimatstaat abgeschoben wird (sog. Kettenabschiebung).[29] Das *Refoulement-Verbot* ist nicht nur völkervertragsrechtlich in der GFK garantiert, sondern nach überwiegender Ansicht inzwischen auch Völkergewohnheitsrecht.[30]

B. Die Europäische Menschenrechtskonvention

Der bekannteste und wichtigste im Rahmen des Europarates ratifizierte völkerrechtliche Vertrag ist die *Konvention zum Schutze der Menschenrechte und Grundfreiheiten* (EMRK) vom 4. November 1950, in Kraft getreten am 3. September 1953.[31] Die EMRK enthält weder ein Recht auf Asyl, noch eine ausdrückliche Bestimmung über ein Auslieferungs- und Abschiebungsverbot.[32] Auch finden sich keine Verfahrensgarantien für die Bearbeitung des Asylantrages. Dem Asylsuchenden und Flüchtling kommen jedoch alle in der Konvention garantierten Rechte als Person unter der Herrschaftsgewalt des Aufenthaltsstaates zu. Zudem haben einzelne Bestimmungen dank der Rechtsprechung der Europäischen

---

28 Vgl. *Marx*, AsylVfG 1999, § 18 Rn. 2 ff; *Goodwin-Gill*, 1996, S. 121 ff.; *Göbel-Zimmermann*, 1999, S. 10 Rn. 14; *Hailbronner*, 1989, S. 38 f.

29 Ausführlicher zur Problematik der Kettenabschiebungen im Zusammenhang mit der Anwendung der Öffnungsklausel des DÜ (Art. 3 Abs. 5) siehe unten Teil 3, S. 207 ff.

30 *Göbel-Zimmermann*, 1999, S. 10 m. w. N. in Fn. 19.; *Marx*, AsylVfG 1999, § 18 Rn. 10 f.; *Goodwin-Gill*, 1996, S. 167; a.A. *Randelzhofer*, in: Maunz-Dürig, Grundgesetz Kommentar, Art. 16 Abs. II Satz 2, Rn. 14; *Kälin*, 1982, S. 72; *Gornig*, 1987, S. 72.

31 BGBl 1952 II S. 685, 953. 41 Staaten des Europarates haben die EMRK ratifiziert.

32 EGMR, Urteil vom 30.10.1991, Vilvarajah u.a. ./. Vereinigtes Königreich, NVwZ 1994, S. 869; vgl. auch *Uibopuu*, AVR 1983, S. 60 (64 ff.) Ohne Ergebnis blieben die Versuche, die EMRK um ein Asylgrundrecht zu ergänzen. Im Zusammenhang mit der Ausarbeitung des zweiten Zusatzprotokolls 1960 wurde von der Parlamentarischen Versammlung erwogen, eine Bestimmung über das Recht auf Asyl aufzunehmen. Die Erörterungen des Expertenkomitees CAHAR führten aber zu dem Ergebnis, derartige Bestimmung nicht in das Protokoll aufzunehmen, da die Gewährung von Asyl dem Ermessen der Staaten überlassen werden sollte.

Menschenrechtskommission (EKMR) und des Europäischen Gerichtshofs für Menschenrechte (EGMR)[33] große Bedeutung für die Rechte der Flüchtlinge gewonnen. Hierzu zählen Art. 3, 5, 6, 8, 13 EMRK und Art. 1 des Zusatzprotokolls Nr. 7 zur EMRK. Im Rahmen dieser Untersuchung beschränkt sich die Darstellung auf die für das Dubliner Übereinkommen relevanten Art. 3 und 8 EMRK.

Art. 3 EMRK bestimmt, dass niemand der Folter, unmenschlicher oder erniedrigender Strafe oder Behandlung unterworfen werden darf. Die Menschenrechtskommission und der Gerichtshof leiten aus dieser Vorschrift in ständiger Rechtsprechung ab, dass kein Vertragsstaat eine Person durch aufenthaltsbeendende Maßnahmen wie eine Ausweisung, Abschiebung oder Auslieferung in den Heimatstaat oder einen dritten Staat zurückschicken darf, wenn ihm dort konkret diese Gefahren drohen.[34] Der Schutz aus Art. 3 EMRK ist absolut, es sind weder Ausnahmen im Notstandsfall erlaubt,[35] noch Einschränkungen aufgrund von Straftaten der betroffenen Person.[36] Der Schutz durch Art. 3 EMRK reicht somit weiter, als der Schutz durch das *Refoulement-Verbot* aus Art. 33 Abs. 1 GFK, da dieses gemäß Abs. 2 keine Anwendung findet, wenn ein Flüchtling „... aus schwerwiegenden Gründen als eine Gefahr für die Sicherheit des Landes anzusehen ist, in dem er sich befindet, oder der eine Gefahr für die Allgemeinheit dieses Staates bedeutet, weil er wegen eines Verbrechens oder eines besonders schweren Vergehens rechtskräftig verurteilt wurde“. Art. 3 EMRK findet auch dann Anwendung, wenn die Gefahr von Personen oder Personengruppen im Herkunftsland ausgeht, die kein öffentliches Amt innehaben, vorausgesetzt, die Behörden des betroffenen Staates sind nicht in der Lage, dem Risiko durch angemessenen Schutz vorzubeugen.[37] Jede Person, die sich in einem Vertragsstaat der EMRK aufhält, egal ob rechtmäßig oder irregulär, kann den Schutz von Art. 3 EMRK

---

33 Mit Protokoll Nr. 11 vom 11. Mai 1994, in Kraft getreten am 1. November 1998 (BGBl. II S. 579), wurde ein ständiger Europäischer Gerichtshof für Menschenrechte installiert, der nun die Europäische Menschenrechtskommission ersetzt.

34 EGMR, Urteil vom 7.7.1989, Soering ./. Vereinigtes Königreich, EuGRZ 1989, S. 314, zu diesem Urteil siehe *Zühlke/Pastille*, ZaöRV 1999, S. 749 ff.; EGMR, Urteil vom 15.11.1996, Chahal ./. Vereinigtes Königreich, NVwZ 1997, S. 1093; EGMR, Urteil vom 17.12.1996, Ahmed ./. Österreich, InfAuslR 1997, S. 279. Vgl. auch *Alleweldt*, Diss 1996.

35 Vgl. Art. 15 EMRK.

36 EGMR, Urteil vom 15.11.1996, Chahal ./. Vereinigtes Königreich, NVwZ 1997, S. 1093.

37 EGMR, Urteil vom 29.4.1997, H.L.R. ./. Frankreich, NVwZ 1997, S. 163. Kritisch zur extensiven Auslegung des Art. 3 durch den EGMR siehe *Hailbronner*, DÖV 1999, S. 617 (620 ff.). Zustimmend dagegen *Zimmer*, ZAR 1998, S. 115 ff.; *van Eck*, NAV 1998, S. 668 ff.

in Anspruch nehmen. Auch Kettenabschiebungen können eine Verletzung von Art. 3 EMRK darstellen.[38]

Art. 3 EMRK hat zudem Bedeutung bei Überstellungen von Asylbewerbern vom unzuständigen in den zuständigen Vertragsstaat gemäß dem Dubliner Übereinkommen gewonnen. Der EGMR hatte in der Zulässigkeitsentscheidung zur Beschwerde *T.I. gegen das Vereinigte Königreich* vom 7. März 2000 die Gelegenheit, zu einer möglichen Verletzung des Art. 3 EMRK durch die geplante Überstellung des Antragstellers vom Vereinigten Königreich nach Deutschland gemäß dem DÜ, Stellung zu nehmen.[39]

Art. 8 EMRK hat Bedeutung für den Schutz des Familien- und Privatlebens von Ausländern und Flüchtlingen gewonnen.[40] Art. 8 EMRK spielt für Ausländer und Flüchtlinge eine Rolle, wenn eine Person, die sich in einem Vertragsstaat niedergelassen hat, in den Heimatstaat ausgewiesen oder abgeschoben werden soll; wenn eine Person, die sich in einem Vertragsstaat niedergelassen hat, ein oder mehrere Familienmitglieder nachholen möchte, oder eine Person, die keinen gefestigten Aufenthaltsstatus in einem der Vertragsstaaten hat, sich in einer der beiden o.g. Situationen befindet.

Aus dem Anspruch auf Achtung des Familienlebens i.S.v. Art. 8 EMRK folgt der Schutz der Einheit und des faktischen Zusammenlebens von Familien. Art. 8 EMRK schützt nach der Rechtsprechung des EGMR die „famille naturelle", diese umfasst sowohl die eheliche Beziehung als auch die Beziehung zwischen zwei unverheirateten Partnern und ihren Kindern. Die Familie muss tatsächlich existieren und ein gewisse Nähe zueinander aufweisen.[41] Der Anwendungsbereich von Art. 8 EMRK umfasst alle

---

38 *Hailbronner*, Ausländerrecht Kommentar, § 53 Rn. 38 m.w.N., siehe auch *Marx*, InfAuslR 2000, S. 313 ff.

39 Siehe ausführlich unten S. 189 ff.; EGMR, Zulässigkeitsentscheidung vom 7.3.2000 zur Beschwerde Nr. 43844/98, T.I. ./. Vereinigtes Königreich, InfAuslR 2000, S. 321 ff. Siehe auch die Besprechung der Entscheidung bei *Marx*, InfAuslR 2000, S. 313 ff.

40 Artikel 8 Abs. 1 EMRK bestimmt, dass jedermann Anspruch auf Achtung seines Privat- und Familienlebens, seiner Wohnung und seines Briefverkehrs hat. Eingriffe in diese Rechte sind gemäß Art. 8 Abs. 2 ERMK nur zulässig, wenn drei Voraussetzungen vorliegen: Die Maßnahme muss sich auf eine hinreichend bestimmte gesetzliche Grundlage stützen, sie muss mindestens eines der in der Konvention abschließend genannten legitimen Eingriffsziele verfolgen und den Grundsatz der Verhältnismäßigkeit wahren.

41 EGMR, Urteil vom 13.6.1979, Marckx ./. Belgien, EuGRZ 1979, S. 454 (455); Johnston u.a. ./. Irland, EuGRZ 1987, S. 313 (317).

Personen, die sich im Geltungsbereich der Konvention aufhalten, unabhängig von ihrem Aufenthaltstatus oder der Dauer ihres Aufenthaltes.

Existiert ein Familienleben i.S.d. Art. 8 EMRK und würde eine Ausweisung zu der Trennung von Familienangehörigen führen, so kann dies einen Eingriff in Art. 8 EMRK darstellen. Obwohl Art. 8 EMRK kein Recht auf Aufenthalt in einem Vertragsstaat garantiert, kann im Falle eines derartigen Eingriffes die Notwendigkeit bestehen, dem Ausländer einen gesicherten Rechtsstatus zu gewähren.[42] Im Fall *Abdulaziz, Cabales und Balkandali* bestätigte der EGMR die frühere, ständige Praxis der EKMR, wonach „der Ausschluss einer Person von einem Staat, in dem Mitglieder der Familie leben, ein Problem nach Art. 8 EMRK aufwerfen kann".[43] Da Art. 8 EMRK von einem tatsächlich existierenden Familienleben ausgeht, setzt dies voraus, dass bereits alle Familienangehörigen im Vertragsstaat anwesend sind. Ein Anspruch auf Einreise, Familiennachzug und Visumserteilung ergibt sich somit nicht aus Art. 8 EMRK.[44]

Ein Eingriff in das Recht auf Familienleben ist gemäß Art. 8 Abs. 2 EMRK gerechtfertigt, wenn dieser gesetzlich vorgesehen ist und eine Maßnahme darstellt, die in einer demokratischen Gesellschaft zur Verteidigung der Ordnung notwendig ist. Der EGMR überprüft regelmäßig die Verhältnismäßigkeit der behördlichen Entscheidung.
Kann das Familienleben auch im Ausland geführt werden, so ist nach der Rspr. des EGMR keine Verletzung des Art. 8 EMRK gegeben. Ernsthafte Hindernisse, wie z.B. spezielle Bindungen mit dem ausweisenden oder den die Einreise verweigernden Staat, oder die fehlende Mobilität und Bindung mit dem anderen Staat können aber der Herstellung der Familieneinheit im Ausland widersprechen.[45]

---

42 Sich der Problematik bewusst, dass die Erlaubnis des Aufenthaltes in einem Staat zur Einwanderung führt, stellt der EGMR in fast allen seinen Entscheidungen im Rahmen einer Prüfung des Art. 8 EMRK folgendes klar:
1) „As a matter of well-established international law and subject to its treaty obligations, a State has the right to control the entry, residence and expulsion of aliens into its territory."
2) "In the field of immigration Contracting States enjoy a wide margin of appreciation in determining the steps to be taken to ensure compliance with the Convention with due regard to the needs and resources of the community and of individuals."

43 EGMR, Urteil vom 28.5.1985, Abdulaziz, Cabales und Balkandali ./. Vereinigtes Königreich, EuGRZ 1985, S. 567 (570).

44 EGMR, Urteil vom 19.2.1996, Gül ./. Schweiz, InfAuslR 1996, S. 245; EGMR, Urteil vom 28.11.1996, Ahmut ./. Niederlande, InfAuslR 1997, S. 141.

45 Siehe *Wildhaber* in: IntKomm EMRK, Stand: Mai 2000, Art. 8 Rn. 424; *Villiger*, 1999, S. 373 Rn. 580.

C. Die UN-Antifolterkonvention

Auch dass *Übereinkommen gegen Folter und andere grausame, unmenschliche oder erniedrigende Behandlung oder Strafe* der Vereinten Nationen vom 10. Dezember 1984 (UN-Antifolterkonvention)[46] enthält eine dem Artikel 3 EMRK vergleichbare Norm, die eine Abschiebung in den Verfolgerstaat verbietet. Art. 3 UN-Antifolterkonvention verbietet den Vertragsstaaten, eine Person in einen anderen Staat auszuweisen, abzuschieben oder an diesen auszuliefern, wenn stichhaltige Gründe für die Annahme bestehen, dass sie dort Gefahr liefe, gefoltert zu werden. Dabei bezeichnet der Ausdruck „Folter" jede Handlung, durch die einer Person vorsätzlich große körperliche oder seelische Schmerzen oder Leiden zugefügt werden, zum Beispiel um von ihr oder einem Dritten eine Aussage oder ein Geständnis zu erlangen, um sie für eine tatsächlich oder mutmaßlich von ihr oder einem Dritten begangene Tat zu bestrafen oder um sie oder einen Dritten einzuschüchtern oder zu nötigen, oder aus einem anderen, auf irgendeine Art von Diskriminierung beruhenden Grund, wenn diese Schmerzen oder Leiden von einem Angehörigen des öffentlichen Dienstes oder einer anderen in amtlicher Eigenschaft handelnden Person, auf deren Veranlassung oder mit deren ausdrücklichem oder stillschweigenden Einverständnis verursacht werden. Allerdings umfasst der Begriff „Folter" nicht Schmerzen oder Leiden, die sich lediglich aus gesetzlich zulässigen Sanktionen ergeben, dazu gehören oder damit verbunden sind.

In ihrer Bedeutung tritt die Konvention hinter Art. 3 EMRK zurück, da in der EMRK außer der Folter auch unmenschliche und erniedrigende Behandlung verboten sind. Außerdem umfasst die UN-Antifolterkonvention nicht die durch nichtstaatliche Gruppen ausgeübte Folter.[47]

2. Kapitel Historischer und rechtlicher Kontext der Entstehung des DÜ

Ab Mitte der achtziger Jahre stieg die Zahl der Asylanträge in den westeuropäischen Ländern rapide an. Der Zusammenbruch der sozialistischen Staaten in Osteuropa und der Fall der Berliner Mauer zeitgleich mit dem Beginn der Krise in Jugoslawien gegen Ende der 80er Jahre führten

---

46 BGBl. 1990 II S. 246. Siehe zur UN-Folterkonvention auch *Hailbronner/Randelzhofer*, EuGRZ 1986, S. 641ff.; *van Krieken*, ZAR 1986, S. 17 ff.; *Nowak*, EuGRZ 1985, S. 109 ff.; *Marx*, ZRP 1986, S. 81 ff.

47 *Hailbronner/Randelzhofer*, EuGRZ 1986, S. 641 (642).

schließlich zu einem nie da gewesenen Anstieg der Asylbewerberzahlen.[48] Waren es 1985 noch 167.599 Asylanträge in Westeuropa,[49] so beantragten 1988 bereits 233.357 Personen Asyl, 1990 sogar 428.373 Personen. Die Spitze war dann 1992 mit 682.678 Asylanträgen erreicht. Die meisten Asylanträge wurden in den Benelux-Staaten, Frankreich und Deutschland gestellt. Der Anteil der in Deutschland gestellten Asylanträge betrug dabei knapp die Hälfte der in Westeuropa gestellten Anträge und stieg 1992 sogar auf ca. 66 % an. Die südlichen Staaten (Italien, Spanien, Griechenland) fungierten als Transitstaaten auf dem Weg in die „reichen" Staaten des Nordens; die Anzahl der Asylanträge blieb in diesen Ländern gering.

Die Zunahme des Flüchtlingsstroms in den 80er Jahren führte in den meisten Ländern Westeuropas zu Ängsten und Ressentiments in der Bevölkerung, die häufig mit Xenophobie und fremdenfeindlichen Übergriffen auf Asylbewerber und Ausländer einhergingen. Es kam es zu einer Belastung der Sozialsysteme und zu einer Überlastung der für die Asylverfahren verantwortlichen Behörden mit der Folge, dass sich Anerkennungsverfahren und Rechtsmittel oft jahrelang hinauszögerten. Zunächst versuchten die Staaten, durch eine Verschärfung ihrer nationalen Asyl- und Ausländergesetze der Einreise von potentiellen Asylbewerbern vorzubeugen. Häufig führte dies aber nur zu einer vorübergehenden Verlagerung des Problems auf den Nachbarstaat, bis dieser ebenfalls seine Asylgesetze verschärfte. So entstand ein regelrechter „Wettlauf" zwischen einzelnen westeuropäischen Staaten, um nicht den „zweifelhaften" Ruf zu erlangen, der Staat mit den freizügigsten Asylgesetzen zu sein. Der dramatische Anstieg der Asylbewerberzahlen und die zum 1. Januar 1993 geplante Verwirklichung eines internen, grenzfreien Binnenmarktes erhöhten den Druck auf die damaligen Staaten der Europäischen Gemeinschaft, eine Harmonisierung ihres Asyl- und Ausländerrechts zu erreichen. Diese sprunghafte Zunahme der Zahl der Asylbewerber, ihre ungleiche Verteilung auf die westeuropäischen Staaten und die anvisierte Verwirklichung des internen Binnenmarktes schufen die Ausgangslage für die Schengener Verträge und das Dubliner Übereinkommen.[50]

---

[48] Vgl. *Lavenex*, 1999, S. 18 f.; *Joly*, 1996, S. 46 ff.; *UNHCR*, The State of the World's Refugees, 2000, S. 56 ff.

[49] Die Zahlen beziehen sich auf Gesamtwesteuropa, also auch die damaligen EFTA-Staaten Norwegen, Schweden, Finnland, Österreich und die Schweiz.

[50] Siehe hierzu näheres unten ab S. 44 ff.

A. Initiativen des Europarates

Lange bevor die Europäische Union sich mit dem Flüchtlingsproblem und einer eventuellen Harmonisierung des Asylrechts beschäftigte, stand das Thema der Harmonisierung bereits auf der Agenda des Europarates. Neben Abkommen und Empfehlungen in diesem Bereich, die sich u.a. mit der Frage der Harmonisierung des Asylrechts in den Mitgliedstaaten auseinander setzten, wurde vom Europarat auch der Entwurf eines Erstasylabkommens ausgearbeitet. Die Arbeiten zum Erstasylabkommen kamen nicht über das Entwurfstadium hinaus, haben jedoch das Dubliner Übereinkommen maßgeblich mitbeeinflusst.[51] Daher wird in diesem Kapitel zunächst die Tätigkeit des Europarates vorgestellt, ehe auf die ersten Versuche einer Harmonisierung des Asylrechts und die Entstehung des Dubliner Übereinkommens eingegangen wird.

Der 1949 als zwischenstaatliche Organisation gegründete Europarat beschäftigte sich von Beginn seiner Tätigkeit an, gerade auch vor dem Hintergrund des Flüchtlingsproblems des Zweiten Weltkrieges, mit Flüchtlingsfragen und Wanderungsbewegungen in Europa. 1950 wurde ein Ausschuss für Flüchtlingsfragen gegründet, dessen Arbeit ab 1958 vom Ausschuss für Wanderungsbewegungen, Flüchtlinge und Demographie fortgesetzt wurde.[52]

I. Übereinkommen und Empfehlungen im Flüchtlingsbereich

Neben der Europäischen Menschenrechtskonvention, der aufgrund der Rechtsprechung der EKMR und des EGMR eine große Bedeutung für den Schutz von Flüchtlingen zukommt,[53] hat der Europarat zwei weniger bekannte völkerrechtliche Verträge initiiert, die ausdrücklich die Rechte von Flüchtlingen schützen. Am 20. April 1959 wurde das *Europäische Abkommen betreffend die Aufhebung des Sichtvermerkzwangs für Flüchtlinge* unterzeichnet. Es garantiert die Wiederaufnahmepflicht des asylgewährenden Staates, wenn ein Drittstaat den Flüchtling ausweisen oder abschieben will.[54] Das am 16. Oktober 1980 unterzeichnete *Europäische Übereinkommen über den Übergang der Verantwortung für Flüchtlinge*[55] stellt einen Anfang in Richtung auf eine europäische Koordinierung des Asylrechts auf

---

51 *Gattiker*, ASYL 1998, S. 87 (88).

52 Empfehlung Nr. 144 (1958) vom 14.1.1958. Näheres zum Ausschuss siehe bei *Tessenyi/Newman*, EJML 1999, S. 229 (230).

53 Siehe oben S. 33 ff.

54 ETS Nr. 31, in Kraft getreten am 4.9.1960. Vgl. *Uibopuu*, AVR 1983, S. 60 (63).

55 ETS Nr. 107, in Kraft getreten am 1.12.1980.

vertraglichem Wege dar. Es sieht vor, dass die Zuständigkeit für die Ausstellung von Flüchtlingsreisepässen auf denjenigen Staat übergeht, der einem mit Reisepapieren eines anderen Staates eingereisten Flüchtling Reisepapiere ausstellt oder ihm auf Dauer den Aufenthalt gestattet, soweit dieser sich bereits zwei Jahre lang mit Kenntnis bzw. Erlaubnis der staatlichen Behörden in diesem Staat aufgehalten hat. Es ist nur von zwölf Staaten ratifiziert worden und daher eher von marginaler Bedeutung.[56]

Seit 1967 hat das Ministerkomitee diverse Empfehlungen im Bereich des Flüchtlings- und Asylrechts verabschiedet.[57] Diese betreffen u.a. den Vorschlag der Harmonisierung der nationalen Asylverfahren oder die Handhabung des Konzeptes der sicheren Drittstaaten. Mit der Resolution (67) 14 rief das Ministerkomitee die Mitgliedstaaten zur Beachtung des *Non-Refoulement* Gebotes auf.[58] Wenn sich Schwierigkeiten aus der Anwendung dieser Empfehlung ergäben, sollten die Mitgliedstaaten dies im Geiste „europäischer Solidarität und ihrer gemeinsamen Verantwortung in diesem Bereich" entweder einzeln oder in Kooperation zu lösen versuchen. Die Resolution (81) 16 das Ministerkomitee sieht eine Reihe von Grundsätzen für die Harmonisierung des Asylrechts der Mitgliedstaaten vor.[59] Die Empfehlung

---

56 Folgende Staaten haben das Übereinkommen ratifiziert: Dänemark, Deutschland, Finnland, Italien, Niederlande, Norwegen, Portugal, Rumänien, Schweden, Schweiz, Spanien, Vereinigtes Königreich.

57 Siehe CAHAR (99) 6, Selected Texts concerning territorial asylum and refugees adopted within the Council of Europe, Vol. I, Agreements, Resolutions and Recommendations of the Committee of Ministers: R (67) 14 on asylum to persons in danger of persecution; R (70) 2 on the acquisition by refugees of the nationality of their country of residence; R (81) 16 on the harmonisation of national procedures relating to asylum; R (84) 1 on the protection of persons satisfying the criteria in the Geneva Convention who are not formally recognised as refugees; R (84) 21 on the acquisition by refugees of the nationality of the host country; R (94) 5 on guidelines to inspire practices of the Member States of the Council of Europe concerning the arrival of asylum-seekers at European airports; R (97) 22 containing guidelines on the application of the safe third country concept; R (98) 13 of the Committee of Ministers to member States on the right of rejected asylum seekers to an effective remedy against decisions on expulsion in the context of Article 3 on the European Convention on Human Rights; R (98) 15 of the Committee of Ministers to member States on the training of officials who first come into contact with asylum seekers, in particular at border points; R (99) 23 of the Committee of Ministers to member States on family reunion for refugees and other persons in need of international protection; R (99) 12 of the Committee of Ministers to member States on the return of rejected asylum seekers; R (2000) 9 of the Committee of Ministers to member States on temporary protection.

58 Ministerrat, Empfehlung (67) 14 vom 29.6.1967 Asylum to persons in danger of persecution.

59 Ministerrat, Empfehlung (81) 16 vom 5.1.1981 (...) of the harmonisation of national procedures relating to asylum.

bleibt aber hinter einschlägigen EG-Beschlüssen zurück, da eine Vereinheitlichung der Voraussetzungen für die Asylgewährung nicht anvisiert wurde.[60]

Das Ministerkomitee wird in seiner Arbeit vom der Expertenkommission CAHAR (Ad-hoc-Expertenkomitee zu rechtlichen Fragen des territorialen Asyls, der Flüchtlinge und Staatenlosen) unterstützt. CAHAR wurde nach dem Scheitern der 1977 von den Vereinten Nationen einberufenen Kodifikationskonferenz über territoriales Asyl ins Leben gerufen und nahm im April 1977 seine Arbeit auf. Es besteht aus höheren und hohen Regierungsbeamten der Mitgliedstaaten. Zu seinen Aufgaben gehört es, rechtliche Instrumente auszuarbeiten, die dem Ministerrat zur Diskussion und Beschlussfassung vorgelegt werden. Des weiteren verfolgt es die internationalen Entwicklungen im Asylrecht und dient als Forum zum Austausch und Erfahrungen zwischen den Mitgliedstaaten.[61]

Die Parlamentarische Versammlung des Europarates hat seit 1961 mehr als 50 Empfehlungen und Resolutionen zu den verschiedenen Aspekten des Asyl- und Flüchtlingsrechts erlassen. Hierzu zählen auch Berichte zur Menschenrechtssituation in den Herkunfts- und Transitstaaten.[62] Diese Empfehlungen sind allerdings sehr weitgehend und daher in der Praxis nur schwer durchzusetzen.[63] So schlug die Parlamentarische Versammlung in ihrer Empfehlung 1088 (1988) „on the right to territorial asylum" angesichts des enormen Zuwachses der Asylbewerberzahlen in den achtziger Jahre dem Ministerrat verschiedene Maßnahmen vor.[64] Dazu zählen der Abschluss eines Erstasylabkommens, die weitere Harmonisierung der Asylverfahren der Mitgliedsstaaten, die Verabschiedung einer eigenen europäischen Asylkonvention mit der Einrichtung eines Europäischen Flüchtlingskommissars und die Verabschiedung eines Zusatzprotokolls der EMRK zum Schutze der Asylbewerber und politischen Flüchtlinge. Bereits mit der Empfehlung 1016 (1985) wies die Parlamentarische Versammlung darauf hin, dass eine größer werdende Anzahl von Flüchtlingen keinen

---

60 *Hailbronner*, 1989, S. 28.

61 *Gattiker*, ASYL 1998, S. 87; *Uibopuu*, AVR 1983, S. 60 (69 ff.).

62 CAHAR (99) 6, Selected Texts concerning territorial asylum and refugees adopted within the Council of Europe, Vol. II, Recommendations and Resolutions of the Parliamentary Assembly, 1999.

63 *Gattiker*, ASYL 1998, S. 87 (88).

64 Parlamentarische Versammlung, Empfehlung 1088 (1988) vom 7.10.1988 on the right to territorial asylum.

aufnahmebereiten Staat findet, der bereit ist ihr Asylbegehren zu prüfen, und als sog. „refugees in orbit" von einem Staat in den anderen geschoben wird.[65] Insgesamt betrachtet war der Europarat in den achtziger Jahren stärker an den Zielen einer effektiven und zugleich humaneren Bewältigung der Flüchtlingsproblematik orientiert als die vorrangig an einer Beseitigung der Kontrollen an den Binnengrenzen und der Schaffung eines einheitlichen europäischen Rechtsraumes interessierte EG und die Schengen-Staaten.[66]

II. Entwurf eines Erstasylabkommens

Die Expertenkommission CAHAR beschäftigte sich schon früh mit der Frage, wie das Problem der Flüchtlinge zu lösen sei, die sich in einer „Orbit-Situation" befinden.[67] In ihrer neunten Sitzungsperiode (23.-27. März 1981) legte CAHAR einzelne Prinzipien zur Bestimmung des zuständigen Staates fest, die in der zukünftigen Diskussion berücksichtigt werden sollten. Demnach sollten Asylanträge dann bearbeitet werden, wenn eine enge Bindung zu diesem Staat bestehe oder solange ein anderer Staat dem Antragsteller nicht Asyl gewährt habe. Eine „enge Bindung" liege vor, wenn der Antragsteller in einem Staat verweilte und dort enge Verwandte hatte, er die Erlaubnis erhalten habe, einer gewinnbringenden Tätigkeit nachzugehen oder er einen Asylantrag in einem anderen Staat gestellt habe, über den noch nicht entschieden worden sei.[68]

In der elften Sitzungsperiode (15.-19. März 1982) beschlossen die Experten im CAHAR, dass zusätzlich zu den erarbeiteten Kriterien für eine „enge Bindung" an einen anderen Staat auch der wenigstens sechsmonatige Aufenthalt in diesem Staat zählen sollte.[69] 1984 scheiterte ein erster Versuch, Richtlinien für die Zuständigkeit eines Staates für die Durchführung des Asylverfahrens zu erstellen.[70] Nachdem auch die Parlamentarische Versammlung in einer Empfehlung vom 26. September 1985[71] die Mitgliedstaaten aufgefordert hatte, eine gemeinsame Definition des Begriffs „Erstasylland" zu erarbeiten, um die Situation der „refugees in orbit" zu lösen, wurde 1986 dann ein neuer Entwurf vorgelegt.[72] Das CAHAR hat schließlich

---

65 Parlamentarische Versammlung, Empfehlung 1016 (1985) vom 26.9.1985 on living and working conditions of refugees and asylum seekers.

66 *Hailbronner*, 1989, S. 27.

67 *Zürcher*, ASYL 1989, S. 6.

68 Zitiert nach *Uibopuu*, ARV 1983, S. 60 (72 f.).

69 Zitiert nach *Uibopuu*, AVR 1983, S. 60 (79 f.).

70 *Loescher*, International Affairs 1989, S. 617 (628).

71 Recommendation 1016 (1985) on living and working conditions of refugees and asylum seekers.

72 *Hailbronner*, 1989, S. 28 f.; *Loescher*, International Affairs 1989, S. 617 (628).

1988 nach jahrelangen Verhandlungen für das Ministerkomitee des Europarats den Entwurf eines Erstasylabkommens ausgearbeitet,[73] über den aber zwischen den Experten der Mitgliedstaaten keine völlige Einigung erzielt werden konnte.

Ziel des Entwurfes war es, negative Kompetenzkonflikte innerhalb Europas auszuschließen. Jeder zuständige Staat sollte zumindest bis zum Zeitpunkt des Abschlusses des materiellen Asylverfahrens eine Verantwortung für den Asylsuchenden, die über die bloße Beachtung des *non-refoulement* Prinzips hinausgeht, tragen. In erster Linie sollte dasjenige Land zuständig sein, das dem Ausländer eine Bewilligung zur Einreise oder zum Aufenthalt erteilt hatte. Unkontrollierte Wanderungsbewegungen sollten vermieden oder möglichst im Anfangsstadium erfasst werden. Prinzipiell hat ein Asylbewerber folglich nur in einem Land die Chance auf Prüfung seines Asylgesuchs. Dieses Land darf er sich nicht frei aussuchen, vielmehr ist der Staat zuständig, den er zuerst betreten hat, außer ein anderer Staat hat ihm zuvor eine Aufenthaltserlaubnis oder ein Visum erteilt. Subsidiär bleibt der Staat zuständig, in dem der Asylbewerber zuerst einen Antrag gestellt hat. Ein Mitgliedstaat, der ein Asylgesuch endgültig abgelehnt hat, ist dazu verpflichtet, den in einen anderen Staat weitergewanderten Asylbewerber zurückzunehmen und für seine Abschiebung in einen sicheren Drittstaat oder in den Heimatstaat Sorge zu tragen.[74]

Die Zuständigkeitsregelungen fanden nicht bei allen Mitgliedstaaten des Europarates Anklang. Insbesondere die südlichen Staaten wie Griechenland, Italien und Spanien befürchteten eine Verlagerung der Flüchtlingsbewegungen zu ihren Lasten. Staaten wie Österreich und Italien waren der Ansicht, dass die Ausarbeitung von Grundsätzen zur Zuständigkeit für die Behandlung eines Asylgesuches nicht in den Kompetenzbereich des CAHAR-Expertenkomitees falle.[75] Auf den Widerspruch zahlreicher Staaten stießen auch die von der Kommission vorgeschlagenen Ausnahmeregelungen in Fragen der Familieneinheit. Der Entwurf sah u.a. die Zuständigkeit eines Mitgliedstaates begründet, wenn dieser bereits einen engen

---

[73] CM (89) 12 CAHAR (88) 9 de.; zitiert nach *Wollenschläger/Becker*, EuGRZ 1990, S. 4 Fn. 49; Ad Hoc Committee of Experts on the Legal Aspects of Territorial Asylum; Refugees and Stateless Persons (CAHAR), Draft Agreement on responsibility for examining asylum requests, 27. meeting of the CAHAR in Strasbourg, 29.11.1988 - 2.12.1988, abgedruckt bei *Hailbronner*, 1989, S. 228 ff.

[74] *Zürcher*, ASYL 1989, S. 6 (7).

[75] *Hailbronner*, 1989, S. 30

Familienangehörigen oder den Ehegatten des Asylbewerbers als Flüchtling anerkannt hat.[76]
Letztlich scheiterte der Entwurf eines Erstasylabkommens auch an der Tatsache, dass innerhalb der Schengen-Gruppe der EU bereits konkrete Ergebnisse vorlagen und in der Ad-hoc Gruppe „Einwanderung" ebenfalls ein Abkommen zu diesem Themenkomplex zwischen den Mitgliedstaaten der damaligen EG ausgehandelt wurde.[77] Auch stieß der Europarat bei der Aufgabe der Harmonisierung des Asylrechts oder des Entwurfes eines Erstasylabkommens noch viel schneller an strukturell bedingte Grenzen als die EG-Mitgliedstaaten. Allein die große Zahl von Mitgliedstaaten und deren Heterogenität (in Bezug auf vorhandene Erfahrungen, Tradition, Kapazitäten etc.) hatten zur Folge, dass das Suchen nach einem gemeinsamen Nenner besonders schwierig und zeitraubend war.[78]
Ab Mitte der achtziger Jahre verlor die Arbeit des Europarates im Flüchtlingsbereich zunehmend an Bedeutung, während die Asylpolitik gleichzeitig auf der Ebene der EG-Mitgliedstaaten an Wichtigkeit gewann.

B. Die Politik der Europäischen Gemeinschaft im Asyl- und Flüchtlingsrecht vor dem Maastrichter Vertrag

Lange Zeit hatte sich die EG nur als Wirtschaftsgemeinschaft definiert und beschäftigte sich nicht mit Asyl- und Flüchtlingsfragen.[79] Zudem fanden sich im primären Gemeinschaftsrecht vor dem Vertrag von Maastricht keine ausdrücklichen Bestimmungen über das Asyl- und Flüchtlingsrecht. Erst die starke Zunahme der Flüchtlingszahlen in Westeuropa und die bevorstehende Verwirklichung des Binnenmarktes zum 1. Januar 1993 erhöhten den Druck auf die Mitgliedstaaten, Möglichkeiten zur Begrenzung der Asylbewerber und zur Harmonisierung des nationalen Asylrechts zu suchen.

I. Die Verwirklichung des Binnenmarktes

Der Europäische Rat beschloss auf seiner Tagung in Fontainebleau am 25./26. Juni 1984 die Abschaffung aller Polizei- und Zollformalitäten an den

[76] *Hailbronner*, 1989, S. 31.

[77] *Loescher*, International Affairs 1989, S. 617 (629).

[78] *Gattiker*, ASYL 1998, S. 87 (92).

[79] Gemäß Art. 2 EWGV ist es Aufgabe der Gemeinschaft, „durch die Errichtung eines Gemeinsamen Marktes und die schrittweise Annäherung der Wirtschaftspolitik der Mitgliedstaaten eine harmonische Entwicklung des Wirtschaftslebens innerhalb der Gemeinschaft, eine beständige und ausgewogenen Wirtschaftsausweitung, eine größere Stabilität, eine beschleunigte Hebung der Lebenshaltung und engere Beziehungen zwischen den Staaten zu fördern, die in dieser Gemeinschaft zusammengeschlossen sind."

innergemeinschaftlichen Grenzen der EG für den Verkehr von Personen und Waren.[80] Durch den II. Titel der Einheitlichen Europäischen Akte[81] wurde 1986 in den EWG-Vertrag Art. 8 a eingefügt,[82] durch den die Verwirklichung eines Raums ohne Binnengrenzen bis zum 31. Dezember 1992 vertraglich festgelegt wurde.[83] In der Schlussakte zur EEA brachten die Regierungsvertreter noch einmal nachdrücklich ihren Willen zum Ausdruck, vor dem 1. Januar 1993 die notwendigen Beschlüsse für die Umsetzung des Binnenmarktes zu fassen.[84]

In Anbetracht des zum 1. Januar 1993 angestrebten gemeinsamen Binnenmarktes der Europäischen Gemeinschaft befürchteten die Mitgliedstaaten, dass eine Unterscheidung bei der Einreise zwischen EG-Angehörigen und Drittstaatsangehörigen nicht mehr möglich sei. Faktisch käme somit die Abschaffung der Binnengrenzen auch Drittstaatsangehörigen zugute.[85] Der jederzeit mögliche Gebietswechsel innerhalb der EG-Mitgliedstaaten hätte so zu einer Konzentration von Asylbewerbern auf einige wenige Staaten mit dem freizügigsten Asylrecht und zu einem unkontrollierbaren „Asyltourismus" führen können. Zwar hätten die EG-Staaten weiterhin mittels Außengrenzkontrollen und Einreisebestimmungen reglementieren können, wer in ihr Land bzw. in die EG einreisen dürfte. Da sich die Einreisebestimmungen der verschiedenen Länder aber beträchtlich voneinander unterschieden, wäre es in der Praxis möglich gewesen, die Einreise über das Land mit den freizügigsten Einreisevorschriften

---

80 Am 7. Juni 1984 hatten die im Rat vereinigten Mitglieder der Regierungen der Mitgliedstaaten der EG eine Entschließung über die Erleichterung der Personenkontrollen an den Grenzen angenommen (Bulletin EG, Beilage 7/1985, S. 7); zitiert nach *Hailbronner,* 1989, S. 19.

81 Gesetz zur Einheitlichen Europäischen Akte vom 28.2.1986, BGBl. 1986 II S. 1102.

82 Art. 8 a EG-Vertrag lautete: Abs. 1 „Die Gemeinschaft trifft die erforderlichen Maßnahmen, um bis zum 31. Dezember 1992 gemäß dem vorliegenden Artikel, den Artikeln 8 b, 99, 100 a und 100 b unbeschadet der sonstigen Bestimmungen dieses Vertrages den Binnenmarkt schrittweise zu verwirklichen."
Abs. 2 „Der Binnenmarkt umfasst einen Raum ohne Binnengrenzen, in dem der freie Verkehr von Waren, Personen, Dienstleistungen und Kapital gemäß den Bestimmungen dieses Vertrages gewährleistet ist."

83 *Hailbronner*, 1989, S. 199 ff.

84 Zitiert nach *Schoch*, DVBl. 1992, S. 525 (527): „Die Konferenz möchte mit Art. 8 a den festen politischen Willen zum Ausdruck bringen, vor dem 1. Januar 1993 die Beschlüsse zu fassen, die zur Verwirklichung des in diesem Artikel beschriebenen Binnenmarktes erforderlich sind, und zwar insbesondere die Beschlüsse, die zur Ausführung des von der Kommission in dem Weißbuch über den Binnenmarkt aufgestellten Programms notwendig sind. Die Festsetzung des Termins 31. Dezember 1992 bringt keine automatische rechtliche Wirkung mit sich."

85 *Schoch*, DVBl. 1992, S. 525 (527).

vorzunehmen.[86] Es bestand Einigkeit, dass die Beseitigung der innergemeinschaftlichen Grenzen nur bei einer gleichzeitigen Verlagerung der Grenzkontrollen an die Außengrenzen zu vertreten sei. Vorgeschlagen wurde daher, die Einreisekontrollen an die Außengrenzen der Gemeinschaft zu verlegen und die Visumsvergabe der Mitgliedstaaten zu koordinieren.[87]

II. Vorschlag der Kommission zu einer Asylrichtlinie

Bereits im Juni 1985 veröffentlichte die EG-Kommission ihr Weißbuch zur Vollendung des Binnenmarktes, in dem knapp dreihundert Bereiche aufgeführt waren, die durch eine europäische Gesetzgebung geregelt werden mussten, damit ab 1992 der freie Verkehr von Waren, Dienstleistungen, Kapital, aber auch Personen ohne Grenzen und Kontrollen ermöglicht werden konnte.[88] Das Weißbuch von 1985 enthielt folgende Selbstverpflichtung der Kommission hinsichtlich des Asylrechts:

> „Ebenso werden spätestens 1988 Maßnahmen zum Asylrecht und zur Lage der Flüchtlinge vorgeschlagen. Die entsprechenden Entscheidungen sind bis spätestens 1990 zu fällen“.[89]

Die EG-Kommission entwarf 1988, wie im Weißbuch 1985 unter Punkt 55 Unterabsatz 3 angekündigt, eine *„Richtlinie für die Koordinierung der Vorschriften betreffend das Asylrecht und den Flüchtlingsstatus“*. Die Ausarbeitung des Vorentwurfes wurde der Generaldirektion III (Binnenmarkt und Gewerbliche Wirtschaft) übertragen.[90] Ein erster Vorentwurf lag im März 1988 vor, ein definitiver Entwurf einer Richtlinie zum Asylrecht und zum Status der Flüchtlinge wurde 1989 vorgestellt.[91] Der Entwurf der Asylrichtlinie sah keine umfassende Harmonisierung der nationalen Asylrechtsverfahren vor, sondern war nur bestrebt, die innerstaatlichen

---

86 *Hailbronner*, 1989, S. 34; siehe Auflistung bei *Weichert*, InfAuslR 1990, S. 257 (260), über Visabestimmungen in diversen europäischen Ländern.

87 *Hailbronner*, 1989, S. 84 ff.

88 Siehe *Langguth* , in: Barwig/Lörcher/Schumacher (Hrsg.), 1989, S. 252 (262).

89 Zitiert nach *Hummer*, ZfRV 1991, S. 142; KOM (85) 310, S. 15 Rn. 55 UAbs. 3.

90 Nach Ansicht von *Hummer*, ZfRV 1991, S. 129 (143), zeigt diese Zuteilung schon die Hauptintention der Kommission, mit der Richtlinie „das Problem des freien Personenverkehrs von Drittstaaten in den Griff zu bekommen“ und nicht im Gleichklang mit den Leitlinien der Asylrechtsentschließung des Europäischen Parlamentes zu handeln.

91 « Projet de disposition de directive du Conseil relative au rapprochement des règles concernant le droit d’asile et le statut des réfugiés »; siehe *Wilke*, ZRP 1989, S. 225 ff.

Anerkennungsverfahren für die Erteilung des Flüchtlingsstatus zu koordinieren.[92]
Schwerpunkt des Entwurfes war die Bestimmung der Zuständigkeit eines Staates für die Durchführung eines Asylverfahrens.[93] Nur ein einziger Mitgliedstaat sollte für die Überprüfung eines Asylverfahrens verantwortlich sein.[94] Hierzu wurden nähere Vorschriften zur Bestimmung der internationalen Zuständigkeit aufgestellt.[95] Die Zuständigkeit eines Mitgliedstaates ergab sich u.a. aus der Erteilung einer Aufenthaltsgenehmigung oder eines Visums. Im Rahmen einer Familienzusammenführung konnte die Zuständigkeit innerhalb der ersten drei Monate wechseln. Den Mitgliedstaaten blieb es aber unbenommen, freiwillig die Zuständigkeit für die Durchführung eines Asylverfahrens zu übernehmen. Außerdem sollte ein beratendes Komitee für Asylrechtsfragen eingesetzt werden, dessen vom Staat zu berücksichtigende Stellungnahme zu einer einheitlichen Praxis zwischen den Mitgliedstaaten beitragen sollte.[96]

Die Kommission stützte ihren Vorschlag einer Asylrichtlinie auf die Art. 100 i.V.m. Art. 3 Bst. c) und Art. 8 a EWGV. Dabei ging sie offensichtlich von einer Gemeinschaftszuständigkeit auch zur Angleichung der juristischen Rahmenbedingungen hinsichtlich der Beseitigung aller der Freizügigkeit von Drittstaatsangehörigen entgegenstehenden Hindernisse aus.[97] Der Entwurf stieß bei den Mitgliedstaaten auf Ablehnung und wurde von der Kommission zurückgezogen. Dieser Rückzug ist wohl nicht nur auf die (damals) mangelnde Kompetenz der EG im Asylbereich zurückzuführen, sondern erfolgte auch aufgrund der parallel in den intergouvernementalen Gremien stattfindenden Arbeiten zum späteren Schengener Durchführungsübereinkommen und zum Dubliner Übereinkommen.[98]

III. Die Schengener Abkommen

Da mangels Rechtsetzungskompetenz im Gemeinschaftsrecht Ende der achtziger Jahre keine Harmonisierung des Asylrechts zwischen den EG-Staaten zu erzielen war, versuchte man zunächst nur das drängendste Problem, das unkontrollierte und mehrfache Stellen von Asylanträgen in den

---

92 *Wollenschläger/Becker*, EuGRZ 1990, S. 1 (5).
93 *Gilsdorf*, EuR 1990, S. 65.
94 Art. 3 RL-Entwurf.
95 Art. 4 bis 13 RL-Entwurf.
96 Eine kurze Beschreibung des Inhaltes findet sich bei *Hummer*, ZfRV 1991, S. 129 (143 f.) und *Wollenschläger/Becker*, EuGRZ 1990, S. 1 (5).
97 *Hummer*, ZfRV 1991, S. 129 (144); *Wollenschläger/Becker*, EuGRZ 1990, S. 1 (5 ff.).
98 Vgl. auch *Gilsdorf*, EuR 1990, S. 65 (66); *Hummer*, ZfRV 1991, S. 129 (143); *Weichert*, InfAuslR 1990, S. 257 (263).

Mitgliedstaaten, anzugehen. Die Schengen-Gruppe (Frankreich, Deutschland und die Benelux-Staaten) und die EG-Staaten – in der auch alle Schengen-Staaten teilnahmen – gingen dabei getrennte Wege, kamen aber im Endergebnis zu größtenteils übereinstimmenden Regelungen. Während die EG-Staaten einen völkerrechtlichen Vertrag über die Zuständigkeit der Prüfung von Asylanträgen, das Dubliner Übereinkommen, entwarfen, entschieden sich die Schengen-Staaten, im Rahmen des Schengener Durchführungsübereinkommens Kriterien für die Zuständigkeit eines Vertragsstaates zur Prüfung eines Asylverfahrens festzulegen. Die Verhandlungen fanden in zwei unterschiedlichen Foren statt: in der Ad-hoc-Gruppe „Einwanderung" mit Repräsentanten aller damaligen zwölf EG-Mitgliedstaaten und in der Schengen-Gruppe mit fünf der damaligen EG-Mitgliedstaaten.

1. Das Schengener Abkommen von 1985

Am 14. Juni 1985 schlossen Deutschland, Frankreich und die Benelux-Staaten im luxemburgischen Schengen das sog. Schengener Abkommen (Schengen I).[99] Ziel von Schengen I war der schrittweise Abbau der Kontrollen an den Binnengrenzen mit dem Ziel der völligen Abschaffung aller Kontrollen im EG-Binnenraum.[100] Polizei- und Zollbeamten sollten regelmäßig nur noch Sichtkontrollen und Stichproben durchführen. Das Schengener Abkommen enthält in Titel I kurzfristig durchzuführende Maßnahmen (Art. 1-16) und in Titel II langfristig durchzuführende Maßnahmen (Art. 17-27). Unter den kurzfristig durchzuführenden Maßnahmen sind für das Ausländer- und Asylrecht vor allem die Absprachen zur Annäherung der Sichtvermerkspolitik der Vertragsparteien (Art. 7) und die Vereinbarung zur Zusammenarbeit gegen die unerlaubte Einreise und den unerlaubten Aufenthalt (Art. 9) von Bedeutung. Bei den langfristig durchzuführenden Maßnahmen sind die Verlegung der Personenkontrollen an die EG-Außengrenzen nebst der vorherigen Harmonisierung der der Kontrolle zugrundeliegenden Vorschriften (Art. 17) und das gegenseitige Versprechen der Angleichung von ‚Regelungen in bestimmten Teilbereichen des Ausländerrechts' gegenüber Drittausländern, vor allem in bezug auf die Sichtvermerkspolitik und die Einreisebedingungen (Art. 20) erwähnenswert. Schengen I enthält keine Regelungen hinsichtlich von Asylbewerbern. Einigen Vorschriften (Art. 7, 9, 17, 20) kann jedoch der

99 Übereinkommen zwischen den Regierungen der Staaten der Benelux-Wirtschaftsunion, der Bundesrepublik Deutschland und der Französischen Republik betreffend den schrittweisen Abbau der Kontrolle an den gemeinsamen Grenzen (GMBl. 1986, S. 79 ff.).

100 Vgl. die Präambel, die Bezug nimmt auf den Rat von Fontainebleau 25./26. Juni 1984.

Wunsch nach einer gemeinsamen Visumspolitik und dem zukünftigen gemeinsamen Vorgehen gegen die illegale Einwanderung entnommen werden.

2. Das Schengener Durchführungsübereinkommen von 1990

Die Umsetzung des Schengener Abkommens erfolgte durch das zwischen Frankreich, den Benelux-Staaten und Deutschland geschlossene Schengener Durchführungsübereinkommen (SDÜ) vom 19. Juni 1990.[101] Ursprünglicher Unterzeichnungstermin war der 15.12.1989, wegen der Öffnung der Grenzen zu Osteuropa, insbesondere zwischen der Bundesrepublik und der DDR, wurde daran jedoch nicht festgehalten.[102] Ziel des SDÜ ist es, den im Zuge des Grenzabbaus befürchteten Sicherheitsverlusten mit entsprechenden Ausgleichsmaßnahmen entgegenzuwirken. Im Kern umfasst das Sicherheitspaket einheitliche Außengrenzkontrollen, eine gemeinsame Visums- und Asylpolitik, die Zusammenarbeit bei der Drogenbekämpfung, die justitielle Zusammenarbeit bei Rechtshilfe und Auslieferung und die polizeiliche Zusammenarbeit.[103]

Vergleichbar mit dem Dubliner Übereinkommen enthält das SDÜ in den Art. 28 bis 38 Zuständigkeitsregelungen für die Prüfung eines Asylbegehrens.[104] Die Vertragsstaaten verpflichten sich, jedes Asylbegehren, das von einem Drittausländer in dem Hoheitsgebiet einer der Vertragsparteien gestellt wird, zu behandeln.[105] Der dem Zuständigkeitssystem zugrundeliegende Gedanke ist, denjenigen Staat für die Prüfung eines Asylbegehrens verantwortlich zu machen, der die Einreise des Drittstaatsangehörigen in das Hoheitsgebiet der Schengen-Staaten zu verantworten hat.

Die Durchführung des Asylverfahrens erfolgt nach dem nationalen Asylrecht des zuständigen Schengen-Staates.[106] Das SDÜ trifft weder Regelungen in Bezug auf das prozessuale noch auf das materielle Asylrecht und verbürgt

---

101 Übereinkommen zur Durchführung des Übereinkommens zwischen den Regierungen der Staaten der Benelux-Wirtschaftsunion, der Bundesrepublik Deutschland und der Französischen Republik betreffend den schrittweisen Abbau der Kontrollen an den gemeinsamen Grenzen, in Deutschland ratifiziert durch Gesetz vom 15.7.1993, BGBl II S. 1010.

102 Näheres zur Entstehungsgeschichte bei *Hreblay*, 1998, S. 38 ff.

103 Ausführlich zum SDÜ siehe *Hreblay*, 1998; *Callies/Ruffert*, Art. 61 Rn. 16, 17; *Nanz*, ZAR 1994, S. 99 ff.; *Huber*, NVwZ 1996, S. 1069 ff.; *Heckmann/Tomei* (Hrsg.), 1996 und insbesondere zu den Durchgriffsbefugnissen des Schengener Exekutivausschusses und dem Verhältnis zu Art. 24 Abs. 1 GG siehe *Dörr*, DÖV 1993, S. 696 ff.

104 Zum Verhältnis des SDÜ zum DÜ nach dessen Inkrafttreten siehe unten S. 58.

105 Art. 29 Abs. 1 SDÜ.

106 Art. 32 SDÜ.

auch kein subjektives Recht auf Asylgewährung. Die Schengen-Staaten haben aber in Art. 28 bekräftigt, dass sie ihre Verpflichtungen aus der Genfer Flüchtlingskonvention beachten werden. Das SDÜ legt auch die Überstellungsmodalitäten und die Rückübernahme eines Asylbewerbers fest.[107]

Das SDÜ wurde durch einen Beschluss des Exekutivausschusses am 26.3.1995 für alle Mitgliedstaaten in Kraft gesetzt.[108] Mit Inkrafttreten des Amsterdamer Vertrages am 1. Mai 1999 wurde dann der sog. Schengen-Besitzstand in den ersten Pfeiler der Europäischen Union übernommen.[109]
Der Abschluss der Schengener Verträge kann auch als „Katalysator" der europäischen Asylpolitik bezeichnet werden. Aufgrund der Verhandlungen der fünf Schengen-Staaten sahen sich die übrigen EU-Staaten nämlich veranlasst, im Asylbereich mit dem Dubliner Übereinkommen vergleichbare Regelungen zur Zuständigkeit eines Mitgliedstaates aufzustellen.[110]

C. Die Entstehung des Dubliner Übereinkommens

Seit den siebziger Jahren arbeiteten die Mitgliedstaaten der Europäischen Gemeinschaft bereits in intergouvernementalen Gremien im Bereich der Justiz- und Innenpolitik zusammen. Die Zusammenarbeit fand dabei zunächst hauptsächlich auf dem Felde der inneren Sicherheit in der sog. TREVI-Gruppe statt.[111] TREVI hat sich stets nur auf Ministerempfehlungen ohne rechtliche Bindungswirkung verständigen können, deren Verwirklichung von

---

107 Siehe Art. 31 Abs. 3, Art. 33 Abs. 1 und 34 Abs. 1 SDÜ

108 Dem SDÜ sind Italien am 27.11.1990, Spanien und Portugal am 25.6.1991, Griechenland am 6.11.1992, Österreich am 28.4.1995 sowie die nordischen Staaten Dänemark, Schweden und Finnland am 19.12.1996 beigetreten. Bis auf Großbritannien und Irland sind mittlerweile alle EU-Staaten dem SDÜ beigetreten. Mit Norwegen und Island wurde aufgrund ihrer Passunion mit den drei anderen nordischen Staaten ebenfalls am 19.12.1996 Assoziationsverträge geschlossen.

109 Siehe hierzu z.B. *Hailbronner/Thiery*, EuR 1998, S. 583 ff.; *Corrado*, R.C.M. 1999, S. 342 ff..; und ausführlich im vierten Teil S. 278 f.

110 *Achermann* in: Achermann/Bieber/Epiney/Wehner, S. 79 (80).

111 Die sogenannte TREVI-Gruppe wurde am 1. und 2. Dezember 1975 in Rom auf Beschluss des Europäischen Rates gegründet. Die Innen- und Justizminister der EG einigten sich auf ihrer Tagung am 29. Juni 1976 in London auf ein Arbeitsprogramm für den Bereich der inneren Sicherheit. Die zunächst vier Arbeitsgruppen beschäftigen sich mit Fragen des Terrorismus, der Polizeiausbildung und –technologie, mit Fragen organisierter Kriminalität und Rauschgiftbekämpfung und mit Sicherheitsdefiziten bei einer Beseitigung von Personenkontrollen. Die Abkürzung steht für Terrorisme, Radicalisme, Extremisme et Violence Internationale.

entsprechenden Maßnahmen innerhalb jedes Mitgliedstaats abhing.[112] Asylrechtliche Probleme wurden im Rahmen der TREVI-Gruppe noch nicht diskutiert.
Auf der Tagung der Justiz- und Innenminister in London am 20. Oktober 1986 wurde die Ad-hoc Gruppe „Einwanderung“ eingesetzt. Ihre vorrangige Aufgabe war die Beratung aller mit Einwanderungs- und Asylfragen zusammenhängender Probleme, wie die Sicherung der Außengrenzen, Maßnahmen gegen den Missbrauch des Asylrechts oder die Koordination der Visapolitik.[113] Die Ad-hoc-Gruppe wurde von hohen Regierungsbeamten der einzelnen Mitgliedstaaten gebildet. Die Einsetzung dieser Gruppe markierte den Anspruch der beteiligten Regierungen, die für erforderlich gehaltenen Ausgleichsmaßnahmen zur Vollendung des Binnenmarktes nicht mit Mitteln des sekundären Gemeinschaftsrechts, sondern im Wege der Regierungszusammenarbeit und gegebenenfalls mit Mitteln des Völkervertragsrechts zu regeln.[114] Die Ad-hoc Gruppe „Einwanderung“ tagte im Halbjahres-Turnus und wie die TREVI-Gruppe unter Ausschluss der Öffentlichkeit. Im Unterschied zur TREVI-Gruppe durfte jedoch die EG-Kommission in diese Ad-hoc-Gruppe Beobachter entsenden. Vertreter des UNHCR oder des Europarates waren nicht zugelassen. Das Generalsekretariat des Rates der EG fungierte als ständiges Sekretariat der Ad-hoc Gruppe „Einwanderung“. Der Ad-hoc Gruppe „Einwanderung“ waren verschiedene Untergruppen zugeordnet: die Untergruppen „Asyl“, „Zulassung/Entfernung“, „Außengrenzen“, „Visa“ und gefälschte Dokumente“.[115] Die Untergruppe „Asyl“ war für Fragen des materiellen und formellen Asylrechts zuständig und hat auch das Dubliner Übereinkommen mitausgearbeitet.

I. Politische Vorgaben und ihre Ausarbeitung

Bereits auf ihren Tagungen in Brüssel (April 1987),[116] in Kopenhagen (Dezember 1987), in München (Juni 1988) und in Athen (Dezember 1988)

---

[112] *Ehlermann /Bieber*, EU-Handbuch, I A 100, Vorbemerkungen zu den Artikeln K-K.9, Rn. 2.

[113] *Hummer*, ZfRV 1991, S. 129 (141); *Brechmann*, in: Callies/Ruffert, EU-Kommentar, Art. 61 Rn. 6; *Degen*, in: v. d. Groeben/Thiesing/Ehlermann, EU-Handbuch, Vorbemerkung zu den Artikeln K-K.9, Rn. 6.

[114] *Degen*, in: *Ehlermann /Bieber*, EU-Handbuch, I A 100, Vorbemerkung zu den Artikeln K-K.9, Rn. 6

[115] Näheres siehe bei: *Ehlermann /Bieber*, EU-Handbuch, A 100, Vorbemerkung zu den Artikeln K-K.9, Rn. 7 ff.

[116] Auf der Brüsseler Tagung vom 28.4.1987 beschlossen die Minister im Hinblick auf die Verwirklichung des freien Personenreiseverkehrs innerhalb der Gemeinschaft, bis 1992 einheitliche Maßnahmen zur Verhinderung des Missbrauchs des Asylrechts zu ergreifen. Hierfür legten die Minister eine Reihe von Richtlinien für die zukünftige

hatten sich die für Einwanderung zuständigen Minister wiederholt dafür ausgesprochen, dass Kriterien für die Zuständigkeit eines Staates zur Prüfung eines Asylverfahrens entwickelt werden müssten. So stellten die Minister z. B. auf der Tagung in Kopenhagen am 9. Dezember 1987 fest, dass mehrfache Asylanträge eines Antragstellers, die gleichzeitig oder nacheinander gestellt werden, „zu unklaren Situationen führen". Auch ein gelegentliches Pendeln des Asylbewerbers zwischen dem Land, in dem er zuerst angekommen sei, und einem anderen Land führe dazu, dass er letztlich zu lange im Ungewissen über den Ausgang seines Asylverfahrens bleibe.
Die Minister legten daher Kriterien fest, auf deren Grundlage das für die Prüfung eines Asylantrags zuständige Land bestimmt werden sollte. Diese Vorgaben unterschieden zwischen Personen, die mit einer Aufenthaltserlaubnis oder einem (Transit-)Visum in das Hoheitsgebiet der Vertragsstaaten einreisen, Personen, die illegal, und Personen, die ohne Visumszwang eingereist sind. Außerdem sollte berücksichtigt werden, ob ein naher Verwandter des Antragsstellers bereits in einem der Mitgliedstaaten als Flüchtling anerkannt worden war.[117]

Auf der Ministertagung in Madrid am 12. Mai 1989 sprachen sich die Minister einvernehmlich für den Abschluss eines internationalen Übereinkommens aus, das eine umfassende und gleichzeitige Anwendung der auf der Tagung in Kopenhagen genehmigten Kriterien ermöglichen würde. Die bereits in Kopenhagen erarbeiteten Kriterien wurden übernommen und konkretisiert und zusätzlich Grundsätze für die Übernahme der Asylbegehrenden erstellt.[118]
Im Anschluss an die Tagung in Madrid erstellte die französische Ratspräsidentschaft auf Basis der Schlussfolgerungen der Minister einen Entwurf eines „Übereinkommens über das Asylrecht" und legte dieses der Ad-hoc-Gruppe „Einwanderung" vor.[119] In der Sitzung vom 7. und 8. September 1989 in Paris erklärte die Ad-hoc-Gruppe „Einwanderung", dass der von der Präsidentschaft vorgelegte Übereinkommensentwurf über das Asylrecht im Großen und Ganzen mit den Beschlüssen übereinstimme, die von den Ministern auf der Tagung in Madrid gefasst worden waren. Die Ad-hoc-

Arbeit der ad-hoc-Arbeitsgruppe fest. Dies betraf die allmähliche Annäherung des Visasystems, die verstärkte Kontrollen an den Flughäfen und Häfen, die erleichterte Rücksendung von Illegalen in Drittstaaten, die Einbeziehung der Fluggesellschaften in die Vor-Kontrolle und ein vereinfachtes Untersuchungsverfahren für offensichtlich unbegründete Asylgesuche. Außerdem sollten Vereinbarungen zur Vermeidung der gleichzeitigen oder sukzessiven Stellung von Asylanträgen in verschiedenen Mitgliedstaaten getroffen werden. Vgl. *Hailbronner*, 1989, S. 21 ff.

117 SN/3712/1/87 (WGI 203) (REV 1) vom 7. Januar 1988.

118 SN/1825/89 (WGI 418) Anlage II: Kriterien für die Bestimmung des für die Prüfung eines Asylantrages zuständigen Mitgliedstaates.

119 SN/2495/89 (WGI 40) (AS 45); dieser Entwurf enthielt 16 Artikel.

Gruppe erteilte der Untergruppe „Asyl" das Mandat, den Übereinkommensentwurf zu überarbeiten und dabei die Einhaltung der von den Ministern gefassten Beschlüsse und die Kohärenz der verschiedenen Kriterien sicherzustellen.[120]

Die weiteren Arbeiten am Dubliner Übereinkommen wurden dann von der Untergruppe „Asyl" in Rücksprache mit der Ad-hoc-Gruppe „Einwanderung" betrieben und bis zur achten Sitzung der für Einwanderung zuständigen Minister in Dublin am 15. Juni 1990 abgeschlossen.

1. Der Abschluss und das Inkrafttreten des DÜ

Auf der Tagung der für die Einwanderung zuständigen Minister in Dublin konnte sodann das „*Übereinkommen über die Bestimmung des zuständigen Staates für die Prüfung eines in einem Mitgliedstaat der Europäischen Gemeinschaft gestellten Asylantrags*" von Belgien, Deutschland, Frankreich, Griechenland, Großbritannien, Irland, Italien, Luxemburg, den Niederlanden, Portugal und Spanien unterzeichnet werden. Der dänische Minister wies in einer Erklärung darauf hin, dass sein Land sich derzeit nicht in der Lage sehe, den anderen Unterzeichnerstaaten zu folgen, dass er jedoch seine Bemühungen fortsetzen werde, damit auch Dänemark dieses Übereinkommen unterzeichnen könne. Nachdem Dänemark sich zunächst noch mit den übrigen Mitgliedstaaten der Nordischen Passunion abstimmte, unterzeichnete es das DÜ ein Jahr später am 13. Juni 1991.

Die Minister nahmen verschiedene Erklärungen in das Konferenzprotokoll auf, in denen sie u.a. ihren Willen bekundeten, die in dem Übereinkommen vorgesehene Zusammenarbeit mittels geeigneter Instrumente auch auf andere Staaten auszudehnen. Ebenso betonten sie die Notwendigkeit des Abschlusses eines Übereinkommens über die Außengrenzen.[121]

Das Dubliner Übereinkommen wurde ohne Vorbehalte unterzeichnet. Vorbehalte[122] sind im Rahmen des DÜ nicht möglich.[123] Das DÜ ist in allen zwölf Sprachen seiner Vertragstaaten verbindlich.[124]

---

120 SN/2845/89 (WGI 452).

121 SN/4562/90 (WGI 705) Protokoll über die Konferenz der für Einwanderung zuständigen Minister der Mitgliedstaaten der Europäischen Gemeinschaften.

122 Siehe WVK Art. 2 Abs. 1d): „...bedeutet „Vorbehalt" eine wie auch immer formulierte oder bezeichnete, von einem Staat bei der Unterzeichnung, Ratifikation, Annahme oder Genehmigung eines Vertrags oder bei dem Beitritt zu einem Vertrag abgegebene einseitige Erklärung, durch die der Staat bezweckt, die Rechtswirkung einzelner Vertragsbestimmungen in der Anwendung auf diesen Staat auszuschließen oder zu ändern.

123 Artikel 20 DÜ.

Das Inkrafttreten des DÜ erfolgte erst sieben Jahre später am 1. September 1997,[125] nachdem als letzte Vertragsstaaten auch die Niederlande und Irland ihre Ratifikationsurkunden bei der Regierung von Irland niedergelegt hatten.[126] Grund für die lange Dauer des Ratifikationsprozesses war die notwendige Anpassung der nationalen Asylgesetze in einigen Mitgliedstaaten. In Deutschland wurde der Abschluss des SDÜ und des DÜ zum Anlass für eine Änderung des Art. 16 Abs. 2 S. 2 a.F. GG genommen.[127] Auch in Frankreich hatte die Ratifikation des SDÜ und des DÜ Auswirkungen auf die Verfassung. Der französische Verfassungsrat (*Conseil Constitutionnel*) hat in seinem Urteil vom 25. Juli 1991 das französische Zustimmungsgesetz zum SDÜ nur deshalb für verfassungsgemäß erklärt, weil Art. 29 Abs. 4 SDÜ die Möglichkeit eines weiteren nationalen Asylverfahrens eröffnete.[128] Nachdem der französische Verfassungsrat mit Entscheidung vom 13. August 1993[129] seine Haltung bestätigte und eine Bestimmung des französischen Ausländergesetzes für verfassungswidrig erklärte,[130] änderte die französische Regierung durch verfassungsänderndes Gesetz vom 25. November 1993 die Verfassung vom 4. Oktober 1958 und fügte Artikel 53-1 ein.[131]

---

124 Dies wurde nicht, wie in völkerrechtlichen Verträgen üblich, in einem eigenen Artikel festgelegt, sondern ergibt sich erst aus der Schlussklausel des Abkommens. Die Schlussklausel lautet: Geschehen zu Dublin am fünfzehnten Juni neunzehnhundertneunzig, in einer Urschrift in dänischer, deutscher, englischer, französischer, griechischer, irischer, italienischer, niederländischer, portugiesischer und spanischer Sprache, wobei jeder Wortlaut gleichermaßen verbindlich ist; sie wird im Archiv der Regierung von Irland hinterlegt, die den übrigen Mitgliedstaaten jeweils eine beglaubigte Abschrift übermittelt

125 ABl. 1997 C 268/1; BGBl. 1997 II S. 1452.

126 Gemäß Art. 22 Abs. 1 DÜ bedarf das Übereinkommen der Ratifikation, Annahme oder Genehmigung. Das Inkrafttreten erfolgt gemäß Art. 22 Abs. 3 DÜ am ersten Tag des dritten Monats nach Hinterlegung der Ratifikations-, Annahme- oder Genehmigungsurkunde des Unterzeichnerstaates, der diese Förmlichkeit zuletzt vornimmt.

127 Siehe unten S. 83 ff.

128 Entscheidung 91/294 vom 25.7.1991 des Conseil Constitutionnel (J.O. 27.7.1991, S. 10001); siehe *Gerlach*, ZRP 1993, S. 164 (165), *Klein*, 1997, S. 18 f.

129 Entscheidung 93/325 vom 13.8.1993 des Conseil Constitutionnel (J.O. 18.8.1983); siehe hierzu ausführlich *Weber/Grewe*, EuGRZ 1993, S. 508 ff.

130 Das „Loi relative à la maîtrise de l'immigration et aux conditions d'entrée, d'accueil et de séjour des étrangers en France" (J.O. vom 29.8.1993, S. 12196 ff.) sah vor, dass eine Rückweisung von Asylbewerbern ohne materielle Prüfung in den Fällen möglich ist, in denen ein anderer Vertragsstaat für die Behandlung ihres Schutzbegehrens zuständig wäre.

131 Der neue Verfassungsartikel 53-1 lautet folgendermaßen: (vgl. J.O. vom 26.11.1993, S. 16296)
« La République peut conclure avec les Etats européens qui sont liés par des engagements identiques aux siens en matière d'asile et de protection des droits de

2. Der Geltungsbereich des DÜ und Parallelabkommen mit Norwegen und Island

Österreich und Schweden sind dem Übereinkommen am 1. Oktober 1997 beigetreten,[132] seit dem 1. Januar 1998 nimmt auch Finnland als Vertragspartner am Verfahren nach dem DÜ teil. Somit sind nun alle Staaten der EU Vertragsparteien des DÜ. Weitere Staaten können dem DÜ nur beitreten, wenn sie Mitgliedstaaten der Europäischen Gemeinschaft werden.[133] Der territoriale Anwendungsbereich des DÜ ergibt sich aus Art. 3 Abs. 1 i.V.m. Art. 19 DÜ. Gemäß Art. 19 DÜ erstreckt sich der Geltungsbereich des Übereinkommens nur auf das europäische Hoheitsgebiet der Mitgliedstaaten. Daher finden die Bestimmungen des Abkommens keine Anwendung auf die Überseegebiete von Frankreich und den Niederlanden, für Dänemark gelten sie nicht hinsichtlich der Färöer und Grönland und für Großbritannien nicht für Gibraltar, dessen Außenbeziehungen von Großbritannien wahrgenommen werden.

Für Staaten, die nicht der Europäischen Gemeinschaft angehören, ist eine Teilnahme am Zuständigkeitsverteilungssystem des Dubliner Übereinkommens nur im Rahmen von Parallelübereinkommen möglich.[134] Im Konferenzprotokoll anlässlich der Unterzeichnung des DÜ am 15. Juni 1990 erklärten die Vertragsparteien, „dass sie die Möglichkeit offen lassen, die in diesem Übereinkommen vorgesehene Zusammenarbeit auf andere Staaten auszudehnen und diesen zu gestatten, mittels geeigneter Instrumente dieselben Verpflichtungen einzugehen...".

Von den Vertragsparteien wurde dann auch bereits Anfang der 90er Jahre ein Vorentwurf für ein Parallelabkommen ausgearbeitet, der den interessierten Staaten zugeleitet wurde. Trotz des von verschiedenen Staaten bekundeten Interesses kam es aber - wohl auch wegen der erheblichen Verzögerung der Ratifikation des Dubliner Übereinkommens - zu keinen weiteren Verhandlungen. Erst nach Inkrafttreten des Amsterdamer Vertrages und der Einbeziehung des Schengen-Besitzstandes in den Rahmen der Europäischen Union wurde ein Parallelübereinkommen zwischen der Europäischen

---

l'homme et des libertés fondamentales, des accords déterminant leurs compétences respectives pour l'examen des demandes d'asiles qui leur sont présentées.
Toutefois, même si la demande n'entre pas dans leur compétence en vertu de ces accords, les autorités de la République ont toujours le droit de donner asile à tout étranger persécuté en raison de son action en faveur de la liberté ou qui sollicite la protection de la France pour un autre motif ».

[132] BGBl. 1997 II S. 1731.

[133] Art. 21 Abs. 1 DÜ.

[134] Art. 21 DÜ.

Gemeinschaft, der Republik Island und dem Königreich Norwegen abgeschlossen, welches die Anwendung des DÜ auch in diesen Ländern erlaubt. Durch Beschluss des Rates vom 15. März 2001[135] wurde das Übereinkommen im Namen der Gemeinschaft genehmigt. Das Übereinkommen trat sodann am 1. April 2001 in Kraft.[136]

Rechtsgrundlage des Übereinkommens ist Art. 63 Abs. 1 in Verbindung mit Art. 300 EG-Vertrag. Das Übereinkommen umfasst Rechte und Pflichten nach Maßgabe des Dubliner Übereinkommens vom 15. Juni 1990 mit Ausnahme der Artikel 16 bis 22; der Beschlüsse des Ausschusses nach Art. 18 des Dubliner Übereinkommens und der Verordnung des Rates vom 11. Dezember 2000 über die Einrichtung von EURODAC. Ebenso wird die Datenschutz-Richtlinie 95/46/EG[137] vom 24. Oktober 1995 von Island und Norwegen in derselben Weise wie von den Mitgliedstaaten angewandt.[138]
Das Parallelübereinkommen sieht einen eigenen bilateralen Ausschuss vor („Gemeinsamer Ausschuss"), dessen Vorsitz abwechselnd für die Dauer von sechs Monaten von der Kommission und entweder Island oder Norwegen wahrgenommen wird.[139] Aus Praktikabilitätsgründen und solange noch keine EG-Rechtsvorschrift das DÜ ersetzt hat, tagt der Gemeinsame Ausschuss zusammen mit dem Artikel-18-Ausschuss des DÜ.[140]

---

135 ABl. 2001 L 93/38-39, Beschluss des Rates vom 15. März 2001 über den Abschluss des Übereinkommens zwischen der Europäischen Gemeinschaft und der Republik Island und dem Königreich Norwegen über die Kriterien und Regelungen zur Bestimmung des zuständigen Staates für die Prüfung eines in einem Mitgliedstaat oder in Island oder in Norwegen gestellten Asylantrags.

136 ABl. 2001 L 93/40-47, Übereinkommen zwischen der Europäischen Gemeinschaft und der Republik Island und dem Königreich Norwegen über die Kriterien und Regelungen zur Bestimmung des zuständigen Staates für die Prüfung eines in einem Mitgliedstaat oder in Island oder Norwegen gestellten Asylantrags.

137 ABl. L 281 vom 23.11.1995, S. 31.

138 Art. 1 Abs. 3 Parallelübereinkommen.

139 Da das Übereinkommen sich nicht auf das Protokoll zur Einbeziehung des Schengen-Besitzstandes in den Rahmen der Europäischen Union stützt, konnte das Prinzip des Gemischten Ausschusses, wie er im Schengen-Besitzstand-Übereinkommen vorgesehen ist, nicht übernommen werden,

140 Siehe Erklärung Nr. 1 des Parallelübereinkommens (im folgenden: PÜ). Eine Einbindung von Island oder Norwegen in den Artikel-18-Ausschuss des Dubliner Übereinkommens war nicht möglich, da die Gemeinschaft nicht in einem Übereinkommen mit Drittstaaten die Rechte und Pflichten der Parteien eines völkerrechtlichen Abkommens ändern kann. Vom Artikel-18-Ausschuss angenommene Beschlüsse müssen von Island und Norwegen umgesetzt werden (Art. 4 PÜ). Eine Nichtzustimmung oder Nichtumsetzung durch Island und/oder Norwegen hat die Aussetzung und gegebenenfalls die Beendigung des Parallelübereinkommens zur Folge (Art. 4 Abs. 6 und Abs. 7 PÜ). An den Vorarbeiten zur künftigen „Vergemeinschaftung" des DÜ können Island und Norwegen mitwirken, müssen

3. Die Zielsetzung des DÜ

Ziel des Dubliner Übereinkommens ist es, den für die Prüfung eines Asylbegehrens zuständigen Staat im Kreise der Mitgliedstaaten zu bestimmen. Dank der Kriterien des DÜ soll nur noch ein Signatarstaat für die Durchführung des Asylverfahrens zuständig sein (sog. One-chance-only-Prinzip). Dieser Zuständigkeitssystem soll verhindern, dass ein Asylbewerber in mehreren Mitgliedstaaten parallel oder sukzessive einen Asylantrag stellt (sog. asylum-shopping). Mit dem DÜ wird dem Asylbewerber aber auch die Gewähr geboten, dass *zumindest* ein Staat sich für die Prüfung seines Asylbegehrens verantwortlich erklärt. Diese Gewähr soll dem Phänomen der umherirrenden Flüchtlinge entgegenwirken, die von einem Staat in den nächsten abgeschoben werden, ohne die Chance zu bekommen, ein Asylverfahren zu durchlaufen (sog. Refugees-in-orbit).[141] Laut der Präambel soll ein Asylbewerber nicht zulange im Ungewissen über den Ausgang seines Asylverfahrens gelassen werden.

Grundsätzlich prüft somit *ein* Staat den Asylantrag des Bewerbers und trägt im Falle des negativen Verfahrensausgangs Sorge dafür, dass der Ausländer das Hoheitsgebiet der Mitgliedsstaaten verlässt.[142] Durch die Festlegung der internationalen Zuständigkeit für die Prüfung eines Asylbegehrens wird für die Staaten die Möglichkeit geschaffen, negative Asylentscheidungen eines anderen Mitgliedstaates anzuerkennen (fakultative Bindungswirkung). Obwohl die nationalen Asylverfahren der Mitgliedstaaten sehr unterschiedlich sind, vertrauen die Staaten doch darauf, dass die Verfahren in ihrem Kerngehalt rechtsstaatlichen Mindestanforderungen genügen.[143] Die gegenseitige Anerkennung von Asylentscheidungen ist somit Grundlage für das Funktionieren des mit den Verträgen bezweckten Zuständigkeitsverteilungssystems, welches auf die Entlastung der einzelnen Mitgliedstaaten zählt. *Achermann* unterstreicht, dass der negative Asylbescheid von den anderen Vertragsstaaten ohne weiteres anerkannt werde, von der Anerkennung eines positiven Asylbescheides könne aber nicht die Rede sein.[144] Wie *Rohrböck* zutreffend feststellt, geht es im Dublin-Verbund aber nicht um eine „Anerkennung“ von Asylentscheidungen im

---

jedoch die endgültige Entscheidung des Rates annehmen. Neue Vorschriften im Zusammenhang mit der EURODAC-Verordnung müssen ebenso angenommen werden oder es kommt zu einer Aussetzung oder Beendigung des Übereinkommens.

141 Zum Problem der *‚Refugees in orbit'* siehe unten S. 207 ff.

142 *Hailbronner/Thiery*, ZAR 1997, S. 55 (56); *Huber*, NVwZ 1998, S. 150; *Hurwitz*, IJRL 1999, S.646 (648 ff.); *Achermann*, in: Achermann/Bieber/Epiney/Wehner, 1995, S 79 (91 ff.); *Schmid/Bartels*, 2001, S. 28 ff.

143 *Hailbronner/Thiery*, ZAR 1997, S. 55 (56).

144 *Achermann*, in: Achermann/Bieber/Epiney/Wehner, 1995, S. 79 (107 f.).

Sinne einer Anerkennung subjektiver materieller Rechte eines Ausländers durch die anderen Mitgliedstaaten. Die Wirkung der Asylentscheidungen beschränkt sich vielmehr darauf, dass nach Erlass einer negativen Asylentscheidung die anderen Vertragsstaaten kein Asylverfahren mehr durchführen müssen und auch nicht für die Rückführung des abgelehnten Asylbewerbers in sein Herkunftsland zuständig sind.[145]

II. Das Verhältnis des DÜ zum SDÜ

Das Schengener Durchführungsübereinkommen enthält in seinen Artikeln 28 bis 38 dem Dubliner Übereinkommen vergleichbare Bestimmungen über die Zuständigkeit eines Vertragsstaates zur Durchführung eines Asylverfahrens.[146] Das SDÜ ist genau vier Tage nach dem DÜ abgeschlossen worden und trat am 26. März 1995 in Kraft. Zwar enthält das SDÜ in Art. 142 Abs. 1 eine spezielle Kollisionsnorm, die eine Anpassung der Verträge im Falle eines Widerspruches vorsieht,[147] die Vertragsparteien haben das Problem einer möglichen Normenkollision zwischen dem SDÜ und dem DÜ jedoch durch Abschluss eines auf Art. 142 Abs. 1 SDÜ gestützten Protokolls (sog. Bonner Protokoll) vom 26. April 1994 gelöst.[148] Gemäß Art. 1 des Protokolls finden die Bestimmungen nach Titel II Kapitel 7 des SDÜ sowie die in diesem Abkommen enthaltenen Begriffsbestimmungen „Asylbegehren" und „Behandlung eines Asylbegehrens" mit dem Inkrafttreten des Dubliner Übereinkommens keine Anwendung mehr.[149]

---

145 *Rohrböck*, in: Wiederin (Hrsg.), 1996, S. 47 (82 ff.).

146 Bei Erläuterung der Zuständigkeitskriterien in Teil 2 Kapitel 2 b) wird auf die vergleichbare Vorschrift im SDÜ hingewiesen. Siehe auch für eine Aufzählung der Unterschiede *Achermann* in: Achermann/Bieber/Epiney/Wehner, 1995, S. 79 (83), Fn. 19 und *van der Klaauw*, in den Boer (Hrsg.), 1998 , S. 78 ff.

147 Art. 142 Abs. 1 SDÜ lautet: „Werden zwischen den Mitgliedstaaten der Europäischen Gemeinschaften Übereinkommen im Hinblick auf die Verwirklichung eines Raumes ohne Binnengrenzen geschlossen, so vereinbaren die Vertragsstaaten, unter welchen Voraussetzungen die Bestimmungen dieses Übereinkommens unter Berücksichtigung der entsprechenden Bestimmungen der erwähnten Übereinkommen ersetzt oder geändert werden müssen. Die Bestimmungen, die zu den Bestimmungen der zwischen den Mitgliedstaaten der EG geschlossenen Übereinkommen in Widerspruche stehen, werden auf jeden Fall angepasst."

148 BGBl. 1995 II S. 738. „Protokoll zu den Konsequenzen des Inkrafttretens des Dubliner Übereinkommens für einige Bestimmungen des Schengener Durchführungsübereinkommens" vom 26.4.1994

149 Vgl. *Hailbronner/Thiery*, ZAR 1997, S. 55 (56).

3. Kapitel Die Bestimmungen des Dubliner Übereinkommens

A. Die Zuständigkeitskriterien

Die Zuständigkeit eines Mitgliedstaates für die Durchführung eines Asylverfahrens wird durch objektive Kriterien bestimmt, die im Abkommen in hierarchischer Ordnung benannt werden.[150] Grundgedanke des DÜ ist dabei, dass derjenige Staat, der die Einreise des Asylbewerbers in das Hoheitsgebiet der Mitgliedstaaten zu verantworten hat, auch für die Prüfung des Asylantrages verantwortlich ist.[151] Die einzige Ausnahme hierzu stellt der zuerst zu prüfende Artikel 4 dar, der eine Verantwortlichkeit des Staates aufgrund familiärer Beziehungen zu einem bereits anerkannten Flüchtling begründet.

I. Artikel 4 bis 8 DÜ

Die Zuständigkeitskriterien sind in den Artikeln 4 bis 8 des Übereinkommens festgelegt, ergänzt werden sie durch die Möglichkeit der freiwilligen Übernahme eines Verfahrens durch einen Mitgliedstaat gemäß Art. 3 Abs. 4 und Art. 9 DÜ. Die einheitliche Anwendung dieser Kriterien in den verschiedenen Mitgliedstaaten ist in der Praxis vielfach problematisch.

1. Artikel 4 DÜ – familiäre Bindung

Nach Artikel 4 ist ein Mitgliedstaat für die Prüfung eines Asylantrages zuständig, wenn dieser Staat bereits einem Familienangehörigen des Antragstellers die Flüchtlingseigenschaft nach der Genfer Flüchtlingskonvention zuerkannt hat und diese Person ihren legalen Wohnsitz in diesem Staat hat.[152] Die „betroffenen Personen" müssen ihre Einwilligung zur Prüfung des Asylbegehrens durch diesen Mitgliedstaat erteilen.

Der Schutzbereich des Art. 4 umfasst nur die Kernfamilie des Flüchtlings. Gemäß Art. 4 Satz 2 beschränkt sich der berechtigte Personenkreis auf den Ehegatten des Asylbewerbers, sein unverheiratetes minderjähriges Kind unter achtzehn Jahren oder, sofern der Asylbewerber ein unverheiratetes

---

[150] Im Gegensatz zum SDÜ sieht das DÜ in Art. 3 Abs. 2 eine hierarchische Anwendung der Kriterien vor.

[151] *Hailbronner/Thiery*, ZAR 1997, S. 55 (57).

[152] Das DÜ definiert nicht näher den Begriff des „legalen Wohnsitzes". Nach Sinn und Zweck der Norm, handelt es sich dabei aber nicht um eine behördliche Registrierung im Sinne des deutschen Meldegesetzes handeln, sondern um einen legalen Aufenthaltstitel in dem betreffenden Mitgliedstaat.

minderjähriges Kind unter achtzehn Jahren ist, dessen Vater oder Mutter. Familienmitglieder, die gleichzeitig in verschiedene Länder einreisen und dort Asyl beantragen, können sich nicht auf Art. 4 berufen, ebenso wenig wie Familienmitglieder, die nicht nach der GFK als Flüchtlinge anerkannt wurden. Hier besteht nur die Möglichkeit, über Art. 3 Abs. 4 oder Art. 9 zu einer Familienzusammenführung zu gelangen.[153]

2. Artikel 5 DÜ – Vorliegen einer Aufenthaltserlaubnis/Visum

Artikel 5 unterscheidet zwischen der Ausstellung einer Aufenthaltserlaubnis und der Erteilung eines Visums durch einen oder mehrere Mitgliedstaaten. Die Zuständigkeit eines Mitgliedstaates zur Durchführung eines Asylverfahrens liegt nach dem Prinzip der Verantwortlichkeit dann vor, wenn dieser dem Antragsteller eine gültige Aufenthaltserlaubnis[154] erteilt hat.[155] Das gleiche Prinzip gilt gemäß Art. 5 Abs. 2 für den Fall, dass ein Asylbewerber mit einem gültigen Visum[156] in das Hoheitsgebiet der Mitgliedstaaten einreist. Auch hier ist der Mitgliedsstaat zuständig, der das Visum erteilt hat.

Der Grundsatz, dass jener Staat zur Prüfung des Asylantrages zuständig ist, der das Visum erteilt hat, wird in folgenden Fällen durchbrochen:

- wurde das Visum mit schriftlicher Zustimmung eines anderen Mitgliedstaates erteilt, so übernimmt dieser Mitgliedstaat die Verantwortung;[157]

- wenn eine Person, die Inhaberin eines Transitvisums[158] eines anderen Mitgliedstaates ist, in einem Mitgliedstaat, in dem sie nicht

---

153 Zum Problem der Familientrennung siehe unten S. 246 ff.

154 Der Begriff der Aufenthaltserlaubnis nach Art. 1 Abs. 1 Bst. e) umfaßt jede Art von Erlaubnis, mit der der Aufenthalt eines Ausländers in einem Mitgliedstaat gestattet wird, mit Ausnahme der Visa und Aufenthaltsgenehmigungen, die während der Prüfung eines Antrags auf Aufenthaltserlaubnis oder eines Asylantrages gestellt werden.

155 Art. 5 Abs. 1 DÜ.

156 Ein Einreisevisum gem. Art. 1 Abs. 1 Bst. f) DÜ ist jede Erlaubnis bzw. Entscheidung, mit der ein Mitgliedstaat die Einreise eines Ausländers in sein Hoheitsgebiet gestattet, sofern die übrigen Einreisebedingungen erfüllt sind. Bei einem Einreisevisum kann es sich z.B. um ein von den Schengenstaaten erteiltes Schengen-Visum handeln oder um ein nationales Visum. Das Schengenvisum vom Typ C, das für einen kurzfristigen Aufenthalt von drei Monaten gültig ist, ist ebenso wie die nationalen Visa auf die gesetzlich zugelassenen Aufenthaltszwecke beschränkt, gilt aber im Gegensatz zu einem nationalen Visum in allen Schengenstaaten.

157 Art. 5 Abs. 2 Bst. a) DÜ.

visumspflichtig ist, einen Asylantrag stellt, so ist dieser Staat zuständig;[159]

- wenn eine Person, die Inhaberin eines Transitvisums ist, in dem visumserteilenden Mitgliedstaat einen Asylantrag stellt, so ist, falls von den diplomatischen oder konsularischen Behörden des Bestimmungslandes eine schriftliche Bestätigung über die Befreiung von der Visumspflicht vorliegt, letztegenannter Mitgliedstaat für die Durchführung des Asylverfahrens verantwortlich.[160]

Art. 5 Abs. 3 regelt die Zuständigkeit, wenn ein Asylbewerber mehrere gültige Aufenthaltsgenehmigungen oder Visa verschiedener Mitgliedstaaten besitzt. In einem solchen Fall ist zunächst der Staat zuständig, der die Aufenthaltserlaubnis mit der längsten Gültigkeitsdauer erteilt hat, oder bei gleicher Gültigkeitsdauer der Aufenthaltsgenehmigungen der Staat, der die zuletzt ablaufende Aufenthaltserlaubnis erteilt hat.[161] Liegen mehrere Visa verschiedener Mitgliedstaaten vor, so ist der Staat zuständig, der das zuletzt ablaufende Visum erteilt hat, wenn es sich um Visa gleichen Typs handelt.[162] Liegen nicht gleichwertige Visa vor, so ist der Staat zuständig, der das Visum mit der längsten Gültigkeitsdauer erteilt hat, oder, bei gleicher Gültigkeitsdauer, der Staat, der das zuletzt ablaufende Visum erteilt hat. Diese Zuständigkeitsregelung gilt aber nicht für den Fall, dass der Antragsteller im Besitz eines oder mehrerer Transitvisa ist, die auf Vorlage eines Einreisevisums für einen anderen Mitgliedstaat erteilt worden sind. Dann ist dieser Staat zuständig.

Besitzt der Asylbewerber nur eine oder mehrere bereits abgelaufene Aufenthaltsgenehmigung(en) oder ein oder mehrere bereits abgelaufene Visum/Visa, so werden zwei Varianten unterschieden. Ist die Aufenthaltsgenehmigung seit weniger als zwei Jahren abgelaufen bzw. das Visum seit weniger als sechs Monaten, werden die selben Grundsätze wie unter Art. 5 Abs. 1 bis 3 angewandt, solange der Asylbewerber das Hoheitsgebiet der Mitgliedstaaten nicht verlassen hat. Ist die Aufenthaltsgenehmigung seit mehr als zwei Jahren oder das Visum seit mehr

---

158 Auch bei den Transitvisa gem. Art. 1 Abs. 1 Bst. g) DÜ kann es sich um Schengenvisa (Typ A oder B) oder um nationale Visa handeln. Ein Transitvisum ist jede Erlaubnis bzw. Entscheidung, mit der ein Mitgliedstaat die Durchreise eines Ausländers durch sein Hoheitsgebiet oder durch die Transitzone eines Hafens oder Flughafens gestattet.

159 Art. 5 Abs. 2 Bst. b) DÜ.

160 Art. 5 Abs. 2 Bst. c) DÜ.

161 In der Praxis aufgrund der Seltenheit ein eher zu vernachlässigendes Kriterium.

162 Art. 5 Abs. 3 Bst. b) DÜ.

als sechs Monaten abgelaufen, so ist der Mitgliedstaat zuständig, in dem der Asylbewerber seinen Antrag gestellt hat, solange er das Hoheitsgebiet der Mitgliedstaaten noch nicht verlassen hat.

3. Artikel 6 DÜ – illegale Einreise

Artikel 6 regelt ausschließlich die Zuständigkeit eines Staates bei der illegalen Einreise eines Asylbewerbers. Hat der Asylbewerber aus einem Drittstaat kommend die Außengrenze eines Mitgliedstaates illegal auf dem Land-, See- oder Luftweg überschritten, so ist der Mitgliedstaat, über den er nachweislich eingereist ist, für die Antragsprüfung zuständig. Die Zuständigkeit des Mitgliedstaates, der die (illegale) Einreise durch mangelnde Kontrolle seiner Außengrenzen ermöglicht hat, erlischt jedoch, wenn sich der Asylbewerber länger als sechs Monate in dem Mitgliedstaat aufgehalten hat, in dem er sodann seinen Asylantrag stellt. Die Zuständigkeit wechselt in diesem Falle zu dem letztgenannten Staat.[163]

4. Artikel 7 DÜ – legale visumsfreie Einreise

Artikel 7 Abs. 1 wiederholt den bereits in Artikel 6 benannten Grundsatz, dass derjenige Mitgliedstaat, der für die Kontrolle der Einreise des Ausländers zuständig ist, auch für die Prüfung des Asylantrages zuständig sein soll. Eine Ausnahme gilt für den Fall, dass der Ausländer visumsfrei in einen Mitgliedstaat eingereist und einen Asylantrag nicht in diesem, sondern in einem anderen Mitgliedstaat, in den er danach ebenfalls visumsfrei eingereist ist, stellt. Hier ist letzterer Staat für die Prüfung des Asylbegehrens zuständig. Der bloße Transit auf einem Flughafen eines Mitgliedstaates begründet gemäß Art. 7 Abs. 2 nicht die Zuständigkeit dieses Mitgliedstaates zur Durchführung eines Asylverfahrens, solange die Durchreise visumsfrei ist und der Ausländer keinen Asylantrag auf dem Transit stellt. Diese Zuständigkeitsregel soll solange gelten, bis nicht ein *Abkommen über die Modalitäten des Grenzübergangs an den Außengrenzen* in Kraft tritt.[164]

---

[163] Im Vergleich zu Art. 10 Abs. 2 bis Abs. 4 DÜ handelt es sich hierbei um eine eigene Zuständigkeitserlöschungsregel.

[164] Ein solches Abkommen wurde jedoch nie zwischen den EU-Staaten nicht abgeschlossen. Ein von der Ad-hoc-Gruppe Einwanderung konzipierter Entwurf wurde aufgrund des Streites zwischen Großbritannien und Spanien über die Ausübung der Außengrenzkontrollen in Gibraltar nie unterzeichnet. Ein von der Kommission gemachter vergleichbarer Vorschlag für einen Beschluss des Rates vom 10.12.1993 (ABl. 1994 C 11/6) ist ebenso wenig zustande gekommen. (vgl. *Schmid/Bartels*, 2001, S. 87).

Wird bei dem Transit auf dem Flughafen eines Mitgliedstaates ein Asylantrag gestellt, so ist gemäß Art. 7 Abs. 3 dieser Mitgliedstaat auch für die Prüfung zuständig. Die Regelungen über den Transit betreffen nicht die Staaten, die Vertragsparteien des SDÜ sind. Diese haben sich gemäß Art. 4 Abs. 1 SDÜ zur Kontrolle aller Reisenden von Flügen aus Drittstaaten verpflichtet, ehe sie ihre Reise in der EU mit einem Anschlussflug fortsetzen.[165]

5. Artikel 8 DÜ – Ort des ersten Asylantrages

Art. 8 ist eine Auffangnorm und kommt erst dann zur Anwendung, wenn keines der in den Artikeln 4 bis 7 benannten Zuständigkeitskriterien zum Tragen kommt bzw. nicht nachgewiesen werden kann. Gemäß Art. 8 ist der erste Mitgliedstaat, bei dem ein Asylantrag gestellt wurde, auch für dessen Prüfung zuständig.

II. Selbsteintrittsrecht der Mitgliedstaaten

Nach den Art. 3 Abs. 4 und Art. 9 haben die Vertragsstaaten die Möglichkeit, freiwillig die Prüfung eines Asylverfahrens zu übernehmen. Der eigentlich zuständige Staat wird von seiner Verpflichtung befreit.[166] Diese Klauseln wurden aufgrund der sensiblen Souveränitätsinteressen der Mitgliedstaaten und im Hinblick auf die Staaten, die ein individuelles Asylrecht in ihrer Verfassung verankert hatten (Frankreich, Deutschland), in den Vertrag aufgenommen. Es sollte verhindert werden, dass „Reserveasylstaaten" entstehen, die unabhängig vom DÜ aufgrund ihrer Rechtslage weiterhin zur Prüfung eines Asylantrages verpflichtet gewesen wären.[167] Nachdem Deutschland und Frankreich vor der Ratifikation des DÜ ihre Verfassung geändert haben, hat die Vorschrift nunmehr die Funktion eines „Ventils" übernommen und kann zum Beispiel Anwendung finden, wenn die Asylpraxis eines anderen Mitgliedstaates für unvereinbar mit den Verpflichtungen aus internationalen Verträgen gehalten wird.[168]

Gemäß Art. 3 Abs. 4, der sog. „Souveränitätsklausel", hat jeder Mitgliedstaat das Recht, einen von einem Ausländer gestellten Asylantrag auch dann zu prüfen, wenn er aufgrund der im Dubliner Übereinkommen definierten

---

[165] *Hurwitz*, IJRL 1999, S. 646 (658 f.).
[166] Art. 3 Abs. 4 S. 2 und Art. 9 S. 2 DÜ.
[167] *Hailbronner/Thiery*, ZAR 1997, S. 55 (56);.
[168] *Löper*, ZAR 2000, S. 16 (17 f.).

Kriterien nicht zuständig ist und der Asylbewerber dem zustimmt.[169] Gemäß Art. 9, der sog. „humanitären Klausel“, kann jeder Mitgliedstaat auf Ersuchen eines anderen Mitgliedstaates und auf Wunsch des Asylbewerbers, die Prüfung des Asylverfahrens freiwillig aus humanitären, insbesondere aus familiären oder kulturellen Gründen übernehmen. Die Anwendung der Art. 3 Abs. 4 und 9 steht im Ermessen der Behörden; erst seit dem 31. Oktober 2000 existiert ein Beschluss des Artikel-18-Ausschusses,[170] der eine harmonisierte Anwendung und Auslegung des Selbsteintrittsrechts in den Mitgliedstaaten unterstützen soll.[171] In der Praxis wird das „Selbsteintrittsrecht“ von den Behörden allerdings häufig nicht zugunsten des Asylbewerbers angewandt, sondern eine freiwillige Übernahme nur dann angestrebt, wenn eine beschleunigte Prüfung des Asylverfahrens und eine baldige Ausweisung aus dem Hoheitsgebiet der Mitgliedstaaten zu erwarten ist.[172]

B. Die Rechtsfolgen der Zuständigkeit nach dem DÜ

I. Pflichten der Vertragsparteien

Aus dem Dubliner Übereinkommen ergeben sich verschiedene Pflichten des zuständigen Vertragsstaates. Hierzu gehört die Aufnahme oder Rücknahme des Asylbewerbers, die Prüfung des Asylantrages und die Rückführung des Asylbewerbers in seinen Herkunftsstaat oder in einen anderen aufnahmebereiten Staat im Falle der Ablehnung des Asylgesuchs.

1. Aufnahme oder Rücknahme des Asylbewerbers

Nach Art. 10 Abs. 1 Bst. a) DÜ ist der zuständige Mitgliedstaat verpflichtet, den Asylbewerber, der einen Asylantrag in dem unzuständigen Vertragsstaat gestellt hat, zur Durchführung des Asylverfahrens aufzunehmen. Ist der Asylbewerber während des laufenden Asylverfahrens in einen anderen Mitgliedstaat weitergereist und hält sich dort illegal auf, so muss der zuständige Dublinstaat diesen wiederaufnehmen und das Verfahren

[169] Art. 29 Abs. 4 SDÜ sah ausdrücklich keine Zustimmung des Asylbewerbers vor, eine Entscheidung des Schengen Exekutiv-Ausschusses setzte diese aber voraus, SCH/II (93) 13 3e rev.; zitiert nach *Hurwitz*, IJRL 1999, S. 646 (659).

[170] Dieser Ausschuss wird gemäß Art. 18 DÜ eingesetzt und ist u.a. befugt, Durchführungsbestimmungen nach Art. 11 Abs. 6 und Art. 13 Abs. 2 festzulegen; ausführlicher zu den Befugnissen des Ausschusses siehe unten S. 68 ff.

[171] Beschluss Nr. 1/2000 des Artikel-18-Ausschusses vom 31. Oktober 2000 über den Übergang der Zuständigkeit für Familienangehörige gemäss Artikel 3 Absatz 4 und Artikel 9 jenes Übereinkommens, ABl. 2000 L 281/1. Siehe unten S. 69 und S. 247 ff.

[172] Z.B. in Deutschland, Belgien und den Niederlanden, siehe *Hurwitz*, IJRL 1999, S. 646 (659). Siehe ausführlich zur Praxis der Mitgliedstaaten unten S. 239 ff.

fortsetzen.[173] Diese Pflicht zur Wiederaufnahme gilt grundsätzlich auch während des Verfahrens zur Bestimmung der Zuständigkeit nach dem Dubliner Übereinkommen.[174] Der Mitgliedstaat ist auch dann zur Wiederaufnahme verpflichtet, wenn sich der Asylbewerber nach dem negativ abgeschlossenen Asylverfahren illegal in einem anderen Mitgliedstaat aufhält oder während des Asylverfahrens seinen Antrag zurückgezogen hat und in einem anderen Mitgliedstaat einen neuen Asylantrag stellt.[175]
Im DÜ nicht geregelt sind die Fälle, in denen der Ausländer seinen Asylantrag nach Einleitung des Dublinverfahrens zurücknimmt und in einen anderen Mitgliedstaat weiterreist, ohne dort erneut Asyl zu beantragen.[176]

2. Prüfung des Asylantrages

Primär ist der nach den Kriterien des DÜ zuständige Staat dazu verpflichtet, den Asylbewerber vom unzuständigen Staat zu übernehmen und das Asylbegehren nach seinen innerstaatlichen Vorschriften zu prüfen.[177] Die „Prüfung eines Asylantrages" i.S.d. Dubliner Übereinkommens umfasst die Gesamtheit der Prüfungsvorgänge, der Entscheidungen bzw. Urteile der zuständigen Stellen in bezug auf einen Asylantrag, mit Ausnahme der Verfahren zur Bestimmung des Staates, der gemäß den Bestimmungen des Dubliner Übereinkommens für die Prüfung des Asylantrages zuständig ist.[178]

Jeder Mitgliedstaat prüft den Asylantrag nach seinen innerstaatlichen Vorschriften und seinen internationalen Verpflichtungen, nachdem er den Asylbewerber von dem unzuständigen Staat übernommen hat. Art. 10 Abs. 1 Bst. b) DÜ spricht zwar davon „die Prüfung des Asylverfahrens bis zum Ende durchzuführen", hieraus ergibt sich jedoch keine Pflicht des zuständigen Staates, jeden Asylantrag inhaltlich zu prüfen. Es bleibt den Mitgliedstaaten nämlich gemäß Art. 3 Abs. 5 freigestellt, einen Asylbewerber nach ihrem nationalen Recht in einen sicheren Drittstaat zurück- oder auszuweisen.[179]

---

173 Art. 10 Abs. 1 Bst. c) DÜ.
174 Vgl. Art. 3 Abs. 7 DÜ; *Rohrböck*, in: Wiederin (Hrsg.), 1996, S. 47 (72).
175 Vgl. Art. 10 Abs. 1 Bst. d) und e) DÜ.
176 Siehe *Löper*, ZAR 2000, S. 16 (19) mit Länderbeispielen zu Deutschland, Frankreich und Dänemark.
177 Art. 3 Abs. 1 und 10 Abs. 1 Bst. a) DÜ; *Hailbronner/Thiery*, ZAR 1997, S. 55 (58).
178 Art. 1 Abs. 1 Bst. d) DÜ.
179 Zur Problematik des Art. 3 Abs. 5 DÜ siehe unten S. 207 ff.

3. Rückführung des Asylbewerbers in den Herkunftsstaat

Die Rückführung des (abgelehnten) Asylbewerbers in sein Herkunftsland, in einen sicheren Drittstaat oder ein anderes aufnahmebereites Land, erfolgt nach Maßgabe der innerstaatlichen Vorschriften der Mitgliedstaaten. Das DÜ enthält keine eigenen Bestimmungen zur Ergreifung aufenthaltsbeendender Maßnahmen nach negativem Abschluss des Asylverfahrens. Es verpflichtet jedoch die Mitgliedstaaten zur Wiederaufnahme eines Ausländers, dessen Asylantrag abgelehnt wurde, wenn solche Maßnahmen nicht getroffen werden.[180] Da sich der Mitgliedstaat nur von seiner Pflicht befreien kann, wenn er die erforderlichen Maßnahme ergreift, wird durch das DÜ ein erheblicher Druck auf die einzelnen Vertragsstaaten ausgeübt, den abgelehnten Asylbewerber auch tatsächlich außerhalb des Vertragsgebietes der Hoheitsstaaten zu verbringen.[181]

II. Das Erlöschen der Pflichten

Der für die Prüfung des Asylantrages und die Aufnahme/Rücknahme des Asylbewerbers zuständige Mitgliedstaat wird von seinen Pflichten frei, wenn ein anderer Mitgliedstaat dem Asylbewerber eine Aufenthaltserlaubnis für einen Aufenthalt von mehr als drei Monaten erteilt hat.[182] Die Pflichten erlöschen ebenfalls, wenn der Asylbewerber das Hoheitsgebiet der Mitgliedstaaten für eine Dauer von drei Monaten verlassen hat.[183] Hat der zuständige Mitgliedstaat nach der Rücknahme bzw. Ablehnung des Antrags alle erforderlichen Maßnahme ergriffen und durchgeführt, um den Ausländer aus dem Hoheitsgebiet der Mitgliedstaaten zu verbringen, so wird er von seinen Pflichten frei.[184]

Neben diesen generellen Kriterien zum Erlöschen der Pflichten, sehen einzelne Vertragnormen eigene Erlöschensregeln vor. Die Pflicht zur Wiederaufnahme des Asylbewerbers, der seinen Asylantrag zurückgezogen hat und in einem anderen Mitgliedstaat einen neuen Antrag gestellt hat, erlischt, wenn der Asylbewerber mindestens drei Monate das Hoheitsgebiet der Mitgliedstaaten verlassen hat oder in einem Mitgliedstaat eine

---

180 Vgl. Art. 10 Abs. 1 Bst. e) DÜ.

181 Vgl. Art. 10 Abs. 4 DÜ.

182 Vgl. Art. 10 Abs. 2 DÜ.

183 Vgl. Art. 10 Abs. 3 DÜ.

184 Vgl. Art. 10 Abs. 4 DÜ; beachte: Abs. 4 verweist auf Absatz 1 Buchstaben a und d – gemeint sind Buchstaben d und e: es handelt sich um einen Übersetzungsfehler in der deutschen Fassung, wie sich aus einem Vergleich mit den Fassungen der anderen offiziellen Übersetzungen ergibt.

Aufenthaltserlaubnis für mehr als drei Monate erhalten hat.[185] Die Zuständigkeit nach Art. 6 erlischt, wenn der Ausländer sich nachweislich mindestens sechs Monate lang in dem Mitgliedstaat, in dem er den Asylantrag gestellt hat, aufgehalten hat, bevor er seinen Asylantrag einreichte.[186]

C. Das administrative Verfahren

Zur Ausgestaltung des administrativen Verfahrens gibt es im DÜ keine näheren Vorgaben, lediglich zu den Fristen für die Anfrage und die Überstellung trifft das DÜ Regelungen, die von den Durchführungsbestimmungen des Artikel-18-Ausschusses ergänzt werden. Die Mitgliedstaaten konnten das sog. Dublinverfahren (das Verfahren zur Bestimmung des zuständigen Mitgliedstaates) somit nach eigenen Erwägungen – und angepasst an ihr nationales Asylrecht – ausgestalten.
Zunächst werden im vorliegenden Kapitel die Maßnahmen und Beschlüsse zur Umsetzung des DÜ im Überblick dargestellt, ehe das sog. Dublinverfahren und der Informations- und Datenaustausch zwischen den Mitgliedstaaten erörtert werden.

I. Maßnahmen und Beschlüsse zur Umsetzung des DÜ

1. Maßnahmen vor dem Inkrafttreten des DÜ

Folgende Durchführungsbestimmungen wurden von den für Einwanderung zuständigen Ministern vor Inkrafttreten des DÜ angenommen:

- Allgemeine Leitlinien für die Durchführung des Übereinkommens über die Bestimmung des zuständigen Staates für die Prüfung eines in einem Mitgliedstaat der EG gestellten Asylantrages (Leitlinien von Lissabon vom 11. und 12. Juni 1992);

- Schlussfolgerungen zur Überstellung von Asylbewerbern gemäß dem DÜ (Londoner Schlussfolgerungen vom 30. November und 1. Dezember 1992);

Der Rat für Justiz und Inneres hat folgende Texte angenommen:
- Beweismittel im Rahmen des Dubliner Übereinkommens vom 20. Juni 1996;[187]

---
[185] Art. 3 Abs. 7 S. 2 DÜ.
[186] Siehe oben bei Art. 6, S. 62.
[187] ABl. C 1996 274/35.

- Schlussfolgerungen des Rates vom 27. Mai 1997 über die Anwendung des DÜ in der Praxis, in denen die von den Einwanderungsministern angenommenen Texte und der Text über die Beweismittel ergänzt werden.[188]

2. Beschlüsse des Artikel-18-Ausschusses

Verbindlich wurden die oben angeführten Maßnahmen für die Staaten erst nach formaler Annahme durch den Artikel-18-Ausschuss.

a) Funktion des Artikel-18-Ausschusses

Gemäß Art. 18 DÜ wird im Rahmen der Anwendung des Dubliner Übereinkommens ein Ausschuss eingesetzt, in den die Regierungen der Mitgliedstaaten und die Europäische Kommission jeweils einen Vertreter entsenden. Die Geschäfte des Ausschusses werden von dem Generalsekretariat des Rates der Europäischen Gemeinschaften wahrgenommen. Der Ausschuss hatte seine konstituierende Sitzung am 9. September 1997, auf der er sich eine Geschäftsordnung gab[189] und erste Durchführungsbestimmungen zum Dubliner Übereinkommen erließ.[190]

Der Ausschuss ist befugt, auf Antrag eines oder mehrerer Mitgliedstaaten allgemeine Fragen bezüglich der Anwendung und Auslegung des DÜ zu prüfen. Des weiteren legt der Ausschuss die Durchführungsbestimmungen nach Art. 11 Abs. 6 und Art. 13 Abs. 2 DÜ fest.[191] Außerdem beschließt der Ausschuss Revisionen oder Änderungen des Dubliner Übereinkommens gemäß den Artikeln 16 und 17 DÜ. Bis dato wurde von diesen beiden Vorschriften kein Gebrauch gemacht.[192] Der Ausschuss vermag allerdings nur zu allgemeinen Problemen Stellung zu nehmen, verbindliche Entscheidungen im Einzelfall, wie sie ein – im DÜ nicht vorgesehenes - Gericht treffen könnte, stehen ihm nicht zu. Nachteilig wirkt sich auch aus, dass der Ausschuss seine

---

188 ABl. C 1997 191/27.

189 Beschluss 2/97 vom 9. September 1997, ABl. 1997, L 281/26.

190 Beschluss 1/97 vom 9. September 1997, ABl. 1997 L 281/1.

191 Siehe Beschlüsse 1/97 vom 9. September 1997 und Beschluss 1/98 vom 30. Juni 1998.

192 Gemäß Art. 16 kann ein Mitgliedstaat dem Ausschuss Vorschläge für eine Revision des DÜ vorlegen, um Schwierigkeiten bei seiner Anwendung zu beheben. Auch im Falle einer notwendigen Vertragsanpassung durch Umstände wie z.B. die Einführung einer harmonisierten Asylpolitik in der Europäischen Union, könnte der Ausschuss hierüber beraten. Gemäß Art. 17 kann ein Mitgliedstaat, der sich größeren Schwierigkeiten bei der Anwendung des DÜ gegenüber sieht, den Ausschuss anrufen und um Lösungsvorschläge, Änderungen oder eine Revision bitten. Hält die Situation länger als sechs Monate an, kann die Anwendung des DÜ für diesen Mitgliedstaat zeitweise ausgesetzt werden.

Beschlüsse einstimmig fassen muss. Das Veto eines Mitgliedstaates kann somit eine einheitliche Auslegung des DÜ scheitern lassen.

b) Beschlüsse des Artikel-18-Ausschusses[193]

In Beschluss 1/97 sind alle vor Inkrafttreten des DÜ entworfenen Durchführungsbestimmungen aufgenommen worden.
Der Beschluss 1/97 ist auf Art. 11 Abs. 6 DÜ (Modalitäten über die Aufnahme), Art. 13 Abs. 3 (Modalitäten über die Übernahme) und Art. 18 Abs. 1 und 2 (Ermächtigung zur Erlassung solcher Beschlüsse) gestützt. Er enthält neben vier Anhängen[194] allgemeine Leitlinien für die Durchführung des DÜ (Art. 2 bis 15), Regeln für die Berechnung der Fristen im Rahmen des DÜ (Art. 16 und 17), Regeln für die Überstellung von Asylbewerbern (Art. 18 bis 22), Beweismittel im Rahmen des DÜ (Art. 23 bis 27 und Verzeichnisse A und B in Anhang III) sowie Bestimmungen zum Informationsaustausch (Art. 8).[195]

Mit Beschluss 2/97 vom 9. September 1997 hat sich der Artikel-18-Ausschuss Verfahrensregeln gegeben.[196]

Am 30. Juni 1998 hat der Artikel-18-Ausschuss den Beschluss 2/98 angenommen, da es notwendig erschien, den Beschluss Nr. 1/97 zu ergänzen, um die effiziente Durchführung des DÜ sicherzustellen.[197] Gestützt wird der Beschluss auf Art. 18 Abs. 1 und 2 DÜ, angeregt wird insbesondere der Austausch von Informationen über die Modalitäten der Einreise von Asylbewerbern in die Europäische Union und der Austausch von Fingerabdrücken der Asylbewerber zwischen den Mitgliedstaaten.

Mit Beschluss 1/2000 vom 31. Oktober 2001 wurden Bestimmungen zum Übergang der Zuständigkeit für Familienangehörige gemäss den Art. 3 Abs. 4 und 9 DÜ geschaffen.[198] Dieser Beschluss soll dazu beitragen, zwischen den Mitgliedstaaten eine möglichst gleichartige Interpretations- und Anwendungspraxis von Art. 3 Abs. 4 DÜ und Art. 9 DÜ zu schaffen und eine

---

193 Im einzelnen werden die Regelungen der Beschlüsse an den entsprechenden Stellen bei der Erläuterung des Inhaltes des DÜ angeführt.

194 Anhang I enthält das einheitliche Formular zur Bestimmung des für die Prüfung eines Asylantrages zuständigen Staates; Anhang II enthält ein Muster des Laissez-passer für die Überstellung von Asylbewerbern; Anhang III beinhaltet ein Verzeichnis über Beweise und Indizien und Anhang IV legt das Aussehen der Statistikformblätter gemäß Art. 28 fest.

195 Beschluss 1/97 ist im Anhang zur Dissertation zu finden.

196 Beschluss 2/97 vom 9. September 1997, ABl. 1997, L 281/26; siehe Anhang.

197 ABl. 1998 L 196/49.

198 ABl. 2000 L 281/1.

längerfristige Trennung von Familienangehörigen während des Dublinverfahrens zu vermeiden.[199]

II. Das sogenannte Dublinverfahren

Zur Umsetzung der asylrechtlichen Bestimmungen des DÜ wurden in den Mitgliedstaaten ‚Dublinbüros' eingerichtet, die für die Entscheidung über die Zuständigkeit eines anderen Vertragsstaates, für Übernahmeersuchen und für Informationsanfragen zuständig sind.[200] Die Anzahl der Mitarbeiter variiert je nach Größe des Mitgliedslandes und der Anzahl der Asylbewerber. Diese Dublinbüros sind zumeist bei der Behörde eingerichtet, die für die Prüfung und Entscheidung über ein Asylbegehren verantwortlich ist.[201]
Zur besseren Anwendung des DÜ haben einige Mitgliedsstaaten auch Liaisonbeamte in den Partnerländern eingesetzt, die bei der Bearbeitung der Anfragen aus ihren jeweiligen Ländern helfen. So können organisatorische und sprachliche Schwierigkeiten gleich vor Ort geklärt und eine einheitliche Interpretation des DÜ angestrebt werden. Nicht zuletzt können die Liaisonbeamten auch zu einem besseren Verständnis des prozessualen und materiellen Asylrechts des anderen Mitgliedstaates beitragen.[202]

1. Einleitung des Konsultationsverfahrens

Das Konsultationsverfahren ist das Verfahren zur Bestimmung des Mitgliedstaates, der aufgrund des DÜ für die Prüfung des Asylantrages zuständig ist.

---

199 Mehr zum Beschluss 1/2000 siehe unten S. 247 ff.

200 In den Schengen-Staaten bestanden seit dem Inkrafttreten des SDÜ bereits derartige Koordinationsbüros, die nach Inkrafttreten des DÜ auch die Umsetzung in der Exekutive für dieses Übereinkommen übernahmen.

201 Siehe *Schröder/Marinho*, in: Marinho (Hrsg.), 2000, S. 85 ff. In Dänemark, Deutschland, Finnland, Griechenland, Großbritannien, Irland, Luxemburg, den Niederlanden, Österreich und Schweden sind die Dublinbüros in der Behörde eingerichtet, die auch über das Asylverfahren entscheidet. In Frankreich hingegen entscheidet die örtliche Präfektur über das Vorliegen von Dublinkriterien, während die OPFRA über das Asylbegehren entscheidet. In Italien wird die Zuständigkeit eines anderen Mitgliedstaates von dem im Innenministerium angegliederten Dublinbüro geprüft, während das Zentrale Komitee für die Anerkennung von Flüchtlingen über die Asylanerkennung entscheidet. In Belgien hat das Ausländerbüro (Innenministerium) die Funktionen des Dublinbüros übernommen, die Entscheidung über die Anerkennung als Flüchtling wird aber vom Generalkommissar für Flüchtlinge und Staatenlose (Commissariat général aux réfugiés et aux apatrides) getroffen.

202 *Hailbronner/Thiery*, ZAR 1997, S. 55 (61); ein Austausch findet zwischen Belgien, den Niederlanden und Deutschland statt.

Gemäß Art. 3 Abs. 6 DÜ wird das Verfahren zur Bestimmung des Mitgliedstaates, der auf Grund dieses Übereinkommens für die Prüfung des Asylantrages zuständig ist, eingeleitet, sobald ein Asylantrag zum ersten Mal in einem Mitgliedstaat gestellt wird. Bei einem Asylantrag im Sinne des DÜ handelt es sich gem. Art. 1 Abs. 1 Bst. b) um jeden Antrag, mit dem ein Ausländer Schutz nach der GFK bei einem Mitgliedstaat sucht. Nach dem Wortlaut des Art. 1 Abs. 1 Bst. b) fallen in den Anwendungsbereich des DÜ nur solche Asylanträge, mit denen ein Ausländer um Schutz nach der GFK ersucht. Ein Schutzersuchen, welches sich z.B. auf einen humanitären Schutzstatus beschränkt, wird vom DÜ nicht erfasst.[203] Der Asylantrag kann schriftlich oder mündlich vorgebracht werden, ausreichend ist, wenn sich aus dem Vorbringen des Flüchtling ergibt, dass er Schutz vor politischer Verfolgung sucht. Für den Zeitpunkt der Antragstellung ist daher die Form des Antrages nicht ausschlaggebend. Wie sich aus Art. 2 des Beschlusses Nr. 1/97 vom 9. September 1997 ergibt, gilt ein Asylantrag zu dem Zeitpunkt als gestellt, zu dem sich die Behörden mit dem schriftlich vorliegenden Antrag befassen. Jedoch bestimmt Abs. 2 dass bei einem mündlich vorliegenden Antrag die Frist bis zu seiner Niederschrift so kurz wie möglich sein muss. Die weitreichenden Folgen, die sich an die Stellung eines Asylantrages knüpfen, ergeben sich demnach ab Stellung des Antrages.

Die Prüfung, ob ein anderer Mitgliedstaat zuständig ist, findet regelmäßig zu Beginn des Asylverfahrens statt. In den Mitgliedstaaten, die in ihrem nationalen Recht das Prinzip des sicheren Drittstaates verankert haben, wird zudem vorrangig geprüft, ob der Asylbewerber in einen sicheren Drittstaat außerhalb des Hoheitsgebietes der Europäischen Union abgeschoben werden kann.[204] Im Verhältnis der Mitgliedstaaten untereinander geht das Dubliner Übereinkommen aber den nationalen Drittstaatenregelungen vor.[205]
Der Mitgliedstaat, in dem ein Asylantrag gestellt wurde, beginnt das Prüfungsverfahren nach dem DÜ, wenn er einen anderen Mitgliedstaat als verantwortlich für die Prüfung der Zuständigkeit ansieht und selbst nicht freiwillig die Zuständigkeit nach Art. 3 Abs. 4 DÜ übernehmen möchte. In der Praxis spielt natürlich auch die Frage der Beweisbarkeit eine Rolle; mangelt es an Beweisen/Indizien oder ist möglicherweise ein Mitgliedstaat verantwortlich, der in der Vergangenheit sehr hohe Anforderungen an die

---

203 Nach der deutschen Rechtslage handelt es sich zum Beispiel bei einem Antrag auf Feststellung von Abschiebungshindernissen gemäß § 53 AuslG um ein derartiges humanitäres bzw. sekundäres Schutzersuchen. Ist der Antrag beschränkt auf § 53 AuslG und umfasst kein Schutzersuchen gemäß Art. 16 GG und/oder § 51 Abs. 1 AuslG, ist das Dubliner Übereinkommen nicht anwendbar.

204 Art. 3 Abs. 5 DÜ, zur Kritik an dieser Regelung siehe unten S. 207 ff.

205 Siehe *Löper*, ZAR 2000, S. 16 (19 m.w.N.).

Beweislast gestellt hat, so nehmen die Mitgliedstaaten gegebenenfalls Abstand von einer sog. Dublinanfrage.

Sieht ein Mitgliedstaat einen anderen Mitgliedstaat als zuständig an für die Prüfung eines Asylverfahrens, so stellt er gemäß Art. 11 Abs. 1 DÜ ein Aufnahmegesuch an diesen Staat.[206] In Art. 15 Beschluss 1/97 wurde unter Hinweis auf Anlage I des Beschlusses ein „Einheitliches Formular zur Bestimmung des zuständigen Staates“ als Muster für die Übernahmegesuche geschaffen. Neben einem Lichtbild des Asylbewerbers müssen personenbezogene Informationen eingetragen werden und Hinweise enthalten sein, aus denen sich die Zuständigkeit des anderen Mitgliedsstaates nach den Kriterien des DÜ ergibt.[207] Dieses Formular wird mit einem schriftlichen, begründeten Übernahmeersuchen an die zuständige Behörde des anderen Mitgliedstaates geschickt.

Ein Übernahmegesuch muss spätestens innerhalb einer Frist von sechs Monaten nach Stellung des Asylantrages an den potentiell zuständigen Mitgliedstaat gerichtet werden. Bei dieser Sechs-Monatsfrist handelt es sich um eine Ausschlussfrist: wird das Aufnahmegesuch nicht innerhalb dieses Zeitraums unterbreitet, so ist der Mitgliedstaat, in dem der Asylantrag gestellt wurde, zur Prüfung zuständig.[208] Entscheidet der ersuchte Mitgliedstaat nicht binnen drei Monaten über das Aufnahmegesuch,[209] so kommt dies einer Zustimmung gleich.[210]

Die Mitgliedstaaten haben sich auch auf ein sog. Dringlichkeitsverfahren zur schnelleren Bearbeitung von Anfragen geeinigt.[211] Liegt ein dringender Fall vor, wie z.B. bei Stellung eines Asylantrages, bei Verweigerung einer Einreise- oder Aufenthaltserlaubnis oder bei Festnahme wegen unrechtmäßigen Aufenthaltes, so kann der ersuchende Staat, verbunden mit seinem Übernahmegesuch, dem anderen Mitgliedstaat eine kurze Frist zur Beantwortung der Anfrage stellen. Das Dringlichkeitsverfahren hat sich in der Praxis besonders dann als sinnvoll erwiesen, wenn die Frist der Abschiebehaft

206 Nähere Ausführungen zur Form des Aufnahmegesuchs und zur Berechnung der Fristen wurden von dem Artikel-18-Ausschuss in Beschluss 1/97 vom 9. September 1997 festgelegt.

207 Vgl. Art. 15 Abs. 2 DÜ zu den notwendigen Angaben.

208 Art. 11 Abs. 1 S. 2 DÜ.

209 Art. 11 Abs. 4 DÜ. Die Berechnung der Fristen ergibt sich aus Art. 16 und 17 des Beschlusses 1/97.

210 Art. 11 Abs. 4 S. 2 DÜ.

211 Art. 5 Beschluss 1/97.

sehr kurz bemessen ist oder der Asylbewerber, wie z.B. in Deutschland, nur eine bestimmte Zeit im Flughafenverfahren verbringen darf.[212]

2. Wiederaufnahmeverfahren

Das Wiederaufnahme- oder Rückübernahmeverfahren bezeichnet das Verfahren zur Überstellung eines Asylbewerbers, der bereits in einem Mitgliedstaat einen Asylantrag gestellt hat und während des laufenden Verfahrens in einen anderen Mitgliedstaat weitergereist ist.

Das Wiederaufnahmeverfahren gestaltet sich nach den Regelungen des Art. 13 DÜ und des Art. 6 Beschluss 1/97. Wie oben bereits erwähnt, ergibt sich aus Art. 10 DÜ die Verpflichtung eines Mitgliedstaates zur Wiederaufnahme eines Asylbewerbers, wenn dieser nach Stellung seines Asylantrages:

- noch während des Verfahrens zur Bestimmung des zuständigen Mitgliedstaates seinen Erstantrag zurückgezogen hat und in einem anderen Mitgliedstaat einen neuen Asylantrag gestellt hat (Art. 3 Abs. 7);
- sich illegal in einem anderen Mitgliedstaat aufhält (Art. 10 Abs. 1 Bst. c);
- den Antrag noch während der Prüfung zurückgezogen hat und in einem anderen Mitgliedstaat einen neuen Asylantrag gestellt hat (Art. 10 Abs. 1 Bst. d);
- oder nach Ablehnung desselben sich in einen anderen Mitgliedstaat begibt und sich dort illegal aufhält (Art. 10 Abs. 1 Bst. e).

Der Wiederaufnahmeantrag wird von dem Dublinbüro desjenigen Mitgliedstaates gestellt, in dem der Asylbewerber sich aufhält. Separate Formvorschriften für den Wiederaufnahmeantrag sind weder im DÜ noch in den Durchführungsvorschriften geregelt; aufgrund der neutralen Formulierung des in Art. 15 Beschluss 1/97 erwähnten Musters für ein einheitliches Formular zur Bestimmung des zuständigen Mitgliedstaates ist dieses auch für die Wiederaufnahmeanträge zu verwenden.

Art. 13 DÜ enthält keine Frist für die Stellung eines Wiederaufnahmeantrages. Nach Sinn und Zweck des Dubliner Übereinkommens, welches auf eine zügige Bearbeitung der Asylverfahren und der Verhinderung von *refugees in orbit* abzielt, kann davon ausgegangen werden, dass vergleichbar mit Art. 11 DÜ längstens eine Frist von sechs Monaten zur Stellung eines Wiederaufnahmeantrages gerechtfertigt ist.

---

212 *Löper*, ZAR 2000, S. 16 (23).

Gemäß Art. 13 Abs. 1 Bst. b) DÜ muss der Mitgliedstaat, der um Wiederaufnahme des Asylbewerbers ersucht wurde, binnen einer Frist von acht Tagen auf dieses Ersuchen antworten. Hat er der Wiederaufnahme des Asylbewerbers zugestimmt, muss diese innerhalb eines Monats erfolgen. Im Gegensatz zu Art.11 Abs.4 DÜ, der bei Überschreitung der Frist eine Annahmefiktion vorsieht, ist eine solche Fiktion dem Wortlaut des Art. 13 Abs. 1 DÜ nicht zu entnehmen.
Der Artikel-18-Ausschuss hat jedoch in Art. 6 Abs. 3 des Beschlusses 1/97 ausdrücklich eine in Art. 13 DÜ selbst nicht vorhandene Annahmefiktion geregelt. Art. 6 Beschluss 1/97 bekräftigt die Pflicht der Mitgliedstaaten, einen Antrag auf Wiederaufnahme innerhalb einer Frist von acht Tagen nach Befassung zu beantworten. In Ausnahmefällen kann diese Frist bis zu einem Monat ausgedehnt werden, wenn der ersuchte Mitgliedstaat in einer vorläufigen Antwort mitteilt, bis wann er endgültig zu der Anfrage Stellung nehmen wird. Demnach wird davon ausgegangen, dass der ersuchte Mitgliedstaat die Wiederaufnahme des Asylbewerbers akzeptiert, wenn er innerhalb der Frist von acht Tagen bzw. einem Monat keine Antwort erteilt.

3. Überstellung des Asylbewerbers

Hat der ersuchte Mitgliedstaat sich nach den Kriterien des DÜ für die Prüfung des Asylverfahrens für zuständig erklärt oder hat er der Wiederaufnahme des Asylbewerbers zugestimmt, so beginnt das Überstellungsverfahren.[213] Die Überstellung eines Asylbewerbers erweist sich in der Praxis häufig als schwierig oder unmöglich, da viele Asylbewerber untertauchen oder ihren Asylantrag zurückziehen.[214] Da gegen den Überstellungsbeschluss in einigen Mitgliedstaaten auch ein länger dauerndes Rechtsmittelverfahren möglich ist, kann sich der Transfer so um einige Zeit verzögern.[215]

Die Mitgliedstaaten sind verpflichtet, den Asylbewerber so bald wie möglich über das an einen anderen Mitgliedstaat gerichtete Ersuchen zu informieren und ihm das Ergebnis der Anfrage mitzuteilen.[216] Nach Zusage des anderen Mitgliedstaates ergeht der Überstellungsbeschluss nach dem innerstaatlichen Recht der Mitgliedstaaten.[217] Die Überstellung des Asylbewerbers muss

---

213 Gemäß Art. 18 Abs. 2 S. 2 Beschluss 1/97 wird der Begriff „Überstellung" sowohl für den Fall der Aufnahme als auch für den Fall der Wiederaufnahme verwendet.

214 Vgl. *Hurwitz*, IJRL 1999, S. 646 (668).

215 Zu den unterschiedlichen Rechtsmittelverfahren gegen eine Dublinentscheidung siehe unten S. 251 ff.

216 Art. 19 Beschluss 1/97.

217 Die Durchführungsbestimmungen verweisen daher auch auf die „einschlägigen einzelstaatlichen Rechtsvorschriften und Verfahren"; vgl. Art. 19 Beschluss 1/97.

spätestens einen Monat nach Annahme des Aufnahmegesuchs stattfinden. Hat der Asylbewerber gegen den Überstellungsbeschluss Rechtsmittel mit aufschiebender Wirkung eingelegt, so findet die Überstellung spätestens einen Monat nach Abschluss des Rechtsverfahrens statt.[218] Auch die Wiederaufnahme eines Asylbewerbers muss spätestens einen Monat nach der Akzeptanz durch den anderen Mitgliedstaat stattfinden.[219]

Die Überstellung kann auf zweierlei Art erfolgen: entweder auf freiwilliger Basis oder in Begleitung eines Beamten des überstellenden Mitgliedstaates.[220] Es ist die Pflicht des überstellenden Mitgliedstaates, so weit wie möglich dafür Sorge zu tragen, dass der Asylbewerber sich der Überstellung nicht entzieht. Daher bestimmt der überstellende Mitgliedstaat – falls die innerstaatliche Rechtslage eine Wahlmöglichkeit zulässt – ob im Einzelfall eine freiwillige oder eine begleitete Überstellung des Asylbewerbers in Betracht kommt.[221]
Erlaubt die innerstaatliche Rechtslage eine freiwillige Ausreise des Ausländers und spricht auch im Einzelfall nichts dagegen, so werden die zuständigen Behörden des überstellenden Mitgliedstaates dem Ausländer einen Passierschein (Laissez-passer)[222] ausstellen und ihm Ort und Zeitpunkt mitteilen, zu dem er sich im aufnehmenden Mitgliedstaat melden soll. Die Überstellung gilt als abgeschlossen, wenn sich der Ausländer bei den Behörden dieses Mitgliedstaates gemeldet hat.[223] Die Behörden dieses Mitgliedstaates werden dann so bald wie möglich den überstellenden Mitgliedstaat informieren, ob sich der Ausländer in der vereinbarten Frist gemeldet hat. Zeigt sich der Ausländer nicht kooperativ und entzieht sich der Überstellung, so kann der zweite Mitgliedstaat, vorausgesetzt sein innerstaatliches Recht sieht ein Asylverfahren in Abwesenheit vor, anhand der ihm vorliegenden Angaben die Prüfung des Asylantrages aufnehmen.[224]
Sollten Zweifel an die Bereitschaft zur freiwilligen Ausreise des Asylbewerbers bestehen, so wird die Überstellung in Begleitung eines Beamten des ersten Mitgliedstaates stattfinden. Die Details der Überstellung werden von den zuständigen Dublinbüros vereinbart. Die Überstellung ist vollendet, wenn der Ausländer von den Behörden des zweiten Mitgliedstaates in Empfang genommen wird.[225]

---

[218] Art. 11 Abs. 5 DÜ.
[219] Art. 13 Abs. 1 Bst. b) DÜ.
[220] Art. 20 Abs. 1 Beschluss 1/97.
[221] Art. 20 Abs. 1 Beschluss 1/97.
[222] Siehe Art. 22 Beschluss 1/97 und das Muster eines Laissez-passer im Anhang II des genannten Beschlusses.
[223] Art. 20 Abs. 2 Beschluss 1/97.
[224] Art. 21 Abs. 2 Beschluss 1/97.
[225] Art. 20 Abs. 2 Beschluss 1/97 vom 9. September 1997.

III. Informations- und Datenaustausch

Das Dubliner Übereinkommen unterscheidet zwischen dem Austausch allgemeiner Informationen, wie z.B. Statistiken und Daten zu den Herkunftsländern, und dem Austausch personenbezogener Daten der Asylbewerber.

1. Allgemeiner Informationsaustausch

Art. 14 DÜ regelt den allgemeinen Informationsaustausch zwischen den Mitgliedstaaten. Die Staaten informieren sich gegenseitig über ihre Rechts- und Verwaltungsvorschriften und die Entscheidungen im Bereich des Asylrechts. Sie sind verpflichtet, vierteljährlich dem Generalsekretariat des Rates der Europäischen Union die statistischen Daten zu der Anzahl der Asylbewerber und ihrer Herkunftsländer mitzuteilen.[226]

Auch im Rahmen ihrer Beteiligung am „Informations-, Reflexions- und Austauschzentrum für Asylfragen" (CIREA)[227] tauschen die Vertragsstaaten allgemeine Informationen über die Anzahl der Asylanträge, ihre Entscheidungspraxis und über die Situation in den Heimat- oder Herkunftsländern der Asylbewerber aus. Ziel dieses Informationsaustausches ist somit auch die einheitliche Beurteilung der Lage in den Herkunftsländern der Flüchtlinge.[228] CIREA wurde durch den Rat der EG-Einwanderungsminister auf ihrer Tagung in London am 30.11./1.12.1992 eingesetzt.[229] Es handelt sich dabei um ein informelles Gremium, das dem Generalsekretariat des Rates der Europäischen Union angegliedert wurde. Diesem Gremium gehören Vertreter der Mitgliedstaaten, nationale Beamte, die im asylrechtlichen Bereich tätig sind und Vertreter des UNHCR an. CIREA selber hat keine Befugnisse, rechtsverbindliche Entscheidungen zu treffen, seine Aufgabe ist es allein, Informationen zu sammeln und sie den Mitgliedstaaten zugänglich zu machen.

---

226 Die vom Generalsekretariat geführten vierteljährlichen Statistiken enthalten auch Angaben zur praktischen Umsetzung des Dubliner Übereinkommens, wie z.B. die Anzahl der Anfragen, ihr Ergebnis und die Zahl der aktuellen Überstellungen, vgl. Art. 28 Abs. 1 und Tabelle in Anhang IV des Beschlusses 1/97.

227 Centre for Information, Discussion and Exchange on Asylum.

228 Kritisch zu CIREA auch *Guild* (Hrsg.), 1996, S. 196 ff.

229 *Hailbronner*, Ausländerrecht Kommentar, Bd. 4, D 12.4.

2. Datenaustausch

Artikel 15 DÜ regelt den personenbezogenen Datenaustausch zwischen den Mitgliedstaaten. Personenbezogene Informationen dürfen zwischen den dazu autorisierten Behörden der Mitgliedstaaten nur weitergegeben werden, wenn sie erforderlich sind, um den nach den Dublinkriterien zur Prüfung eines Asylantrages zuständigen Mitgliedstaat zu bestimmen, oder den anderen Verpflichtungen aus dem Übereinkommen nachzukommen.[230]
Die Informationen, die an die Behörden des anderen Mitgliedstaates weitergegeben werden dürfen, beschränken sich auf die Personalien des Asylbewerbers oder seiner Angehörigen, Angaben zu seinem Reisepass/Personalausweis, sonstige zu seiner Identifizierung notwendige Angaben, Aufenthaltsorte und Reisewege, eine eventuell vorhandene Aufenthaltserlaubnis oder ein Visum, Ort und Datum der Einreichung des Asylantrages.[231] Nur mit Einwilligung des Asylbewerbers und nach Ermessensprüfung des Mitgliedstaates können auf Anfrage des anderen Mitgliedstaates auch die Gründe für den Asylantrag oder die Gründe für die Entscheidung über den Asylantrag mitgeteilt werden.[232] Da es nach den Erfahrungen mit der Anwendung des SDÜ in der Praxis häufig zu Verzögerungen bei der Beantwortung derartiger Anfragen kommt,[233] hat der Artikel-18-Ausschuss mit Beschluss 1/97 vom 9. September 1997 für das DÜ festgelegt, dass die Mitgliedstaaten das Informationsersuchen nach Möglichkeit sofort, spätestens aber binnen eines Monats beantworten sollten.[234]

Der die Daten übermittelnde Mitgliedstaat sorgt für die Richtigkeit und Aktualität der Daten. Der Asylbewerber kann auf Antrag Auskunft über die bezüglich seiner Person ausgetauschten Daten begehren und bei Unrichtigkeit oder fehlender Übermittlungsbefugnis ihre Berichtigung oder Löschung verlangen.[235] Die personenbezogenen Daten genießen mindestens den Schutz, den der Empfängerstaat Informationen gleicher Art gewährt. Möchte ein Mitgliedstaat die erhaltenen Informationen speichern, so muss sein nationales Recht den Grundsätzen der Datenschutzkonvention des Europarates vom 28.

---

230 Jeder Mitgliedstaat muss gemäß Art. 15 Abs. 4 dem Artikel-18-Ausschuss mitteilen, welche seiner Behörden befugt sind, Informationen zu erfragen und zu erhalten. Die Informationen dürfen nur den Behörden und Gerichten mitgeteilt werden, die für die Prüfung des Dubliner Übereinkommens.

231 Vgl. Art. 15 Abs. 2 DÜ.

232 Vgl. Art. 15 Abs. 3 DÜ.

233 Vgl. *Hailbronner/Thiery*, ZAR 1997, S. 55 (60).

234 Art. 28 Abs. 2 Beschluss 1/97 vom 9.9.1997.

235 Vgl. Art. 15 Abs. 6 und 7 DÜ.

Februar 1981[236] entsprechen und ein nationales Gremium mit der unabhängigen Kontrolle der Behandlung und Verwendung der nach dem Dubliner Übereinkommen gewonnenen Daten beauftragt sein.

[236] ETS Nr. 108, Übereinkommen über den Schutz des Menschen bei der automatischen Verarbeitung personenbezogener Daten, in Kraft getreten am 1.10.1985.

Zweiter Teil: Die Umsetzung des DÜ in Deutschland und den Niederlanden

Im vorliegenden zweiten Teil wird die innerstaatliche Umsetzung des Dubliner Übereinkommens in Deutschland und den Niederlanden untersucht. Zunächst wird die innerstaatliche Umsetzung völkerrechtlicher Verträge in Deutschland und den Niederlanden erläutert, ehe im ersten Kapitel die konkreten staatlichen Maßnahmen beschrieben werden, die in den beiden Staaten zur Umsetzung des DÜ zu treffen waren. Im zweiten Kapitel wird die Einbindung des Dublinverfahrens in das Asylverfahren erläutert und eine statistische Auswertung der Anfragen, Überstellungen und Transfers nach dem DÜ vorgenommen. Schließlich erfolgt im dritten Kapitel eine genaue Untersuchung der Anwendung und Interpretation des DÜ durch die Verwaltung und die Judikative.

1. Kapitel Die gesetzliche Umsetzung des DÜ

A. Einleitung: Die innerstaatliche Umsetzung von völkerrechtlichen Verträgen

Das Völkerrecht selbst kennt keine vertraglichen oder gewohnheitsrechtlichen Regeln über sein Verhältnis zum innerstaatlichen Recht und über die Art und Weise, wie die völkerrechtlichen Normen in das innerstaatliche Recht umgesetzt werden sollen. Das Völkerrecht kennt nur eine Regel, die von allen Staaten beachtet werden muss: kein Staat darf sich der Erfüllung seiner völkerrechtlichen Pflichten durch den Hinweis auf sein innerstaatliches Recht – einschließlich des Verfassungsrechts – entziehen. Erfordert diese Pflichterfüllung den Erlass oder die Änderung innerstaatlicher Gesetze oder Rechtsverordnungen, so ist der Staat zu entsprechendem gesetzgeberischen Handeln verpflichtet.[1] Aus Sicht des Völkerrechts schulden die Staaten somit einander ein Ergebnis, sind aber frei auf dem Weg dorthin.[2] Die verschiedenen Theorien zum Verhältnis des Völkerrechts und des staatlichen Rechts, die dualistische und die monistische Schule,[3] spielen in die Praxis des Völkerrechts hingegen eine geringe Rolle, da für die Staaten untereinander

---

1 *Kimminich/Hobe*, 2000, S. 217.

2 *Kunig*, in: Graf Vitzthum (Hrsg.), 2001, S. 87 (105, Rn. 33)

3 Nach der dualistischen Theorie sind Völkerrecht und staatliches Recht zwei voneinander getrennte Rechtsordnungen. Nach der monistischen Theorie sind das Völkerrecht und das staatliche Recht verschiedene Element einer einheitlichen Rechtsordnung. Siehe näheres zu den – lange Zeit umstrittenen – Schulen, die sich inzwischen in einer jeweils „gemäßigten Fassung“ angenähert haben: *Geiger*, 2002, S. 12 ff; *Kunig*, in: Graf Vitzthum (Hrsg.), 2001, S. 87 (104 ff.) m.w.N.

nicht das Wie, sondern das Ob der Umsetzung eines völkerrechtlichen Vertrages entscheidend ist.

Sowohl für die innerstaatliche Umsetzung als auch die Rangbestimmung völkerrechtlicher Normen haben sich in der Praxis der Staaten typische Regelungen gebildet. Diese Formen der innerstaatlichen Umsetzung sind wiederum geprägt von den oben angesprochenen dualistischen und monistischen Theorien. So ist die Transformationslehre, die eine Umwandlung bzw. Transformation völkerrechtlicher Normen in das nationale Recht vorsieht, dualistisch geprägt. Die völkerrechtlichen Normen werden durch die Transformation in ihrer Geltung nicht berührt, ihnen steht jedoch ein Gegenstück im nationalen Recht gegenüber.[4] Die Adoptionstheorie hingegen ist von der monistischen Theorie geprägt. Bei der Adoption bzw. Inkorporation wird das Völkerrecht direkt im nationalen Recht angewandt, es entsteht keine neue innerstaatliche Norm. Dies kann je nach innerstaatlicher Ausgestaltung durch eine Generalklausel im Verfassungsrecht, durch eine qualifizierte Übernahme oder durch Einzelakt geschehen.[5] Die Vollzugstheorie vermittelt zwischen der Transformationstheorie und der Adoptionslehre. Für die Umsetzung der völkerrechtlichen Norm wird ein innerstaatlicher Rechtsakt gefordert, es entsteht jedoch keine neue nationale Norm als Gegenstück des Völkerrechts, sondern der innerstaatliche Rechtsakt gibt lediglich den Befehl, die betreffende Völkerrechtsregel innerstaatlich zu vollziehen.[6] Die Rangbestimmung völkerrechtlicher Normen im nationalen Recht liegt im Ermessen der Staaten, die in ihrem nationalen Recht häufig Rangklauseln enthalten, die auch zwischen der Rangfolge von Völkergewohnheitsrecht und Völkervertragsrecht unterscheiden.[7]

In Deutschland erfolgt die innerstaatliche Umsetzung von völkerrechtlichen Verträgen gemäß Art. 59 Abs. 2 Satz 1 GG, sofern es sich nicht um die Übertragung von Hoheitsrechten oder die Beteiligung an Integrationsgemeinschaften handelt.[8] Hiernach bedürfen Verträge, die politische Beziehungen des Bundes regeln oder sich auf Gegenstände der Bundesgesetzgebung beziehen, eines Zustimmungsgesetzes.[9] Bundestag und Bundesrat können dem Vertrag in seiner Gesamtheit zustimmen oder ihn

---

4 *Kunig*, in: Graf Vitzthum (Hrsg.), 2001, S. 87 (107, Rn. 38); *Geiger*, 2002, S. 158.

5 *Kunig*, in: Graf Vitzthum (Hrsg.), 2001, S. 87 (107, Rn. 39); *Geiger*, 2002, S. 158.

6 *Kunig*, in: Graf Vitzthum (Hrsg.), 2001, S. 87 (107, Rn. 40); *Geiger*, 2002, S. 158 f.

7 *Geiger*, 2002, S. 161.

8 *Kunig*, in: Graf Vitzthum (Hrsg.), 2001, S. 87 (115, Rn. 57).

9 Sog. Verwaltungsabkommen bedürfen keiner parlamentarischen Beteiligung, Art. 59 Abs. 2 S. 2 GG.

ablehnen, eine Abänderungsbefugnis steht ihnen nicht zu.[10] Strittig ist, ob die Umsetzung des Vertrages im Wege der Transformation oder im Wege des Vollzuges stattfindet.[11] Der Wortlaut des Art. 59 Abs. 2 Satz 1 GG gestattet beide Deutungen.[12] Die Frage des Ranges des völkerrechtlichen Vertrages im innerstaatlichen Recht bestimmt sich unabhängig von der Entscheidung über die Art seiner Einbeziehung. Die herrschende Meinung geht davon aus, dass der Rang des völkerrechtlichen Vertrages sich nach dem Rang des Rechtsetzungsaktes bestimmt, mit dem die Transformation oder der Vollzug dieses Vertrages in das innerstaatliche Recht vorgenommen wurde. Durch die Zustimmung in Form eines Bundesgesetzes nimmt der völkerrechtliche Vertrag daher innerstaatlich den Rang eines Bundesgesetzes ein.[13]

Das Königreich der Niederlande gehört zu den Vertretern des gemäßigten Monismus.[14] Völkerrechtliche Verträge werden nicht – wie im dualistisch geprägten System – in das nationale Recht transformiert, sondern inkorporiert; mit der Folge, dass sie auch im nationalen Recht ihren Charakter als internationale Verträge behalten. Der völkerrechtliche Vertrag ist kraft Inkorporation Teil des nationalen Rechts und nimmt einen höheren Rang als die Gesetze und die Verfassung ein.[15] Dieser Vorrang bezieht sich aber nur auf Völkervertragsrecht, nicht jedoch auf Völkergewohnheitsrecht.[16]

---

[10] *Geiger*, 2002, S. 131 f.

[11] Zum Streitstand siehe *Kunig*, in: Graf Vitzthum (Hrsg.), 2001, S. 87 (133, Rn. 110 ff.); *Geiger*, 2002, S. 171 ff.; *Kempen*, in: v. Mangoldt/Klein/Starck, Bd. 2, Art. 59 Abs. 2, Rn. 88 ff.

[12] Siehe *Kunig*, in: Graf Vitzthum (Hrsg.), 2001, S. 87 (134, Rn. 111). Eine Entscheidung des dogmatischen Streites ist an dieser Stelle nicht notwendig, da sich in der praktischen Konsequenz für die Umsetzung und Anwendung des Dubliner Übereinkommens keine Unterschiede ergeben.

[13] Siehe *Geiger*, 2002, S. 176.

[14] *Kooijmans*, 1996, S. 87.

[15] *Boon/Brouwer/Schilder*, 1996, S. 169 f. Diese Schlussfolgerung ergibt sich auch indirekt aus der 1953 grundlegend geänderten niederländischen Verfassung, die in Artikel 93 regelt, dass Bestimmungen von Verträgen und Beschlüssen völkerrechtlicher Organisationen, die ihrem Inhalt nach allgemeinverbindlich sein können, nach ihrer Veröffentlichung verbindlich sind. Gemäß Artikel 94 der Verfassung sind die geltenden gesetzlichen Vorschriften nicht anzuwenden, wenn sie allgemeinverbindlichen Bestimmungen von Verträgen und Beschlüssen völkerrechtlicher Organisationen entgegenstehen.

[16] Vgl. *Alkema*, in: Chorus et.al., 1999, S. 315 f.; *Kooijmans*, 1996, S. 88. Der oberste Gerichtshof (Hoge Raad) hat sich 1959 in einem berühmten Urteil (Nyagat Urteil: HR, 6. März 1959, NJ 1962, S. 2) dafür ausgesprochen, dass Völkergewohnheitsrecht nicht dem nationalen Recht vorgeht, da sich aus der wörtlichen Interpretation des Artikels 93 der Verfassung *a contrario* ergebe, dass nur internationale Verträge und Beschlüsse völkerrechtlicher Organisationen höheres Recht darstellen. Die Regierung hat sich dieser Auffassung bei der Verfassungsänderung von 1983 ausdrücklich angeschlossen.

Entgegenstehendes nationales Recht wird entweder vor Ratifikation des Vertrages geändert und angepasst oder der nationale Richter legt das bestehende Recht im Sinne des völkerrechtlichen Vertrages aus. Der niederländische Richter muss aufgrund der oben beschriebenen Vorrangwirkung nationales Recht unanwendbar lassen, wenn er zu der Ansicht gelangt, dass ein Bürger sich auf eine ihn unmittelbar schützende Norm (*self-executing norm*) eines völkerrechtlichen Vertrages oder Beschlusses einer internationalen Organisation stützen kann.[17] Völkerrechtliche Verträge, die keine den Bürger unmittelbar schützenden Normen enthalten, werden in das nationale Recht umgesetzt, um ihnen Wirksamkeit zu verschaffen und Kollisionen mit den nationalen Regelungen zu vermeiden.[18]

B. Deutschland

I. Die Ratifikation des DÜ

Der Ratifikation des Dubliner Übereinkommens ging in Deutschland eine längere Debatte über eine möglicherweise notwendige Änderung des im Grundgesetz nach Art. 16 Abs. 2 Satz 2 GG a.F. garantierten Rechts auf Asyl voraus. Bereits seit Anfang 1986 wurde im Zusammenhang mit der EG-Harmonisierung des Asylrechts teilweise politisch angestrebt, das verfassungsrechtlich garantierte Recht auf Asyl zu ändern.[19] Mit der Unterzeichnung des SDÜ und des DÜ trat zunehmend – neben anderen Gründen für eine Verfassungsänderung[20] – auch das Argument in den Raum, dass die Bundesrepublik diese beiden Verträge nicht ohne eine Änderung des Grundgesetzes ratifizieren könne. Die Diskussion drehte sich vor allem um die Frage, ob eine Änderung des Grundgesetzes verfassungsrechtlich geboten sei oder eine rein politische Notwendigkeit darstellen würde, um die Bundesrepublik nicht zum „Restasylland" in Europa zu machen. Schließlich wurde aufgrund des sog. Asylkompromisses zwischen der CDU/CSU, SPD und FDP das grundgesetzlich garantierte Recht auf Asyl 1993 grundlegend umgestaltet.

---

17 Siehe *Alkema*, in: Chorus et.al., 1999, S. 316. Ob eine Norm *self-executing* ist, ergibt sich aus ihrem Wortlaut, Inhalt, Sinn und Zweck und dem Willen der Parteien. Außerdem untersuchen die niederländischen Gerichte, ob eine solche Norm außerhalb des „lawmaking task of the judiciary" liegen würde und berücksichtigen so auch die nationale Situation, in der diese Norm angewendet werden soll.

18 Siehe *Alkema*, in: Chorus et.al., 1999, S. 316.

19 Vgl. *Weichert*, InfAuslR 1990, S. 257 (266) m.w.N.

20 Zum Beispiel dem Versuch der Begrenzung der stetig zunehmende Zahl von Asylbewerbern, die 1992 einen Höhepunkt von 438.191 Personen erreichte, und dem Wunsch nach einer Beschleunigung der Asylverfahren.

1. Verfassungsrechtliche Notwendigkeit der Änderung des Grundgesetzes?

Zum Zeitpunkt der Unterzeichnung des SDÜ und des DÜ gewährte Art. 16 Abs. 2 Satz 2 GG a.F. dem Asylberechtigten ein (unbeschränktes) subjektiv-öffentliches Recht gegen die Bundesrepublik Deutschland auf Asylgewährung.[21] Das Grundrecht auf Asyl gemäß Art. 16 Abs. 2 Satz 2 GG a.F. garantierte Flüchtlingen die Einreisefreiheit und den Schutz vor Zurückweisung, Ausweisung, Abschiebung und Auslieferung in den Verfolgerstaat. Dem politisch Verfolgten stand der Kernbereich des Grundrechts bereits vor der „deklaratorischen Anerkennung" durch das Bundesamt zu, er hatte ein vorläufiges Bleiberecht für die Zeit des Asylverfahrens.[22]

Hätte ein bereits in einem Vertragsstaat des SDÜ/DÜ anerkannter Flüchtling erneut in der Bundesrepublik einen Asylantrag gestellt, so wäre ihm wegen des bereits bestehenden Schutzes kein Asylrecht nach Art. 16 Abs. 2 Satz 2 GG a.F. gewährt worden. Problematischer wäre die Abweisung während eines in einem anderen Vertragsstaat der beiden Zuständigkeitsabkommen laufenden Asylverfahrens gewesen. Hatte die Flucht im Erststaat ihr Ende gefunden und wurde dem Flüchtling zumindest ein vorübergehendes Bleiberecht gewährt, so hätte die Bundesrepublik auf den anderweitig bestehenden Schutz verweisen können.
Begehrte ein Flüchtling jedoch in der Bundesrepublik Asyl, nachdem sein Asylbegehren in einem anderen Vertragsstaat des SDÜ/DÜ abgelehnt worden war, gebot es Art. 16 Abs. 2 S. 2 GG a. F., erneut eine Prüfung des Asylantrages vorzunehmen. In einem derartigen Fall konnte die durch das Grundgesetz verbürgte Rechtsstellung des Asylberechtigten über die der anderen Vertragsstaaten hinausgehen.[23]

---

21 Art. 16 Abs. 2 S. 2 GG a.F. lautete: „Politisch Verfolgte genießen Asyl." Das Grundrecht auf Asyl enthielt selber keinen Gesetzesvorbehalt oder Schranken. Zur Gewährleistung eines effektiven Grundrechtschutzes konnte das Verfahren und die Organisation der Asylgewährung jedoch in einfachen Gesetzen ausgestaltet werden (BVerfGE 56, 216 (235 f.); 60, 253 (295 f.); 62, 206 (211), wie dies auch in Form des Asylverfahrensgesetzes geschah. Zu Art. 16 Abs. 2 S. 2 GG a.F. siehe *Randelzhofer*, in Maunz-Dürig, Grundgesetz Kommentar, Art. 16 II 2 GG a.F., Rn. 7, Fn. 2, 3 m.w.N. zu Literatur und Rspr. Auch der heutige Art. 16 a Abs. 1 GG wird entsprechend interpretiert, jedoch kommen nur noch wenige Flüchtlinge in den Genuss des Schutzbereiches, da die unten beschriebenen Ausnahmen gemäß Abs. 2-5 vorliegen.

22 Siehe *Randelzhofer*, in Maunz-Dürig, a.a.O., Art. 16 Abs. 2 S. 2 GG a.F., Rn. 118; BVerfGE 80, S. 68 (73); 80, S. 182 (187); 86, S. 280 (285).

23 Vgl. *Schraml*, AWR-bulletin 1991, S. 65 (69).

Die Nichtprüfung des Asylbegehrens eines in einem anderen Vertragsstaat abgelehnten Asylbewerbers hätte somit den Kernbereich des grundgesetzlich gewährten Asylrechts berührt. Als Konsequenz hätte Deutschland immer dann, wenn ein in einem anderen Mitgliedstaat abgelehnter Asylbewerber in der Bundesrepublik einen neuen Asylantrag gestellt hätte, diesen auch inhaltlich prüfen müssen. Diese erneute Prüfung hätte aber keinen Verstoß gegen die aus den Abkommen resultierenden Pflichten dargestellt, da sowohl das SDÜ als auch das DÜ die Möglichkeit der freiwilligen Übernahme von Asylverfahren vorsahen.[24] Eine Ratifikation des SDÜ und des DÜ hätte somit den verfassungsrechtlichen Anforderungen des Art. 16 Abs. 2 Satz 2 GG a.F. genügt.[25] Bestand somit keine rechtliche Notwendigkeit zur Einschränkung der Grundrechtsbestimmung, so befürchtete die Bundesrepublik doch, zum „Restasylland“ der EG zu werden. Eine nur eingeschränkte Teilnahme an den Abkommen war politisch nicht erwünscht und hätte aus Sicht der Bundesrepublik Deutschland auch nicht das gewünschte Vertragsziel – eine Reduzierung der Asylbewerberzahlen in Deutschland – erreicht. Die Forderung nach einer Änderung der Verfassung war daher rein politisch motiviert, damit die Bundesrepublik den (Zuständigkeits-) verteilungsmechanismus dieser Übereinkommen voll ausschöpfen konnte.[26]

2. Die Asylrechtsreform 1993[27]

Bis zum sog. „Bonner Asylkompromiss“ zwischen der CDU/CSU, SPD und FDP, die sich am 6.12.1992 auf eine Verfassungsänderung verständigten, blieb der Art. 16 Abs. 2 Satz 2 GG a.F. trotz zahlreicher füherer Bestrebungen einer Änderung unangetastet.[28] Auf einfachgesetzlicher Ebene wurde das Asylrecht aber bereits seit den 70er Jahren durch zahlreiche Gesetzesänderungen kontinuierlich eingeschränkt, um die Asylverfahren zu

---

24 Siehe Art. 29 Abs. 4 SDÜ bzw. Art. 3 Abs. 4 DÜ. Diese Vorschriften wurden im Rahmen der Ausarbeitung der Abkommen explizit aufgrund der in Deutschland und Frankreich zum damaligen Zeitpunkt bestehenden verfassungsrechtlichen Lage aufgenommen, damit auch diese Staaten sich an den Abkommen beteiligen konnten.

25 Vgl. *Weber*, ZAR 1993, S. 11 (13 f.).

26 Vgl. *Schraml*, AWR-bulletin 1991, S. 65 (67 ff.).; *Bierwirth/Göbel-Zimmermann*, ZRP 1992, S. 470 (474 f.). Nach Ansicht von *Weichert* InfAuslR 1990, S. 257 (267) ging es bei der Debatte über Art. 16 GG nicht um die Europäisierung des Schutzes politisch Verfolgter, sondern um die Zurückdrängung des politischen Asyls allgemein.

27 Eine Auswahl der zahlreichen Literatur zur Asylrechtsreform: *Haberland*, ZAR 1994, S. 3 ff.; *Hailbronner*, ZAR 1993, S. 107 ff.; *Huber*, NVwZ 1993, S. 736; *Wollenschläger/Schraml*, JZ 1994, S. 61 ff.; *Voßkuhle*, DÖV 1994, S. 53 ff; *Barwig et.al.* (Hrsg.), 1994; *Zimmermann*, 1994.

28 Zu den einzelnen Versuchen das Grundrecht auf Asyl zu ändern, siehe *Wollenschläger/Becker*, ZRP 1987, S. 326 ff.

beschleunigen und der großen Anzahl der Asylbewerber Herr zu werden.[29] Mit dem Gesetz zur Neuregelung des Asylverfahrens vom 1.7.1992,[30] das auf eine gemeinsame Gesetzesinitiative von CDU/CSU, FDP und SPD zurückging, wurden erneut Verfahrensverkürzungen wirksam.[31] Ohne die Auswirkungen des AsylVfG in der Praxis abzuwarten, traten die Regierungspartei und die Opposition in Verhandlungen, um das Grundrecht auf Asyl abzuändern. Im Bundestag wurde zunächst von der CDU/CSU-Bundestagsfraktion ein Gesetzesentwurf eingebracht,[32] im Bundesrat von den Ländern Bayern[33] und Baden-Württemberg[34] Gesetzesanträge gestellt.

Am 6. Dezember 1992 einigten sich die Bundestagsfraktionen der CDU/CSU, SPD und FDP in der sog. Nikolausrunde auf die Änderung des Asylgrundrechts. Diese Einigung war möglich geworden, da die SPD – die bis dahin eine Änderung des Art. 16 Abs. 2 S. 2 strikt abgelehnt hatte – sich auf einem Sonderparteitag am 18.12.1992 bereit erklärte, die Grundgesetzänderung unter bestimmten Voraussetzungen mitzutragen.[35] Am 19. Januar 1993 wurde ein Gesetzentwurf in den Bundestag eingebracht, der nach Beratungen in den Ausschüssen und in der Gemeinsamen Verfassungskommission schließlich mit Zweidrittel-Mehrheit am 26. Mai 1993 vom Deutschen Bundestag angenommen wurde. Gleichzeitig mit der Verfassungsänderung wurde das „Gesetz zur Änderung asylverfahrens-, ausländer- und staatsangehörigkeitsrechtlicher Vorschriften", sowie das „Gesetz zur Neuregelung der Leistungen an Asylbewerber" verabschiedet. Die Gesetze traten nach Verabschiedung durch den Bundesrat und Ausfertigung durch den Bundespräsidenten am 1.7.1993 in Kraft.[36]

---

29 Siehe zu einer eingehenden Darstellung *Zimmermann*, 1994, S. 16 ff., *Göbel-Zimmermann*, 1999, S. 129, Rn. 175. Insgesamt kam es seit 1978 zu mehr als zehn Beschleunigungsnovellen, die oft mit „heißer Nadel" gestrickt waren und die Rechte der Asylbewerber weiter verkürzten.

30 BGBl. 1992 I S. 1126.

31 *Huber*, NVwZ 1992, S. 749 ff.; *Marx*, InfAuslR 1992, S. 109 ff. Offensichtlich unbegründete und offensichtlich unbeachtliche Asylanträge sollten innerhalb eines Zeitraumes von sechs Wochen ab Antragstellung entschieden werden. Die Grenzbehörden bekamen die Befugnis, Ausländer, die in einem Drittstaat offensichtlich vor Verfolgung sicher waren, nicht nur an der Grenze zurückzuweisen, sondern sie auch zurückzuschieben, wenn sie im grenznahen Raum angetroffen wurden.

32 BT-Drs. 12/2112 vom 18.2.1992; siehe auch *Zimmermann*, 1994, S. 27 f.

33 BRat-Drs. 175/90 vom 1.3.1990; siehe auch *Zimmermann*, 1994, S. 24 f.

34 BRat-Drs. 684/90 vom 5.10.1990; siehe auch *Zimmermann*, 1994, S. 25 f.

35 Siehe auch *Prantl*, in: Barwig et.al. (Hrsg.), 1994, S. 135 ff.

36 BGBl. 1993 I S. 1002, 1062 und 1074.

Der Wortlaut des Art. 16 Abs. 2 Satz 2 GG a.F. „Politisch Verfolgte genießen Asylrecht" wurde wortgleich in Art. 16a Abs. 1 GG übernommen.[37] Das Individualrecht auf Asyl in der Verfassung wurde somit beibehalten, allerdings wurde der Schutzumfang durch die Beschränkungen in den Absätzen 2 bis 5 stark begrenzt.

Nach Art. 16 a Abs. 2 GG kann sich derjenige nicht auf das Grundrecht auf Asyl berufen, der aus einem sog. „sicheren Drittstaat" in die Bundesrepublik Deutschland einreist.[38] Als sichere Drittstaaten gelten alle Mitgliedstaaten der EU und weitere durch Gesetz bestimmte Staaten,[39] in denen die Anwendung der Genfer Flüchtlingskonvention und der Europäischen Menschenrechtskonvention sichergestellt ist.[40] Für den Ausschluss des Asylanspruchs genügt der bloße Gebietskontakt mit einem sicheren Drittstaat; es muss allerdings feststehen, dass der Ausländer objektiv die Möglichkeit hatte, Schutz vor Verfolgung beanspruchen zu können.[41] Abs. 2 tritt hinter völkerrechtlichen Vereinbarungen im Sinne des Art. 16a Abs. 5 zurück.[42]

---

[37] Als politisch Verfolgter im Sinne dieser Vorschrift ist anzusehen, wer in seinem Herkunftsland aufgrund seiner Rasse, Ethnie, Religion, Nationalität, seiner Zugehörigkeit zu einer bestimmten sozialen Gruppe oder wegen seiner politischen Überzeugung verfolgt worden ist und/oder entsprechende Maßnahmen für den Fall seiner Rückkehr zu befürchten hat und die Verfolgung mit einer Gefährdung für Leib und Leben oder mit einer Beschränkung der persönlichen Freiheit einherging bzw. – geht.

[38] Siehe *Randelzhofer,* in: Maunz-Dürig, a.a.O., Art. 16 a Abs. 2 GG, Rn. 1 ff.; *Schnapp,* in: v. Münch/Kunig, 5. Aufl. 2000, GGK I, Art. 16 a, Rn. 12.

[39] Siehe Anlage I zu § 26 a AsylVfG: Finnland, Norwegen, Österreich, Polen, Schweden, Schweiz und Tschechische Republik. Da Finnland, Österreich und Schweden inzwischen Mitglieder der EU sind und mit Norwegen ein Zusatzabkommen zum DÜ geschlossen wurde, zählen nur noch Polen, die Schweiz und die Tschechische Republik zu den sonstigen sicheren Drittstaaten.

[40] Der Gesetzgeber geht davon aus, dass die Anwendung der GFK und EMRK in den Mitgliedstaaten der EU sichergestellt ist. Auch das BVerfG (94, 49 (89)) verweist auf die einheitliche Rechtsüberzeugung der EU-Mitgliedstaaten im Asylbereich trotz bisher fehlender Harmonisierung des nationalen Asylrechts. Im Gegensatz dazu wird bei den gesetzlich bestimmten sicheren Drittstaaten geprüft, ob der Staat den beiden Konventionen beigetreten ist und sich den Kontrollverfahren unterworfen hat, die die Konventionen vorsehen und diese Konventionen auch anwendet. Nur wenn sich aufgrund hinreichend verlässlicher Anhaltspunkte für den Gesetzgeber die Erkenntnis ergibt, dass die Konventionen in std. Praxis missachtet werden und z.B. Kettenabschiebungen vorgenommen werden, muss die Einordnung als sicherer Drittstaat neu überprüft werden. (BVerfGE 94, 49 (93)).

[41] Dies ist zum Beispiel nicht der Fall, wenn der sichere Drittstaat in einem LKW durchquert wird, der so verschlossen oder verplombt ist, dass er nur von außen zu öffnen ist (BVerwG DÖV 1998, 273 (274). Da die Bundesrepublik von sicheren Drittstaaten umgeben ist, muss nicht eindeutig feststehen, über welchen Drittstaat die Einreise erfolgte. Die Streitfrage, ob konkret feststehen müsse, über welchen sicheren Drittstaat ein Asylbewerber eingereist ist oder ob eine „Wahlfeststellung" zulässig sei,

Eingeführt wurde auch das Konzept der „sicheren Herkunftsstaaten“[43] in Art. 16 a Abs. 3 GG und eine Verfahrensverkürzung in Art. 16 a Abs. 4 GG. Für die vorliegende Untersuchung sind diese Tatbestände jedoch nicht relevant und werden daher nicht näher betrachtet.

II. Die Umsetzung des DÜ im deutschen Recht

1. Die völkerrechtliche Öffnungsklausel, Artikel 16 a Abs. 5 GG

Mit Art. 16a Abs. 5 GG wurde die verfassungsrechtliche Grundlage für eine uneingeschränkte Teilnahme am Zuständigkeitsmechanismus des SDÜ und des DÜ geschaffen:[44]

> „Die Absätze 1 bis 4 stehen völkerrechtlichen Verträgen von Mitgliedstaaten der Europäischen Gemeinschaften untereinander und mit dritten Staaten nicht entgegen, die unter Beachtung der Verpflichtungen aus dem Abkommen über die Rechtsstellung der Flüchtlinge und der Konvention zum Schutze der Menschenrechte und Grundfreiheiten, deren Anwendung in den Vertragsstaaten sichergestellt sein muss, Zuständigkeitsregelungen für die Prüfung von Asylbegehren einschließlich der gegenseitigen Anerkennung von Asylentscheidungen treffen.“

---

wurde inzwischen von der höchstrichterlichen Rspr. im letztgenannten Sinne entschieden; vgl. BVerfGE 94, S. 49 (94), BVerwGE 100, S. 23.

42 Näheres zum Verhältnis sichere Drittstaatenregelung und der Anwendung des DÜ siehe unten S. 207 ff.

43 Sichere Herkunftsstaaten sind gemäß Anlage II zu § 29 a AsylVfG die Länder Bulgarien, Ghana, Polen, Rumänien, Senegal, Slowakische Republik, Tschechische Republik und Ungarn. Wer aus einem sog. „sicheren Herkunftsstaat“ einreist, kann sich nicht auf den Schutzbereich des Art. 16 a Abs. 1 GG berufen. Bei Ausländern, die aus Staaten kommen, bei denen „auf Grund der Rechtslage, der Rechtanwendung und der allgemeinen politischen Verhältnisse gewährleistet erscheint, dass dort weder politische Verfolgung noch unmenschliche oder erniedrigende Bestrafung oder Behandlung stattfindet“, wird vermutet, dass sie nicht verfolgt werden. Ein Ausländer, der aus einem sicheren Herkunftsstaat einreist, gilt somit kraft Verfassung als nicht verfolgt. Im Gegensatz zu sicheren Drittstaatenregelung kann der Ausländer jedoch die Vermutung der Verfolgungssicherheit im Einzelfall entkräften, wenn er Tatsachen vorträgt, die die Annahme begründen, dass er entgegen dieser Vermutung politisch verfolgt wird.

44 Die Gesetzesbegründung (BT-Drs. 12/4152, S. 4) führt aus: „Absatz 5 ermöglicht eine Ratifikation des Schengener Übereinkommens und des Dubliner Asylrechtsübereinkommens mit allen Rechten und Pflichten. Entsprechende Verträge können mit anderen Staaten geschlossen werden, in denen die Anwendung der GFK und der EMRK sichergestellt ist.“

a) Entstehungsgeschichte

Die Gesetzesinitiative des Freistaates Bayern von Anfang 1990[45] sah noch keinen Verweis auf das SDÜ und das DÜ oder eine europäische Harmonisierung im Asylbereich vor. Die Gesetzesinitiative des Landes Baden-Württemberg[46] beabsichtigte, Art. 16 Abs. 2 Satz 2 GG a.F. durch zwei neue Absätze zu ersetzen und in Abs. 4 festzulegen, dass asylrechtliche Entscheidungen anderer Mitgliedstaaten der Europäischen Gemeinschaften in der Bundesrepublik anerkennungsfähig sein sollten.[47]

Der erste Gesetzesentwurf, der von der CDU/CSU-Fraktion am 18. Februar 1992 im Bundestag vorgelegt wurde,[48] schlug die Hinzufügung eines Absatzes 3 vor, durch den Art. 16 Abs. 2 Satz 2 GG a.F. ersetzt werden sollte.[49] Die Integration des SDÜ und des DÜ sollte durch die Ergänzung eines neuen Absatzes 2 a zum Art. 24 GG a.F. gelöst werden.[50] Auch Bayern schloss sich der Idee einer Ergänzung des Art. 24 GG a.F. an; eine Ratifikation des SDÜ sollte nur stattfinden, wenn gleichzeitig Art. 16 Abs. 2 Satz 2 GG a.F. durch einen neuen Absatz 3 ersetzt würde.[51]

Die nach dem Asylkompromiss vom 6. Dezember 1992 vorgeschlagene Version des neuen Art. 16 a GG beinhaltete noch keine Regelung hinsichtlich der Anerkennung ausländischer Asylentscheidungen.[52] Erst der am 19. Januar 1993 in den Bundestag eingebrachte Gesetzesentwurf enthielt Abs. 5 in seiner

---

45 BRat-Drs. 175/90 vom 1.3.1990.

46 BRat-Drs. 684/90 vom 5.10.1990.

47 Entwurf Abs. 4: „Absatz 3 Satz 1 steht völkerrechtlichen Verträgen nicht entgegen, die Fragen des Asylrechts und des Asylverfahrensrechts mit dem Ziel einer Harmonisierung zwischen Mitgliedstaaten der Europäischen Gemeinschaften zum Gegenstand haben. Dies gilt auch, soweit in den Verträgen eine gegenseitige Anerkennung von Asylentscheidungen vorgesehen ist."

48 BT-DRs. 12/2112 vom 18.2.1992.

49 Art. 16 Abs. 3 sollte lauten: „Politisch Verfolgte genießen Asylrecht. Asylrecht genießt nicht, wer aus einem Staat einreist, in dem er nicht der Gefahr ausgesetzt ist, politisch verfolgt oder in einen Staat abgeschoben zu werden, in dem ihm politische Verfolgung droht; das Nähere regelt ein Bundesgesetz. Dieses Gesetz kann bestimmen, dass Asylbewerber aus Staaten, auf die die Voraussetzungen des Satzes 2 zutreffen, an der Grenze zurückgewiesen werden können oder ihr Aufenthalt im Geltungsbereich des Grundgesetzes unverzüglich beendet werden kann."

50 „Art 16 Abs. 3 steht völkerrechtlichen Verträgen nicht entgegen, die Fragen des Asylrechts und des Asylverfahrensrechts mit dem Ziel einer Harmonisierung zwischen Mitgliedstaaten der Europäischen Gemeinschaften zum Gegenstand haben. Dies gilt auch, soweit in den Verträgen eine gegenseitige Anerkennung von Asylentscheidungen vorgesehen ist."

51 BRat-Drs. 121/2/92 vom 1.4.1992.

52 Siehe *Zimmermann*, 1994, S. 30 f. der den Entwurf im Wortlaut zitiert.

heutigen Fassung.[53] Im Verlaufe des Gesetzgebungsverfahrens wurde zunächst vorgeschlagen, in Art. 16 Abs. 5 GG eine explizite Formulierung aufzunehmen, die die Übertragung von Hoheitsrechten auf die Europäische Gemeinschaft zum Zwecke der Harmonisierung des Asylrechts zum Gegenstand haben oder für die Prüfung von Asylbegehren Zuständigkeitsregelungen treffen.[54] Im Ergebnis beschränkte man sich auf die Ermöglichung der Teilnahme an besagten Zuständigkeitsabkommen zwischen den Mitgliedstaaten der EG und mit dritten Staaten, ohne im speziellen das Schengener Abkommen oder das Dubliner Übereinkommen zu benennen.

b) Bedeutung

Art. 16 a Abs. 5 GG kann als „völkerrechtliche Öffnungsklausel"[55] bezeichnet werden, da er der Bundesrepublik Deutschland den Abschluss von völkerrechtlichen Verträgen mit den Mitgliedstaaten der EG (jetzt EU) und sicheren Drittstaaten zur Teilnahme an einem Zuständigkeitsverteilungssystem von Asylbewerbern erlaubt.[56] Bei den Mitgliedstaaten der EG wird unmittelbar kraft Verfassung angenommen, dass die Anwendung der GFK und EMRK sichergestellt ist.[57] Im Falle des Abschlusses von völkerrechtlichen Verträgen mit Drittstaaten muss hingegen die Anwendung dieser beiden Verträge in dem jeweiligen Drittstaat sichergestellt sein.[58] Art. 16 Abs. 5 GG macht es nicht zur Voraussetzung, dass ein entsprechender völkerrechtlicher Vertrag zwischen allen Mitgliedstaaten der EU geschlossen wird, bzw. dass alle Mitgliedstaaten an dem Abschluss eines völkerrechtlichen Vertrages mit

---

53 BT-Drs. 12/4152 vom 19.01.1993.

54 „Die Abs. 1 bis 4 stehen einer Übertragung von Hoheitsrechten auf die Europäische Gemeinschaften und völkerrechtlichen Verträgen von Mitgliedstaaten der Europäischen Gemeinschaften untereinander und mit dritten Staaten nicht entgegen, die unter Beachtung der Verpflichtungen aus dem Abkommen über die Rechtsstellung der Flüchtlinge und der Konvention zum Schutze der Menschenrechte und Grundfreiheiten eine Harmonisierung des Asylrechts zum Gegenstand haben oder für die Prüfung von Asylbegehren Zuständigkeitsregelungen treffen." (zitiert nach *Zimmermann*, NVwZ 1998, S. 450 (454)).

55 Zu diesem Begriff siehe *Randelzhofer*, in: Maunz-Dürig, a.a.O., Art. 16 a Abs. 5 GG, Rn. 193 m.w.N.

56 *Schnapp*, in: v. Münch/Kunig (Hrsg.), a.a.O., GGK I, Art. 16 a, Rn. 29; *Becker*, in: v. Mangoldt/Klein/Starck, a.a.O., Bd. 1, Art. 16 a Abs. 5, Rn. 221.

57 Bei der Bezugnahme auf die Mitgliedstaaten der EG handelt es sich um eine dynamische Verweisung auf die jeweils zugehörigen Mitgliedstaaten, siehe *Randelzhofer*, in: Maunz-Dürig, a.a.O., Art. 16 a GG, Rn. 4; BVerfGE 94, S. 49 (89).

58 Sichere Drittstaaten im Sinne des Art. 16 a Abs. 2 GG, die vom Gesetzgeber zu sicheren Drittstaaten bestimmt wurden und in Anlage I zu § 26 a Abs. 2 AsylVfG aufgeführt sind.

einem oder mehreren Drittstaaten beteiligt sind. Auch bilaterale Verträge mit einem EU-Mitgliedstaat können umfasst sein.[59]

Die Reichweite der Ermächtigung umfasst nur Verträge, die (1) Bestimmungen über die Zuständigkeit zur Prüfung von Asylbegehren und (2) Bestimmungen über die gegenseitige Anerkennung von Asylentscheidungen einschließlich damit in Zusammenhang stehender aufenthaltsbeendender Maßnahmen enthalten.[60] Die Beteiligung an einem völkerrechtlichen Vertrag, der über verfahrensrechtliche Regelungen hinaus auch das materielle Asylverfahren regelt, ist der Bundesrepublik über Art. 16 a Abs. 5 GG somit nicht gestattet.[61] Die Zuständigkeitsregelungen sollen bewirken, dass ein Ausländer jedenfalls in einem Vertragsstaat um Asyl nachsuchen kann, aber nicht zugleich oder nachträglich in anderen Vertragsstaaten.[62] Die gegenseitige Anerkennung von Asylentscheidungen ist Grundlage für das Funktionieren des mit den Verträgen bezweckten Zuständigkeitsverteilungssystems, welches auf die Entlastung der einzelnen Mitgliedstaaten zählt. Nach der bisherigen Rechtslage hatten Asylentscheidungen im wesentlichen nur innerstaatliche Wirkung, da die Anerkennung als politischer Flüchtling durch einen anderen Vertragsstaat keine Bindungswirkung für deutsche Behörden entfaltete.[63] Nach Änderung des Art. 16 GG und Ratifikation des SDÜ und des DÜ kann die Bundesrepublik Deutschland auch negative oder positive Asylentscheidungen anderer Staaten anerkennen. Völkerrechtliche Verträge i.S.d. Art. 16a Abs. 5 GG sind die – bereits vom Gesetzgeber bei Änderung des Art. 16 a GG

---

59 Bejahend *Klein*, 2001, S. 202 ff. m.w.N.; *Randelzhofer*, in: Maunz-Dürig, a.a.O., Art. 16 a Abs. 5, Rn. 199 f.; *Becker*, in: v. Mangoldt/Klein/Starck, a.a.O., Bd. 1, Rn. 220; verneinend *Göbel-Zimmermann*, in: Handbuch des Ausländer- und Asylrechts, Bd. I, Art. 16 a GG, B 1, Rn. 141. Wegen der Konjunktion "und" sowie der Verwendung des Plurals "Mitgliedstaaten" wird zum Teil vertreten, dass der isolierte Vertragsabschluss der Bundesrepublik mit einem Drittstaat nicht möglich sei. Eine solche restriktive Interpretation ergibt sich aber nicht aus der Entstehungsgeschichte (zur Diskussion dieser Ansichten siehe Klein, 2001, S. 203 f.; *Schnapp*, in v. Münch/Kunig (Hrsg.), a.a.O., GGK I, Art. 16 a, Rn. 29.

60 Dem Wortlaut nach umfasst Art. 16 a Abs. 5 GG zwar nur die „gegenseitige Anerkennung von Asylentscheidungen", eine Interpretation nach Sinn und Zweck der mit den Zuständigkeitsabkommen bezweckten Lastenverteilung gebietet aber auch die gegenseitige Anerkennung der aufgrund der Ablehnung des Asylantrages ergriffenen aufenthaltsbeendenden Maßnahmen. Siehe *Klein*, 2001, S. 206, *Randelzhofer*, in: Maunz-Dürig, a.a.O., Art.16 a Abs. 5, Rn. 205.

61 Siehe *Klein*, 2001, S. 206 und *Randelzhofer*, in: Maunz-Dürig, a.a.O., Art. 16 a Abs. 5; *Schnapp*, in: v. Münch/Kunig (Hrsg.), a.a.O., GGK I, Art. 16 a, Rn. 29.

62 BVerfGE 94, S. 49 (86)

63 *Bonk*, in: Sachs (Hrsg.), a.a.O., 1999, Rn. 107 mit Verweis auf die Rspr. des BVerwG.

anvisierten[64] – europäischen Zuständigkeitsabkommen, das SDÜ und das DÜ. Im Jahre 2001 hinzugetreten sind die zwischen der EU und Norwegen sowie Island abgeschlossenen Parallelübereinkommen zum DÜ.[65]

Art. 16 a Abs. 5 GG bewirkt, dass den völkerrechtlichen Regelungen der Vorrang vor dem nationalen Verfassungsrecht in Art. 16 a Abs. 1 bis 4 eingeräumt wird. Der Vorrang des Abs. 5 führt dazu, dass die Drittstaatenregel des Abs. 2 dann nicht angewandt wird, wenn ein Asylantragsteller aus einem sicheren Drittstaat, der zugleich Vertragspartei des DÜ ist, eingereist ist. Sollte sich in der Zuständigkeitsprüfung ergeben, das die Bundesrepublik nach den Kriterien des völkerrechtlichen Vertrages zuständig ist, so muss der Asylantrag in Deutschland geprüft werden. Ergibt sich nach den Kriterien des DÜ, dass die Zuständigkeit eines anderen Vertragsstaates vorliegt und stimmt der betreffende Vertragsstaat der Rückübernahme zu, so wird der Ausländer in diesen Staat weitergeschoben und dort sein Antrag inhaltlich geprüft. Ist der Antragsteller jedoch aus einem sicheren Drittstaat eingereist, der nicht Vertragspartei des DÜ ist (für Deutschland zum Beispiel Polen, die Tschechische Republik und die Schweiz), erlaubt Art. 3 Abs. 5 DÜ die Anwendung der sicheren Drittstaatenregelung. Insoweit ist Art. 16 a Abs. 2 GG wieder anwendbar.[66] Die Herkunftsstaatenregelung nach Absatz 3 wird nicht angewandt, wenn der Asylantragsteller aus einem sicheren Herkunftsstaat stammt, aber die Zuständigkeit eines anderen Vertragsstaates zur Prüfung seines Asylantrages vorliegt.[67]

c) „Europatauglichkeit" des Artikel 16 a Abs. 5 GG?

In der Literatur wird häufig die „Europauntauglichkeit" des Absatzes 5 kritisiert.[68] So schrieb *Hailbronner* bereits 1993, dass sich der starre Wortlaut des Absatz 5 als zu eng für eine Öffnung des deutschen Asylrechts hin zu einer europäischen Asylrechtsharmonisierung erweise.[69] Erst seitdem der Amsterdamer Vertrag am 1. Mai 1999[70] in Kraft trat, stellt sich aber konkret die Frage, ob Art. 16 a Abs. 5 GG auch Sekundärrechtsakte erfasst, die auf der Grundlage von Art. 63 i.V.m. Art. 67 EGV erlassen werden.[71] Zu prüfen ist

---

64 Vgl. BT-Drs. 12/4152, S. 3.

65 Siehe oben S. 55 ff.

66 *Becker*, in Mangoldt/Klein/Starck (Hrsg.), a.a.O., Art. 16 a GG, Rn. 235.

67 Vgl. *Randelzhofer*, in: Maunz-Dürig, a.a.O., Art. 16 a Abs. 5 GG, Rn. 194.

68 *Zimmermann*, 1994, S. 384 ff.; *Göbel-Zimmermann*, in: Handbuch des Ausländer- und Asylrechts, Bd. I, Art. 156 a GG, B 1, Rn. 140.

69 *Hailbronner*, ZAR 1993, S. 107 (107).

70 Zum Amsterdamer Vertrag und den asylpolitischen Änderungen siehe unten S. 273 ff.

71 Zu diesen Asylmaßnahmen gehören nach Maßgabe des Art. 63 Abs. 1 Bst. a) EGV auch die Erarbeitung eines Sekundärrechtsaktes, der Kriterien und Verfahren zur Bestimmung des Mitgliedstaats umfasst, der für die Prüfung eines Asylantrags

daher, ob eine Änderung des Art. 16 a Abs. 5 GG in Anbetracht der zu erwartenden Asylrechtsharmonisierung notwendig ist.

Art. 16 a Abs. 5 bezieht sich seinem Wortlaut nach nur auf völkerrechtliche Verträge. Dies ist angesichts seines Entstehungszeitpunktes auch nicht verwunderlich, da 1992/1993 eine Harmonisierung der europäischen Asylpolitiken noch nicht abzusehen war.[72] So wird in der Literatur teilweise die Auffassung vertreten, dass eine Erstreckung des Art. 16 a Abs. 5 GG auf Sekundärrechtsakte schon am eindeutigen Wortlaut scheitern würde.[73] Zudem schließe der Begriff der „gegenseitigen Anerkennung von Asylentscheidungen" völkervertragliche Vereinbarungen, nach welchen materiellen Kriterien die Anerkennung oder Ablehnung erfolgen soll, nicht mit ein.[74] Demgegenüber ist nach anderer Auffassung, basierend auf einer „völkerrechtsfreundlichen" Auslegung des Grundgesetzes, die Einbeziehung von Sekundärrechtsakten als Fortentwicklung der europäischen Asylrechtsharmonisierung zu werten.[75] Eine vermittelnde Auffassung kommt zu dem Schluss, dass Art. 16 a Abs. 5 GG seinem Wortlaut nach eine solche Erweiterung zwar nicht vorsehe, er ihr aber auch nicht entgegenstehe.[76] Jedoch komme Art. 23 GG eine Sperrwirkung zu, da es sich hierbei um eine *lex specialis* zu Art. 16 a GG handelt. Zur Einbeziehung der auf der Grundlage des Amsterdamer Vertrages noch zu schaffenden Sekundärrechtsakte bedürfe es daher keiner Änderung des Art. 16 a Abs. 5 GG. Die europäische Harmonisierung des Asylrechts werde durch Art. 23 GG als *lex specialis* ermöglicht.[77]

Die letztgenannte Ansicht ist überzeugend, da gemäß Art. 23 Abs. 1 Satz 2 GG der Bund auf die Europäische Gemeinschaft Hoheitsrechte übertragen kann. Seit ihrem Inkrafttreten verdrängt die Vorschrift die Regelungen des Art. 24 Abs. GG und des Art. 59 Abs. 2 GG.[78] Im Gegensatz zu Art. 59 Abs. 2 GG wird durch Art. 23 GG ein Anwendungsvorrang des europäischen Rechts

---

zuständig ist, den ein Staatsangehöriger eines dritten Landes in einem Mitgliedstaat gestellt hat.

72 Auch der am 7.2.1992 beschlossene Maastrichter Vertrag regelte die Asylpolitik nur im intergouvernementalen Bereich.

73 *Huber*, NVwZ 1993, S. 736 (739); *Hailbronner*, ZAR 1993, S. 107 (116 f.).

74 *Göbel-Zimmermann/Masuch*, InfAuslR 1996, S. 404 (415).

75 *Bonk*, in: Sachs (Hrsg.), a.a.O. Art. 16 a, Rn. 106.

76 *Randelzhofer*, in: Maunz-Dürig, a.a.O., Art. 16 a Abs. 5, Rn. 196 m.w.N.

77 *Klein*, 2001, S. 213 ff., 230; *Randelzhofer*, in: Maunz-Dürig, a.a.O., Art. 16 a Abs. 5 GG, Rn. 196.

78 Ausführlich *Klein*, 2001, S. 213 ff. m.w.N.

vor innerstaatlichem deutschen Recht erzielt.[79] Gegen eine Erweiterung des Art. 16 a Abs. 5 spricht auch dessen Entstehungsgeschichte, da die Bundesregierung im Gesetzgebungsverfahren eine Übertragung von Hoheitsrechten auf die Europäische Gemeinschaft nicht bezweckte.[80] Im Ergebnis ist daher im Zuge der Harmonisierung des europäischen Asylrechts durch den Amsterdamer Vertrag keine Erweiterung des Art. 16 a Abs. 5 GG notwendig.

2. Einfachgesetzliche Anpassungen zur Umsetzung des DÜ

Gleichzeitig mit der Verfassungsänderung 1993 wurde auch das Asylverfahrensgesetz überarbeitet, um die notwendigen Änderungen zur Umsetzung des SDÜ und des DÜ vorzunehmen.[81] Die angeglichenen Vorschriften sollen hier nur kurz vorgestellt werden, auf ihre Bedeutung wird im Zusammenhang mit der Beschreibung des Dublinverfahrens im 2. Kapitel eingegangen.[82]

§ 18 Abs. 4 S. 1 AsylVfG bestimmt, dass von der Einreiseverweigerung oder Zurückschiebung an der Grenze in einen sicheren Drittstaat dann abzusehen ist, wenn Deutschland aufgrund eines völkerrechtlichen Vertrages für die Durchführung eines Asylverfahrens zuständig ist.[83]

§ 22 a AsylVfG regelt die Rechtstellung von Ausländern, für deren Asylbegehren die Bundesrepublik aufgrund des DÜ zuständig ist. Ein Ausländer, der aufgrund eines völkerrechtlichen Abkommens zur Durchführung eines Asylverfahrens von einem anderen Vertragsstaat übernommen wird, steht einem Ausländer gleich, der um Asyl nachsucht.[84]

Gemäß § 26 a Abs. 1 S. 3 Nr. 2 AsylVfG findet die Drittstaatenregelung keine Anwendung, wenn die Bundesrepublik aufgrund eines völkerrechtlichen

---

79 Dieser Vorrang steht unter dem Vorbehalt der Konformität der Rechtsprechung des EuGH mit den im GG garantierten Grundrechten; siehe auch das Maastricht-Urteil des Bundesverfassungsgerichts, BVerfGE 89, S. 155 ff.

80 *Klein*, 2001, S. 228, der auch die Entstehungsgeschichte des Artikels 16 a GG– insbesondere den abgelehnten Vorschlag der Bundesregierung, der eine Übertragung von Hoheitsrechten auf die Europäischen Gemeinschaften vorsah – als Beweis für die nicht beabsichtigte Erweiterung des Art. 16 a Abs. 5 GG auf den europäischen Harmonisierungsprozess, anführt.

81 Asylverfahrensgesetz vom 27. Juli 1993, BGBl. 1993 I S. 1361.

82 Siehe unten S. 110 ff.

83 Vgl. *Marx*, Kommentar AsylVfG, 1999, § 18 AsylVfG, Rn. 30; *Hailbronner*, Ausländerrecht Kommentar, § 18 AsylVfG, Rn. 46.

84 *Hailbronner*, a.a.O., § 22 a AsylVfG.

Vertrages mit dem sicheren Drittstaat für die Durchführung des Asylverfahrens zuständig ist. Die Ausnahmevorschrift ist Konsequenz der verfassungsrechtlichen Regelung in Art. 16 a Abs. 5 GG.[85]

Nach § 29 Abs. 3 AsylVfG ist ein Asylantrag als unbeachtlich abzulehnen, wenn auf Grund eines völkerrechtlichen Vertrages ein anderer Vertragsstaat, der ein sicherer Drittstaat (§ 26 a) ist, für die Durchführung eines Asylverfahrens zuständig ist oder die Zuständigkeit übernimmt. § 29 Abs. 3 AsylVfG ist durch das Änderungsgesetz 1993 neu eingefügt worden und steht in engem Zusammenhang mit der in Art. 16 a Abs. 2 und Abs. 5, §§ 26a und 34 a geregelten Drittstaatenkonzeption.[86]

Während § 71 AsylVfG die Modalitäten eines Asylfolgeantrages, d. h. eines zweiten oder weiteren Asylantrages in Deutschland regelt, bestimmt § 71 a AsylVfG die Voraussetzungen für die Durchführung eines weiteren Asylverfahrens, wenn der Erstantrag in einem anderen Dublinstaat gestellt und dort abgelehnt wurde.[87]

Gemäß § 88 AsylVfG hat das Bundesministerium des Innern kraft Rechtsverordnung das Bundesamt für die Anerkennung ausländischer Flüchtlinge (BAFl.) zur zuständigen Behörde für die Ausführung des asylrechtlichen Teils des SDÜ bestimmt.[88] Die Asylzuständigkeitsbestimmungsverordnung (AsylZBV) vom 4. Dezember 1997[89] regelt neben der Zuständigkeit des BAFl. auch die Zuständigkeit der Grenzbehörden für die Ausführung des SDÜ/DÜ.[90]

C. Niederlande

I. Die Ratifikation des DÜ

Das DÜ wurde von den Niederlanden erst am 13. Juni 1997 ratifiziert, da das Parlament lange Zeit erhebliche Vorbehalte gegen dessen Inhalt hatte. Bereits die Ratifizierung des Schengener Durchführungsübereinkommens am 24.

---

85 Vgl. Marx, a.a.O, 1999, § 26 a, Rn. 83 f.

86 Vgl. *Marx*, a.a.O., 1999, § 29, Rn. 20.

87 Zum Zweitantrag gemäß § 71 a AsylVfG siehe unten S. 123.

88 Vgl. *Marx*, a.a.O., 1999, § 88, Rn. 5.

89 BGBl. 1997 I S. 2852, zuletzt geändert durch die 1. VO zur Änderung der AsylZBV vom 20.12.1999 (BGBl. I S. 2499). Verordnung über die Zuständigkeit für die Ausführung des Übereinkommens vom 15. Juni 1990 über die Bestimmung des zuständigen Staates für die Prüfung eines in einem Mitgliedstaat der Europäischen Gemeinschaften gestellten Asylantrags.

90 Siehe unten S. 110 f.

Februar 1993 stieß auf heftige Kritik des Staatsrates und des Parlaments. Da die vorgetragene Kritik an den beiden Verträgen in vielen Punkten übereinstimmt, soll zum besseren Verständnis auch auf den vor dem DÜ erfolgten Ratifikationsprozess des SDÜ eingegangen werden.

Zunächst soll kurz der Abschluss eines völkerrechtlichen Vertrages im Zusammenwirken zwischen Regierung und dem Parlament skizziert werden. Die Unterzeichnung eines völkerrechtlichen Vertrages erfolgt durch den Außenminister, der in Übereinstimmung mit dem Ministerrat handelt.[91] Ohne vorherige Zustimmung durch das niederländische Parlament, die Generalstaaten, ist das Königreich aber nicht an Verträge gebunden.[92] Bevor die Regierung den Vertragsentwurf an die Generalstaaten zur Zustimmung übersendet, wird er zunächst dem Staatsrat vorgelegt, um dessen Meinung einzuholen.[93] Der Staatsrat kann durch seine Stellungnahme den Gesetzentwurf oder die Ratifikation des völkerrechtlichen Vertrages nicht blockieren. Er hat aber Einfluss darauf, ob der Vertrag oder das Gesetz später mit Vorbehalten ratifiziert, ob Interpretationserklärungen abgegeben werden oder wie ein (eventuelles) Durchführungsgesetz gestaltet wird. Des weiteren entscheidet der Staatsrat, ob ein Entwurf den Generalstaaten zur stillschweigenden oder ausdrücklichen Zustimmung übersandt wird.[94]
Nachdem der Staatsrat seine Stellungnahme abgegeben hat, wird der Vertragsentwurf an die Generalstaaten übergeben.[95] Der Entwurf wird

[91] Art. 45 Abs. 3 GW. Der Ministerrat wird aus den Ministern der Regierung gebildet und beschließt über die allgemeine Regierungspolitik.

[92] Art. 91 Abs. 1 GW. Nähere Ausführungen sind im „Gesetz über die Zustimmung und das Verkünden von Verträgen“ (*Rijkswet goedkeuring en bekendmaking verdragen*) festgelegt.

[93] Art. 73 Abs. 1 GW sieht vor, dass der Staatsrat oder eine Abteilung des Staatsrats zu Gesetzesvorlagen und Entwürfen allgemeiner Verwaltungsverordnungen sowie zu Vorschlägen zur Zustimmung zu Verträgen seitens der Generalstaaten gehört wird. Der Staatsrat ist das wichtigste Beratungsorgan des Königreiches. Der König bzw. die Königin ist Vorsitzende(r) des Staatsrats, dessen Mitglieder durch Königlichen Erlass auf Lebenszeit ernannt werden. Eine Abteilung des Staatrates (Abteilung Verwaltungsrechtsprechung) nimmt auch richterliche Aufgaben wahr. Vgl. *Alkema*, in: Chorus et.al., 1999, S. 13 f.

[94] *Boon/Brouwer/Schilder*, 1996, S.163 (165 f.). Die stillschweigende Zustimmung ist erteilt, wenn nicht innerhalb von dreißig Tagen nach Vorlage durch die Erste oder Zweite Kammer bzw. durch mindestens dreißig Abgeordnete der Zweiten Kammer oder fünfzehn Abgeordnete der Ersten Kammer eine stillschweigende Zustimmung abgelehnt wird. Weicht ein völkerrechtlicher Vertrag von der Verfassung ab, so muss immer eine ausdrückliche Zustimmung stattfinden, die Zustimmung hat dann mit der Mehrheit von zwei Dritteln der abgegebenen Stimmen zu erfolgen.

[95] Die Generalstaaten, das niederländische Parlament, bestehen aus zwei Kammern, der Ersten Kammer (Eerste Kamer) und der Zweiten Kammer (Tweede Kamer). Die Erste Kammer besteht aus 75 direkt von den Mitgliedern der Provinzialstaaten gewählten

zunächst der Zweiten Kammer übergeben und dort an die ständigen Ausschüsse weiterleitet. Nach Zustimmung der Zweiten Kammer muss noch die Zustimmung der Ersten Kammer eingeholt werden.
Die Rechte des Parlaments sind bei der Genehmigung von völkerrechtlichen Verträgen nicht dieselben, wie im Rahmen der regulären Gesetzgebung. So kann das Recht zur Vertragsänderung, das der Zweiten Kammer normalerweise zusteht, nicht in vollem Umfang ausgeübt werden. Das Parlament kann dem Vertragsvorschlag nur als Ganzem zustimmen oder ihn insgesamt ablehnen. Das Parlament kann jedoch, wenn die Regierung damit übereinstimmt, Vorbehalte zu einer oder mehreren Vertragbestimmungen einlegen oder Interpretationserklärungen abgeben. Dies wird im Zustimmungsgesetz festgelegt und muss von der Regierung bei Ratifikation des betreffenden Vertrages beachtet werden.[96] Ist der völkerrechtliche Vertrag durch das Parlament genehmigt worden, so kann die Königin im Namen der Niederlande den Vertrag ratifizieren. Um dem völkerrechtlichen Vertrag Geltung gegenüber jedermann zu verschaffen, muss er nach der Ratifikation veröffentlicht werden.[97]
Eine Ausnahme besteht beim Abschluss von Durchführungsverträgen zu bereits ratifizierten völkerrechtlichen Verträgen. Die Regierung ist verpflichtet, das Parlament zu informieren, wenn sie beabsichtigt, einen solchen Durchführungsvertrag zu schließen. Innerhalb von dreißig Tagen kann das Parlament dann entscheiden, ob den zwei Kammern auch dieser Durchführungsvertrag zur ausdrücklichen Zustimmung vorgelegt werden soll.[98]

Der Vertragsentwurf des SDÜ wurde von der Regierung entsprechend dem oben beschriebenen Verfahren zunächst dem Staatsrat vorgelegt, der in einem sehr kritischen Gutachten vom 8. April 1991 davon abriet, das SDÜ zu ratifizieren. Insbesondere kritisierte der Staatsrat die asylrechtlichen Zuständigkeitsregelungen, in denen er einen Verstoß gegen das Ausweisungs- und das Rückschiebungsverbot des Art. 32 und 33 der Genfer Flüchtlingskonvention sah.

> „Nach Auffassung des Rates findet das System des (Schengener) Durchführungsübereinkommens, soweit dieses zu einer Übernahme der

---

Abgeordneten, während in der Zweiten Kammer 150 direkt vom Volk gewählte Abgeordnete sitzen. Vgl. *Alkema*, in: Chorus et.al., 1999, S. 300.

96 *Boon/Brouwer/Schilder*, 1996, S. 166 f.

97 Art. 93 GW. Die Bekanntgabe erfolgt im *Tractatenblad*, mit Ausnahme geheimer Verträge, deren Bekanntgabe auch gegenüber bestimmten Personen genügt.

98 Art. 8 Abs. 2 *Rijkswet goedkeuring en bekendmaking verdragen* (RGBV). Siehe auch *Boon/Brouwer/Schilder*, 1996, S. 167; *Alkema*, in: Chorus et.al., 1999, S. 318 f.

Zuständigkeit seitens eines anderen Staates führt, der die Entscheidung über den Flüchtlingsstatus auf der Grundlage seines Asylrechts trifft (Art. 32 SDÜ), keine Grundlage in der Genfer Flüchtlingskonvention. Es eröffnet die Möglichkeit für Vertragsparteien, sich den Verpflichtungen zu entziehen, die ihnen aufgrund der GFK erwachsen und dürfte folglich insoweit gemäß Art. 135 des SDÜ zu keiner Anwendung führen können. Jedenfalls kann eine Vertragspartei ein Asylbegehren nicht einem anderen Staat übergeben, wenn nicht im voraus eine angemessene Garantie dafür besteht, dass eine Ausweisung seitens dieses Staates – gewürdigt auf der Grundlage der im ersten Staat herangezogenen Kriterien – nicht zu einer Zurückweisung führen wird."[99]

Der Staatsrat erinnerte auch an den in den Niederlanden nach höchstrichterlicher Rechtsprechung geltenden Grundsatz, dass bei jedem einzelnen Asylbewerber, der sich an der Grenze meldet oder sich schon im Land befindet, die Flüchtlingseigenschaft geprüft werden müsse. Die Niederlande müssten immer selbst über den möglichen Flüchtlingsstatus eines Bewerbers entscheiden, auch wenn bereits ein (negatives) Urteil eines ausländischen Gerichts vorliege.[100] Die Möglichkeit der freiwilligen Prüfung eines Asylverfahrens gemäß Art. 29 Abs. 4 SDÜ könne die Bedenken gegen das System des SDÜ nicht zerstreuen, da es sich hierbei nur um ein Recht und um keine Pflicht handele und davon ausgegangen werden müsse, dass die Staaten von diesem Recht nur einen sparsamen Gebrauch machen werden.

Der Staatsrat verwies darüber hinaus auf die mangelnde Harmonisierung des europäischen Asylrechts und die unterschiedliche Interpretation der Genfer Flüchtlingskonvention durch die Mitgliedstaaten.

> „Schon ein sehr globaler Vergleich des Asylrechts und der Asylpolitik in den Schengen-Ländern macht deutlich, dass es in der Tat durchaus vorstellbar ist, dass die Übergabe eines Asylbegehrenden seitens der Niederlande oder die Behandlung seines Asylbegehrens durch ein anderes Schengen-Land zu einem negativen Ausgang führt, der mit dem derzeit in den Niederlanden geltenden Asylrecht und der dort gepflegten Asylpolitik nicht in Einklang steht."[101]

---

99 Raad van State (RvS) Gutachten, TK 1990-1991, 22140 B, S. 16 f.; auch zitiert in *Gerlach*, ZRP 1993, S. 164 (165 f.).

100 RvS, TK 1990-1991, 22140 B, S. 15.

101 RvS Gutachten, TK 1990-1991, 22140 B, S. 18.

Daher müsse zunächst eine Harmonisierung des Asylrechts zwischen den Schengenstaaten angestrebt werden, so dass die negativen Asylentscheidungen anderer Vertragsstaaten ohne Vorbehalt anerkannt werden könnten. Denn das Inkrafttreten des SDÜ ohne eine vorherige Harmonisierung des Asylrechts würde den Druck auf die niederländische Asylpolitik erhöhen, da eine Verlagerung des Asylbewerberzustroms in die Niederlande zu erwarten sei. Das wiederum würde zu einer derzeit nicht gewünschten Verschärfung des Asylrechts führen. Ebenso kritisierte der Staatsrat die ausschließliche Kontrolle des SDÜ durch das im Vertrag vorgesehene ausführende Komitee: vielmehr sei eine Kontrolle, zumindest von Teilen des Vertrages, durch den EuGH wünschenswert. Auch die fehlende nationale Kontrolle des Übereinkommens wurde bemängelt.[102]

Anfang September 1991 übersandte die „Ständige Expertenkommission im internationalen Migrations-, Flüchtlings- und Strafrecht" ein Gutachten zur Ratifikation des SDÜ an die niederländische Regierung und an das Parlament.[103] Ebenso wie der Staatsrat äußerte sich auch das Expertengremium unter ihrem Vorsitzenden Meijers sehr kritisch gegenüber der Ratifikation des SDÜ. Generell sprach sich die Kommission dafür aus, einer gemeinschaftsrechtlichen Regelung gegenüber einem völkerrechtlichen Vertrag Vorrang zu geben, da nur so eine ausreichende parlamentarische und richterliche Kontrolle gewährleistet werden könne. Sollte jedoch ein völkerrechtlicher Vertrag abgeschlossen werden, so müssten nach Ansicht der Expertenkommission zunächst verschiedene Mindestgarantien festgelegt werden. Dies beträfe die Kontrollmöglichkeit durch den EuGH, eine Kontrolle der Beschlüsse des Ausführenden Komitees durch die nationalen Parlamente vor deren Verabschiedung und die Garantie, das die Anwendung der EMRK nicht durch das SDÜ beschränkt werde. Wenn diese Mindestgarantien nicht in das SDÜ aufgenommen würden oder zumindest durch einseitige Erklärung der Niederlande garantiert wären, so müsse der Regierung und dem Parlament von der Ratifizierung des SDÜ abgeraten werden.[104]

Die Regierung legte trotz dieser einstimmigen Kritik das SDÜ dem Parlament zur Zustimmung vor. In ihrer ersten Gesetzesbegründung führte sie aus, dass

---

102 RvS, Gutachten, TK 1990-1991, 22140 B, S. 41 f.

103 Das Expertengremium (*Permanente commissie van deskundigen in internationaal vreemdelingen-, vluchtelingen- en strafrecht*), auch kurz *Komitee Meijers* nach seinem Vorsitzenden Meijers benannt, wurde 1990 von fünf niederländischen Nichtregierungsorganisationen gegründet. Aufgabe der dem Gremium angehörenden Rechtsexperten ist es, sowohl die Gründungsorganisationen als auch die Regierung und das Parlament zu beraten.

104 Advies Cie Meijers over ratificatie Schengenakkord, Migratenrecht 1991, S. 173 ff.

eine Verletzung der GFK nicht vorliege, da die GFK nicht die inhaltliche Prüfung jedes Asylbegehrens vorsehe, sondern nur ein Verbot des *refoulement* in den Verfolgerstaat. Nicht die GFK, sondern das niederländische Ausländerrecht bestimme in Art. 15 *Vreemdelingenwet* (Vw), dass jedes Asylbegehren geprüft werden müsse. Das niederländische Gesetz könne aber jederzeit geändert werden, ohne dass Probleme mit der GFK entstünden. Auch nach Art. 15 Vw könne einem Ausländer die Aufnahme verweigert werden, wenn er bereits vorher ein „schutzbietendes Land" gefunden habe. Das SDÜ gewähre dem Asylbegehrenden ausreichenden Schutz vor *refoulement*, eine vorherige Harmonisierung des Asylrechts der Mitgliedstaaten, wie es der Staatsrat vorschlage, sei daher nicht notwendig. Auch sei ein internationaler Richter zur Überprüfung des SDÜ erst sinnvoll, wenn das Asylrecht der Mitgliedstaaten harmonisiert sei. Während der Verhandlungen der Mitgliedstaaten sei die Einschaltung des EuGH überdies nicht Gegenstand der Gespräche gewesen.[105]

In den weiteren Verhandlungen zwischen der Regierung und der Zweiten Kammer zeigte sich die Regierung jedoch auf Wunsch des Parlaments bereit, die anderen Schengenpartner von der Notwendigkeit der Überwachung bzw. Interpretation des SDÜ durch den EuGH zu überzeugen. Gedacht war an ein Zusatzprotokoll, dessen Zustandekommen nicht an das vorherige Inkrafttreten des SDÜ gekoppelt sein müsse. Dies rief jedoch im Kreise der Schengen-Staaten hauptsächlich negative Reaktion hervor, nur von Seiten der anderen Beneluxländer kam Unterstützung. Deutschland befürchtete eine weitere Verzögerung des Inkrafttretens des SDÜ und verwies wie die anderen Schengenpartner auf eine mögliche ablehnende Reaktion der anderen EG-Mitgliedstaaten hinsichtlich einer Einbeziehung des EuGH in einen, nur von einem Teil der Mitgliedstaaten, abgeschlossenen völkerrechtlichen Vertrag. Frankreich befürchtete, das die Einschaltung des EuGH die nationale Souveränität beeinträchtigen würde. Trotz dieser ablehnenden Reaktion gab die niederländische Regierung ein Gutachten über eine mögliche Einbeziehung des EuGH in das Übereinkommen in Auftrag. Sie teilte dem Parlament aber gleichzeitig mit, dass zum jetzigen Zeitpunkt kein Verhandlungsspielraum mehr bei den Vertragspartnern bestehe. Gleichzeitig verwies sie das Parlament darauf, dass nur behutsames und geduldiges Vorgehen noch zu einer Änderung der Meinungen der anderen Mitgliedstaaten in diesem Punkt führen könne.[106]

Erfolgreicher war das Parlament in seiner Forderung nach Offenlegung der Beschlüsse des Exekutivausschusses. Die Kontrolle der nationalen Parlamente

---

[105] Nader Rapport, TK 1990-1991, 22140, B, S. 18 f.
[106] TK 1991-1992, 22140, Nr. 14, S. 2 f.

sollte dadurch gestärkt werden, dass alle Entwürfe des Exekutivausschusses der Regierung und dem Parlament mindestens zwei Monate vor der definitiven Entscheidung zugeleitet würden.[107] Des weiteren wurde gefordert, die Veröffentlichung bedeutsamer Beschlussentwürfe in einem Protokoll oder in einer gemeinsamen Erklärung der Mitgliedstaaten zu regeln.[108] Die Regierung legte dem Parlament am 7. Juli 1992 einen geänderten Entwurf des Zustimmungsgesetzes vor. Dieser sah in Artikel 2 vor, dass der Entwurf eines für das Königreich bindenden Beschlusses des Exekutivkomitees zunächst dem Parlament zur Zustimmung vorgelegt werden müsse.[109]
Mit Gesetz vom 24. Februar 1993 stimmte das Parlament dem geänderten Gesetzesentwurf zu und die niederländische Regierung wurde zur Ratifikation des SDÜ ermächtigt. Das SDÜ wurde somit Bestandteil des nationalen Rechts.[110]

Auch die Ratifikation des Dubliner Übereinkommen führte zu längeren Debatten zwischen dem Parlament und der Regierung. Kritisiert wurden die mangelnde parlamentarische Kontrolle des DÜ durch das Europäische Parlament und die fehlende Überwachung des Übereinkommens durch ein internationales Gericht. Die Regierung erklärte sich wiederum bereit, den anderen Mitgliedstaaten den Abschluss eines Zusatzprotokolls zum DÜ vorzuschlagen, das dem EuGH die Befugnis zur Interpretation und Entscheidung im Vorabentscheidungsverfahren erteilen sollte. Da aber bereits neun Mitgliedstaaten das DÜ ratifiziert hatten, musste die Regierung selbst zugeben, sich von diesem Vorgehen keinen Erfolg zu erhoffen.[111]

Als Reaktion auf die Kritik des Parlaments an der fehlenden demokratischen Kontrolle der Beschlüsse des Artikel-18-Ausschusses legte die Regierung einen geänderten Gesetzesentwurf vor. Dieser sah in Artikel 2 – vergleichbar mit der Regelung im Zustimmungsgesetz zum SDÜ – eine Offenlegung der Beschlüsse des Artikel-18-Ausschusses und eine notwendige (stillschweigende oder ausdrückliche) Zustimmung des Parlament zu diesen

---

[107] Antrag der Abgeordneten de Hoop Scheffer und van Traa, TK 1991-1992, 22140, Nr. 6.

[108] Antrag der Abgeordneten de Hoop Scheffer und van Traa, TK 1991-1992, 22140, Nr. 8.

[109] Grundsätzlich soll ein solcher Entwurf veröffentlicht werden, bei zwingenden Gründen kann aber auch eine vertrauliche Bekanntgabe vor dem Parlament stattfinden. Die Zustimmung des Parlament ist notwendig, damit das Königreich seine Zustimmung zu dem Beschlussentwurf geben kann. Die Zustimmung des Parlamentes kann auch stillschweigend erteilt werden, außer eine der beiden Kammern wünscht innerhalb von fünfzehn Tagen nach der Vorlage eine ausdrückliche Zustimmung.

[110] Staatsblad 1993, Nr. 138, S. 1 ff.

[111] TK 1994-1995, 23659, Nr. 7, S. 6.

vor. Am 26. September 1996 verabschiedete das Parlament schließlich das Zustimmungsgesetz zum Dubliner Übereinkommen.[112] Die Niederlande ratifizierten damit als vorletztes Land unter den Mitgliedstaaten (Irland ratifizierte das DÜ erst am 13. Juni 1997) das Dubliner Übereinkommen.

II. Die Umsetzung des DÜ im niederländischen Recht

1. Einführung

In den Niederlanden regelt das Ausländergesetz (*Vreemdelingenwet* = *Vw*) vom 13. Januar 1965 die Einreise, den Aufenthalt, die Ausweisung von Ausländern und das Asylverfahren.[113] Die letzte grundlegende Novellierung, die insbesondere Auswirkungen auf das Asylrecht hatte, erfolgte mit Gesetz vom 23. November 2000 , das am 1. April 2001 in Kraft trat.[114]
Zusätzlich zum Ausländergesetz existieren diverse Rechtsvorschriften. Im Ausländererlass (*Vreemdelingenbesluit* = *Vb*) vom 19. September 1966, werden vor allem verfahrensrechtliche Fragen geregelt, so z. B das Zulassungsverfahren oder Fragen hinsichtlich der Grenzbewachung.[115] Das Ausländergesetz und der Ausländererlass ermächtigen den Justizminister, weitere Rechtsvorschriften zu erlassen. Diese Rechtsvorschriften sind in der Ausländervorschrift (*Vorschrift Vreemdelingen* = *VV*) vom 22. September 1966 zu finden.[116] Ein Großteil dieser Vorschriften betrifft Fragen der Zuständigkeit und der Organisation.
Der Justizminister kann ferner aufgrund von Artikel 3 und 4 des Ausländergesetzes allgemeine und besondere Anweisungen an die mit der Grenzbewachung und dem Ausländerrecht zuständigen Beamten erteilen. Diese Anweisungen – in etwa vergleichbar mit den Dienstverfügungen oder Weisungen im deutschen Recht – sind in dem Ausländerrundschreiben (*Vreemdelingencirculaire=Vc 1994*) vom 8. Januar 1994[117] und dem Grenzbewachungsrundschreiben (*Grensbewakingscirculaire* = *Gc*) vom

---

112 Stb. 1996, Nr. 530, S. 1 ff.

113 Stb. 1965, S. 40. Das Ausländergesetz unterlag zahlreichen Novellierungen, u. a. durch Gesetz vom 23.2.1993 zur Umsetzung des SDÜ und durch Gesetz vom 23.12.1993 zur Beschleunigung des Asylverfahrens.

114 Für eine Beschreibung des neuen *Vreemdelingenwet 2000*, soweit es das Asylverfahren und insbesondere das Dublinverfahren betrifft, siehe unten S. 106 und S. 143 ff. Im folgenden wird die Rechtslage vor der Umsetzung des SDÜ als alte Fassung bezeichnet (Vw a. F.), für die Rechtslage nach der Umsetzung des SDÜ bis zum Inkrafttreten des neuen Ausländergesetzes am 1.4.2001 die Gesetzesbezeichnung ohne Zusatz (Vw) gebraucht und Artikel des neuen Gesetzes mit dem Zusatz *2000* versehen (Vw *2000*).

115 Stb. 1966, S. 387.

116 Stb. 1966, S. 188.

117 Stcrt. 1993, S. 252.

26. März 1995[118] niedergelegt. Diese Rundschreiben enthalten Ermessensausübungsbestimmungen und Erläuterungen der gesetzlichen Vorschriften.[119]

2. Einfachgesetzliche Anpassungen zur Umsetzung des DÜ

Zur Umsetzung der Vorgaben des SDÜ wurde am 24. Februar 1993 ein Gesetz mit Änderungen des Ausländergesetzes, des Strafgesetzbuches, der Strafprozessordnung und des Auslieferungsgesetz erlassen.[120] Die Ratifikation des DÜ erforderte keine erneute Anpassung des Ausländergesetzes oder anderer Gesetze.

Nach der Rechtslage vor Ratifikation des SDÜ war in Art. 15 Abs. 1 und 2 Vw a. F. die Anerkennung eines Flüchtlings in den Niederlanden geregelt.

1. „Ausländer, die aus einem Land kommen, in dem sie triftige Gründe haben, Verfolgung aufgrund ihrer Religion, ihrer weltanschaulichen oder politischen Überzeugung, ihrer Nationalität, sowie ihrer Zugehörigkeit zu einer bestimmten Rasse oder sozialen Gruppe zu fürchten, können eine Asylanfrage bei unserem Minister einreichen.“
2. „Die Aufnahme kann nur aus dringenden Gründen der öffentlichen Sicherheit und Ordnung verweigert werden, außer es droht durch die Ausweisung dem Flüchtling die direkte Rückkehr in ein Land, in dem er die in Abs. 1 genannten Gefahren zu befürchten hat.“

Dieser Flüchtlingsbegriff entsprach nach ständiger Rechtsprechung der Definition des Art. 1 A Abs. 2 der Genfer Flüchtlingskonvention, auch wenn er nicht wortwörtlich übereinstimmte. Art. 15 Abs. 2 Vw a.F. stellte eine Umsetzung des *non-refoulement* Gebotes in das nationale Recht dar. Wurden die Voraussetzungen des Art. 15 Abs.1 oder 2 Vw a.F. erfüllt, so konnte der Flüchtling für unbestimmte Zeit in den Niederlanden verbleiben, Art. 10

118 Stcrt. 1995, S. 53.

119 Sie sind als Loseblattsammlungen der Öffentlichkeit zugänglich und werden regelmäßig durch neue Erlasse (*Tussentijds Bericht Vreemdelingencirculaire = TBV*) ergänzt oder geändert. Der Bürger kann sich – eventuell unter Berufung auf den Gleichheitsgrundsatz – direkt auf diese Rundschreiben vor Gericht berufen. In der Literatur werden diese *circulaires* auch als ‚Pseudo-Gesetzgebung' deklariert. Ursprünglich hatten diese Ermessensausübungsregeln nur interne Wirkung, seit den 60er Jahren konnten sich die Bürger jedoch mehr und mehr auch auf die Bestimmungen vor Gericht berufen, wenn die Verwaltung von der bisher ausgeübten Praxis abwich. Siehe *Kuijer/Steenbergen*, 1999, S. 23 f.

120 Stb. 1993, Nr. 141, S. 1 ff.

Abs.1b) Vw a.F.[121] Hatte der Flüchtling sich zuvor in einem anderen Land aufgehalten, so wurde auch untersucht, ob er dort ausreichenden Schutz vor Verfolgung genießen konnte und ob es sich bei dem anderen Staat um einen Vertragsstaat der Genfer Flüchtlingskonvention handelte.[122] Begehrte eine Person Schutz in den Niederlanden, die bereits von einem anderen Staat als Flüchtling im Sinne der GFK anerkannt worden war, so konnte nach std. Rechtsprechung eine erneute Prüfung der Flüchtlingseigenschaft durchgeführt werden. Nach Ansicht der Rechtsprechung waren die Niederlande nicht durch die GFK gebunden, die Entscheidung eines anderen Staates anzuerkennen.[123] Dies galt auch für die ablehnende Entscheidung eines anderen Staates, der Vertragspartei der GFK war. Nach höchstrichterlicher Rechtsprechung waren die Niederlande verpflichtet, jedes Asylbegehren selbstständig zu prüfen. Das Urteil eines anderen Staates konnte zwar mit in die Prüfung einbezogen werden, es entband die niederländischen Behörden jedoch nicht von einer eigenen Prüfung der Flüchtlingseigenschaft.[124]

Diese eigenständige, durch die niederländische Rechtsprechung geforderte Prüfungspflicht jedes Asylbegehrens widersprach dem Ziel des SDÜ und des DÜ, nur noch eine Prüfung des Asylbegehrens vorzunehmen. Daher wurde mit der Gesetzesänderung vom 24. Februar 1993 Art. 15 Abs. 2 Vw a.F. um einen zweiten Satz ergänzt, der die Abweisung eines Flüchtlings ohne inhaltliche Prüfung seines Asylbegehrens im Falle der Unzuständigkeit der Niederlande nach dem SDÜ/DÜ ermöglichen sollte. Art. 15 Abs. 2 Satz 2 lautete:

> „Die Asylanfrage eines Flüchtlings wird nicht behandelt, wenn ein anderes Land aufgrund eines Vertrages für die Behandlung dieses Begehrens zuständig ist, außer die Anfrage beruht auf erheblichen Gründen, die bei der Entscheidung des anderen Landes keine Rolle gespielt haben“.[125]

Der zweite Halbsatz erlaubt beim Vorliegen „erheblicher Gründe“ die Prüfung eines Asylbegehrens durch die Niederlanden auch wenn bereits in einem anderen Mitgliedstaat ein Asylantrag abgelehnt wurde. Mit dieser sog. „*tenzij*-Klausel“,[126] reagierte die Regierung auf die Kritik des Staatsrates und des Parlamentes, die in der uneingeschränkten Anwendung des SDÜ die Gefahr

[121] *Fernhout*, 1990, S. 41 ff.
[122] Näheres hierzu bei *Holterman*, 1990, S. 140 ff.; *Fernhout*, 1990, S. 167 ff.
[123] *Fernhout*, 1990, S. 135 mit Nachweis der Rechtsprechung.
[124] Hoge Raad, Urteil vom 29.05.1987, RV 1987, Nr. 8.
[125] Stb. 1993, 141, Artikel I D.
[126] Das Wort „tenzij“ heißt im Deutschen „außer“.

des *refoulement* sahen. Wie sich aus der Gesetzesbegründung ergibt, nahm auch die Regierung an, dass aufgrund der mangelnden Harmonisierung des europäischen Asylrechts der Fall eintreten könne, dass – bedingt durch die verschiedenen Interpretationen der GFK in den einzelnen Mitgliedstaaten – ein Asylbewerber in einem Staat abgelehnt wird, während er in den Niederlanden als Flüchtling anerkannt worden wäre.
Die *tenzij*-Klausel war aber von Anfang an nur als Ausnahme gedacht. Nicht jedes abschlägige Entscheidung eines anderen Staates sollte auf seine Richtigkeit überprüft werden. Sie sollte nur dann zur Anwendung kommen, wenn bereits in einem anderen Mitgliedstaat ein Asylverfahren negativ abgeschlossen war und erhebliche Gründe für eine Übernahme des Verfahrens durch die Niederlande bestünden.[127]

Die „erheblichen Gründe", die eine Anwendung der *tenzij*-Klausel rechtfertigen können, sind zum Beispiel:

> a) Umstände, die im erstverantwortlichen Staat erkennbar waren, die aber nach dem nationalen Ausländerrecht nicht relevant waren; es handelt sich dabei nicht um neue Fakten („Nova"), sondern um Fakten, die einer unterschiedlichen juristischen Bewertung unterliegen;
>
> b) Umstände, die schon zur Zeit der Ablehnung des Asylgesuchs im erstverantwortlichen Staat bestanden, die aber erst nach dem Erlass des Bescheides bekannt geworden sind;
>
> c) Umstände, die nach Erlass des ablehnenden Bescheides im erstverantwortlichen Staat bekannt geworden sind und die nach niederländischem Recht bei der Beurteilung zur Flüchtlingsanerkennung relevant sein können.[128]

Bereits kurze Zeit später kam es durch Gesetz vom 23. Dezember 1993 zu einer erneuten Änderung des Ausländergesetzes, mit dem Ziel der Verfahrensbeschleunigung und der Vereinfachung des Prozessrechts. Hierzu wurde unter anderem ein beschleunigtes Verfahren bei Unzulässigkeit oder offensichtlicher Unbegründetheit der Asylanfrage eingeführt.[129] Art. 15 wurde

---

127 TK 1991-1992, 22 142, Nr. 3, S. 7.

128 TK 1991-1992, 22 142, Nr. 6, S. 8.

129 Gründe für die Unzulässigkeit des Antrages liegen u.a. vor, wenn der Ausländer bereits früher in den Niederlanden einen Asylantrag gestellt hat, dieser unanfechtbar abgelehnt wurde und keine neuen Gründe vorliegen; der Ausländer nicht über die erforderlichen Dokumente bei seinem Grenzübertritt verfügt und er/sie nicht unmittelbar im Anschluss an den Grenzübertritt einen Asylantrag gestellt hat; oder der Ausländer schon früher unter einem anderen Namen einen Asylantrag in den Niederlanden gestellt hat. Des weiteren kann die Asylanfrage gemäß Art. 15 c Abs. 1 Vw als offensichtlich

durch Art. 15 a bis Art. 15 e Vw ergänzt.[130] Die Abweisung eines Asylbegehrens bei Anwendbarkeit des SDÜ/DÜ wurde in Art. 15 b Abs. 1 a) Vw geregelt.

Gemäß Art. 15 b Abs. 1 a) Vw ist ein Asylantrag unzulässig, wenn

„ ... ein anderes Land, dass auch Vertragsstaat der Genfer Flüchtlingskonvention ist, infolge eines Vertrages oder eines dieses Land und die Niederlande bindenden Beschlusses einer internationalen Organisation verantwortlich ist für die Behandlung einer Anfrage, außer diese beruht auf relevanten Gründen, die bei der Entscheidung des anderen Landes keine Rolle gespielt haben";

Einziger inhaltlicher Unterschied dieses Artikels im Vergleich zu Art. 15 Abs. 2 Vw a.F. ist die Miteinbeziehung der bindenden Beschlüsse einer internationalen Organisation.[131] Systematisch ist die Zuständigkeit eines anderen Mitgliedstaates nun aber Grund für die Unzulässigkeit des Asylantrages. In der Praxis bedeutet die Umsetzung des SDÜ in das nationale Recht eine Umkehrung der Prüfungsreihenfolge des Asylbegehrens. Wurde vor Ratifikation des SDÜ zunächst untersucht, ob ein Asylbewerber die Voraussetzungen als Flüchtling nach der GFK erfüllt und erst dann die Frage gestellt, ob er bereits in einem anderen Land Schutz gefunden hatte, muss nun zu Beginn geprüft werden, ob ein anderer Mitgliedstaat für die Prüfung des Asylbegehrens zuständig ist, ehe die Begründetheit der Asylanfrage zum Gegenstand der Untersuchung wird.[132]

Die Anerkennung als individueller Flüchtling blieb weiterhin in Art. 15 Abs. 1 Vw geregelt. Mit Gesetz vom 2. Februar 1995[133] wurde auch in den Niederlanden die sog. sichere Drittstaatenregelung eingeführt. Die Stellung

---

unbegründet abgewiesen werden, wenn z. B. der Asylbewerber aus einem sicheren Herkunftsstaat kommt, der Asylbewerber falsche oder gefälschte Dokumente vorgelegt hat oder der Ausländer außer der Nationalität seines Herkunftslandes auch die Nationalität eines anderen Landes besitzt, welches ihm ausreichenden Schutz bieten könnte.

130 Stb. 1993, S. 707.

131 *Spijkerboer/Vermeulen*, 1998, S. 409, führen aus, dass es sich bei den Beschlüssen internationaler Organisationen nicht um die Beschlüsse des Exekutivkomitees gemäß Art. 131 Abs. 1 SDÜ oder Beschlüsse des Artikel-18-Ausschusses handeln kann, da diesen Organe keine allgemeinen Befugnisse zukommen. Sie gehen vielmehr davon aus, dass die Formulierung mögliche Beschlüsse der EU im Asylbereich nach Art. 100 c) EG-Vertrag a.F. mit einschließen soll.

132 *Spijkerboer/Vermeulen*, 1998, S. 260.

133 Stb. 1995, S. 43.

eines Asylantrages war nach Art. 15 Abs. 4 Vw ausgeschlossen, wenn der Flüchtling über einen sicheren Drittstaat eingereist war. Als sichere Drittstaaten galten die Mitgliedstaaten der Europäischen Gemeinschaft und des Europäischen Wirtschaftsraumes, des weiteren die in Art. 51 a Vb festgelegten Länder Polen, Tschechien und die Schweiz.

Neben Art. 15 b Abs. 1 a) Vw wurden im Ausländergesetz keine weiteren Änderungen hinsichtlich der Asylzuständigkeit vorgenommen. Die verfahrensrechtlichen Fragen des sog. Dublinverfahrens sind im Ausländerrundschreiben (Vreemdelingencirculaire) festgelegt. Hier werden u.a. Ermessenskriterien für die Anwendung von Art. 3 Abs. 4 und Art. 9 DÜ festgelegt.[134]

3. Neue Rechtslage seit dem 1. April 2001

Mit Gesetz vom 23. November 2000, in Kraft getreten am 1. April 2001, wurde das niederländische Ausländergesetz grundlegend geändert.[135] Ziel des Gesetzes ist dabei erneut die Beschleunigung der Asylverfahren und eine Vereinfachung der diversen Aufenthaltstitel. Insbesondere im asylrechtlichen Teil gab es vielfältige Neuerungen, die im Detail noch in den folgenden Kapiteln beschrieben werden.

Im sog. *Vreemdelingenwet 2000* gibt es nur noch zwei Kategorien von Aufenthaltstiteln. Dies ist zum einen die reguläre Aufenthaltserlaubnis,[136] sowie die Aufenthaltserlaubnis Asyl.[137] Diese können jeweils für begrenzte oder unbegrenzte Zeit ausgestellt werden. Anerkannten Flüchtlingen wird zunächst eine befristete, bis zu drei Jahren gültige Aufenthaltserlaubnis erteilt. Art. 29 Vw *2000* bestimmt den Personenkreis, dem eine befristete „Aufenthaltserlaubnis Asyl" i.S.d. Art. 28 Vw *2000* verliehen werden kann. Hierzu zählen u.a. Vertragsflüchtlinge, Personen, denen bei Rückkehr in die Heimat die Gefahr von Folter, unmenschlicher und erniedrigender Behandlung droht (Art. 3 EMRK), oder Personen, denen aus zwingenden humanitären Gründen eine Rückkehr nicht zugemutet werden kann. Nach frühestens drei Jahren rechtmäßigen Aufenthaltes in den Niederlanden kann eine unbefristete Aufenthaltserlaubnis beantragt werden.[138]

---

[134] Die einzelnen Verfahrensvorschriften werden bei der Untersuchung des Asylverfahrens und der niederländischen Rechtsprechung näher erläutert.

[135] Stb. 2000, Nr. 495, S. 1 ff.

[136] Abschnitt 3, Art. 14 bis 27, Vw *2000*.

[137] Abschnitt 4, Art. 28 bis 45, Vw *2000*.

[138] Art. 34 Vw *2000*. Für einen Überblick zu den Neuregelungen siehe *Vermeulen*, NAV 2000, S. 4 ff.; *Kok*, NAV 2001, S. 159 ff.

Im Gegensatz zur vorherigen Fassung des Ausländergesetzes gibt es im *Vreemdelingenwet* 2000 keine Bestimmungen mehr über unzulässige oder offensichtlich unbegründete Asylanträge. Art. 31 Vw *2000* zählt zwar verschiedene Umstände auf, die im alten Ausländergesetz zur Unzulässigkeit eines Asylantrages führten, spricht aber nur von der „Abweisung“ des Asylantrages. Gemäß Art. 30 a) Vw *2000* ist auch die Zuständigkeit eines anderen Staates ein Grund für die Abweisung eines Asylantrages.

Demnach wird ein Asylantrag abgewiesen, wenn

a. ein anderes Land, Vertragspartei der Flüchtlingskonvention, auf Grund eines Vertrages oder eines die Niederlande bindenden Beschlusses einer internationalen Organisation verantwortlich ist für die Behandlung einer Anfrage.

Es fällt auf, dass die neue Regelung keine *tenzij*-Klausel mehr beinhaltet, ansonsten aber fast wortgleich mit Art. 15 b Abs. 1 a) Vw ist. In der Gesetzesbegründung führt die Regierung hierzu aus, dass mit Abschluss des Amsterdamer Vertrages die Verpflichtung eingegangen wurde, in einem Zeitraum von fünf Jahre nach dessen Inkrafttreten eine Harmonisierung des europäischen Asylrechts zu verwirklichen. Daher sei ein weiterer Alleingang der Niederlande – einen vergleichbaren nationalen Vorbehalt gäbe es in den anderen Mitgliedstaaten nicht – nicht mehr länger notwendig. Auch sei mit der Anwendung des SDÜ und des DÜ genug Erfahrung gewonnen worden, um in besonders gelagerten Fällen aus humanitären Gründen das Verfahren freiwillig zu übernehmen. Ein Vorbehalt, wie sie die *tenzij*-Klausel darstellt, würde dem Streben nach einer Vereinheitlichung des Asylrechts widersprechen.[139]

In der Literatur stößt die Streichung der *tenzij*-Klausel auf Ablehnung. Auch wenn ihre Anwendung in der Praxis und in der Rechtsprechung sehr restriktiv war,[140] so wird ihre gesetzliche Verankerung doch zumindest bis zum Zeitpunkt der Harmonisierung des europäischen Asylrechts von vielen für wichtig erachtet.[141] Die Regierung hat dann aber nachträglich im Rahmen der Verwaltungsvorschriften zum *Vreemdelingenwet 2000* eine der *tenzij*-Klausel vergleichbare Regelung geschaffen.[142] Diese Verwaltungsvorschriften sehen nun vor, dass die Niederlande ein Asylverfahren freiwillig gemäß Art. 3

---

[139] Nader Rapport, par. 48, nota naar anleiding van het verslag, S. 138; zitiert nach *Bruin*, NAV 2000, S. 333 (334).

[140] Siehe zur Anwendung der *tenzij*-Klausel unten S. 185 ff.

[141] *Bruin*, NAV 2000, S. 333 (334); *Vermeulen*, NAV 2000, S. 4 (5).

[142] Siehe Vc *2000* C 1 /2.3.4.

Abs. 4 DÜ übernehmen können, wenn andere Dublinstaaten ihren völkerrechtlichen Verpflichtungen aus der Genfer Flüchtlingskonvention oder aus der Europäischen Menschenrechtskonvention nicht nachkommen.[143] Die Beweislast obliegt dem Asylbewerber, der die mögliche Verletzung der o.g. Verträge darlegen muss. Eine für die Anwendung des Art. 3 Abs. 4 DÜ relevante Verletzung der EMRK liegt nur dann vor, wenn der Asylbewerber in dem betreffenden Mitgliedstaat den Rechtsweg erschöpft hat und er neue Fakten und Beweise vorlegen kann, die zu einer anderen Entscheidung führen könnten. Sollte auch im verantwortlichen Mitgliedstaat ein Rechtsmittel offen stehen (z.B. ein Asylfolgevertrag oder eine Revision), dann besteht ebenfalls kein Anlass, von einer möglichen Verletzung des Art. 3 EMRK auszugehen.

Weitere Gründe für die Abweisung eines Asylantrages sind gegeben, wenn der Asylbewerber sich bereits rechtmäßig in den Niederlanden aufhält,[144] früher eine Anfrage gestellt hat, über die noch nicht abschließend entschieden wurde,[145] oder aufgrund eines Rücknahmeübereinkommens zwischen den Niederlanden und einem Staat, in dem er sich vorher aufgehalten hat, überstellt werden kann.[146]

D. Vergleichende Zusammenfassung Deutschland – Niederlande

In Deutschland bedurfte das DÜ zu seiner Wirksamkeit der innerstaatlichen Umsetzung im Wege eines Zustimmungsgesetzes. In den Niederlanden hingegen wurde das DÜ – nicht wie im dualistisch geprägten System der Bundesrepublik Deutschland üblich, transformiert –, sondern in das nationale Recht inkorporiert. Auch hinsichtlich der Hierarchie im nationalen Recht besteht ein interessanter Unterschied in den beiden Staaten: in Deutschland nimmt das DÜ innerstaatlich den Rang eines Bundesgesetzes ein, während in den Niederlanden das DÜ einen höheren Rang als die Gesetze und die Verfassung einnimmt.

Während nach der Unterzeichung des DÜ durch die Bundesregierung, in Deutschland vor allem eine kontroverse Diskussion über die Notwendigkeit der Änderung des damaligen Art. 16 Abs. 1 GG erfolgte, drehte sich die Diskussion in den Niederlanden zunächst um die Frage, ob einer Ratifikation des DÜ überhaupt zugestimmt werden sollte. Der Ratifikation des DÜ (bzw. des SDÜ) durch die Niederlande standen lange Zeit Vorbehalte des Staatsrates

[143] Es wird bekräftigt, dass grundsätzlich davon ausgegangen wird, dass die anderen Dublinstaaten ihren internationalen Verpflichtungen nachkommen.
[144] Art. 30 Bst. b Vw *2000*.
[145] Art. 30 Bst. c Vw *2000*.
[146] Art. 30 Bst. d) Vw *2000*.

und des Parlaments gegenüber. Im Gegensatz zur deutschen Rechtslage, die bei der Umsetzung eines völkerrechtlichen Vertrages keine Änderungsbefugnis des Bundesrates oder Bundestages vorsieht, kann das niederländische Parlament, die *Generalstaaten*, Vorbehalte zu einer oder mehrer der Vertragsbestimmungen einlegen oder Interpretationserklärungen abgeben. Kritikpunkte des Parlaments waren unter anderem die mangelnde parlamentarische Kontrolle des SDÜ/DÜ durch das Europäische Parlament und die fehlende Überwachung durch den EuGH, sowie die noch nicht erfolgte Harmonisierung des europäischen Asylrechts. Bereits im Rahmen der Ratifizierung des SDÜ schlug das Parlament der Regierung vor, in einem Zusatzprotokoll zum SDÜ den EuGH als Kontrollinstanz einzubinden. Die Abschließung eines derartigen Zusatzprotokolls gelang aber aufgrund des Widerstandes der anderen Mitgliedstaaten weder im Rahmen des SDÜ, noch im Rahmen der Ratifikation des DÜ. Das niederländische Parlament konnte sich lediglich in seiner Forderung nach Offenlegung der Beschlüsse des Artikel-18-Ausschusses und des Zustimmungserfordernisses des Parlamentes, gegenüber der Regierung durchsetzen. Zugeständnisse machte die Regierung dann aber bei der Änderung des Ausländerrechtes, um der Kritik des Parlamentes an der mangelnden europäischen Asylrechtsharmonisierung gerecht zu werden. Mit der sogenannten *tenzij*-Klausel ist es unter den dort genannten Voraussetzungen möglich, dass ein zweites Asylverfahren auch nach der negativen Asylentscheidung eines anderen Mitgliedstaates durchgeführt wird.

In beiden Staaten erfolgte noch vor der Ratifikation des DÜ bzw. des SDÜ eine Änderung der relevanten Verfassungsbestimmungen und/oder der einfachen Gesetze, um am Zuständigkeitsverteilungsmechanismus der Verträge partizipieren zu können. Die 1993 durch den sogenannten Asylkompromiss erfolgte Änderung des Art. 16 Abs. 2 Satz 2 GG a.F. und der Schaffung des neuen (beschränkten) Grundrechtes auf Asyl in Art. 16 a GG, insbesondere des Absatzes 5, erlaubten der Bundesrepublik Deutschland die uneingeschränkte Anwendung der Zuständigkeitsregelungen des DÜ.
Einer Änderung des bestehenden Asylrechts zur Umsetzung des DÜ bedurfte es auch in den Niederlanden, wenngleich nicht auf verfassungsrechtlicher, sondern auf einfachgesetzlicher Ebene. In den Niederlanden bestimmte Art. 15 Vw a.F., dass grundsätzlich jedes Asylbegehren, welches an der Grenze oder im Inland gestellt wurde, geprüft werden müsse, außer der Asylbewerber habe bereits vorher ein schutzbietendes Land gefunden. Eine Beibehaltung dieses durch höchstrichterliche Rechtsprechung gesicherten Rechtes auf Asyl hätte – ähnlich wie die grundgesetzliche Garantie in Deutschland – dazu geführt, dass die negative Asylentscheidung eines anderen Mitgliedstaates keine „Sperrwirkung" nach dem DÜ entfaltet hätte. Das weiterhin bestehende

nationale Recht auf eine zweite Prüfung des Asylbegehrens hätte zwar keinen Verstoß gegen das DÜ dargestellt, da den Mitgliedstaaten mit Hilfe der Öffnungsklausel nach Art. 3 Abs. 4 DÜ eine freiwillige Übernahme des Asylverfahrens gestattet ist, Ziel und Zweck des DÜ wären jedoch nicht erreicht worden.

2. Kapitel Auswirkungen des DÜ auf das Asylverfahren

Im vorliegenden Kapitel wird jeweils für Deutschland und die Niederlande der tatsächliche Ablauf des sog. Dublinverfahrens unter Zugrundelegung der nationalen rechtlichen Bedingungen erläutert. Hierzu zählen auch die Möglichkeiten gegen einen „Dublinbescheid" Rechtschutz vor Gericht oder einer unabhängigen Instanz zu beantragen. Die statistische Auswertung der Daten zu den erfolgten Übernahmeersuchen, der Anzahl der Zustimmungen und Ablehnungen der anderen Mitgliedstaaten und der tatsächlich erfolgten Transfers der Asylbewerber, soll Aufschluss über den Erfolg des Dubliner Übereinkommens geben.

A. Deutschland

I. Übernahmeersuchen von Deutschland an einen Vertragsstaat

1. Asylantragstellung

Zu unterscheiden ist zwischen der Asylantragstellung an der Grenze bzw. im grenznahen Raum und der Antragstellung im Land, da sich hieran verschiedene Zuständigkeiten knüpfen.[147]

a) Antragstellung an der Grenze

Ein Ausländer, der bei einer Grenzbehörde um Asyl nachsucht, sei es da ihm die nötigen Einreisepapiere fehlen oder er nach illegalem Grenzübertritt aufgegriffen wird, ist gemäß § 18 Abs. 1 AsylVfG unverzüglich an die zuständige bzw. nächstgelegene Aufnahmestelle weiterzuleiten. Ist er aus einem sicheren Drittstaat (§ 26 a AsylVfG) eingereist oder liegt ein anderer der Tatbestände des Absatzes 2 vor, so wird die Einreise verweigert und die

[147] Nach dem Wortlaut des Art. 1 Abs. 1 Bst. b) DÜ unterfallen dem Anwendungsbereich des DÜ nur solche Asylanträge, mit denen ein Ausländer um Schutz nach der GFK ersucht. Ein Schutzersuchen, welches sich z.B. auf einen humanitären Schutzstatus beschränkt, wird vom DÜ nicht erfasst. Hierzu zählt z.B. in Deutschland die ausdrückliche Beschränkung des Asylantrages auf das Begehren von Abschiebungsschutz gem. § 53 Abs. 4 oder Abs. 6 AuslG, ohne einen Anerkennungsstatus als Flüchtling anzustreben.

Zurückschiebung oder Zurückweisung angeordnet.[148] Eine Ausnahme zum Grundsatz der Einreiseverweigerung liegt gemäß Absatz 4 vor, wenn die Bundesrepublik aufgrund eines völkerrechtlichen Abkommens mit dem Drittstaat für die Durchführung des Asylverfahrens zuständig ist. Seit Inkrafttreten des Dubliner Übereinkommens ist allein dieses maßgeblich. Daher ist schon an der Grenze im Falle der Asylantragstellung nachzuprüfen, ob die Bundesrepublik oder ein anderer Vertragsstaat für die Durchführung des Asylverfahrens zuständig ist. Eine Zurückweisung oder Zurückschiebung in einen sonstigen sicheren Drittstaat, der nicht Vertragsstaat des DÜ ist, ist aber weiterhin möglich. Ein Ausländer, der aus einem sicheren Drittstaat, der kein DÜ-Staat ist, einreist und bei den Grenzbehörden bei Einreise oder im unmittelbaren Anschluss daran einen Asylantrag stellt, kann auch bei Vorliegen der Zuständigkeit eines Vertragsstaates des DÜ in den sicheren Drittstaat zurückgeschoben werden. Diese Möglichkeit wurde von den Mitgliedstaaten ausdrücklich nach Art. 3 Abs. 5 DÜ belassen. Nur im Verhältnis untereinander gehen die Regelungen des DÜ den nationalen Drittstaatenregelungen vor.[149]

Zuständig für die Durchführung des DÜ sind die Grenzbehörden, denen in bestimmten Fällen Befugnisse durch die Asylzuständigkeitsbestimmungs-verordnung (AsylZBV)[150] übertragen wurden. Die mit der polizeilichen Kontrolle des grenzüberschreitenden Verkehrs beauftragten Behörden sind befugt, an einen anderen Vertragsstaat eine Anfrage auf Übernahme oder Rücknahme eines Ausländers zu stellen, wenn sie einen Ausländer im grenznahen Raum in unmittelbaren zeitlichen Zusammenhang mit einer unerlaubten Einreise aus einem angrenzenden Mitgliedstaat antreffen und in diesem Mitgliedsstaat eine mit grenzpolizeilichen Aufgaben betraute Behörde für die Entscheidung über das Ersuchen oder den Rücknahmeantrag zuständig ist oder eine sonstige Behörde, falls keine zuständige Grenzbehörde besteht.[151] Die Zuständigkeit geht auf das BAFl. – welches generell für die Durchführung des DÜ zuständig ist[152] - über, wenn die Überstellung des Ausländers an den zuständigen Mitgliedstaat aller Voraussicht nach nicht innerhalb von 48 Stunden nach seinem Antreffen erfolgen kann bzw. spätestens nach Ablauf der 48 Stunden. Diese Frist verlängert sich auf 96 Stunden, wenn in dem

---

148 Art. 18 Abs. 2 AsylVfG.

149 *Hailbronner*, Ausländerrecht Kommentar, Bd. 3, § 18 Rn. 46, § 26 a Rn. 63; *Löper*, ZAR 2000, S. 16 (19).

150 Die AsylZBV vom 4. Dezember 1997 (BGBl. 1997 I S. 2852, zuletzt geändert durch die 1. VO zur Änderung der AsylZBV vom 20.12.1999 (BGBl. I S. 2499)) regelt die Zuständigkeit des BAFl.. und der Grenzbehörden für die Ausführung des Dubliner Übereinkommens.

151 § 2 Abs. 1 AsylZBV.

152 § 1 AsylZBV.

angrenzenden Mitgliedstaat eine sonstige Behörde und nicht die Grenzbehörde für die Entscheidung zuständig ist.

Eine Besonderheit des deutschen Rechts ergibt sich aus der rechtlichen Unterscheidung zwischen einem „Asylgesuch“ und einem „Asylantrag“. Wenn ein Ausländer bei einer deutschen Grenz- oder Polizeibehörde um Schutz im Sinne der GFK nachsucht, liegt gem. §§ 18 Abs. 1, 19 Abs. 1 AsylVfG zunächst nur ein „Asylgesuch“ vor,[153] ein formeller „Asylantrag“ liegt gemäß § 14 AsylVfG erst vor, wenn der Antrag bei einer Außenstelle des Bundesamtes für die Anerkennung ausländischer Flüchtlinge (BAFL.) gestellt wird.[154]

Das DÜ kennt eine solche Unterscheidung nach dem Zeitpunkt oder dem Ort der Antragstellung nicht. Ein Asylantrag i.S.d. Übereinkommens kann schriftlich oder mündlich vorgebracht werden, ausreichend ist, wenn sich aus dem Vorbringen des Flüchtlings ergibt, dass er Schutz vor politischer Verfolgung sucht. Ein Asylantrag gilt zu dem Zeitpunkt als gestellt, zu dem sich die Behörden mit dem schriftlich vorliegenden Antrag befassen.[155] Die weitreichenden Folgen, die sich an die Stellung eines Asylantrages knüpfen, ergeben sich demnach ab dem Zeitpunkt der Stellung dieses Antrages.[156] Da die Mitgliedstaaten eine einheitliche Interpretation des DÜ anstreben, wenden die deutschen Behörden die Bestimmungen des DÜ schon mit der Stellung eines „Asylgesuchs“ bei einer Grenz- oder Polizeibehörde an und nicht erst mit der mit dem Einlegen eines formellen „Asylantrags“ gemäß § 14 AsylVfG.[157]

b) Einreise über einen Flughafen

Bei der Einreise über einen Flughafen wird bei Ausländern aus einem sicheren Herkunftsstaat sowie bei Ausländern, die ohne einen gültigen Pass oder Passersatz einreisen und bei den Grenzbehörden einen Asylantrag stellen, gemäß § 18 a AsylVfG das Asylverfahren vor der Einreise am Flughafen

---

153 *Göbel-Zimmermann*, 1999, Rn. 260. Es genügt die bloße Willensäußerung des Ausländers im Bundesgebiet um Schutz vor politischer Verfolgung oder Abschiebung in seinen Heimatstaat nachzusuchen, eine ausdrückliche Berufung auf „politisches Asyl“ ist nicht notwendig

154 Ab dem Zeitpunkt des Asylgesuchs ist dem Ausländer gemäß § 55 AsylVfG der Aufenthalt in der Bundesrepublik gestattet. Eine Ausnahme gilt bei der Einreise über einen sicheren Drittstaat, eine Aufenthaltsgestattung wird erst bei Stellung des Asylantrages beim BAFl. erteilt, § 55 Abs. 1 S. 2 AsylVfG. Die Aufenthaltsgestattung erlischt, wenn der Ausländer nicht innerhalb von zwei Wochen einen formellen Asylantrag bei einer Außenstelle des BAFl. stellt ,§ 67 Abs. 1 Nr. 2 AsylVfG.

155 Art. 2 des Beschlusses Nr. 1/97 vom 9. September 1997.

156 *Löper*, ZAR 2000, S. 16 (17).

157 *Löper*, ZAR 2000, S. 16 (17).

durchgeführt. Liegen Hinweise vor, dass ein anderer Mitgliedstaat nach dem DÜ zuständig ist, so wird der BGS vor Weiterleitung, sonst die am Flughafen befindliche Außenstelle des BAFl. einen Antrag auf Übernahme an die Behörden des entsprechenden Mitgliedstaat stellen. Häufig wird jedoch auch von dem Recht auf Selbsteintritt gemäß Art. 3 Abs. 4 DÜ Gebrauch gemacht.[158]
Ergibt sich die Zuständigkeit eines anderen Staates, so erfolgt die Überstellung des Asylbewerbers an den zuständigen Vertragsstaat. Ist die Bundesrepublik für die Durchführung des Asylverfahrens zuständig, so wird der Asylantrag nach nationalem Recht unter den besonderen Voraussetzungen des Flughafenverfahrens geprüft.[159]

c) Antragstellung im Inland

Der Ausländer, der sich bereits im Inland befindet, hat einen Asylantrag grundsätzlich persönlich bei einer der Außenstellen des BAFl. zu stellen.[160]
Bei der Außenstelle wird der Antragsteller persönlich von einem Einzelentscheider angehört. Um seiner Mitwirkungspflicht nachzukommen,[161] muss der Ausländer Angaben über seine Verfolgungsgründe machen.[162] Zu den erforderlichen Angaben gehören auch solche über Wohnsitze, Reisewege, Aufenthalte in anderen Staaten und darüber, ob bereits in anderen Staaten oder im Bundesgebiet ein Asylverfahren eingeleitet oder durchgeführt wurde.[163]
Ergeben sich während der Anhörung Anhaltspunkte aus dem Gespräch bzw. aus Sichtung der bei dem Antragsteller gefundenen Beweise und Indizien auf die Zuständigkeit eines anderen Mitgliedstaates für die Behandlung des Asylbegehrens, so hat der Einzelentscheider einen besonderen Schwerpunkt hierauf zu legen.[164] Anschließend wird die Anhörung zu Ende geführt.

Kommt der Einzelentscheider zu der Überzeugung, dass ein Fall des Dubliner Übereinkommens vorliegt, so hat er zwei Möglichkeiten. Entweder macht er von dem Recht auf Selbsteintritt gemäß Art. 3 Abs. 4 DÜ Gebrauch oder er übersendet die Akte zu weiteren Bearbeitung an die Koordinierungsstelle Schengen/Dublin des BAFl. in Nürnberg.[165]

---

158 Siehe unten S. 113.

159 Zum Flughafenverfahren siehe *Göbel-Zimmermann*, 1999, S. 156 ff.; *Ritter*, ZAR 2000, S. 69 ff.; BVerfGE 94, S. 166 ff.; zum Urteil des BVerfG: *Maaßen/de Wyl*, ZAR 1997, S. 9 ff.

160 Art. 14 Abs. 1, 23 AsylVfG. Nur in Ausnahmefällen ist der Antrag bei der Zentrale des BAFl. direkt einzureichen, siehe hierzu Art. 14 Abs. 2 AsylVfG.

161 Zur Mitwirkungspflicht des Asylbewerbers im Asylverfahren siehe § 15 AsylVfG.

162 § 25 Abs. 1 AsylVfG.

163 § 25 Abs. 1 Satz 2 AsylVfG.

164 *BAFl.*, Dienstanweisung zum Übereinkommen von Dublin vom 24.7.1997, Rn. 1.1.2.

165 Vgl. *Hailbronner/Thiery*, ZAR 1997, S. 55 (61).

Vom Selbsteintrittsrecht darf in der Außenstelle nur Gebrauch gemacht werden, wenn der Asylantrag innerhalb von zwei Wochen als offensichtlich unbegründet, unbeachtlich gemäß § 29 Abs. 1 AsylVfG oder bei Anwendung der Drittstaatenregelung nach §§ 26 a, 34 a AsylVfG abgelehnt werden kann und eine zügige Rückführung in das Herkunftsland des Asylbewerbers sicher zu erwarten ist.[166] Obwohl Art. 3 Abs. 4 DÜ die freiwillige Übernahme eines Asylverfahrens von der Zustimmung des Asylbewerber abhängig macht, wird in der Praxis nicht auf eine ausdrückliche, in mündlicher oder schriftlicher Form vorgebrachte Einwilligung abgestellt. Behörden und Rechtsprechung gehen vielmehr davon aus, dass durch die Stellung des Asylantrages konkludent die Einwilligung des Asylbewerber auf Prüfung seines Antrages in einem bestimmten Mitgliedstaat zum Ausdruck gebracht wird.[167]

Stellt ein Asylbewerber, der bereits ein Asylverfahren negativ in Deutschland abgeschlossen hat, nach Ausreise aus Deutschland und dem Hoheitsgebiet der EU einen weiteren Asylantrag in Deutschland, so verbietet weder das deutsche Recht noch das DÜ die Durchführung eines Dublinverfahrens und gegebenenfalls die Überstellung an den zuständigen Mitgliedstaat. Der Asylfolgeantrag nach Ausreise und Einreise in das Bundesgebiet stellt einen neu zu prüfenden Asylantrag im Sinne des Art. 11 Abs. 3 DÜ dar.[168]

2. Zuständigkeitsprüfung

a) Verantwortliche Behörde

Das BAFl. in Nürnberg ist die zuständige Behörde zur Umsetzung des SDÜ und des DÜ in Deutschland.[169] In der Zentrale des BAFl. wurde eine sog. „Koordinierungsstelle"[170] für das SDÜ und das DÜ eingerichtet. Die Koordinierungsstelle ist zuständig für die Entscheidung über die Zuständigkeit von Asylanträgen in Deutschland, für Übernahme- und Rücknahmeersuchen an andere Vertragsstaaten, für die Entgegennahme der Übernahme- und Rücknahmeersuchen von Mitgliedstaaten an Deutschland und den generellen Informationsaustausch gemäß Art. 14 DÜ und der Vorbereitung des Transfers.[171] Zur besseren Koordination mit den Partnerbehörden der anderen

---

166 *BAFl.*, Dienstanweisung zum Übereinkommen von Dublin vom 24.7.1997, Rn. 1.1.2 und Rn. 2.1; *Hailbronner/Thiery*, ZAR 1997, S. 55 (57).

167 *BAFl.*, Dienstanweisung zum Übereinkommen von Dublin vom 24.7.1997, Rn. 1.2; *Löper*, ZAR 2000, S. 16 (18). Zur Kritik an dieser Regelung siehe unten S. 244 ff.

168 VG Sigmaringen, Beschluss vom 5.3.2001, InfAuslR 2001, S. 249 ff.

169 Vgl. § 1AsylZBV vom 4. Dezember 1997.

170 „Koordinierungsstelle Schengen/Dublin, Internationale Aufgaben", G 3.2.

171 *Hailbronner/Thiery*, ZAR 1997, S. 55 (61); *Hoffmann*, InfAuslR 1999, S. 94 (96); *Schmid/Bartels*, 2001, S. 244 f. zum Aufbau der Koordinierungsstelle beim BAFl.

Mitgliedstaaten werden Liaisonbeamte zwischen den Behörden ausgetauscht. Die Liaisonbeamten unterstützen die Partnerbehörden bei der Beratung und Vermittlung von Fällen nach dem DÜ, sie informieren über die Gesetzgebung, das Asylverfahren und die Asylpraxis in ihrem jeweiligen Land.[172] Dieser Austausch trägt ebenso wie bi- oder multilaterale Arbeitstreffen oder gemeinsame Tagungen[173] zu einer besseren und einheitlicheren Auslegung des Dubliner Übereinkommens bei. Da weder das SDÜ noch das DÜ eine Kompetenzübertragung an den EuGH oder ein anderes Gericht, das die einheitliche Anwendung der Übereinkommen sicherstellen könnte, vorsehen, ist dies ein wichtiger Weg in der Praxis auftretende Probleme zu lösen.[174]

Die Koordinierungsstelle überprüft anhand des Akteninhaltes und der zur Verfügung stehenden Beweise und Indizien, ob die Voraussetzungen für die Zuständigkeit eines anderen Mitgliedstaates nach den Kriterien des Dubliner Übereinkommens vorliegen. Eine eigenständige Anhörung des Asylbewerbers durch die Koordinierungsstelle findet nicht statt. Wenn die Koordinierungsstelle entscheidet, dass Deutschland für die Durchführung des Verfahrens zuständig ist, so wird die Akte an den Einzelentscheider zurückgeleitet und dieser führt das Asylverfahren bis zum Ende durch. Liegen jedoch hinreichende Gründe und Beweise/Indizien für die Zuständigkeit eines anderen Vertragsstaates vor, so wird vom BAFl. das „Einheitliche Formular zur Bestimmung des für die Prüfung eines Asylantrages zuständigen Staates"[175] ausgefüllt und mit einem schriftlichen Gesuch auf Übernahme des Asylbewerbers, sowie den eventuell vorliegenden Beweisen, an die zuständige Stelle des jeweiligen Mitgliedstaats geschickt. Lehnt der Mitgliedstaat eine Übernahme aus Sicht des BAFl. zu Unrecht ab, so erfolgt eine zweite Darlegung des deutschen Sichtweise innerhalb der Frist von drei Monaten. Lehnt der Mitgliedstaat die Übernahme endgültig ab, so wird die Akte an den Einzelentscheider zurückgegeben, wo das Verfahren nach den Vorschriften des AsylVfG zu Ende geführt wird.[176]

---

172 Siehe Information des BAFl. im Internet: http://www.bafl.de. Die Liasonbeamten arbeiten in den Niederlanden beim IND, dem Anmeldezentrum in Zevenaar und dem Anmeldezentrum in Rijsbergen; in Frankreich beim Innenministerium und beim Office Français de Protection des Réfugies et Apatrides (OFPRA) und in Belgien beim des Étrangers. Im Bundesamt sind zur Zeit Liaisonbeamte aus den Niederlanden vom dortigen Imigratie- en Naturalisatiedienst und aus Belgien vom Office des Étrangers beschäftigt.

173 Im Rahmen des Odysseus-Programm der EU wurden auch Seminare für Beamte der Mitgliedstaaten, die mit der Umsetzung des Dubliner Übereinkommens beauftragt sind, finanziert.

174 *Hailbronner/Thiery*, ZAR 1997, S. 55 (61); *Schmid/Bartels*, 2001, S. 245.

175 Siehe Anhang I zum Beschluss 1/97 des Artikel-18-Ausschusses.

176 *BAFl.*, Dienstanweisung zum Übereinkommen von Dublin vom 24.7.1997, Rn. 1.6.

b) Bescheiderteilung

Nimmt der Mitgliedstaat das Übernahmeersuchen an, so erlässt das BAFl. einen Bescheid. Der Inhalt des Bescheides, ebenso wie die hiergegen möglichen Rechtsmittel sind davon abhängig, welchen Reiseweg der Asylbewerber nach Deutschland gewählt hat.

aa) Einreise direkt aus dem zuständigen Dublinstaat

Ist der Asylbewerber aus dem Vertragsstaat nach Deutschland eingereist, der der Übernahme zugestimmt hat, so ergeht folgender Bescheid gemäß § 29 Abs. 3 Satz 2 i.V.m. §§ 26a, 34 a AsylVfG:

1. Es wird festgestellt, dass dem Antragsteller aufgrund seiner Einreise aus einem Mitgliedstaat des Dubliner Übereinkommens (*Mitgliedstaat*) kein Asylrecht zusteht.
2. Die Abschiebung nach (*Mitgliedstaat*) wird angeordnet.

Da der Asylbewerber aus dem Vertragsstaat eingereist ist, der ihn auch wieder aufnimmt, ist die sichere Drittstaatenregelung gemäß § 26 a Abs. 1 S. 1 AsylVfG einschlägig. Diese Konstruktion ist trotz § 29 Abs. 3 AsylVfG möglich, da dieser in Satz 2 den § 26 a Abs. 1 unberührt lässt. Somit bleibt § 26 a AsylVfG i.V.m. § 34 a AsylVfG auch in den Fällen anwendbar, in denen ein Asylbewerber aus einem solchen sicheren Drittstaat eingereist ist, mit dem eine vertragliche Zuständigkeitsvereinbarung besteht.[177] Nach der Gesetzesbegründung[178] soll der Verweis als alternative Handlungsmöglichkeit das Verfahren nach den §§ 31 Abs. 4 und 31 a Abs. 1 AsylVfG offen halten.[179]

Die Abschiebung wird nach § 34 a AsylVfG angeordnet. Das Vorliegen von Abschiebungshindernisse nach §§ 51 und 53 AuslG wird nicht geprüft.[180] Ohne eine vorausgehende Androhung und Festsetzung der Abschiebung erlässt das Bundesamt zugleich eine Abschiebungsanordnung, sobald feststeht, das diese durchgeführt werden kann.

---

177 *Hailbronner*, Ausländerrecht Kommentar, § 29, Rn. 25; *Funke-Kaiser*, in: GK-AsylVfG, § 29 Rn. 23.

178 Siehe BT-Drs. 12/4984, S. 48.

179 Vgl. *Funke-Kaiser*, in: GK-AsylVfG, § 29 Rn. 23; OVG NRW, NVwZ 1997, S. 1141 (1142). A. A. *Marx*, Kommentar AsylVfG, § 29 Rn. 38, der den Sinn der Bedeutung von Abs. 3 Satz 2 für unklar hält und befürchtet, dass das vertragliche vereinbarte Zuständigkeitssystem durch innerstaatliche Drittstaatenregelungen umgangen wird.

180 *Renner*, AuslR Kommentar, § 29 Rn. 16. Wenn der andere Vertragsstaat für die Durchführung des Asylverfahrens zuständig und gleichzeitig ein sicherer Drittstaat i.S.d. § 26 a Abs. 2 ist, erübrigt sich eine materiell-rechtliche Prüfung des Asylgesuchs durch die BR Deutschland und kann die Abschiebung dorthin angeordnet werden.

bb) Einreise über einen anderen Staat

Ist der Asylbewerber nicht aus dem Vertragsstaat eingereist, der der Übernahme zugestimmt hat, so ergeht folgender Bescheid gemäß § 29 Abs. 3 Satz 1 AsylVfG:

1. Der Asylantrag wird als unbeachtlich abgelehnt.
2. Der Antragsteller wird aufgefordert, die Bundesrepublik Deutschland innerhalb einer Woche nach Bekanntgabe der Entscheidung zu verlassen. Sollte der Antragsteller die Ausreisefrist nicht einhalten, wird er nach (*Mitgliedstaat*) abgeschoben.

In diesem Fall ist der Asylantrag gemäß § 29 Abs. 3 AsylVfG unbeachtlich, ein Verweis des Satzes 2 auf den § 26 a AsylVfG kommt nicht in Betracht, da die Einreise nicht über einen sicheren Drittstaat erfolgt ist. Ein unbeachtlicher Asylantrag gemäß § 29 Abs. 3 zieht die Abschiebungsandrohung nach § 35, nicht die Abschiebungsanordnung nach § 34 a Abs. 1 Satz 1 nach sich.[181] Der Asylbewerber wird aufgefordert, die Bundesrepublik innerhalb von einer Woche zu verlassen, § 36 Abs. 1 AsylVfG. Bei Zuwiderhandlung wird die Abschiebung in den anderen Vertragsstaat angedroht, § 35 Satz 2 AsylVfG. Von der Feststellung von Abschiebungshindernissen nach § 53 AuslG wird gemäß § 31 Abs. 3 Satz 2 Nr. 3 AsylVfG abgesehen.

3. Rechtsschutzmöglichkeiten im Dublinverfahren

Die Rechtsschutzmöglichkeiten gegen den ablehnenden „Dublinbescheid" des BAFl. variieren, je nachdem, ob der Antragsteller direkt aus dem zuständigen Mitgliedstaat nach Deutschland eingereist ist oder nicht.

Im Falle der Einreise aus dem Vertragsstaat, der der Übernahme zustimmt, besteht folgende Rechtsschutzmöglichkeit:
Gegen die Abschiebungsanordnung kann der Asylbewerber innerhalb von zwei Wochen Klage gemäß § 74 Abs. 1 Hs. 1 AsylVfG, § 42 Abs. 1 VwGO, bei dem zuständigen Verwaltungsgericht einreichen. Die Klage hat wegen § 75 AsylVfG keine aufschiebende Wirkung. Einstweiliger Rechtsschutz nach §§ 80 oder 123 VwGO gegen den Bescheid ist aufgrund von § 34 a Abs. 2 AsylVfG grundsätzlich nicht möglich.[182] Da der Bescheid somit sofort

---

[181] *Marx*, a.a.O., 1999, § 29 Rn. 21.

[182] Der Ausschluss der aufschiebenden Wirkung gilt jedoch nach Rechtsprechung des Bundesverfassungsgerichts nicht ausschließlich (BVerfG, Urteil vom 14.05.1996, NVwZ 1996, S. 700 ff.). Die Verwaltungsgericht müssen § 34 a Abs. 2 AsylVfG vielmehr restriktiv auslegen, damit es noch mit Art. 16 a Abs. 2 GG in Einklang steht. Eine Abschiebung kommt nach der Rechtsprechung des BVerfG u.a. dann nicht in

vollziehbar ist, kann der Asylbewerber nur vom Ausland aus im Hauptsacheverfahren versuchen, die Zuständigkeit der BR Deutschland für die Prüfung seines Asylverfahrens gerichtlich zu klären.[183]

Ist der Asylbewerber nicht aus dem Vertragsstaat eingereist ist, der der Übernahme zugestimmt, besteht folgende Rechtsschutzmöglichkeit:
Gegen die Ausreiseaufforderung mit Fristsetzung und Abschiebungsandrohung kann der Asylbewerber innerhalb einer Woche Klage gemäß § 74 Abs. 1 Hs. 2 AsylVfG, § 42 Abs. 1 VwGO, bei dem zuständigen Verwaltungsgericht einreichen. Da der Klage gemäß § 75 VwVfG keine aufschiebende Wirkung zukommt, kann der Asylbewerber gemäß § 36 Abs. 3 AsylVfG einen Antrag auf vorläufigen Rechtsschutz nach § 80 Abs. 5 stellen.[184] Dabei wird nicht nur die Abschiebungsandrohung summarisch geprüft, sondern auch die Feststellung der Unbeachtlichkeit des Asylantrages.[185]

Die Beschwerdemöglichkeit im Asylverfahren ist grundsätzlich ausgeschlossen, d.h. dass Entscheidungen der Verwaltungsgerichte im vorläufigen Rechtsschutzverfahren nicht vor dem Oberverwaltungsgericht (OVG) angreifbar sind.[186]
Die Berufung gegen das Urteil des Verwaltungsgerichts findet nur statt, wenn sie von dem Oberverwaltungsgericht zugelassen wird, § 78 Abs. 2 Satz 1 AsylVfG. Urteile des VG, durch die die Klage als offensichtlich unzulässig

---

Frage, wenn das Vorbringen des Asylbewerbers den Reiseweg über einen sicheren Drittstaat als ernstlich zweifelhaft erscheinen lässt. Eine Rückführung kommt ebenfalls nicht in Betracht, wenn sich der Asylbewerber gegen die Modalitäten des Vollzugs der aufenthaltsbeendenden Maßnahmen wendet oder eine individuelle Gefahr im Drittstaat geltend macht, die zu der Erteilung einer Duldung gemäß § 55 AuslG führen könnte. Eilrechtsschutz kommt auch dann in Betracht, wenn der Asylbewerber von einem der im Konzept der ‚normativen Vergewisserung' nicht umfassten Sonderfall betroffen ist.

183 Vgl. *BAFl.*, Dienstanweisung zum Übereinkommen von Dublin vom 24.7.1997, Rn. 1.7; *Hailbronner/Thiery*, ZAR 1997, S. 55 (62).

184 Vgl. *BAFl.*, Dienstanweisung zum Übereinkommen von Dublin vom 24.7.1997, Rn. 1.7; *Hailbronner/Thiery*, ZAR 1997, S. 55 (62).

185 Siehe *Randelzhofer*, in Maunz-Dürig, a.a.O., Art. 16 a Abs. 5 GG, Rn. 230; *Göbel-Zimmermann/Masuch*, InfAuslR 1996, S. 404 (416). Im vorläufigen Rechtsschutzverfahren kann zum Beispiel vorgetragen werden, dass die Bundesrepublik Deutschland nach dem DÜ zuständig für die Prüfung des Asylantrages ist. Außerdem kann der Antragsteller geltend machen, dass ihm im zuständigen Vertragsstaat konkrete Gefahren drohen. Fraglich ist, ob der Kläger sich auch darauf berufen kann, dass die BR Deutschland das Asylverfahren freiwillig gemäß Art. 3 Abs. 4 DÜ übernehmen muss. Siehe zur Frage der individuellen Rechten des DÜ unten S. 161.

186 § 80 AsylVfG, vorbehaltlich des § 133 Abs. 1 VwGO, der Beschwerde bei Nichtzulassung der Revision.

oder offensichtlich unbegründet abgewiesen wird, sind unanfechtbar, § 73 Abs. 1 Satz 1 AsylVfG. Die Berufung ist gemäß § 78 Abs. 3 AsylVfG nur dann zuzulassen, wenn die Rechtssache grundsätzliche Bedeutung hat, das Urteil von einer Entscheidung des OVG, des BVerwG, des Gemeinsamen Senats der obersten Gerichtshöfe des Bundes oder des Bundesverfassungsgerichts abweicht und auf dieser Abweichung beruht oder ein in § 138 VwVfG bezeichneter Verfahrensmangel geltend gemacht wird und vorliegt. Die Zulassung ist innerhalb von zwei Wochen nach Zustellung des Urteils zu beantragen, § 78 Abs. 4 AsylVfG.[187]

Eine Revision gegen das Urteil des VG findet nicht statt.[188] Eine Revision ist aber gegen das Urteil des OVG möglich, wenn diese zugelassen wird. Ferner besteht die Möglichkeit der Einlegung einer Verfassungsbeschwerde gemäß Art. 93 Abs. 1 Nr. 4 a) GG beim Bundesverfassungsgericht, wenn der Asylbewerber sich durch ein Urteil in der Ausübung seiner Grundrechte verletzt sieht bzw. bei den Landesverfassungsgerichten, soweit im Landesrecht eine Verfassungsbeschwerde statthaft ist.

Ebenso kann natürlich der Weg zum Europäischen Gerichtshof für Menschenrechte beschritten werden. Voraussetzung ist hier die mögliche Verletzung einer Konventionsnorm und die innerstaatliche Erschöpfung des Rechtswegs.[189]

4. Transfer an den verantwortlichen Vertragsstaat

Ist die Abschiebung vollziehbar, setzt sich das BAFl. mit der zuständigen Ausländerbehörde in Verbindung, deren Aufgabe es ist, die Modalitäten der Überstellung zu planen. Außerdem werden mit den Partnerbehörden des Mitgliedstaates und der Grenzschutzbehörde Koblenz die Überstellungsmodalitäten abgesprochen.[190]
Die Überstellung des Asylbewerbers kann entweder freiwillig oder begleitet stattfinden. Die begleitete Ausreise stellt den Regelfall dar, weil nur so der Transfer des Asylbewerbers sichergestellt werden kann. Hat die Ausländerbehörde die Reise auf dem Land- oder Luftweg geplant und geprüft, dass keine eventuellen Hindernisse wie z.B. Krankheiten vorliegen, stellt die Koordinierungsstelle ein in allen Amtssprachen der Vertragsstaaten abgefassten Passierschein (Laissez-Passer) aus. Der Asylbewerber wird

---

[187] Zu den weiteren Antragsvoraussetzungen siehe Abs. 4.
[188] § 78 Abs. 2 S. 2 AsylVfG.
[189] Zu möglichen den Flüchtling schützenden Normen der EMRK siehe oben S. 33 ff.
[190] *BAFl.*, Dienstanweisung zum Übereinkommen von Dublin vom 24.7.1997, Rn. 2; *Schmid/Bartels*, 2001, S. 246, 248.

entweder von einem Beamten begleitet und am vereinbarten Orten den zuständigen Grenzbehörden des Mitgliedstaates überstellt, oder - im Falle der freiwilligen Ausreise - er begibt sich selber zu der zuständigen Stelle im Mitgliedstaat.[191] Die Überstellung des Asylbewerbers muss grundsätzlich spätestens einen Monat nach Annahme des Übernahmegesuchs erfolgen oder einen Monat nach Rechtskraft des Überstellungsbeschlusses abgeschlossen sein.[192]

5. Bilaterale Abkommen mit anderen Mitgliedstaaten

Zusätzlich zum Dubliner Übereinkommen hat die Bundesrepublik Deutschland bilaterale Abkommen mit Dänemark[193] und Schweden[194] abgeschlossen. Diese Vereinbarungen sollen der schnellen Bearbeitung der Dublinverfahren dienen und finden insbesondere Anwendung auf Asylbewerber, die an der Grenze oder in Grenznähe angetroffen werden. Abweichend von den üblichen Verfahren werden Fällen, in denen die Zuständigkeit der anderen Vertragspartei sofort festgestellt werden kann, innerhalb einer unmittelbar zwischen den Grenzbehörden oder zwischen diesen und der für die Bestimmung des zuständigen Staates befugten Zentralstelle vereinbarten Frist bearbeitet. Zwischen den deutschen und österreichischen Behörden wurde am 12. Mai 1998 eine Arbeitsabsprache getroffen, die ebenfalls eine vereinfachte Bearbeitung und Rückführung von Dublinfällen ermöglichen soll.[195] Die bilateralen Abkommen bzw. die Arbeitsabsprache haben sich in der Praxis als sehr wirksam erwiesen und ein beträchtlicher Anteil der Dublinfälle kann auf ihrer Basis bearbeitet werden.[196]

---

[191] Vgl. *Hailbronner/Thiery*, ZAR 1997, S. 55 (63); *Hoffmann*, InfAuslR 1999, S. 94 (96).

[192] Art. 11 Abs. 5 DÜ, Art. 21 Abs. 1 Beschluss 1/97 vom 9.9.1997; *Hailbronner/Thiery*, ZAR 1997, S. 55 (62).

[193] *Deutsch-dänische Vereinbarung über die praktischen Maßnahmen im Zusammenhang mit der Anwendung des Übereinkommens vom 15. Juni 1990 über die Bestimmung des zuständigen Staates für die Prüfung eines in einem Mitgliedstaat der Europäischen Gemeinschaften gestellten Asylantrags (DÜ) an der deutsch-dänischen Grenze* vom 22. Mai 1998, in Kraft getreten am 3. März 1998 (BGBl. 1998 II S. 1204 f.).

[194] *Deutsch-schwedische Vereinbarung über die praktischen Maßnahmen im Zusammenhang mit der Anwendung des Übereinkommens vom 15. Juni 1990 über die Bestimmung des zuständigen Staates für die Prüfung eines in einem Mitgliedstaat der Europäischen Gemeinschaften gestellten Asylantrags (DÜ)* vom 5. Januar 1999, in Kraft getreten am 9. Dezember 1998 (BGBl. 1999 II S. 196 ff.).

[195] Nach Auskunft des BAFl. wurde diese Arbeitsabsprache nicht veröffentlicht.

[196] Siehe Arbeitsdokument der Kommission vom 13.06.2001, SEK (2001) 756, mit Vergleichsdaten für das Jahr 1999. So hat z. B. Dänemark aufgrund der Vereinbarung 2.109 Ersuchen von insgesamt 2.964 Ersuchen an Deutschland gestellt und 475 Zustimmungen erhalten, die zu 474 Überstellungen geführt haben.

II. Übernahmeersuchen eines Vertragsstaates an Deutschland

1. Übernahme eines Asylbewerbers[197]

Das Übernahmeersuchen eines anderen Mitgliedstaates an Deutschland ist, unter Beifügung des ausgefüllten „Einheitlichen Formulars“ und evtl. der Kopien von Beweisen und Indizien, an die Koordinierungsstelle des BAFl. zu richten. Das BAFl. überprüft anhand der vorgelegten Beweise und durch Abfrage des Ausländerzentralregisters[198] oder der Datenbank ASYLON[199], ob Deutschland für die Prüfung des Asylverfahrens zuständig ist. Kommt die Koordinierungsstelle in ihrer Beweiswürdigung zu dem Ergebnis, dass der andere Mitgliedstaat zuständig ist, so teilt sie ihm dies in einer begründeten Stellungnahme mit. Stimmt die Koordinierungsstelle dem Übernahmeersuchen des Mitgliedstaates zu, so werden im Anschluss an die Benachrichtigung die Überstellungsmodalitäten (freiwillige oder begleitete Ausreise) zwischen den Partnerbehörden festgelegt und in der Regel, die der Grenze am nächsten gelegene Aufnahmeeinrichtung (§ 18 Abs. 1 AsylVfG), als Zielort genannt. Reist der Asylbewerber freiwillig nach Deutschland ein, so wird ein Zeitpunkt vereinbart, innerhalb dessen der Asylbewerber sich in der Aufnahmeeinrichtung melden soll. Erfolgt eine begleitete Einreise aus dem anderen Vertragsstaat, informiert die Koordinierungsstelle die Grenzschutzdirektion Koblenz, die die zuständige Grenzbehörde über die Abschiebung informiert. Der Bundesgrenzschutz geleitet den Asylbewerber dann bei Eintreffen an der Grenze bis zur Aufnahmeeinrichtung.[200]

Der von einem anderen Mitgliedstaat übernommene Asylbewerber steht gemäß § 22 a AsylVfG einem Ausländer gleich, der in Deutschland um Asyl nachsucht. Bereits ab dem Zeitpunkt der Übernahme und nicht erst ab Stellung des förmlichen Asylantrages in der Aufnahmeeinrichtung, ist sein Aufenthalt durch eine Aufenthaltsgestattung nach § 55 AsylVfG legitimiert. Diese

---

[197] Die Übernahmepflicht eines Mitgliedstaates ergibt sich aus Art. 10 Abs. 1 Bst. a) DÜ in Verbindung mit dem entsprechenden Zuständigkeitskriterium.

[198] Im Ausländerzentralregister (AZR) kann überprüft werden, ob dem Asylbewerber ein Visum oder einer Aufenthaltsgenehmigung erteilt wurden. Siehe *Gesetz über das Ausländerzentralregister* (AZR-Gesetz) vom 2. September 1994 (BGBl. 1994 I S. 2265), und *Verordnung zur Durchführung des Gesetzes über das Ausländerzentralregister* (AZRG-DV) vom 17. Mai 1995 (BGBl. 1995 I S. 695).

[199] In der vom BAFl. geführten Datenbank ASYLON werden seit Juni 1990 diverse Daten aller Asylbewerber gespeichert. Somit kann online abgefragt werden, ob ein Ausländer in Deutschland schon einmal einen Asylantrag gestellt hat. Zu ASYLON siehe Informationen des BAFl. unter http://www.bafl.de.

[200] *BAFl.*, Dienstanweisung zum Übereinkommen von Dublin vom 24.7.1997, Rn. 3, 4; *Hailbronner/Thiery*, ZAR 1997, S. 55 (63).

Regelung ist deshalb erforderlich, weil bei einem von einem Vertragsstaat übernommenen Asylbewerber zunächst noch kein Asylantrag vorliegt.[201] Grundgedanke ist, dass der bereits in einem anderen Mitgliedstaat gestellte Asylantrag aufrechterhalten wird und dieser jetzt in Deutschland geprüft wird.[202] Dann muss es sich bei dem Asylantrag aber auch um ein Schutzbegehren i.S.d. GFK handeln, da sonst das Dubliner Übereinkommen keine Anwendung finden würde.[203] Möchte der Asylbewerber seinen Antrag nicht aufrechterhalten, so ist dies als eine Rücknahme zu werten, und das weitere Verfahren richtet sich nach dem AsylVfG.[204]

Die Bundesrepublik ist aufgrund des DÜ zur Prüfung des Asylverfahrens nach seinem nationalen Recht verpflichtet.[205] Dies bedeutet im Ergebnis aber nicht, dass es Deutschland bei der Übernahme eines Asylbewerbers aus einem Vertragsstaat untersagt ist, diesen Asylbewerber, falls er über einen sicheren Drittstaat, der nicht Vertragsstaat des DÜ ist,[206] nach Deutschland eingereist ist, auch dorthin abzuschieben.[207] Im Verhältnis zwischen den Mitgliedstaaten geht das DÜ zwar den nationalen Drittstaatenregelungen vor, dies trifft aber nicht zu, wenn der Asylbewerber zuvor über einen sicheren Drittstaat nach Deutschland eingereist ist. Das DÜ hat den Vertragsstaaten in Art. 3 Abs. 5 ausdrücklich vorbehalten, die Drittstaatenregelung weiterhin anzuwenden. Das BVerfG hat dies für zulässig erachtet.[208] In der Praxis wird die sichere Drittstaatenregelung nach Übernahme eines Asylbewerbers aber kaum angewandt, schon allein aufgrund der Schwierigkeiten, nach Monaten den Nachweis für den Aufenthalt des Ausländers im betreffenden sicheren Drittstaat zu führen und die kurzen Fristen der Rückübernahmeabkommen einzuhalten.[209] Hat der Asylbewerber bereits zuvor einen Asylantrag in Deutschland gestellt, so wird sein Antrag allerdings unter den erschwerten Bedingungen eines Folgeantrag gemäß § 71 AsylVfG geprüft.[210]

---

201 BT-Drs. 12/4450, S. 20.
202 Siehe hierzu *Renner*, a.a.O.,1999, § 22 a AsylVfG, Rn. 2.
203 Vgl. *Marx*, a.a.O., 1999, § 22 a AsylVfG, Rn. 4; *Hailbronner*, AuslG, a.a.O., § 22 a AsylVfG, Rn. 6; a. A. *Treiber*, in: GK-AsylVfG, a.a.O. § 22 a AsylVfG, Rn. 17 ff.
204 Vgl. § 32 AsylVfG. Siehe auch *Hailbronner*, AuslG, a.a.O., § 22 a AsylVfG, Rn. 7.
205 Art. 3 Abs. 3 DÜ.
206 Polen, Schweiz, Tschechische Republik.
207 Vgl. *Löper*, ZAR 2000, S. 16 (19); *Hailbronner* AuslG, a.a.O., § 22 a AsylVfG Rn. 8; a.A. *Randelzhofer*, in Maunz-Dürig, a.a.O., Art. 16 a Abs. 5 GG, Rn. 226; *Marx*, a.a.O., 1999, § 22 a AsylVfG, Rn. 5.
208 Siehe BVerfGE 94, S. 49 (94).
209 Vgl. *Löper*, ZAR 2000, S. 16 (19).
210 Vgl. *Marx*, a.a.O., 1999, § 22 a AsylVfG Rn. 5.

2. Wiederaufnahme eines Asylbewerbers

Für die Anfragen und Entscheidungen zur Wiederaufnahme des Asylbewerbers ist ebenfalls die Koordinierungsstelle des BAFl. zuständig. Nach Wiederaufnahme des Asylbewerber in Deutschland wird das bereits begonnene Asylverfahren zu Ende geführt. War das Verfahren bereits abgeschlossen, oder hatte der Asylbewerber seinen Antrag zurückgezogen, so kann der Ausländer entweder einen Folgeantrag gemäß § 71 AsylVfG stellen, oder es werden aufenthaltsbeendende Maßnahmen von der zuständigen Ausländerbehörde vorgenommen.

III. Zweitantrag gemäß § 71 a AsylVfG in Deutschland

Die Vorschrift des § 71 a wurde mit dem Änderungsgesetz 1993 in das AsylVfG aufgenommen und regelt den Fall eines zweiten Asylantrages nach negativem Abschluss eines Asylverfahrens in einem anderen Staat, mit dem eine völkerrechtliche Zuständigkeitsregelung über die Durchführung eines Asylverfahrens besteht. Das in einem anderen Dublinstaat wird somit einem in Deutschland durchgeführten Asylverfahren gleichgestellt.[211]

Voraussetzung des Zweitantrages ist, dass Deutschland nach den Kriterien des DÜ zuständig ist für die Prüfung des Asylbegehrens und dass die Voraussetzungen des Wiederaufgreifens des Verwaltungsverfahrens nach § 51 Abs. 1 bis 3 VwVfG vorliegen. Nach den Prinzipien des DÜ ist nach erfolgloser Durchführung eines Asylverfahrens in einem Mitgliedstaat aber vorgesehen, dass kein weiteres Asylverfahren in einem anderen Mitgliedstaat durchgeführt wird. Die Funktion des § 71 a AsylVfG erscheint daher unklar, und es bleiben in der Praxis nur wenige Konstellationen der Anwendbarkeit.[212] Eine Zuständigkeit der Bundesrepublik kann sich nur dann ergeben, wenn der ehemals zuständige Vertragstaat von seiner Pflicht zur Wiederaufnahme des Asylbewerbers, zur Durchführung eines Zweitverfahrens oder zur Durchsetzung aufenthaltsbeendender Maßnahmen befreit ist.[213]
Dies ist der Fall, wenn

- dem Asylbewerber in der BR Deutschland eine Aufenthaltsgenehmigung für einen Aufenthalt von mehr als drei Monaten ausgestellt wurde;[214]
- der Asylbewerber zwischen der Ausreise aus dem für das erste Verfahren zuständigen Mitgliedstaat und der Einreise nach Deutschland

---

[211] *Hailbronner*, Ausländerrecht Kommentar, § 71 a AsylVfG, Rn. 1.
[212] *Hailbronner*, AuslG, a.a.O., § 71 a AsylVfG, Rn. 3.
[213] *Hailbronner*, AuslG, a.a.O., § 71 a AsylVfG, Rn. 5.
[214] Art. 10 Abs. 2 DÜ.

- das Hoheitsgebiet der Mitgliedstaaten für mindestens drei Monate verlassen hat;[215]
- der Mitgliedstaat, der das Erstverfahren abgelehnt hat, alle Maßnahmen getroffen und durchgeführt hat, damit der Asylbewerber das Hoheitsgebiet der Vertragsstaaten verlässt.

Der Aufenthalt des Ausländer gilt ab Zweitantragstellung gemäß § 71 a Abs. 3 AsylVfG als geduldet, eine Aufenthaltsgestattung wird erst erteilt, wenn aufgrund des Zweitantrages ein Asylverfahren eingeleitet wird.[216] Stellt der Ausländer nach Rücknahme oder unanfechtbarer Ablehnung eines Zweitantrages einen weiteren Asylantrag, gelten die Voraussetzungen des § 71 AsylVfG.[217]

IV. Rechtliche Beratung und soziale Rechte im Dublinverfahren

Bei Asylantragstellung erhält der Asylbewerber ein Informationsblatt in seiner Sprache, welches das Asylverfahren in Deutschland und die Rechte und Pflichten der Asylbewerber beschreibt. Separate Informationen zum Dubliner Übereinkommen und zum Dublinverfahren sind nicht enthalten.
Kostenlose Rechtsberatung im Verfahren vor dem BAFl. ist gesetzlich nicht vorgesehen. Beratung zum Asylverfahren wird in der Regel nur von kirchlichen und humanitären Organisationen geleistet, die aber nicht jeden Asylbewerber erreichen können. Dem Asylbewerber bleibt es unbenommen, einen Rechtsanwalt zu beauftragen, der ihn im Verfahren unterstützt.
Während des verwaltungsgerichtlichen Verfahrens kann beim VG Prozesskostenhilfe beantragt werden. Prozesskostenhilfe gemäß § 166 VwGO i.V.m. § 144 ff. ZPO wird gewährt, wenn das Einkommen des Antragstellers unter einer bestimmten Einkommensgrenze liegt und der Prozess Aussicht auf Erfolg hat.[218] In Dublinverfahren ist die Gewährung von Prozesskostenhilfe wegen der geringen Aussichten auf Erfolg sehr selten.[219]

Asylbewerber sind nach Stellung ihres Antrages bei der Außenstelle des BAFl. verpflichtet, bis zu sechs Wochen, längstens bis zu drei Monaten in der für ihre Aufnahme zuständigen Aufnahmeeinrichtung zu wohnen.[220] Nach diesem Zeitraum werden die Asylbewerber in der Regel landesweit verteilt

---

215 Art. 10 Abs. 3 DÜ.
216 *Marx*, a.a.O., 1999, § 71 a AsylVfG, Rn. 15.
217 § 71 a Abs. 5 AsylVfG.
218 Siehe hierzu *Renner*, a.a.O., 1999, § 74 AsylVfG, Rn. 49 ff.
219 *Danish Refugee Council*, 2000, S. 98.
220 § 47 Abs. 1 AsylVfG.

und in Asylbewerberheimen untergebracht.[221] Seit Aufhebung des sog. Blüm-Erlasses vom Mai 1997 ist es Asylbewerber nach einjähriger Wartezeit wieder gestattet, eine Erwerbstätigkeit aufzunehmen.[222] Voraussetzung sind neben der einjährigen Frist der Nachweis, dass kein bevorrechtigter Arbeitnehmer (Deutscher oder EU-Bürger) für die angestrebte Tätigkeit in Frage kommt.

Asylbewerber erhalten Leistungen nach dem Asylbewerberleistungsgesetz (AsylbLG),[223] die ca. 20 % unter den Leistungen des Sozialhilfegesetzes liegen. Asylbewerber, die sich im Dublinverfahren befinden, genießen die gleiche soziale Unterstützung wie Asylbewerber, deren Verfahren in Deutschland durchgeführt wird.[224]

V. Statistische Auswertung der Anfragen, Überstellungen und Transfers[225]

1. Einleitung

Wie bereits im ersten Teil beschrieben,[226] stieg die Anzahl der Asylbewerber in Westeuropa ab Mitte der achtziger Jahre rapide an. Die Spitze war 1992 mit 682.679 Asylanträgen erreicht. Der Anteil der in Deutschland gestellten Asylanträge betrug bis dahin knapp die Hälfte der in Westeuropa gestellten Anträge und stieg 1992 sogar auf über 64 % an.[227] Von 682.679 Anträgen im Jahr 1992 sank die Anzahl der Asylanträge in Westeuropa in den folgenden Jahren rapide auf nur noch 253.634 Anträge im Jahr 1996. Dies ist auf verschiedene Faktoren zurückzuführen. Seit 1993 wurden praktisch alle Staaten Osteuropas als ‚sichere Herkunftsstaaten' betrachtet, was den Zugang zu einem normalen Asylverfahren für Staatsangehörige dieser Länder stark erschwerte. Angesichts der großen Zahl von Flüchtlingen aus dem ehemaligen Jugoslawien gewährten die europäischen Staaten diesen Personen nur einen

---

221 Vgl. § 50 AsylVfG.

222 Erste Verordnung zur Änderung der Arbeitsgenehmigungsverordnung vom 8. Dezember 2000 (BGBl. 2000 I S. 1684).

223 Asylbewerberleistungsgesetz vom 30. Juni 1993, zuletzt geändert durch Gesetz vom 25. August 1998 (BGBl. 1998 I S. 2505).

224 Ausführlich zum Asylbewerberleistungsgesetz siehe Gemeinschaftskommentar von *Fritz/Vormeier* (Hrsg.), 1998/2000.

225 Die statistische Auswertung basiert auf den Daten der Jahre 1998 bis 2002. Auf Tabellen und Diagramme, die im Anhang zu finden sind, wird an der jeweiligen Stelle verwiesen. Diverse Dublin-Statistiken, Tabellen und Kreisdiagramme werden auch vom BAFl. auf seiner Homepage präsentiert (http://www.bafl.de).

226 Siehe oben S. 37.

227 „Westeuropa" umfasst in dieser Statistik die fünfzehn Mitgliedstaaten der EU, sowie Norwegen und die Schweiz.

temporären Schutzstatus.[228] So konnte auf ein individuelles Asylverfahren verzichtet werden, was sich wiederum auf die Zahl der Asylanträge auswirkte. Zudem verschärften die westeuropäischen Staaten erneut ihre nationalen Gesetze, um den ‚Missbrauch' des Asylrechts und die illegale Einreise zu bekämpfen.[229]

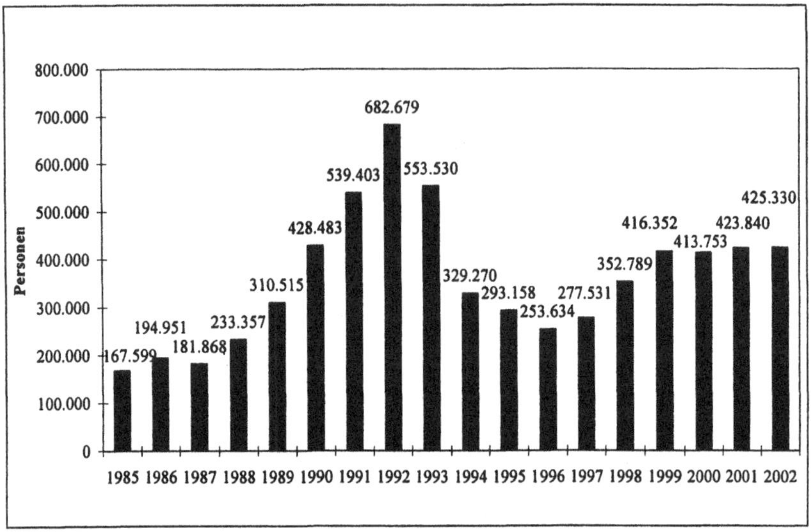

Darst. 1: Diagramm Asylbewerberzugang in Westeuropa 1985 – 2002
(Quelle: UNCHR)

Seit 1997 stiegen die Asylbewerberzahlen wieder an; im Jahr 2002 wurden in Westeuropa insgesamt 425.330 Asylanträge gestellt. Damit liegen die Asylbewerberzahlen heute fast wieder auf dem Niveau von 1990. Gewandelt hat sich aber die Verteilung der Asylbewerber auf die einzelnen europäischen Staaten. So war die Bundesrepublik Deutschland im Jahr 2000 zum ersten Mal nicht mehr Zielland Nummer eins in der Europäischen Union (20,2% aller Asylanträge). Im Jahr 2002 betrug der Anteil Deutschlands nur noch 18,6 %, Großbritannien zählt nun mit einem Anteil von 29 % zu dem Hauptaufnahmeland von Asylbewerbern in der Europäischen Union. Weiterhin sind auch die wohlhabenderen Staaten des Nordens, wie Frankreich (13,31 %), Österreich (9,7 %), Schweden (8,65 %), , Belgien (4,93 %) und die

[228] Siehe *UNHCR*, The State of the World's Refugees, 2000, S. 158.
[229] Zu einer Chronologie der Maßnahmen im Asylbereich ausgewählter europäischer Länder seit Anfang der 90er Jahre siehe *Efionayi-Mäder* et.al., 2001, S. 164 ff.

Niederlande (4,9 %) bevorzugte Zielländer von Asylbewerbern.[230] Staaten wie Griechenland (1,48 %), Spanien (1,62 %), Italien (1,91 %) und Portugal (0,07 %) nehmen nur einen geringen Teil der nach Europa strebenden Flüchtlinge auf.

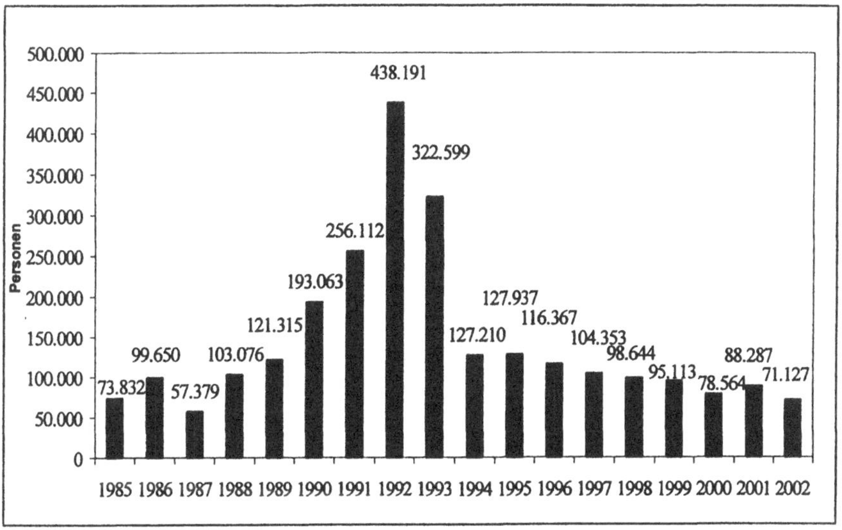

Darst. 2: Diagramm Asylbewerberzugang in Deutschland 1985 – 2002 (Quelle: BAFl.)

2. Übernahmeersuchen und Transfers an die Mitgliedstaaten[231]

1998 stellte Deutschland 3.479 Übernahmeersuchen im Rahmen des DÜ an andere Mitgliedstaaten. Im Jahr 1999 stieg die Anzahl der Übernahmeersuchen auf 5.690, ging dann aber in den Jahren 2000 und 2001 wieder auf 3.917 bzw. 4.255 Anfragen zurück. Dieser Rückgang kann wohl damit erklärt werden, dass sich die anfänglichen Hoffnungen in das Übereinkommen nicht bewahrheitet haben und zumindest mit einigen Mitgliedstaaten häufiger Probleme der Akzeptanz von Beweisen oder Indizien auftraten. Diese Anfangsschwierigkeiten konnten aber teilweise behoben werden, so dass trotz sinkender Anzahl der in Deutschland gestellten

[230] Die Prozentangaben beziehen sich auf den Anteil der Asylanträge der EU-Mitgliedstaaten im Jahr 2002. Siehe auch http://www.unhcr.de unter Statistiken.

[231] Die Summe der erfolgreichen und der abgelehnten Übernahmeersuchen innerhalb eines Jahres kann mehr oder weniger als 100 % der Gesamtzahl der gestellten Übernahmeersuchen betragen, da immer ein Überhang zum Vorjahr besteht. Ebenso verhält es sich mit den Werten für die durchgeführten Überstellungen.

Asylanträge im Jahr 2002 wieder mehr Übernahmeersuchen (4.729) an die anderen Mitgliedstaaten gestellt wurden. Prozentual gesehen stellte dies den höchsten Anteil von Übernahmeersuchen im untersuchten Zeitraum dar.

Insgesamt betrachtet wurden in nur ca. fünf Prozent der im Zeitraum 1998 bis 2002 in Deutschland gestellten Asylanträge (431.735) ein Übernahmeersuchen oder Wiederaufnahmegesuch nach dem DÜ gestellt. Von den gestellten Übernahmeersuchen waren in den Jahren 1998 und 1999 jeweils knapp 50 % erfolgreich, während im Jahr 2000 sogar 93 % positiv beantwortet wurden. Diese Erfolgsquote sank im Jahr 2001 wieder auf 62 % und konnte im Jahr 2002 auf knapp 72 % gesteigert werden. Im Durchschnitt waren 64 % der Übernahmeersuchen Deutschlands erfolgreich.

Die Zahl der *tatsächlich* überstellten Asylbewerber an den zuständigen Mitgliedstaat ist im Zeitraum 1998 bis 2000 zunächst gestiegen, im Jahr 2001 entsprechend dem Rückgang der positiven Übernahmeersuchen aber um 23,4 % auf 1.640 Überstellungen zurückgegangen. Im Jahr 2002 kann wieder ein Anstieg in absoluten Zahlen auf 2.058 Überstellungen festgestellt werden. Betrachtet man den Anteil der tatsächlich überstellten Asylbewerber an dem Anteil der positiven Übernahmeersuchen, so stellt man fest, dass diese von 1998 bis 2002 zwischen 48 % und 61 % lagen. Im Durchschnitt werden somit 41 % der möglichen Überstellungen nicht durchgeführt. Diese geringe Anzahl von Überstellungen kann damit zusammenhängen, dass Asylbewerber noch vor der – in Deutschland im Regelfall begleiteten Überstellung bis an die Grenze – untertauchen. Möglich ist auch, dass ein erfolgreiches Rechtsmittel gegen den „Dublinbescheid" eingelegt wurde und dass Asylverfahren darauf in Deutschland stattfindet. Eine eingehendere Betrachtung dieser Gründe soll unter Einbeziehung der Erkenntnisse aus den Niederlanden und weiteren Mitgliedstaaten im dritten Teil dieser Arbeit vorgenommen werden.[232]
Noch schlechter fällt die Bilanz aus, wenn man den Anteil der tatsächlichen Überstellungen an der Gesamtzahl der Asylbewerber misst. Für den untersuchten Zeitraum kommt man hier lediglich auf einen Wert von 1,9 % erfolgreicher Überstellungen. Insgesamt betrachte lässt sich – mit Ausnahme des Ausreißers von 93 % erfolgreicher Übernahmeersuchen im Jahre 2000 – ein leichter und kontinuierlicher Anstieg der gestellten Übernahmeersuchen und der durchgeführten Überstellungen von Asylbewerbern in den zuständigen Mitgliedstaat konstatieren (s. *Darst. 3*).

---

[232] Siehe unten S. 215 ff.

	1998	1999	2000	2001	2002	Gesamt
Anzahl Asylbewerber	98.644	95.113	78.564	88.287	71.127	431.735
Anzahl Übernahmeersuchen	3.479	5.690	3.917	4.255	4.729	22.070
% an der Anzahl der Asylbewerber	3,5 %	6,0 %	5,0 %	4,8 %	6,6%	5,1%
Erfolgreiche Übernahmeersuchen	1.682	2.819	3.651	2.641	3.387	14.180
% an der Anzahl der Übernahmeersuchen	48,3 %	49,5 %	93,2 %	62,1 %	71,6 %	64,3%
% an der Anzahl der Asylbewerber	1,7 %	3,0 %	4,6 %	3,0 %	4,8 %	3,3 %
Abgelehnte Übernahmeersuchen	1.267	1.348	1.315	1.108	1.449	6.487
% an der Anzahl der Übernahmeersuchen	36,4 %	23,7 %	33,6 %	26,0 %	30,6 %	29,4 %
% an der Anzahl der Asylbewerber	1,3 %	1,4 %	1,7 %	1,3 %	2,0 %	1,5 %
Transfers in den anderen Mitgliedstaat	809	1.720	2.142	1.640	2.058	8.369
% an den erfolgreichen Übernahmeersuchen	48,1 %	61,0 %	58,7 %	62,1 %	60,8 %	59,0 %
% an der Anzahl der Übernahmeersuchen	23,3 %	30,2 %	54,7 %	38,5 %	43,5 %	37,9 %
% an der Gesamtzahl der Asylbewerber	0,8 %	1,8 %	2,7 %	1,9 %	2,9 %	1,9 %

Darst. 3: Tabelle Übernahmeersuchen und Transfers von Deutschland an die Mitgliedstaaten (Quelle: BAFl.)

3. Übernahmeersuchen und Transfers nach Deutschland

Die Anzahl der Übernahmeersuchen, die von anderen Mitgliedstaaten an Deutschland gerichtet wurden, sank kontinuierlich von 12.044 Ersuchen im Zeitraum 1998 bis 2001 auf 6.883 Ersuchen, um dann im Jahr 2002 bis auf 8.649 Übernahmeersuchen anzusteigen. Deutschland hat von 1998 bis 2002 zwischen 76,9 % und 93,2% dieser Ersuchen akzeptiert, durchschnittlich

81,4 % dieser Ersuchen. In der Folge wurden im untersuchten Zeitraum 14.516 Asylbewerber nach Deutschland überstellt. Der Anteil der tatsächlich überstellten Asylbewerber an der Gesamtzahl der akzeptierten Übernahmeersuchen beträgt durchschnittlich 41,5 %.

	1998	1999	2000	2001	2002	Gesamt
Anzahl Übernahmeersuchen	12.044	8.213	7.247	6.883	8.649	43.038
Erfolgreiche Übernahmeersuchen	9.263	7.652	5.662	5.437	7.005	35.019
% an der Anzahl der Übernahmeersuchen	76,9 %	93,2 %	78,1 %	79,0 %	81,0 %	81,4 %
Abgelehnte Übernahmeersuchen	1.699	1.881	1.485	1.147	1.472	7.684
% an der Anzahl der Übernahmeersuchen	14,1 %	22,9 %	20,5 %	16, 7%	17,0 %	17,9 %
Transfers in den anderen Mitgliedstaat	3.054	3.403	2.008	2.739	3.312	14.516
% an den erfolgreichen Übernahmeersuchen	33,0 %	44,5 %	35,5 %	50,4 %	47,3 %	41,5 %
% an der Anzahl der Übernahmeersuchen	25,4 %	41,4 %	27,7 %	39,8 %	38,3 %	33,7 %

Darst. 4: Tabelle Übernahmeersuchen und Transfers der Mitgliedstaaten an Deutschland (Quelle: BAFl.)

4. Erkenntnisse

Vergleicht man die Anzahl der von Deutschland gestellten Übernahmeersuchen mit denen von anderen Mitgliedstaaten an Deutschland gerichteten, so wird deutlich, dass die Bilanz zu Ungunsten Deutschlands ausgeht. Im untersuchten Zeitraum lag die Anzahl der von Deutschland gestellten Ersuchen bei 22.070, während an Deutschland 43.038 Übernahmeersuchen gestellt wurden. Dies ist fast doppelt so hoch. Vergleicht man Anzahl der überstellten Asylbewerber mit der Anzahl der übernommenen Asylbewerber, so zeigt sich, dass Deutschland im untersuchten Zeitraum insgesamt 8.369 Asylbewerber in einen anderen Mitgliedstaat überstellt hat, während es selber 14.516 Asylbewerber aus anderen Mitgliedstaaten aufnahm. Aus Sicht der Bundesrepublik Deutschland bedeutet das DÜ keinen Lastenausgleich, sondern führte bisher zu einer Mehrbelastung.

Die meisten Übernahmeersuchen wurden in den Jahren 1999 und 2000 von Deutschland an Italien, Frankreich, Österreich, Belgien und die Niederlande gestellt.[233] Auch im Jahr 2001 wurde die mit Abstand größte Anzahl von Übernahmeersuchen (1.268) an Italien gestellt, gefolgt von 768 Ersuchen an Frankreich und 553 an Österreich. Diese Tendenz setzte sich auch im Jahr 2002 fort, wiederum wurden die meisten Übernahmeersuchen an Italien gestellt (1.013), an zweiter Stelle folgte diesmal Österreich (838) und danach Frankreich (712).
Die meisten Übernahmeersuchen an Deutschland gingen im Zeitraum 1999 – 2000 von den Niederlanden, Belgien, Großbritannien, Schweden und Dänemark ein.[234] Im Jahr 2001 lagen die Niederlande mit 1.388 Ersuchen an der Spitze, gefolgt von Schweden mit 1.318 Ersuchen und Dänemark mit 1.221 Übernahmeersuchen. Der Anstieg der Übernahmeersuchen Schwedens und Dänemarks ist auch auf die vereinfachte Zusammenarbeit aufgrund der abgeschlossenen bilateralen Abkommen zurückzuführen.[235] Im Jahr 2002 zeigt sich jedoch eine erstaunliche Änderung in der Reihenfolge der Mitgliedstaaten, die am meisten Übernahmeersuchen an Deutschland gestellt haben. Nun liegt Norwegen, dass aufgrund des mit der EU abgeschlossenen Parallelabkommens das erste Mal am Zuständigkeitssystem des DÜ teilnimmt, mit 2.267 Übernahmeersuchen an der zweiten Stelle, nur Schweden hat mehr Übernahmeersuchen (2.488) gestellt. An der dritten Stelle folgt Großbritannien mit 817 Übernahmeersuchen, die Niederlande nehmen nur den fünften Rang nach Frankreich (752) mit 684 Ersuchen ein.

B. Niederlande

I. Übernahmeersuchen der Niederlande an einen Vertragsstaat

1. Asylantragstellung

Seit Oktober 1994 müssen alle Asylanträge, die an der Grenze, am Flughafen oder im Land gestellt werden, an eine der Anmeldeeinrichtungen (*Aanmeldcentrum*) weitergeleitet werden. Eine Asylantragstellung bei einer diplomatischen Vertretung oder einem Konsulat der Niederlande ist, wie nach

233 Vgl. Statistik des BAFl. auf seiner Homepage: An Italien wurden im Jahre 1999 und 2000 insgesamt 4.411 Übernahmeersuchen gestellt, an Frankreich 2.344, an Österreich 1.224, an Belgien 619 und an die Niederlande 671 Übernahmeersuchen.

234 Vgl. Statistik des BAFl. auf seiner Homepage: Von den Niederlanden wurden im Jahre 1999 und 2000 insgesamt 4.286 Übernahmeersuchen an Deutschland gestellt, von Belgien 2.757, von Großbritannien 2.747, von Schweden 1.936 und von Dänemark 1.625 Übernahmeersuchen.

235 Siehe oben S. 120 zu den bilateralen Abkommen.

der alten Rechtslage, nicht mehr möglich.[236] Meldet sich ein Asylbewerber an der Grenze und gibt zu erkennen, dass er Asyl sucht, so wird von den Grenzbeamten zunächst mündlich die Einreise verweigert und der Asylbewerber danach zum Anmeldezentrum Schiphol gebracht.[237]

Der Asylantrag muss grundsätzlich persönlich in der Anmeldeeinrichtung gestellt werden.[238] Diese befinden sich in Zevenaar, Rijsbergen und am Flughafen Schiphol.[239] Vor kurzem wurde auch in Ter Apel eine Anmeldeeinrichtung eröffnet; da dort aber kein Dublinbüro der Ausländerbehörde besteht, werden alle Dublinfälle von Ter Apel nach Zevenaar verwiesen. Der Ausländerbehörde (*Immigratie- en Naturalisatiedienst = IND*), eine dem Ministerium für Justiz unterstehende Behörde, obliegt die Prüfung der Asylbegehren und alle mit dem Dubliner Übereinkommen zusammenhängenden Prüfungen und Anfragen.[240]
In den Anmeldezentren muss sich der Asylbewerber innerhalb von 24 Stunden nach seiner Ankunft im Land melden;[241] der maximale Aufenthalt beträgt 48 Stunden.[242] Kann während dieser Zeit keine Entscheidung getroffen werden, da z. B. noch Informationen hinsichtlich der Identität, des Alters oder der Nationalität eingeholt werden müssen, wird das Asylverfahren in einer Aufnahmeeinrichtung für Asylbewerber (*Onderzoeks- en Opvangcentrum*) im normalen Verfahren fortgesetzt. Das beschleunigte Verfahren im Anmeldezentrum hat zum Ziel, eine schnelle Entscheidung hinsichtlich der

---

236 *Kuijer/Steenbergen*, 1999, S. 189. Folglich stellt auch eine Asylanfrage bei einer niederländischen diplomatischen Vertretung keinen Asylantrag im Sinne des DÜ dar wie die Abteilung Verwaltungsrechtsprechung des Staatsrats in einer Berufungssache feststellte, 20.12.2001, NAV 2002/69.

237 *Kuijer/Steenbergen*, 1999, S. 190.

238 Ausnahmsweise wird der Antrag bei dem Leiter der Polizei gestellt, wenn der Flüchtling einer freiheitsbeschränkenden Maßnahme unterliegt, es sich um einen minderjährigen, unter 12 Jahre alten Flüchtling handelt, oder der Familienangehörige eines anerkannten Flüchtlings um Familienasyl bittet.

239 Das in der Nähe der deutschen Grenze gelegene Anmeldezentrum in Zevenaar ist verantwortlich für Dublinfälle aus Deutschland, Österreich, Italien, Luxemburg und Griechenland. Das an der belgischen Grenze gelegene Aufnahmezentrum Rijsbergen ist zuständig für die Dublinfälle aus Belgien, Frankreich, Spanien und Portugal, während das Aufnahmezentrum am Flughafen Schiphol in Amsterdam für Großbritannien, Irland, Dänemark, Schweden und Finnland verantwortlich ist.

240 In den Niederlanden ist der Staatssekretär für Justiz verantwortlich für das Ausländer- und Asylrecht. Die Ausführung des Ausländergesetzes obliegt der Ausländerbehörde, die dem Justizministerium untersteht.

241 Nach der Rspr. darf der IND die verspätete Antragstellung jedoch nicht ohne weiteres als unzulässig abweisen, sondern muss im Einzelfall prüfen, ob die Abweisung zu *refoulement* führen könnte.

242 Die Stunden zwischen 22 und 8 Uhr früh zählen nicht mit.

unzulässigen und offensichtlich unbegründeten Asylanfragen herbeizuführen und nur diejenigen Asylbewerber an die Aufnahmeeinrichtung zu überweisen, deren Anträge auch inhaltlich überprüft werden sollen.

Im Anmeldezentrum erhält der Asylbewerber zunächst Informationen über das Asylverfahren in den Niederlanden, die in diversen Sprachen zur Verfügung stehen. Er kann außerdem jederzeit einen der im Anmeldezentrum anwesenden Rechtsberater hinzuziehen.[243] Die Ausländerpolizei (*Vreemdelingenpolitie*) durchsucht das Gepäck, nimmt Fingerabdrücke und macht Fotos von dem Asylbewerber, wenn dies nicht bereits zuvor von der Polizei oder den Grenzbehörden vorgenommen wurde.[244] Jeder Asylbewerber wird dann kurz in einer ersten Anhörung von Beamten des IND gehört. Dabei geht es noch nicht um eine inhaltliche Auseinandersetzung mit dem Asylantrag, sondern zunächst nur um die Aufnahme der persönlichen Daten, das Einsammeln von Dokumenten und Reiseunterlagen, die Feststellung des Reiseweges sowie des eventuellen Verbleibs in einem Drittstaat oder das Bestehen von Familienbeziehungen in den Niederlanden.[245] In einem zweiten Teil kann auch schon auf die inhaltlichen Gründe des Asylantrages eingegangen werden, wenn hierzu noch ausreichend Zeit zur Verfügung steht. Ausgenommen hiervon sind Dublinfälle, hier werden die zur Verfügung stehenden 48 Stunden im Anmeldezentrum genutzt, um den zuständigen Staat zu ermitteln und ein Übernahmeersuchen zu stellen.[246]

2. Zuständigkeitsprüfung und Bescheiderteilung

Kommt die Zuständigkeit eines anderen Mitgliedstaates nach dem Dubliner Übereinkommen in Betracht, so wird der Fall an das im Anmeldezentrum befindliche Dublinbüro des IND weiterverwiesen.
Der Asylbewerber kann zunächst einen Rechtsanwalt kostenlos zu Rate ziehen, der ihn auf die sog. „Dublinanhörung" vorbereitet. Die Dublinanhörung dient dazu, dem Asylbewerber Gelegenheit zur Reaktion auf eine zukünftige Überstellung zu geben. Der IND füllt in Anwesenheit des Asylbewerbers das einheitliche Standardformular[247] aus und führt eine eingehende Befragung durch, die vor allem klären soll, ob Gründe für eine freiwillige Übernahme des Verfahrens nach Art. 3 Abs. 4 DÜ vorliegen. Liegen keine besonderen Gründe gemäß Art. 3 Abs. 4 DÜ vor, so erhalten der Asylbewerber und dessen Rechtsanwalt ein Exemplar des Standardformulars

243 Vc 1994 B7, 3.8.
244 Art. 52b Vb.
245 Art. 52c Vb.
246 Vc 1994 B7, 3.1.
247 Vgl. Anhang I des Beschlusses 1/97 des Artikel-18-Ausschusses.

und das Protokoll der Dublinanhörung und werden darüber informiert, dass der IND beabsichtigt, eine Dublinanfrage an einen möglicherweise zuständigen Mitgliedstaat zu stellen. Der Rechtsanwalt und der Asylbewerber bekommen daraufhin Gelegenheit, zu der Anhörung Stellung zu nehmen. Entschließt sich der IND, ein Übernahmeersuchen an einen anderen Mitgliedstaat zu richten, so informiert er den Asylbewerber und seinen Anwalt hierüber und sendet das entsprechende Formular an den verantwortlichen Mitgliedstaat.[248]

Nachdem der IND eine Dublinanfrage gestellt hat, kann der Asylbewerber nicht weiter im Anmeldezentrum verbleiben, muss sich aber regelmäßig bei der Ausländerpolizei melden. Liegen besondere soziale Umstände vor, die eine weitere Unterbringung notwendig machen, so können diese vom Asylbewerber geltend gemacht werden.[249]

Kann der IND im beschleunigten Verfahren noch keine Dublinanfrage an einen anderen Mitgliedstaat stellen, so muss der Asylbewerber spätestens nach Ablauf von 48 Stunden an eine Aufnahmeeinrichtung für Asylbewerber überwiesen werden. Dort wird sein Asylbegehren im „normalen Asylverfahren“ untersucht, d.h. auch hier wird zunächst in einer ersten Stufe die Zulässigkeit der Anfrage geprüft. Der IND führt ein ausführliches Interview durch und befragt den Asylbewerber zu seinem Reiseweg und zu den Gründen seiner Flucht. Der Asylbewerber kann während des Gespräches einen Rechtsanwalt zu Rate ziehen. Von dem Gespräch wird ein Protokoll erstellt, das an den Rechtsanwalt und den Asylbewerber übergeben wird. Stellt sich in diesem Stadium heraus, dass ein anderer Mitgliedstaat für die Durchführung des Asylverfahrens verantwortlich sein könnte, so stellt der IND eine Dublinanfrage an den betreffenden Staat.

Sobald die Zustimmung eines anderen Mitgliedstaates vorliegt, wird ein Bescheid wegen Unzulässigkeit der Asylanfrage gemäß Art. 15 b Abs. 1 a) Vw und der Ablehnung einer Aufenthaltserlaubnis erlassen.[250] In dem Bescheid wird dem Asylbewerber auch bekannt gegeben, an welches Land er überstellt wird. Dem Asylbewerber bzw. bei einer begleiteten Überstellung dem verantwortlichen Beamten wird ein Laissez-Passer und eventuell ein Reisedokument ausgehändigt. An das Bestimmungsland wird ein zweites

---

248 Vc 1994 B 7, 8.1.1.2.

249 Zur geänderten Rechtslage hinsichtlich der Unterbringung von Asylbewerbern im Dublinverfahren siehe ausführlich unten S. 140 ff.

250 Gleichzeitig mit dem Asylbegehren wird ein Antrag auf Verleihung einer Aufenthaltserlaubnis „vergunning tot verblijf“ gestellt.

Exemplar des Laissez-Passer übersandt und eine Kopie von den eventuell vorhandenen Reise- und Identitätspapieren.[251]

Zeigt sich hingegen im beschleunigten oder im normalen Asylverfahren, dass keine Dublinkriterien vorliegen, der andere Mitgliedstaat einer Übernahme nicht zustimmt bzw. der IND sich entscheidet, die Anfrage gemäß Art. 3 Abs. 4 DÜ freiwillig zu übernehmen, so wird überprüft, ob der Antrag aus anderen Gründen als unzulässig oder offensichtlich unbegründet abgelehnt werden kann. Die Abschiebung in einen sicheren Drittstaat gemäß Art. 15 Abs. 4 Vw, der nicht Vertragsstaat des Dubliner Übereinkommens ist, spielt dabei eine untergeordnete Rolle. Eine Abschiebung in einen sicheren Drittstaat findet nur statt, wenn der Asylbewerber in diesem Staat bereits den Flüchtlingsstatus zuerkannt bekommen hat oder die Durchführung des Asylverfahrens sichergestellt ist. Seit Inkrafttreten des SDÜ/DÜ wird die sichere Drittstaatenregelung verdrängt, wenn einer der Mitgliedstaaten für das Asylverfahren zuständig ist.[252] Liegen keine Gründe für die Unzulässigkeit oder offensichtliche Unbegründetheit des Asylantrages vor, so wird im normalen Asylverfahren eine Entscheidung über das Vorliegen der Flüchtlingseigenschaft im Sinne des Art. 15 Abs. 1 Vw getroffen.

3. Rechtsschutzmöglichkeiten im Dublinverfahren

a) Widerspruchsverfahren

Gegen eine Entscheidung der Verwaltung muss grundsätzlich zunächst eine Beschwerde (*bezwaar*) oder Widerspruch (*administratief beroep*) bei dem zuständigen Minister eingelegt werden, ehe der Klageweg vor Gericht beschritten werden kann.[253] Beschwerden oder Widersprüche müssen schriftlich bei dem Staatssekretär für Justiz und zwar bei der Zweigstelle des IND eingereicht werden, welche auch den Verwaltungsakt erlassen hat.[254] Die Frist beträgt vier Wochen und beginnt am Tage nach der Bekanntmachung der

---

251 Vc 1994 B7, 8.1.1.5

252 *Danish Refugee Council*, 2000, The Netherlands, S. 5.

253 Beschwerde und Widerspruch unterscheiden sich dadurch, dass die Beschwerde gemäß Art. 1:5 Awb bei dem Organ eingereicht wird, welches auch den VA erlassen hat, während der Widerspruch bei dem nächst höheren Verwaltungsorgan eingereicht werden muss, Art. 1:5 Abs. 2 Awb. Gegen einen Bescheid, der im Namen des Justizministers ergeht, wird auch beim Justizminister Beschwerde eingelegt, während gegen den Bescheid des Polizeichefs nicht bei diesem, sondern beim Justizminister Widerspruch eingelegt wird. Im Beschwerdeverfahren wird die Sache im vollen Umfang, unter Hinzuziehung aller neuen Tatsachen begutachtet und auf ihre Rechtmäßigkeit und Verhältnismäßigkeit geprüft (ex-nunc Beurteilung).

254 *Kuijer/Steenbergen*, 1999, S. 312 f.

Verfügung oder der Handlung eines Verwaltungsorgans.[255] Weigert sich die Behörde eine Verfügung zu erlassen oder ist nach einem Zeitraum von sechs Monaten nach der Antragstellung noch keine Entscheidung getroffen worden, so kann der Ausländer auch eine Untätigkeitsklage einreichen.[256] Prinzipiell findet eine Anhörung des Betroffenen statt.[257] Der Staatssekretär für Justiz muss binnen sechs Wochen (mit einer Verlängerungsmöglichkeit von weiteren vier Wochen) über die Beschwerde oder den Widerspruch entscheiden.

Grundsätzlich hat die Einlegung einer Beschwerde nach dem allgemeinen Verwaltungsrecht keine aufschiebende Wirkung.[258] Art. 32 Abs. 1 Vw sieht jedoch im Asylrecht eine Aussetzung der Abschiebung für die Dauer des Beschwerdeverfahrens vor, mit Ausnahme der Fälle, bei denen offensichtlich keinerlei Hinweise für eine ernsthafte Gefahr vor Verfolgung im Heimatstaat vorliegen. Der Staatssekretär für Justiz kann jedoch gleichzeitig mit dem Bescheid oder auch noch im Anschluss an das Einreichen der Beschwerde oder der Widerspruchsschrift den sofortigen Vollzug des Bescheides anordnen.[259] Zur Wiederherstellung der aufschiebenden Wirkung muss ein Antrag auf einstweiligen Rechtsschutz beim Präsidenten der Ausländerkammer des Bezirksgerichts Den Haag gestellt werden.[260] Mit der Ablehnung des Antrages auf einstweiligen Rechtsschutz kann der Gerichtspräsident auch gleichzeitig die Beschwerde für unbegründet erklären und das Beschwerdeverfahren abschließen.[261]

Ein(e) Beschwerde oder Widerspruch ist aber dann ausgeschlossen, wenn der Asylantrag wegen Unzulässigkeit oder offensichtlicher Unbegründetheit abgelehnt wird <u>und</u> der Asylbewerber gleichzeitig in Haft genommen oder aufgrund des Ausländergesetzes seiner Freiheit beschränkt ist. Ist der Asylbewerber z.B. über den Flughafen Schiphol eingereist und wird sein Antrag wegen der Zuständigkeit eines anderen Staates als unzulässig abgelehnt, ergeht gleichzeitig auch eine freiheitsbeschränkende Auflage bis

---

255 Art. 30 Abs. 3 Vw.

256 *Kuijer/Steenbergen*, 1999, S. 310.

257 Art. 7:2, 7:13 Awb (*Algemene Wet Bestuursrecht*). Von einer Anhörung kann abgesehen werden, wenn der Antragsteller hierauf verzichtet, die Beschwerde/Widerspruch gegenstandslos geworden ist oder sie erkennbar unzulässig oder unbegründet ist. Das Ausländergesetz sieht darüber hinaus von einer Anhörung ab, wenn die Beschwerde/der Widerspruch keine aufschiebende Wirkung entfaltet.

258 Art. 6:16 Awb.

259 *Kuijer/Steenbergen*, 1999, S. 326 f.

260 Art. 8:81 Awb; das Gericht muss auch zuständig für die Hauptsache sein und es müssen Gründe für die Eilbedürftigkeit der Sache vorliegen.

261 Art. 33 b Vw.

zum Transfer in den zuständigen Staat.[262] In diesem Fall muss der Asylbewerber direkt Klage beim zuständigen Bezirksgericht einreichen.

b) Klagen und einstweiliger Rechtsschutz

Für Klagen und Verfahren des einstweiligen Rechtsschutzes im Ausländer/Asylrecht ist nur die Ausländerkammer des Bezirksgerichtes in Den Haag zuständig. Das Bezirksgericht Den Haag kann entweder die Sache selbst behandeln oder sie, abhängig vom Wohnsitz des Klägers, an eine der Nebenstellen weiterverweisen.[263] Die Frist für die Einlegung der Klage beträgt vier Wochen.[264] Bei Stattgabe der Klage kann entweder der IND angewiesen werden, eine neue Verfügung unter Zugrundelegung der Ansicht des Gerichts zu erlassen, oder das Gericht kann selber, anstelle des IND, die Entscheidung treffen. Dies ist vor allem in einfach gelagerten Fällen, aus denen sich der Anspruch des Klägers klar aus dem Gesetz oder dem Ausländererlass ergibt, gebräuchlich.[265] Das Gericht hat auch die Möglichkeit, die Sache ohne mündliche Verhandlung in einem vereinfachten Verfahren zu behandeln.[266] Das vereinfachte Verfahren kann bei Unzuständigkeit des Gerichtes, offensichtlicher Unbegründetheit oder Unzulässigkeit der anhängigen Sache oder bei offensichtlicher Begründetheit der Klage gewählt werden.[267]

Die Einlegung einer Klage hat prinzipiell keine aufschiebende Wirkung. Sollte der Justizminister nicht ausdrücklich von einer Abschiebung des Ausländers abgesehen haben, ist es daher in den meisten Fällen notwendig, neben der Klage eine einstweilige Verfügung einzulegen. Der Staatssekretär für Justiz kann jedoch gleichzeitig mit dem ablehnenden Bescheid verfügen, dass die Klage in Eilprozedur durch das Gericht behandelt wird. So entfällt die Notwendigkeit, noch im Wege des vorläufigen Rechtsschutzes gegen den Bescheid vorzugehen und das Gericht zweimal in Anspruch zu nehmen. Der

262 *Danish Refugee Council*, 2001, S. 62.

263 Vgl. Art. 33 a Vw; Zunächst waren dies die Gerichte in Amsterdam, Haarlem, Haarlemmermeer, s'-Hertogenbosch und Zwolle. Aufgrund der Arbeitsüberlastung sind nach Gesetzesänderung zum 16. Juli 2000 alle Hauptplätze der Bezirksgerichte auch im Ausländerbereich zuständig. Hinzu gekommen sind die Gerichte in Alkmaar, Almelo, Arnhem, Assen, Breda, Dordrecht, Groningen, Leeuwarden, Maastricht, Middelburg, Roermond, Rotterdam, Utrecht und Zutphen.

264 Art. 33 c Vw.

265 *Kuijer/Steenbergen*, 1999, S. 342 f.

266 Vgl. Art. 8:54 und 8:55 Awb.

267 Gegen den Beschluss, das Urteil ohne mündliche Verhandlung zu fällen, kann sowohl der Kläger als auch der Beklagte binnen sechs Wochen Einspruch bei Gericht einlegen. Falls der Einspruch nicht als unzulässig oder unbegründet abgewiesen wird, wird die Entscheidung des Gerichtes, das vereinfachte Verfahren anzuwenden, aufgehoben und die Sache in den vorigen Stand zurückversetzt.

IND setzt bis zum Erlass des Urteils in der Eilprozedur die Abschiebung aus. Der Antrag auf einstweiligen Rechtsschutz muss bei dem Gerichtspräsidenten der Ausländerkammer des Bezirksgerichts von Den Haag eingereicht werden. Der Antrag ist erst statthaft, wenn die Hauptsache bereits anhängig ist oder gleichzeitig mit der Hauptsache eingereicht wird. Ist der Antrag auf einstweiligen Rechtsschutz zulässig, so ergeht der Beschluss regelmäßig nach einer mündlichen Verhandlung.[268]

Der Gerichtspräsident entscheidet in erster und einziger Instanz über den Antrag. Einspruch oder Beschwerde ist gegen diese und andere Entscheidungen des Gerichtspräsidenten nicht möglich.[269] Ausnahmsweise kann der Gerichtspräsident aber im Verfahren des einstweiligen Rechtsschutzes auch beschließen, gleichzeitig eine Entscheidung in der (anhängigen) Hauptsache zu treffen.[270] Voraussetzung ist, dass die Sache bereits bei Gericht anhängig ist und sich nicht noch in der Beschwerde-/Widerspruchsphase befindet und dass bereits eine mündliche Verhandlung stattgefunden hat. Des weiteren muss der Gerichtspräsident der Ansicht sein, dass eine weitere, eingehendere Untersuchung keine andere Beurteilung der Sache ergebe. Dies ist namentlich der Fall bei offensichtlich unzulässigen oder unbegründeten sowie bei offensichtlich begründeten Sachen.[271]

Da es keine zweite Instanz im Asyl- und Ausländerrecht gibt,[272] wurde eine sog. Rechtseinheitskammer (*Rechtseenheidskamer)* am Haager Bezirksgericht eingerichtet. Diese Kammer, die wechselweise mit drei Richtern der verschiedenen Nebenstellen besetzt ist, behandelt Sachen von grundsätzlicher Bedeutung und kann so auch Impulse für eine Weiterentwicklung des Rechts geben. Die Rechtseinheitskammer kann von Amts wegen oder auf Antrag einer oder mehrerer Parteien angerufen werden.[273]

---

268 Eine mündliche Anhörung findet nicht statt, wenn der Gerichtspräsident unzuständig ist, der Antrag auf einstweiligen Rechtsschutz offensichtlich unzulässig oder unbegründet ist, oder unverzügliche Eile geboten ist und die Parteien dadurch nicht in ihren Rechten verletzt werden.

269 *Kuijer/Steenbergen*, 1999, S. 354.

270 Art. 8:86 Awb, Art. 33 b Vw.

271 *Kuijer/Steenbergen*, 1999, S. 360.

272 Siehe Art. 33 e Vw. Bei Vorliegen neuer Fakten muss der Asylbewerber einen neuen Asylantrag beim IND stellen. Revision kann nur vom Generalstaatsanwalt beim Obersten Gerichtshof (*Hoge Raad)* zur Wahrung des Rechts einlegt werden., Art. 33 g Vw. Entscheidungen hinsichtlich der Anerkennung als Flüchtling oder freiheitsbeschränkender oder -entziehender Maßnahmen können vom Obersten Gerichtshof auf ihre Vereinbarkeit mit dem Gesetz überprüft werden. Diese Bestimmung spielt in der Praxis aber keine große Rolle.

273 Nr. 3.3.1 Richtlinien für die Behandlung von Klagen und einstweiligen Verfahren durch die Ausländerkammer des Gerichtes Den Haag oder einen der Nebenplätze.

4. Transfer an den verantwortlichen Vertragsstaat

Nach Zustimmung des zuständigen Mitgliedstaats und Erlass eines ablehnenden Bescheids gemäß Art. 15 b Abs. 1 a) Vw wird der Asylbewerber rechtzeitig über das Datum seines Transfers unterrichtet, außer er begibt sich freiwillig in das andere Land. In den meisten Fällen findet ein begleiteter Transfer statt; Asylbewerber die nach Belgien oder Deutschland überstellt werden, werden bis zur jeweiligen Grenze gebracht. Findet die Überstellung per Flugzeug statt, so wird der Asylbewerber bis zum Flughafen begleitet, nur in seltenen Fällen wird der Asylbewerber auch während des Fluges begleitet.[274] Die Überstellung muss grundsätzlich spätestens einen Monat nach Annahme des Übernahmegesuchs erfolgen oder einen Monat nach Rechtskraft des Überstellungsbeschlusses abgeschlossen sein.[275]

II. Übernahmeersuchen eines Vertragsstaates an die Niederlande

Übernahmeersuchen eines anderen Dublinstaates sind an eines der (geographisch) zuständigen Dublinbüros des IND zu richten.[276] Der IND untersucht anhand der übersandten Beweise oder Indizien, ob die Niederlande für die Behandlung des Asylbegehrens zuständig sind.
Auch die Rückübernahmeersuchen werden an die Dublinbüros des IND gerichtet und dort untersucht. Sind die Niederlande zur Rückübernahme eines Asylbewerbers gemäß Art. 10 DÜ verpflichtet, so wird sich der IND zur Wiederaufnahme der betreffenden Person bereit erklären und die Transfermodalitäten mit dem jeweiligen Partnerbüro vereinbaren. Wird die Übernahme- oder Rücknahmeanfrage positiv entschieden, so holt der IND den betreffenden Asylbewerber an der Grenze oder am Flughafen ab.

III. Zweitantrag

Auch das Einreichen eines zweiten Asylantrages, nachdem der Asylbewerber nach einem Aufenthalt in seinem Herkunftsstaat erneut in die Niederlande eingereist ist, bildet für sich alleine keinen Grund für die Anwendung der Ausnahmebestimmung des Art. 3 Abs. 4 DÜ. In diesem Fall soll das verantwortliche Dublinland die eventuell neuen Tatsachen untersuchen.[277]

---

274 Vc 1994 B7, 8.1.1.5; *Danish Refugee Council*, 2001, S. 117.
275 Art. 11 Abs. 5 DÜ, Art. 21 Abs. 1 Beschluss 1/97 vom 9.9.1997.
276 Zur jeweiligen Zuständigkeit der Dublinbüros siehe oben S. 131 f.
277 TBV 1998/7, S. 3.

IV. Rechtliche Beratung und soziale Rechte im Dublinverfahren

Nach Stellen des Asylantrages werden jedem Asylbewerber vom IND Informationen zum Ablauf des Asylverfahrens ausgehändigt. Darüber hinaus werden in den Aufnahmeeinrichtungen Videos zum Asylverfahren gezeigt. Sowohl in den – in mehreren Sprachen zur Verfügung stehenden – schriftlichen als auch bildlichen Informationen, wird auf das Dublinverfahren eingegangen. Bevor die sog. Dublinanhörung beginnt, muss der das Interview durchführende Beamte den Asylbewerber über Sinn und Zweck der Anhörung aufklären.[278]

Jedem Asylbewerber steht kostenlose Rechtsberatung in allen Abschnitten des Asylverfahrens zur Verfügung. Besteht die Möglichkeit, dass ein anderer Mitgliedstaat für die Durchführung des Asylverfahrens zuständig ist, so bereitet ein Rechtsberater den Asylbewerber auf die Dublinanhörung vor und bespricht nach der Anhörung zunächst mit dem Asylbewerber das durch den anhörenden Beamten erstellte Protokoll, ehe er mögliche Einwände gegenüber dem IND vorträgt. Auch für die Einlegung einer Beschwerde/eines Widerspruchs steht dem Asylbewerber kostenlose Rechtshilfe zur Verfügung. Jeder Asylbewerber darf auf Staatskosten maximal zwei verschiedene Rechtsanwälte konsultieren. Ist er mit ihrer Arbeit nicht zufrieden, so muss ein weiterer Rechtsanwalt selber finanziert werden.[279]

Asylbewerber werden für die Dauer ihres Asylverfahrens in einem Flüchtlingswohnheim aufgenommen. Neben der Unterkunft erhalten sie eine wöchentliche finanzielle Beihilfe, einen einmaligen Beitrag zum Kleiderkauf, das Angebot von Aktivitäten für Freizeit und Erziehung, Erstattung von medizinischen Kosten, eine Haftpflichtversicherung und die Bezahlung von außergewöhnlichen, gerechtfertigten Kosten.[280]
Nach einem Beschluss des Staatssekretärs für Justiz standen seit dem 12. Oktober 1998 diese Leistungen allerdings nicht mehr für Asylbewerber zur Verfügung, die sich im Dublinverfahren befanden, oder die einen zweiten oder weiteren Asylantrag gestellt hatten.[281] Folglich mussten sich Asylbewerber ab dem Zeitpunkt, zu dem die Niederlande ein Übernahmeersuchen an einen

---

[278] *Danish Refugee Council*, 2001, S. 100 f.

[279] *Danish Refugee Council*, 2001, S. 101.

[280] Vgl.: „Verordnung Leistungen für Asylbewerber und andere Gruppen von Ausländern 1997" (*Regeling verstrekkingen asielzoekers en andere categorieën vreemdelingen 1997*), Rechtsgrundlage ihres Erlasses ist Art. 12 des Gesetzes über die zentrale Unterkunft von Asylbewerbern (*Wet Centraal Orgaan asielzoekers*).

[281] Beschluss vom 9. Oktober 1998 (Stcrt. 1998, 194, S. 7), in Kraft getreten am 12. Oktober 1998, zur Änderung der „Verordnung Leistungen für Asylbewerber" und der „Verordnung Unterbringung Asylbewerber".

andern Staat stellten, bis zur Entscheidung hierüber selber eine Unterkunft organisieren und bezahlen und ohne finanzielle Unterstützung des Staates leben.[282] Die Aufnahme einer Arbeitstätigkeit war ihnen nicht mehr erlaubt. Die Aufnahme in einem Flüchtlingswohnheim kam aber weiterhin für Familien mit Kindern unter einem Jahr erfolgen und für Asylbewerber, die sich in sehr schwierigen sozialen Verhältnissen befinden.[283] Auch alleinstehende minderjährige Flüchtlinge wurden weiterhin in einem Flüchtlingswohnheim untergebracht.[284]

Diese Regelung stieß auf vielerlei Kritik. *Fleuren/Zwaan* verwiesen darauf, dass im Regierungsbeschluss[285] noch keine Rede davon gewesen sei, Asylbewerber im Dublinverfahren von der sozialen Hilfe auszuschließen. Sie kritisieren die Regelung vor allem angesichts der unbestimmten Zeitdauer des Dublinverfahrens und meinen, dass der Regierungsbeschluss gegen Art. 11 Abs. 1 des Internationalen Paktes über wirtschaftliche, soziale und kulturelle Rechte (IPwirtR) vom 19. Dezember 1966 verstößt.[286] Die Rechtsprechung zu dieser Frage war sehr kontrovers, eine klare Linie der Gerichte in den Beschlüssen und Urteilen ließ sich nicht erkennen.[287] Das niederländische Flüchtlingswerk (*Nederlands Vluchtelingenwerk*), eine NGO mit Sitz in Amsterdam, strengte einen Prozess gegen den Beschluss des Staatssekretärs mit der Begründung an, dass es an einer ausreichenden Rechtsgrundlage für den Erlass des Beschlusses mangele und das ein Verstoß gegen internationales Recht vorliege. Das Bezirksgericht Den Haag lehnte jedoch einen Verstoß gegen den IPwirtR, die UN-Kinderrechtskonvention[288] und den Vertrag gegen

---

282 Auch Asylbewerber, in deren Fall erst später eine Dublinanfrage gestellt wird, müssen ihre schon bezogene Unterkunft verlassen. Willigt der andere Mitgliedstaat einer Übernahme der Verantwortung nicht zu, so werden die Asylbewerber in das normale Asylverfahren aufgenommen und haben wieder Anspruch auf Unterbringung in einem Flüchtlingswohnheim (TBV 1999/11, S. 2 f.)

283 Schwierige soziale Verhältnissen können insbesondere medizinische Gründe sein, die es zum Zwecke der direkten medizinischen Mindesthilfe notwendig machen, dass sich der Asylbewerber und seine Familienmitglieder in einem Wohnheim aufhalten. Sollten derartige Umstände vorliegen, kann der IND den COA anweisen, den Asylbewerber aufzunehmen (Vc 1994 B7/6.1.1).

284 TBV 2000/30, S. 1.

285 Kamerstukken II 1997/98, 26024, Nr. 10, S. 91

286 *Fleuren/Zwaan*, NJB 1999, S. 543. Siehe auch *Hoogenberk/Pastoors*, NAV 2001, S. 148 (157) zur Rolle von medizinischen Gutachten im Asylverfahren und im Dublinverfahren.

287 Für eine Übersicht der bisherigen Rechtsprechung siehe *de Poorte*, NAV 2001, S. 224-231 und S. 302-308.

288 BGBl. 1992 II S. 122, Übereinkommen über die Rechte der Kinder vom 20.11.1989.

die Diskriminierung von Frauen[289] mit dem Argument ab, dass den in der Sache relevanten Bestimmungen dieser Verträge keine unmittelbare Wirkung zukäme. Die Richter stellten fest, dass der Staatssekretär der Justiz gemäß Art. 12 des „Gesetzes über die zentrale Unterkunft von Asylbewerbern“ befugt sei, bestimmte Gruppen von Asylbewerbern von der Aufnahme in einem Wohnheim und den sozialen Leistungen auszuschließen. Die Klage wurde folglich als unbegründet abgewiesen, Kläger und Beklagter waren sich aber einig, dass die Asylbewerber sich auch während des Dublinverfahrens rechtmäßig in den Niederlanden aufhalten.[290]
In einem Urteil des Staatsrats im Berufungsverfahren eines türkischen Asylbewerbers kamen die Richter zu dem Ergebnis, dass auch keine Verletzung des Europäischen Fürsorgeabkommens vom 11. Dezember 1953[291] durch die unterbliebene Versorgung und Unterbringung im Dublinverfahren vorliege.[292] Die Mitgliedstaaten dieses Übereinkommens, unter ihnen die Türkei und die Niederlande, haben sich in Artikel 1 verpflichtet, den Staatsangehörigen der anderen Mitgliedstaaten die sich im Vertragsgebiet rechtmäßig aufhalten und nicht über ausreichende Mittel verfügen, in gleicher Weise wie ihren eigenen Staatsangehörigen und unter den gleichen Bedingungen die Leistungen der sozialen und Gesundheitsfürsorge zu gewähren. Die Rechtmäßigkeit des Aufenthalts eines Ausländers bestimmt sich gemäß Art. 11 Bst. a) FürsAbk danach, ob der Betroffene im Besitz einer gültigen Aufenthaltserlaubnis oder einer anderen in den Rechtsvorschriften des betreffenden Staates vorgesehene Erlaubnis ist, aufgrund welcher ihm der Aufenthalt in diesem Gebiet gestattet ist. Der Staatsrat kam zu dem Ergebnis, dass bei dem Kläger nicht von einem „rechtmäßigen Aufenthalt“ in den Niederlanden im Sinne dieser Vorschrift ausgegangen werden könne, da der Käger lediglich im Besitz eines W-Dokumentes war, aus dem man keine Rechte auf Verbleib herleiten kann und das nur der Identifizierung des Betroffenen bis zu einem endgültigen Bescheid dient.

Zwei Beschlüsse der Zweiten Kammer des Parlaments führten schließlich zu einer Änderung dieser Politik und zu einer erneuten Versorgung aller Asylbewerber, die sich im Dublinverfahren befinden. So hat das niederländische Parlament zum einen die Regierung aufgefordert, freigewordene Kapazitäten in Notunterkünften für Asylbewerber im Dublinverfahren zu nutzen[293] und zum anderen forderte es die Regierung auf,

---

[289] BGBl. 1985 II S. 648, Übereinkommen zur Beseitigung jeder Form von Diskriminierung der Frau vom 18.12.1979.
[290] Rb. Den Haag, 6.9.2000, 99/1628.
[291] BGBl. 1956 II S. 564.
[292] Raad van State, 17.10.2001, NAV 2002/36.
[293] TK 2001-2002, 19637, Nr. 660.

in den Verhandlungen auf EU-Ebene zur Richtlinie für die Aufnahme von Asylbewerbern nicht mehr gegen eine Versorgung dieser betroffenen Personengruppe zu stimmen.[294] Mit TBV 2002/48 hat der Staatssekretär schließlich festgelegt, dass Asylbewerber im Dublinverfahren wieder Unterkunft und Versorgung bekommen.[295]

V. Neue Rechtslage seit dem 1. April 2001[296]

1. Dublinverfahren

Das Dublinverfahren hat sich unter der neuen Rechtslage kaum geändert.[297] Neu ist die Frist zum Einreichen von Argumenten gegen eine Überstellung in einen anderen Mitgliedstaat nach Durchführung der ersten Dublinanhörung. Weiterhin erhalten der Asylbewerber und sein Rechtsberater die Gelegenheit, Stellung zur Anhörung zu nehmen. Die Verwaltungsvorschriften legen nun aber einen genauen Zeitraum fest, binnen welchem der Asylbewerber und der Rechtsberater ihre Einsprüche schriftlich beim IND einlegen müssen. Fand die Dublinanhörung noch im Anmeldezentrum statt, also innerhalb der ersten 48 Stunden, so beträgt die Frist drei Stunden. Fand die Dublinanhörung erst im Aufnahmezentrum statt, so beträgt die Frist drei Tage.[298]

2. Rechtsschutzmöglichkeiten

Grundlegende Unterschiede zur alten Rechtslage ergeben sich bei der Einlegung von Rechtsmitteln gegen Entscheidungen nach dem Ausländergesetz. Zunächst wurde die Möglichkeit der Beschwerde/der Widerspruchs gegen den ablehnenden Bescheid der Behörde abgeschafft.[299] Der Asylbewerber muss direkt Klage beim Bezirksgericht Den Haag oder eine der Nebenstellen[300] einreichen. Gegen das Urteil kann nun aber Berufung bei der Abteilung Verwaltungsrechtsprechung des Staatsrates (*Raad van State*) eingelegt werden. Damit entfällt die Aufgabe der Rechtseinheitskammer, da nun ein höheres Gericht für die Wahrung der Rechtseinheitlichkeit verantwortlich ist. Das Berufungsurteil muss innerhalb von 23 Wochen

---

294 TK 2001-2002, 19637, Nr. 661.
295 Stcrt. 19.11.2002, Nr. 223, S. 13.
296 Siehe oben S. 106.
297 Vgl. Vc *2000*, C 5, Teil 21.
298 Art. 3.118 Vreemdelingenbesluit, siehe auch Vc *2000*, C 5, Teil 21, 3.2.1.
299 Vgl. Art. 80 Vw *2000*.
300 Zu den Nebenstellen siehe oben S. 137 f.

ergehen; so erhofft man sich, das Asylverfahren insgesamt zu beschleunigen.[301]

Die Frist für die Einlegung der Klage beträgt vier Wochen.[302] Wurde die Anfrage bezüglich einer befristeten „Aufenthaltserlaubnis Asyl" innerhalb von vier Wochen im Anmeldezentrum abgelehnt, so beträgt die Klagefrist nur eine Woche.[303]
Grundsätzlich hat das Einlegen einer Klage gegen die Ablehnung einer „Aufenthaltserlaubnis Asyl" aufschiebende Wirkung. In den folgenden Fällen kann aber auch durch eine Klage keine aufschiebende Wirkung hergestellt werden:

- die Asylanfrage wurde innerhalb von 48 Stunden im Anmeldezentrum abgewiesen;
- ein Asylfolgeantrag wurde abgelehnt;
- die Klageschrift wurde nicht rechtzeitig eingereicht;
- der Ausländer befindet sich gemäß Art. 59 Vw *2000* in Abschiebehaft.

In diesen Fällen kann ein Antrag auf einstweiligen Rechtsschutz beim Präsidenten des Bezirksgerichts Den Haag gestellt werden, um die aufschiebende Wirkung wiederherzustellen. Voraussetzung ist, dass vorher oder gleichzeitig eine Klage anhängig gemacht wurde und Eilbedürftigkeit gegeben ist. Wenn der Antrag auf einstweiligen Rechtsschutz rechtzeitig eingereicht wurde, kann der Asylbewerber normalerweise bis zum Beschluss des Präsidenten in den Niederlanden verbleiben. Liegt eine wiederholte Asylanfrage vor und wurden keine neuen Tatsachen oder Umstände geltend gemacht, so ist ein Verbleib in den Niederlanden auch während des einstweiligen Rechtsschutzverfahrens nicht gestattet.[304]

Gegen Urteile im Asylrecht findet die Berufung vor der Abteilung Verwaltungsrechtsprechung des Staatsrates (*Raad van State*) statt. Das Berufungsurteil ergeht – ebenso wie das erstinstanzliche Urteil – ex-nunc; neue Tatsachen, die sich nach der Entscheidung des Bezirksgerichtes ergeben haben, werden nicht berücksichtigt. Eine Berufung gegen den im einstweiligen Rechtsschutzverfahren ergangenen Beschluss des Präsidenten des Bezirksgerichtes Den Haag ist ausgeschlossen.[305] Sowohl der betroffene Ausländer, als auch der Minister können Berufung gegen eine Entscheidung

---

301 Zu den Änderungen im Ausländergesetz siehe *Kok*, NAV 2001, S. 159 ff.
302 Art. 69 Abs. 1 Vw *2000*.
303 Art. 69 Abs. 2 Vw *2000*.
304 Vc Vw *2000*, C 4/3.1., 3.2.
305 Art. 84 Vw *2000*.

des Bezirksgerichtes einlegen. Die Berufung muss innerhalb von vier Wochen nach Zustellung des Urteils beim Staatsrat eingelegt werden.[306]

Die Berufung hat keine aufschiebende Wirkung. Jedoch kann im Wege des einstweiligen Rechtsschutzverfahrens die aufschiebende Wirkung bis zum Erlass des Urteils hergestellt werden. Der Antrag auf einstweiligen Rechtsschutz wird beim Vorsitzenden der Abteilung Verwaltungsrechtsprechung des Staatsrates eingereicht. Handelt es sich um einen Asylfolgeantrag, so kann normalerweise der Beschluss im einstweiligen Rechtsschutzverfahren nicht in den Niederlanden abgewartet werden. Im Rahmen des einstweiligen Rechtsschutzverfahrens kann der Vorsitzende unmittelbar über die Hauptsache entscheiden.[307]

Die Entscheidung über die Berufung ergeht innerhalb von 23 Wochen nach Einreichung der Klageschrift.[308] Der Staatsrat kann entweder die Berufung abweisen und das Urteil des Bezirksgerichtes bestätigen, der Berufung stattgeben und selbst eine Entscheidung treffen, oder die Sache an das Bezirksgericht zur neuen Entscheidung zurückverweisen.[309]

Gegen Bescheide, die vor dem Inkrafttreten des Vw *2000* erlassen wurden, kann weiterhin Beschwerde/Widerspruch eingelegt werden. Hierüber wird nach neuem Recht entschieden.[310] Die Berufung ist nur möglich gegen Urteile, die nach Inkrafttreten des Vw *2000* ergangen sind.[311]

VI. Statistische Auswertung der Anfragen, Überstellungen und Transfers

1. Einleitung

Anders als in Deutschland stieg die Anzahl der Asylanträge in den Niederlanden ab Mitte der 80er Jahre nur langsam an und erreichte erst im Jahr 1994 einen Höhepunkt von 52.576 Asylanträgen (zum Vergleich: in Deutschland wurden 1994 127.210 Anträge gestellt). Die Asylanträge gingen dann zwar im Jahr 1996 auf 22.857 zurück, wuchsen dann aber wieder kontinuierlich bis auf 43.890 Asylanträge im Jahr 2000 an.[312] Bis zum Jahr

[306] Art. 69 Abs. 1 Vw *2000*.
[307] Vgl. Art. 92 Vw 2000.
[308] Art. 89 Abs. 2 Vw 2000.
[309] Vc Vw 2000, C 4/18.3.
[310] Art. 118 Vw 2000; vgl. *Olivier*, NAV 2001, S. 84 (87).
[311] Art. 119 Vw *2000*; siehe Näheres zum Übergangsrecht bei *Olivier*, NAV 2001, S. 84 (89).
[312] Eine Zunahme der Asylbewerberzahlen ab Mitte der 90er Jahre lässt sich außer in den Niederlanden auch in Belgien, Großbritannien und Frankreich konstatieren.

2002 sank die Anzahl der Asylanträge wieder deutlich auf nur noch 18.760 Anträge. Darstellung 5 verdeutlicht den Unterschied zwischen Deutschland und den Niederlanden und setzt diese in Vergleich zu der Anzahl von Asylanträgen in Westeuropa.

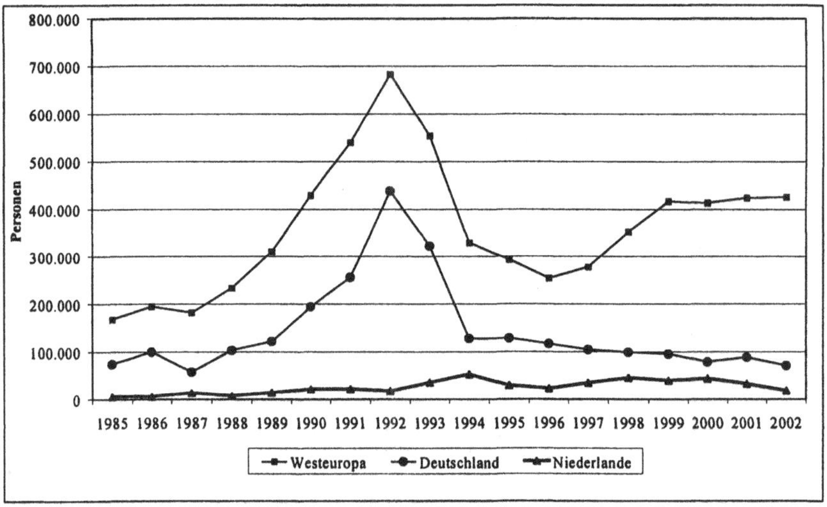

Darst. 5: Diagramm Vergleich des Asylbewerberzugangs in Westeuropa, Deutschland und den Niederlanden 1985 – 2002 (Quelle: UNHCR, BAFl.)

2. Übernahmeersuchen und Transfers an die Mitgliedstaaten

1998 stellten die Niederlande 7.732 Übernahmeersuchen im Rahmen des DÜ an andere Mitgliedstaaten. Im Jahr 1999 sank die Zahl der Übernahmeersuchen um mehr als 50 % auf nur noch 3.302, nach einem geringfügigen Anstieg im Jahr 2000 auf 3.408 Ersuchen, ging sie im Jahr 2001 auf nur 2.314 Ersuchen zurück. Den bisher niedrigsten Wert (in absoluten Zahlen) erreichte sie 2002, hier wurden nur noch 1.693 Übernahmeersuchen gestellt. In relativen Zahlen betrachtet stiegen die Übernahmeersuchen im Jahr 2002 jedoch wieder leicht an, da auch die Anzahl der Asylanträge in diesem Jahr um knapp 42,7 % sank. So betrug die Anzahl der Übernahmeersuchen im Verhältnis zu den gestellten Asylanträge im Jahr 2002 9,1 %, während sie im Vorjahr den niedrigsten Stand mit 7,1 % einnahm. Dies stellt weniger als die Hälfte im Vergleich zum Jahr 1998 dar, in dem noch in 17,1 % der Asylanträge ein Übernahme- oder Wiederaufnahmegesuch an einen anderen Mitgliedstaat gestellt wurde. Im Durchschnitt wurden im untersuchten

Zeitraum 1998 bis 2002 in 9,9 % der gestellten Asylanträge (179.656) ein Übernahmeersuchen oder Wiederaufnahmegesuch nach dem DÜ gestellt wurde.

Die Zahl der erfolgreichen Übernahmeersuchen stieg von 65,7 % im Jahr 1998 auf 80,5 % im Jahr 2000, sank dann aber wieder auf 56,5% im Jahr 2001 und 43,8 % im Jahr 2002. Im Durchschnitt wurden im untersuchten Zeitraum 64 % aller Übernahme- oder Wiederaufnahmegesuche positiv beschieden. Der gravierende Rückgang der gestellten Übernahmeersuchen lässt darauf schließen, dass die niederländischen Behörden nur noch dann ein Übernahmeersuchen gestellt haben, wenn sie aufgrund der Beweislage auch von seinem Erfolg ausgehen konnten (s. *Darst. 6*).

	1998	**1999**	**2000**	**2001**	**2002**	**Gesamt**
Anzahl Asylbewerber	45.217	39.299	43.890	32.580	18.670	179.656
Anzahl Übernahmeersuchen	7.732	3.302	3.408	2.314	1.693	18.449
% an der Anzahl der Asylbewerber	17,1%	8,4%	7,8%	7,1%	9,1 %	10,3 %
Erfolgreiche Übernahmeersuchen	5.082	2.424	2.745	1.308	741	12.300
% an der Anzahl der Übernahmeersuchen	65,7%	73,4%	80,5%	56,5%	43,8 %	66,7 %
% an der Anzahl der Asylbewerber	11,2%	6,2%	6,3%	4,0%	4,0 %	6,8 %
Abgelehnte Übernahmeersuchen	696	287	225	145	112	1.465
% an der Anzahl der Übernahmeersuchen	9,0%	8,7%	6,6%	6,3%	6,6 %	7,9 %
% an der Anzahl der Asylbewerber	1,5%	0,7%	0,5%	0,4%	0,6 %	0,8 %

Darst. 6: Tabelle Übernahmeersuchen der Niederlande an die Mitgliedstaaten (Quelle: Art.-18-Ausschuss, Justizministerium NL)

Die Zahl der tatsächlich überstellten Asylbewerber an den zuständigen Mitgliedstaat betrug im untersuchten Zeitraum 2.618 Personen. Betrachtet man den Anteil der tatsächlich überstellten Asylbewerber im Vergleich zum

Anteil der erfolgreichen Übernahmeersuchen, so stellt man fest, dass dieser nur durchschnittlich 21,3 % betrug. Dies bedeutet, dass von den theoretisch möglichen Überstellungen fast vier Fünftel nicht durchgeführt wurden. Betrachtet man die Bedeutung des DÜ für die Niederlande, so stellt man fest, dass lediglich 1,5 % der Asylbewerber nach dem DÜ in einen anderen Mitgliedstaat überstellt wurden.(s. *Darst. 7*)

	1998	1999	2000	2001	2002	Gesamt
Transfers in den anderen Mitgliedstaat	1.010	453	761	266	128	2.618
% an den erfolgreichen Übernahmeersuchen	19,9%	18,7%	27,7%	20,3%	17,3 %	21,3 %
% an der Anzahl der Übernahmeersuchen	13,1%	13,7%	22,3%	11,5%	7,6 %	14,2 %
% an der Gesamtzahl der Asylbewerber	2,2%	1,2%	1,7%	0,8%	0,7 %	1,5 %

Darst. 7: Tabelle Transfers von den Niederlanden an die Mitgliedstaaten (Quelle: Justizministerium NL)

3. Übernahmeersuchen und Transfers an die Niederlande

Die Anzahl der Übernahmeersuchen, die von anderen Mitgliedstaaten im Rahmen des DÜ an die niederländischen Behörden gerichtet wurden, stieg von 888 im Jahr 1998 auf 1.158 Anträge im Jahr 1999 an, sank dann im Jahr 2000 und 2001 wieder unter den Ausgangswert auf 878 bzw. 825 Ersuchen um dann jedoch im Jahr 2002 um mehr als das Doppelte auf 1.816 Ersuchen zu steigen. Von den insgesamt 5.565 im untersuchten Zeitraum gestellten Übernahmeersuchen haben die Niederlande 3.376 akzeptiert und 987 Ersuchen abgelehnt.[313] Im Durchschnitt wurden mithin 62,6 % der Übernahmeersuchen akzeptiert, während 18 % abgelehnt wurden. In der Folge wurden im untersuchten Zeitraum 1.123 Personen in die Niederlande überstellt. Bemerkenswert ist, dass der Anteil der tatsächlich durchgeführten Transfers im Vergleich zu den erfolgreichen Übernahmeersuchen mit jedem Jahr abgenommen hat. Führte im Jahr 1998 noch die Hälfte aller erfolgreichen Übernahmeersuchen zu einer Überstellung in den zuständigen Mitgliedstaat, so folgte im Jahr 2000 nur noch in 31,7 % der erfolgreichen

[313] Da immer ein Überhang zum vorhergehenden Jahr existiert, ergibt die Summe der erfolgreichen und der abgelehnten Übernahmeersuchen nicht die Gesamtsumme der gestellten Übernahmeersuchen.

Übernahmeersuchen eine Überstellung und im Jahr 2002 nur noch in 24,7 % der Fälle. Im Vergleich zur Gesamtzahl der gestellten Übernahmeersuchen erfolgte ein Transfer im untersuchten Zeitraum in 21,2 % der Fälle.

	1998	1999	2000	2001	2002	Gesamt
Anzahl Übernahmeersuchen	888	1.158	878	825	1.816	5.565
Erfolgreiche Übernahmeersuchen	575	720	609	537	935	3.376
% an der Anzahl der Übernahmeersuchen	64,8 %	62,2 %	69,4 %	65,1 %	51,5 %	60,7 %
Abgelehnte Übernahmeersuchen	179	224	191	109	284	987
% an der Anzahl der Übernahmeersuchen	20,2 %	19,3 %	21,8 %	13,2 %	15,6 %	17,7 %
Transfers in den anderen Mitgliedstaat	290	312	193	97	231	1.123
% an den erfolgreichen Übernahmeersuchen	50,4 %	43,3 %	31,7 %	18,1 %	24,7 %	33,3 %
% an der Anzahl der Übernahmeersuchen	32,7 %	26,9 %	22,0 %	11,8 %	12,7 %	20,2 %

Darst. 8: Tabelle Übernahmeersuchen und Transfers der Mitgliedstaaten an die Niederlande (Quelle: Justizministerium NL)

4. Erkenntnisse

Vergleicht man die Anzahl der von den Niederlanden gestellten Übernahmeersuchen mit der Anzahl der Übernahmeersuchen, die im untersuchten Zeitraum von anderen Mitgliedstaaten an die Niederlande gestellt wurden, stellt man fest, dass die Niederlande von der Anwendung des DÜ „profitieren". Im untersuchten Zeitraum lag die Anzahl der Übernahmeersuchen, die an die Niederlande gerichtet wurden bei 5.565, während die Niederlande selbst 18.449 Übernahmeersuchen an andere Mitgliedstaaten richteten. Erstmals wurden im Jahr 2002 jedoch mehr Übernahmeersuchen von den Mitgliedstaaten an die Niederlande gerichtet als umgekehrt. Über den gesamten Untersuchungszeitraum betrachtet, haben die Niederlande mehr als drei Mal so viele Übernahmeersuchen nach dem DÜ gestellt, als Ersuchen von anderen Mitgliedstaaten an sie selber gerichtet wurden.

Vergleicht man die Bilanz der überstellten Asylbewerber, so zeigt sich, dass die Niederlande 2.618 Asylbewerber nach dem DÜ überstellt haben, während sie selber nur 1.123 von anderen Mitgliedstaaten übernommen haben. Im Hinblick auf einen Lastenausgleich zwischen den Mitgliedstaaten leistet das DÜ zumindest einen Beitrag im Sinne der Niederlande, auch wenn in Relation auf die Gesamtzahl der Asylbewerber nur bei durchschnittlich 9,9 % der Asylbewerber ein Übernahmeersuchen gestellt wird.

C. Rechtsvergleich Deutschland – Niederlande

Wie bereits im vorhergehenden Kapitel erläutert, war sowohl in Deutschland als auch in den Niederlanden eine Änderung der Rechtsgrundlage, die die Prüfung eines Asylbegehrens garantierte, notwendig, um am Zuständigkeitsverteilungsmechanismus des DÜ effektiv teilnehmen zu können. Beide Staaten haben auf der Verwaltungsebene ein spezielles Dublinreferat geschaffen, welches die Übernahmeersuchen an die anderen Mitgliedstaaten stellt, Rückübernahmeersuchen bearbeitet und für die innerstaatliche Anwendung des DÜ verantwortlich ist. In Deutschland ist das Dublinreferat in der Zentrale des Bundesamtes für die Anerkennung ausländischer Flüchtlinge in Nürnberg angesiedelt. In den Niederlanden wurden verschiedene Dublinbüros je nach regionaler Zuständigkeit geschaffen, die zur Ausländerbehörde (*Immigratie- en Naturalisatiedienst*) gehören.

I. Das Dublinverfahren

Die Prüfung, ob die Zuständigkeit eines anderen Mitgliedstaates gegeben ist, wird in Deutschland und den Niederlanden – wie in allen Mitgliedstaaten des DÜ[314] – der eigentlichen (materiellen) Prüfung des Asylbegehrens vorangestellt. In Deutschland wurde die bisherige Anhörung des Asylbewerbers durch einen Einzelentscheider des BAFl. nur insoweit verändert, dass nun zunächst detailliert nach dem Reiseverlauf und nach anderen Anhaltspunkten gefragt wird, die auf die Zuständigkeit eines anderen Mitgliedstaates schließen lassen.

Das Verfahren in den Niederlanden ist wesentlich aufwendiger ausgestaltet, da ab der ersten Anhörung des Asylbewerbers, dieser und eventuell sein Rechtsbeistand in die Entscheidungsfindung mit einbezogen werden. Nach einer ersten informatorischen Anhörung, die noch nicht auf die inhaltlichen Aspekte des Asylantrages eingeht, findet eine spezielle ‚Dublinanhörung' statt, sofern Anhaltspunkte für die Zuständigkeit eines anderen Mitgliedstaates

[314] Vgl. *Schröder/Marinho*, in: Marinho (Hrsg.), 2000, S. 85 ff.

bestehen. Vor und nach dieser ‚Dublinanhörung' erhält der Asylbewerber Gelegenheit, sich mit einem kostenlosen Rechtsberater zu beraten und Gründe gegen eine anvisierte Überstellung in einen anderen Mitgliedstaat vorzutragen. Der Asylbewerber ist somit von Beginn seines Asylverfahrens an darüber informiert, ob und wann der IND gedenkt, ein Übernahmeersuchen an einen anderen Mitgliedstaat zu stellen. In Deutschland hingegen ist die Information des Asylbewerber über ein mögliches Übernahmeersuchen spärlich, ja unterbleibt völlig Zwar wird der Asylbewerber kurz informiert, wie ein Asylverfahren in Deutschland verläuft, spezielle Information zum Dubliner Übereinkommen werden aber nicht gegeben. So wird vom Einzelentscheider während der Anhörung im Regelfall noch nicht auf eventuell vorliegenden familiäre oder humanitäre Gründe, die einen Verbleib in Deutschland rechtfertigen könnten, eingegangen, da die Akte erst zur Bearbeitung an die Zentrale des BAFl. in Nürnberg gesendet wird. Mangels Gelegenheit werden diese Gründe, die eine Rolle bei der Beurteilung des Art. 3 Abs. 4 und Art. 9 DÜ spielen können, dadurch häufig erst im gerichtlichen Verfahren eingebracht.

II. Rechtsschutzmöglichkeiten

In Deutschland variieren die Möglichkeiten des Rechtsschutzes gegen einen „Dublinbescheid", je nachdem ob der Asylbewerber direkt aus einem Mitgliedstaat eingereist ist, der für die Prüfung seines Asylverfahrens zuständig ist (hier: Typ 1), oder über einen anderen Mitgliedstaat (hier: Typ 2). Da im Asylverfahren ein Widerspruch generell ausgeschlossen ist, muss gegen den Bescheid auf dem Klagewege vorgegangen werden. Da der Klage keine aufschiebende Wirkung zukommt, muss deshalb im Falle der Abschiebung einstweiliger Rechtsschutz beim Verwaltungsgericht beantragt werden. Das ist jedoch nur bei einem Bescheid des Typs 2) möglich; gegen einen Bescheid des Typ 1) kann mangels einstweiligen Rechtsschutzes nur vom Ausland aus das Klageverfahren betrieben werden. Die Berufung gegen das ablehnende Urteil des Verwaltungsgerichts ist nur nach Zulassung durch das Oberverwaltungsgericht möglich, grundsätzlich aber nicht, wenn das VG die Klage als offensichtlich unzulässig oder offensichtlich unbegründet abgelehnt hat. Eine Revision gegen das Urteil des VG findet nicht statt. Es besteht aber die Möglichkeit, Revision gegen das Urteil des OVG einzulegen und gegebenenfalls eine Verfassungsbeschwerde bei einem Verfassungsgericht einzureichen.

Nach dem bis zum 31. März 2001 geltenden Ausländerrecht musste in den Niederlanden zunächst grundsätzlich eine Beschwerde bzw. ein Widerspruch bei der zuständigen Behörde gegen den sogenannten „Dublinbescheid" eingelegt werden. Dieser Weg aber wahr dem Asylbewerber verwehrt, wenn er in seiner Freiheit beschränkt oder in Haft genommen worden war. Da die Einlegung einer Klage beim Bezirksgericht prinzipiell keine aufschiebende Wirkung hatte, war es notwendig, beim Gerichtspräsidenten um einstweiligen Rechtsschutz nachzusuchen. Im Verfahren des einstweiligen Rechtsschutzes konnte auch ausnahmsweise eine Entscheidung in der anhängigen Hauptsache getroffen werden. Eine zweite Instanz in Asyl- und Ausländersachen existierte nicht. Seit der Einführung des *Vreemdlingenwet 2000* im April 2002 wurde die Möglichkeit der Einlegung einer Beschwerde bzw. eines Widerspruches abgeschafft. Nun muss, wie in Deutschland, direkt eine Klage beim Bezirksgericht erhoben werden. Die Einlegung einer Klage hat nun auch prinzipiell aufschiebende Wirkung, es sei denn, einer der im Gesetz genannten Ausnahmegründe ist einschlägig. In diesen Fällen kann einstweiliger Rechtsschutz beim Gerichtspräsidenten des Bezirksgerichtes Den Haag beantragt werden. Gegen das Urteil des Bezirksgerichts kann nun, im Gegensatz zum alten Recht, Berufung bei der Abteilung Verwaltungsrechtsprechung des Staatsrates eingelegt werden.

III. Statistische Auswertung

Die statistische Auswertung der im untersuchten Zeitraum vom 1. Januar 1998 bis zum 31. Dezember 2002 erfolgten Anfragen, Überstellungen und Transfers nach dem Dubliner Übereinkommen hat erstaunliche Unterschiede zwischen den beiden Mitgliedstaaten aufgezeigt. Während das DÜ aus deutscher Sicht im Hinblick auf einen Lastenausgleich eher ein „Verlustgeschäft" darstellt, da im untersuchten Zeitraum an Deutschland 43.038 Übernahmeersuchen gestellt wurden, während die deutschen Behörden nur 22.070 Übernahmeersuchen an andere Mitgliedstaaten stellten, haben die Niederlande im selben Zeitraum 3,3 Mal mehr Übernahmeersuchen an andere Mitgliedstaaten gestellt (18.449) wie Ersuchen von anderen Mitgliedstaaten an die Niederlande gerichtet wurden (5.565).

Trotz der in Deutschland mehr als doppelt so hohen Anzahl von Asylanträgen (431.735) stellten die deutschen Behörden im gleichen Zeitraum nur ca. 20 % Übernahmeersuchen mehr als ihre niederländischen Kollegen. Im prozentualen Vergleich wurden in Deutschland bei nur 5,1 % aller Asylanträge ein Übernahmeersuchen nach dem DÜ gestellt, während in den Niederlanden bei immerhin 10,3 % aller Asylanträge ein solches Ersuchen an einen anderen Mitgliedstaat gerichtet wurde. Die Vermutung, dass Deutschland nur bei ausreichender Beweislage ein Übernahmeersuchen stellt, lässt sich anhand der Zahl der erfolgreichen Übernahmeersuchen nicht belegen. Diese sind nämlich nur in 64,3 % der Fälle erfolgreich, während die niederländischen Übernahmeersuchen in 66,7 % der Fälle erfolgreich sind.

Überraschende Unterschiede treten aber bei der Anzahl der Transfers auf. Wenngleich in beiden Mitgliedstaaten die Zahl der Transfers hinter der Zahl der erfolgreichen Übernahmeersuchen zurück blieb, so stellt sich doch die Frage, warum in den Niederlanden nur bei 21,3 % der Zusagen ein Transfer in den zuständigen Mitgliedsstaat stattfand, während in Deutschland bei immerhin 59 % der Zusagen der Asylbewerber an den zuständigen Mitgliedstaat überstellt wurde. Eine entscheidende Rolle spielt hier sicherlich die Art der Überstellung (freiwillig oder begleitet) und die hohe Anzahl der gegen einen "Dublinbescheid" eingelegten Klagen vor niederländischen Gerichten, die bei positivem Ausgang die Durchführung des Asylverfahrens in den Niederlanden erlauben.[315]

Die schlechte Bilanz für Deutschland bezüglich der Übernahmeersuchen wird besonders deutlich, wenn man die Anzahl der Übernahmeersuchen, die von anderen Mitgliedstaaten an Deutschland und die Niederlande gestellt wurden, miteinander vergleicht. Wurden an die Niederlande nur 5.565 Übernahmeersuchen gerichtet, so wurden im gleichen Zeitraum mehr als 7,3 mal so viele Ersuchen, nämlich 43.038, an Deutschland gerichtet. Diese Ersuchen führten in Deutschland in 33,7 % der Anträge zu einem Transfer des Asylbewerbers, während in den Niederlanden in 20,2 % der Übernahmeersuchen tatsächlich ein Transfer stattfand. Auch zu der Ursache dieser Ergebnisse können nur Mutmaßungen angestellt werden. So könnte aufgrund der deutschen Grenzen zu Polen, der Tschechischen Republik und der Slowakei eine größere Anzahl Personen auf diesem Weg in die Europäische Union eingereist sein, die dann über Deutschland in die anderen Mitgliedstaaten weitergereist sind. Eine Rücknahme wäre dann aufgrund von Art. 6 DÜ möglich. Der Weg in die Niederlande hingegen führt, außer über eine direkte Einreise per Schiff oder Flugzeug, immer über einen anderen Mitgliedstaat des Dubliner Übereinkommens, so dass das Kriterium des Art. 6 kaum eine Rolle spielen dürfte. Hinzu kommt sicherlich auch, dass Deutschland nach wie vor eine große Attraktivität ausübt und viele Asylbewerber innerhalb Europas diesen Staat ansteuern. Wird ihr Asylbegehren dann aber abgelehnt, reisen sie zum Teil in einen anderen Mitgliedstaat weiter, um von dort wieder gemäß Art. 8 DÜ an Deutschland

[315] Da aber weder absolute Zahlen für die Anzahl der erfolgreichen Gerichtsverfahren vorliegen, noch Erkenntnisse, ob die erfolgten Transfers erst nach einem (für den Asylbewerber erfolglosen) Gerichtsverfahren, oder direkt nach Bescheiderteilung erfolgten, können nur Vermutungen über die geringe Anzahl der Transfers angestellt werden.

rücküberstellt zu werden. Eine Rolle mag auch die Anzahl der bereits in Deutschland lebenden Ausländer der verschiedensten Nationalitäten spielen. Hat der Asylbewerber Familienmitglieder in Deutschland, die bereits als Konventionsflüchtlinge nach der GFK anerkannt sind, so kommt eine Zuständigkeit gemäß Art. 4 DÜ in Betracht. Inwieweit die Praxis der Vergabe von Visa Einfluss auf die oben genannten Zahlen hat, kann mangels vergleichender Erhebungen der Mitgliedstaaten nicht festgestellt werden.

3. Kapitel Auslegung des DÜ durch die Verwaltung und die Rechtsprechung

A. Deutschland

Neben der bereits beschriebenen Umsetzung des DÜ in Art. 16 a Abs. 5 GG und im Asylverfahrensgesetz gibt es keine Verwaltungsvorschriften zur Durchführung des Dubliner Übereinkommens. Es existieren lediglich Dienstanweisungen der Koordinierungsstelle Schengen/Dublin des BAFl. mit dem Ziel, den Einzelentscheidern in den Außenstellen das Dublinverfahren näher zu erläutern.[316] Hinzu kommen die Beschlüsse des Artikel-18-Ausschusses,[317] die der Harmonisierung der Umsetzung der Vorschriften des DÜ dienen und die Mitgliedstaaten insoweit verpflichten, bei der Erreichung dieses Zieles mitzuwirken. Den Mitgliedstaaten steht jedoch ein weiter Ermessensspielraum bei der Anwendung der Beschlüsse zu, die zudem keine unmittelbare Wirkung für die betroffenen Asylbewerber haben, da sie lediglich an die Mitgliedstaaten gerichtet sind.

I. Artikel 4 DÜ

Die Verwaltung und die Rechtsprechung interpretiert Art. 4 DÜ – dem Wortlaut entsprechend – eng, so dass bereits in Deutschland lebende und als Flüchtlinge anerkannte Familienmitglieder des Antragstellers, die nicht zur

---

316 Diese Dienstanweisungen werden derzeit vom Referat Schengen/Dublin des BAFl. überarbeitet und nach Fertigstellung in die allgemeinen Dienstanweisungen für Einzelentscheider integriert. Größere Änderungen im Vergleich zu der in der Dissertation zitierten Version von 1997 sind nicht zu erwarten; insgesamt sind in dem der Verfasserin vorliegenden Entwurfsexemplar eine vereinfachte Darstellung der Anwendung des DÜ, eine detailliertere Aufzeichnung zu den möglichen humanitären Fällen und eine Tabelle zu den im Dublinverfahren zu beachtenden Fristen positiv hervorzuheben. Eine Überarbeitung wird bis zur Anwendung der Dublin-II-Verordnung im September 2003 erfolgen.

317 Siehe oben S. 68 ff.

Kernfamilie i.S.d. Art. 4 Satz 2 DÜ zählen, nicht die Zuständigkeit Deutschlands nach dem DÜ begründen.[318]

1. Anerkennung als Flüchtling

Befindet sich ein enges, zur Kernfamilie zählendes Familienmitglied des Antragstellers noch im Asylverfahren, so wird im Regelfall – entsprechend dem Wortlaut des Art. 4 DÜ – die Zuständigkeit Deutschlands abgelehnt.[319] Nach der deutschen Verwaltungspraxis muss ein Familienangehöriger im Sinne des Art. 4 DÜ die Anerkennung als Asylberechtigter gemäß Art. 16 a Abs. 1 GG oder als Konventionsflüchtling gemäß § 51 Abs. 1 AuslG endgültig besitzen, d.h. die Entscheidung muss bestandskräftig bzw. rechtskräftig sein. Eine bestandskräftige Entscheidung liegt zum Beispiel noch nicht vor, wenn der Bundesbeauftragte für Asylangelegenheiten gegen die positive Entscheidung des BAFl. Klage eingelegt, oder gegen die positive Entscheidung eines Verwaltungsgerichts die Zulassung der Berufung beim Oberverwaltungsgericht beantragt hat. Ein Teil der Rechtsprechung befürwortet die Zuständigkeit Deutschlands gemäß Art. 4 DÜ, wenn der Bundesbeauftragte für Asylangelegenheiten Klage gegen die positive Entscheidung erhoben hat, über die noch nicht rechtskräftig entschieden ist. Zu dieser weiten – gleichsam europäischen – Auslegung des Art. 4 DÜ kommen das VG Aachen[320] und VG Oldenburg[321] in den nachfolgend beschriebenen Urteilen. Beide Gerichte bejahten die Zuständigkeit der Bundesrepublik Deutschland gemäß Art. 4 DÜ bzw. dem entsprechenden Art. 35 SDÜ.[322]

---

318 Vgl. Bay. VG Ansbach, Urteil vom 1.3.2001, InfAuslR 2001, S. 247 ff. Die Antragstellerin trägt u. a. vor, dass die Zuständigkeit Deutschlands sich aus dem Aufenthalt ihrer in Deutschland als Flüchtling anerkannten Schwester ergebe. Geschwister zählen jedoch nicht zum Kreis der in Art. 4 Satz 2 DÜ genannten Familienmitglieder.

319 Vgl. VG Frankfurt, Beschluss vom 23.5.1996, InfAuslR 1996, S. 331; VG Braunschweig, Urteil vom 24.7.1998, Az. 5 A 5176/96; VG Schwerin, Gerichtsbescheid vom 25.11.1999, Az. 1 A 229/99 As.

320 Urteil vom 4.8.1998, Az. 5 K 720/98. A.

321 Urteil vom 29.5.1998, InfAuslR 1998, S. 416.

322 Abs. 1 „Die Vertragspartei, die einem Drittausländer den Flüchtlingsstatus zuerkannt und den Aufenthalt gewährt hat, ist verpflichtet, sofern die Betroffenen dem zustimmen, die Zuständigkeit für die Behandlung des Asylbegehrens eines Familienangehörigen zu übernehmen."
Abs. 2 „ Als Familienangehörige nach Absatz 1 gelten der Ehegatte oder das ledige Kind unter achtzehn Jahren des Flüchtlings, oder, wenn der Flüchtling ein lediges Kind unter achtzehn Jahren ist, dessen Vater oder Mutter."

Vor dem VG Aachen klagten eine iranische Staatsangehörige und ihre minderjährige Tochter, deren Ehemann bzw. Vater im September 1997 einen Asylantrag in Deutschland gestellt hatte. Der Asylantrag des Ehemannes/Vaters wurde hinsichtlich des Art. 16 a Abs. 1 GG abgelehnt, die Flüchtlingseigenschaft im Sinne der GFK nach § 51 Abs. 1 AuslG zuerkannt und Abschiebungshindernisse gemäß § 53 Abs. 4 AuslG bejaht. Gegen diesen Bescheid klagten sowohl der Ehemann, der ein Anerkennung gemäß Art. 16 a Abs. 1 GG anstrebte, als auch der Bundesbeauftragte für Asylangelegenheiten. Da die Klägerin und ihre Tochter im November 1997 über Österreich in die Bundesrepublik eingereist und im Besitz eines gültigen Visums für Österreich waren, wurde vom BAFl. ihre Abschiebung nach Österreich angeordnet.[323] Das Gericht argumentiert, dass die fehlende Bestandskraft der Entscheidung über die Flüchtlingseigenschaft des Ehemannes für die Einschlägigkeit von Art. 4 DÜ unerheblich sei. Art. 4 DÜ verlange seinem Wortlaut nach weder die Bestandskraft der den Familienangehörigen betreffenden Entscheidung im Sinne der deutschen Asylrechtsvorschriften, noch ihre Unanfechtbarkeit. Die Existenz einer staatlichen Einrichtung (Bundesbeauftragter für Asylangelegenheiten), die die Entscheidung der dafür zuständigen staatlichen Stelle (BAFl.) anfechten könne, sei eine Besonderheit des deutschen Asylrechts, die anderen Vertragsstaaten nicht bekannt sei. Des weiteren stützt das VG seine Auslegung auf Ziel und Zweck des DÜ, die Asylbewerber nicht zu lange im Ungewissen über ihre Situation zu lassen und nach Möglichkeit die Asylverfahren von Mitgliedern von (Kern-)Familien in einem Mitgliedstaat durchzuführen.

Auch das VG Oldenburg[324] beruft sich auf das Ziel des SDÜ, eine schnelle Klärung der Zuständigkeiten und des Asylverfahrens zu erreichen. Die danach gebotene Klarheit in den Rechtsverhältnissen in allen am Schengener Übereinkommen beteiligten Staaten lege es nahe, für die Klärung der Zuständigkeit, auch die noch nicht unanfechtbaren Anerkennungsentscheidungen als Zuerkennung des Flüchtlingsstatus nach Art. 35 Abs. 1 SDÜ anzusehen. Hinzu käme, dass es bei einem anderen Verständnis bei endgültiger Erfolglosigkeit einer gegen die Anerkennung gerichteten Klage

---

[323] Die Zuständigkeit ergibt sich aus Art. 5 Abs. 2 DÜ.

[324] Die Kläger – ein Vater und seine zwei Töchter – sind iranische Staatsangehörige, die mit einem belgischen Visum im Mai 1996 nach Deutschland eingereist sind. Die Ehefrau bzw. Mutter hält sich mit einem weiteren Kind in der Bundesrepublik auf, ihr zunächst im November 1995 vom Bundesamt positiv beschiedener Asylantrag wurde vom Bundesbeauftragten für Asylangelegenheiten angegriffen und war zum Zeitpunkt der Klage noch nicht entschieden. Das Bundesamt lehnte die Asylanträge der Kläger als unbeachtlich ab und drohte ihnen die Abschiebung nach Belgien an.

des Bundesbeauftragten für Asylangelegenheiten zu einer bleibenden Verletzung des Art. 35 SDÜ käme.

Die Begründungen der Gerichte sind, wenn man allein auf den Schutz der beteiligten Familienangehörigen abstellt, im Ergebnis begrüßenswert; sie sind jedoch juristisch nicht haltbar. Weder Wortlaut noch Systematik des Art. 4 Abs. 1 DÜ enthalten einen Anhaltspunkt für die Annahme, dass die Bestandskraft oder die Unanfechtbarkeit der Flüchtlingseigenschaft nicht Tatbestandsvoraussetzung wäre. Art. 4 Abs. 1 DÜ spricht von einer ‚Zuerkennung der Flüchtlingseigenschaft' an den Familienangehörigen, dies bedeutet – entgegen der Ansicht des VG Aachen – grammatikalisch sehr wohl, dass der Flüchtlingsstatus nach der GFK einem Asylbewerber bereits (ohne Einschränkungen) verliehen sein muss. Auch die weiteren Argumente des VG Aachen und des VG Oldenburg vermögen nicht zu überzeugen. Da das Asylverfahrensrecht der verschiedenen Mitgliedstaaten sehr unterschiedliche Rechtsmittel vorsieht, kann aus der Nichtexistenz einer staatlichen Einrichtung wie der des Bundesbeauftragten für Asylangelegenheiten in den anderen Mitgliedstaaten nicht die Schlussfolgerung gezogen werden, dass dessen Prozessverhalten im vorliegenden Fall ignoriert werden könne. Solange keine Harmonisierung des prozessualen (und materiellen) Asylrechts der Mitgliedstaaten stattgefunden hat, können nationale Besonderheiten immer zu Verzögerungen oder Erschwerungen des Asylverfahrens für den Einzelnen führen. Wenngleich die gemeinsame Durchführung des Asylverfahrens der Mitglieder einer Kernfamilie wünschenswert ist, so ist dieses Ziel nicht über Art. 4 DÜ zu erreichen, sondern über eine vorrangige Anwendung der Art. 3 Abs. 4 DÜ und Art. 9 DÜ durch die Mitgliedstaaten.

2. Wunsch der betreffenden Personen

Eine der Tatbestandsvoraussetzungen des Art. 4 DÜ ist die Zustimmung sowohl des Antragstellers als auch des anerkannten Flüchtlings zur Zuständigkeitsübernahme durch einen sich hierzu bereit erklärenden Mitgliedstaat. Liegt nur die Zustimmung eines der Betroffenen vor bzw. war dem Antragsteller nicht einmal bekannt, dass sein Familienangehöriger als anerkannter Flüchtling in einem anderen Mitgliedstaat lebt, scheidet die Anwendung des Art. 4 DÜ aus.
Unter Zugrundelegung dieses Ansatzes bejahte das VG Frankfurt[325] die Entscheidung des BAFl., das Asylverfahren einer aus Eritrea stammenden Asylbewerberin und ihres minderjährigen Kindes gemäß Art. 7 Abs. 3 DÜ in Deutschland durchzuführen, obwohl ihr Ehemann als anerkannter Flüchtling

[325] Beschluss vom 31.10.1997, Az. 11 G 50634/97.

in England lebte. Die Asylbewerberin hatte es versäumt, bei der ersten Befragung durch den Bundesgrenzschutz am Frankfurter Flughafen auf die Existenz ihres Ehemannes aufmerksam zu machen, von dem sie seit Jahren getrennt und ohne Kontakt lebte. Erst in der Befragung durch das BAFl. erwähnte sie ihren Ehemann, gab aber an, nichts Genaues über seinen Status zu wissen. Nach der Entscheidung des BAFl., die Anträge als offensichtlich unbegründet abzulehnen, ging ein Fax des UNHCR beim Bundesgrenzschutz ein mit der Information, das der Ehemann als Flüchtling in Großbritannien anerkannt sei und die Familienzusammenführung nach Art. 4 DÜ wünsche. Das Gericht verwies darauf, dass zwar eine Zustimmung des Ehemannes vorläge, eine Zustimmung der betroffenen Ehefrau und des minderjährigen Kindes bei der Antragstellung aber nicht zu erkennen gewesen sei. Zudem sei der maßgebliche Zeitpunkt zur Bestimmung der Zuständigkeitskriterien die Situation, die bei Stellung des ersten Asylantrages vorgelegen habe (Art. 11 Abs. 3 DÜ).

Diese Entscheidung dürfte eine Ausnahme darstellen, da die Mitgliedstaaten üblicherweise bestrebt sind, die Familieneinheit zu schützen bzw. wiederherzustellen und natürlich auch ein Interesse daran haben, nach Möglichkeit eine Überstellung des Asylbewerbers in einen anderen Mitgliedstaat zu erreichen.

3. Artikel 4 und Drittstaatenklausel

Das BVerfG hatte über eine Verfassungsbeschwerde zu entscheiden, bei der der Beschwerdeführer sich auf sein Recht auf Familienasyl gemäß § 26 Abs. 2 AsylVfG und Art. 4 DÜ berief.[326] Der Beschwerdeführer, ein staatenloser Kurde aus Syrien, war von Jordanien aus über Rom und Österreich nach Deutschland eingereist. Der zum Zeitpunkt seiner Einreise noch minderjährige Beschwerdeführer beantragte Familienasyl gemäß § 26 Abs. 2 AsylVfG, da sein Vater bereits als anerkannter Flüchtling in der Bundesrepublik lebte. Im gegen den ablehnenden Bescheid gerichteten Klageverfahren vor dem VG Arnsberg[327] berief er sich zunächst darauf, dass die Drittstaatenregelung das Recht auf Familienasyl nicht ausschließe. Nachdem zwischenzeitlich das BVerwG[328] entschieden hatte, dass die Einreise über einen sicheren Drittstaat auch eine Anerkennung als Familienasylberechtigter ausschließe, berief sich der Beschwerdeführer auf die Zuständigkeit der Bundesrepublik Deutschland gemäß Art. 4 DÜ und den Ausnahmetatbestand des § 26 a Abs. 1 S. 3 Nr. 2 AsylVfG.

---

326 BVerfG, Beschluss vom 8.6.2000, InfAuslR 2000, S. 364.
327 Urteil vom 29.9.1998, Az. 4 K 94/97.A.
328 BVerwGE 104, S. 347 ff.

Das BVerfG hob die Entscheidung des VG Arnsberg und den Beschluss des OVG für das Land Nordrhein-Westfalen[329] wegen Verletzung des Art. 3 Abs. 1 GG auf und stellte fest, dass für Asylbegehren der Familienangehörigen von in Deutschland anerkannten GFK-Flüchtlinge die Bundesrepublik gemäß Art. 4 DÜ vorrangig zuständig sei, so dass die Drittstaatenklausel der (Familien-) Asylanerkennung auch bei Einreise auf dem Landweg nicht entgegengehalten werden könne. Das Urteil des VG Arnsberg überschreite die Grenzen zur Willkür, da es die Durchführung des Asylverfahrens gemäß Art. 16 a GG aufgrund des Vorliegens der Drittstaatenregelung versage und es unterlasse, Art. 4 DÜ zu prüfen. Die Annahme, der Beschwerdeführer könne sich nicht auf eine gesetzlich vorgesehene Ausnahme von der Drittstaatenregelung berufen, weil er nicht legal – das heißt mit einem echten Pass sowie einem Visum der Deutschen Botschaft Damaskus – eingereist sei, sei unter keinem denkbaren Aspekt rechtlich nachzuvollziehen.[330] Das BVerfG verwies die Sache an das VG Arnsberg zurück, mit der Auflage zu klären, ob für die Anwendung des § 26 a Abs. 1 S. 3 Nr. 2 AsylVfG auf die Zuständigkeit Deutschlands im Zeitpunkt der letzten mündlichen Verhandlung abzustellen sei, oder ob der Zeitpunkt der Einreise des Klägers nach Deutschland maßgeblich sei. Zum Zeitpunkt der Einreise (4. Oktober 1996) war Österreich nämlich weder Vertragspartner des SDÜ noch des DÜ.
Das VG Arnsberg[331] folgte in seiner (positiven) Entscheidung der Sicht des Klägers und stellte für die Anwendbarkeit des DÜ auf die Sach- und Rechtslage zum Zeitpunkt der letzten mündlichen Verhandlung ab (§ 77 Abs. 1 AsylVfG). Da dieses zum relevanten Zeitpunkt auch für die Republik Österreich in Kraft sei. Gerade weil das DÜ keine ausdrücklichen Regelungen enthalte, wie mit den zum Zeitpunkt seines Inkrafttretens bereits anhängigen, aber noch nicht rechtskräftig abgeschlossenen Asylverfahren zu verfahren sei, verbleibe es bei den einschlägigen nationalen Regeln.

Da die Drittstaatenregelung eine Zuerkennung von Familienasyl ausschließt, muss ein Asylbewerber, der sich im Rahmen von Art. 4 DÜ auf die Zuständigkeit Deutschlands beruft und den Ausnahmetatbestand des § 26 a Abs. 1 S. 3 Nr. 2 AsylVfG geltend macht, nachweisen, dass die Einreise aus einem anderen Mitgliedstaat des Dubliner Übereinkommens erfolgte. Lässt sich nicht aufklären, ob der Asylbewerber direkt aus einem sicheren Drittstaat,

329 Beschluss vom 24.11.1998, Az. 9 A 5039/98.A.
330 Siehe auch Nieders. OVG, Urteil vom 26.4.2001, AuAS 2001, S. 152 ff.
331 Urteil vom 21.11.2000, Az.:4 K 94/97.A.

der nicht Mitgliedstaat des DÜ ist, nach Deutschland eingereist ist, so geht die Unaufklärbarkeit zu seinen Lasten.[332]

II. Artikel 3 Abs. 4 DÜ

Nach den Dienstvorschriften des BAFl. darf der Einzelentscheider von dem Recht auf Selbsteintritt nur dann Gebrauch machen, wenn der Asylantrag innerhalb von zwei Wochen als offensichtlich unbegründet, unbeachtlich gemäß § 29 Abs. 1 AsylVfG oder bei Anwendung der Drittstaatenregelung nach §§ 26 a, 34 a AsylVfG abgelehnt werden kann und eine zügige Rückführung in das Herkunftsland oder ein Drittland sicher zu erwarten ist.[333] Sind diese Bedingungen nicht gegeben, so liegt die Entscheidung über die freiwillige Übernahme eines Asylverfahrens bei der Koordinierungsstelle Schengen/Dublin des BAFl.

1. Zustimmung des Asylbewerbers

Eine ausdrückliche Zustimmung des Asylbewerbers zu der freiwilligen Übernahme des Verfahrens durch Deutschland wird in der Praxis des BAFl. nicht verlangt. Die Dienstanweisungen zu Art. 3 Abs. 4 DÜ sehen vor, dass die in Satz 2 der Vorschrift geforderte Zustimmung des Asylbewerbers mit dem Stellen des Asylantrags in der Bundesrepublik als konkludent erteilt gilt.[334]

Das VG Frankfurt[335] hat sich gegen die Wirksamkeit einer konkludenten Zustimmung ausgesprochen, da die ausdrückliche Zustimmung des Asylbewerbers Bedingung einer rechtmäßigen Ausübung des Selbsteintrittsrechts. Dies wiederum setze voraus, dass der Asylbewerber über die Zuständigkeit eines anderen Mitgliedstaates für die Prüfung seines Asylantrages informiert sei, da ihm sonst die vollständige Entscheidungsgrundlage für seine Zustimmung zur Ausübung des Selbsteintrittsrechts fehle.[336]

---

332 VG Bayreuth, Beschluss vom 17.1.2003, Az. B 1 K 00.30312. Ebenso zur Frage der Beweislast des § 26a Abs.1 Satz 2 Nr. 3 AsylVfG: OVG Nordrhein-Westfalen, Beschluss vom 1.7.2002, Az. 9 A 4142/01.A.

333 *BAFl.*, Dienstanweisung zum Übereinkommen von Dublin vom 24.7.1997, Rn. 1.2.

334 *BAFl.*, Dienstanweisung zum Übereinkommen von Dublin vom 24.07.1997, Rn. 1.2. *Schmid/Bartels*, 2001, S. 251. Zur Kritik an dieser Regelung siehe unten S. 244 f.

335 Beschluss vom 14.1.2000, Az. 2 G 16/00.A (3).

336 Gleichwohl kündigt das Gericht an, dass die Antragsteller im Hauptsacheverfahren nicht die Aufhebung des insoweit rechtswidrigen Bescheids des BAFl. mit Aussicht auf Erfolg verlangen könne, da sich aus dem DÜ kein subjektiver Anspruch ableiten lasse.

2. Individuelles Recht aus Artikel 3 Abs. 4?

Ob Art. 3 Abs. 4 DÜ ein subjektiv öffentliches Recht ist, auf das der Einzelne sich berufen kann, ist in der Rechtsprechung und Literatur umstritten.[337] Ein Teil der Rechtsprechung[338] und der Literatur[339] gehen davon aus, dass das DÜ keine individuellen Rechte beinhaltet. Dies wird u.a. damit begründet, dass das DÜ in erster Linie organisatorische Regelungen zwischen den Staaten zum Inhalt habe und nicht darauf gerichtet sei, einzelnen Personen Rechtspositionen einzuräumen. Das DÜ richte sich nur an die Mitgliedstaaten. Aus dem Selbsteintrittsrecht eines jeden Mitgliedstaats im Sinne des DÜ folge daher kein Anspruch eines Asylsuchenden auf Prüfung, ob hiervon im Einzelfall Gebrauch gemacht werden solle und ob die getroffene oder auch unterbliebene Entscheidung als ermessensfehlerfrei zu beurteilen sei. Das durch Art. 3 Abs. 4 DÜ festgelegte Selbsteintrittsrecht eines jeden Mitgliedstaats begründe oder erweitere nicht die Rechtsposition von Asylsuchenden.[340]

Eine Anzahl von Verwaltungsgerichten geht mit unterschiedlicher Begründung davon aus, dass den Klägern/Antragstellern aus Art. 3 Abs. 4 DÜ zumindest ein Recht auf ermessensfehlerfreie Prüfung durch das BAFl. erwächst.[341] So kommt das VG Düsseldorf[342] zu dem Schluss, dass das Recht

---

337 Siehe als Überblick auch *Züfle*, in: Faria (Hrsg.), 2000, S. 123 (125 f.).

338 Vgl. VG Gießen, Beschluss vom 25.1.1996, NVwZ-Beilage 1996, S. 27; Bay. VG Würzburg, Beschluss vom 15.10.1997, Az. W 3 S 97.31436; VG Augsburg, Gerichtsbescheid vom 15.4.1998, Az. Au 8 K 97.30341; VG Gießen, Urteil vom 13.9.1999, Az. 9 E 32555/98.A; VG Schleswig-Holstein, Beschluss vom 27.3.2001, Az.: 7 B 13/01; VG Freiburg, Urteil vom 7.5.2002, ASYLMAGAZIN 2003, S. 32 f.

339 *Hailbronner*, AuslG, a.a.O., § 29 AsylVfG, Rn. 22; *Hailbronner/Thiery*, ZAR 1997, S. 55 (59); *Marx*, a.a.O., 1999, § 29, Rn. 23 ff.; a.A. *Hoffmann*, InfAuslR 1999, S. 94 ff; *Huber*, NVwZ 1998, S. 150 ff.

340 VG Schleswig-Holstein, Beschluss vom 27.03.2001, Az.: 7 B 13/01. Das Gericht kommt im vorliegenden Fall wohl zu Unrecht zu dem Ergebnis, dass die Antragsteller vor ihrer Abschiebung nach Frankreich einen Antrag auf Duldung bei der zuständigen Ausländerbehörde hätten stellen und die Traumatisierung der Antragstellerin vortragen sollen. Es spreche einiges dafür, dass die Voraussetzungen für die Erteilung einer Duldung aus humanitären Gründen nach § 55 Abs. 3 DÜ vorlägen. Das Gericht übersieht, dass gerade für derartige humanitäre Fälle das DÜ den Mitgliedstaaten die Möglichkeit der freiwilligen Übernahme des Verfahrens einräumt. Es kann nicht Aufgabe der Ausländerbehörde sein, in das Dublinverfahren einzugreifen, insbesondere da die Antragsteller die Behandlung ihres Asylantrages und nicht die Bearbeitung eines Duldungsantrages wünschen.

341 Vgl. VG Düsseldorf, Urteil vom 17.9.1996, Az. 25 K 642/96.A; VG Oldenburg, Urteil vom 29.5.1998, InfAuslR, S. 416; VG Osnabrück, Beschluss vom 6.12.1999, NVwZ-Beilage 2000, S. 71; VG Osnabrück, Beschluss vom 31.5.2000, Az. 5 B 70/00/Lü.

des Klägers aus Art. 6 GG tangiert sei, da seine Mutter und Schwester als anerkannte Asylbewerber in Deutschland leben. Das Recht der BR Deutschland auf Selbsteintritt solle auch das Recht der Kläger aus Art. 6 GG gewährleisten, wie der Hinweis auf das nationale Recht in Art. 29 Abs. 4 SDÜ zeige. Im Übrigen ergäbe sich eine Begründungspflicht auch allein aus Art. 6 GG i.V.m. Art. 19 Abs. 4 GG. Die fehlende Ermessensentscheidung des BAFl. führte zur Rechtswidrigkeit der Abschiebungsandrohung.

Nach Ansicht des VG Ansbach[343] begründen Art. 3 Abs. 4 und Art. 9 DÜ nicht unmittelbar Rechte der betreffenden Asylbewerber, sondern stellen das vertragliche Einfallstor zur Berücksichtigung schon anderweitig bestehender, den Zielen des DÜ eventuell vorgehender national zu gewährender Individualrechte, vor allem humanitärer oder familiärer Art, dar. So rufe Art. 6 Abs. 1 GG im Verhältnis zwischen Eltern und ihren Kindern eine grundrechtliche Schutzwirkung hervor und das BAFl. habe deshalb im Falle einer drohenden Trennung der Familie im Bescheid nach § 29 Abs. 3 AsylVfG Ausführungen über die Wahrnehmung des Ermessens zu machen.
Das VG Oldenburg[344] spricht von einer „Verdichtung des Rechts zum Selbsteintritt nach Art. 29 Abs. 4 SDÜ[345]“, so dass über das in diesem Artikel statuierte Recht auf Selbsteintritt eine Verpflichtung zum Selbsteintritt anzunehmen sei. Das Gericht setzt allerdings stillschweigend voraus, dass es sich bei Art. 29 Abs. 4 SDÜ um ein subjektiv-öffentliches Recht des Asylbewerbers handele, dass in bestimmten Fällen den Staat zur freiwilligen Übernahme verpflichte. In der Argumentation des Gerichtes wird nur auf Sachargumente – hier den Gedanken der Beschleunigung der Asylverfahren – abgestellt.[346]
Wie oben dargestellt, vertritt die Rechtsprechung sehr unterschiedliche Ansichten zu der Frage, ob sich aus Art. 3 Abs. 4 DÜ ein subjektives Recht

---

342 VG Düsseldorf, Urteil vom 17.9.1996, Az. 25 K 642/96.A; siehe auch Beschluss im einstweiligen Rechtsschutzverfahren vom 14.2.1996, Az. 25 L 239/96.A.

343 VG Ansbach, Beschluss vom 28.1.2000, Az. AN 10 S 99.33894.

344 VG Oldenburg, Urteil vom 29.5.1998, InfAuslR, S. 416.

345 „Unbeschadet des Absatzes 3 behält jede Vertragspartei das Recht, bei Vorliegen besonderer Gründe, insbesondere des nationalen Rechts, ein Asylbegehren auch dann zu behandeln, wenn die Zuständigkeit aufgrund diese Übereinkommens bei einer anderen Vertragspartei liegt.“

346 Im zugrundeliegenden Fall, in dem auch eine Zuständigkeit der Bundesrepublik nach Art. 4 DÜ bejaht wurde, argumentiert das VG, dass über den Gedanken der Familienzusammenführung und einer Betreuungsnotwendigkeit hinaus der Umstand von ausschlaggebender Bedeutung sei, dass der Kläger und seine Ehefrau ineinandergreifende Begründungen ihrer Asylanträge vorgetragen hätten. Eine Durchführung des Asylverfahrens in Belgien würde dem Beschleunigungsgedanken der Asylverfahren zuwiderlaufen, da Belgien nicht ohne Verzögerungen auf bereits gewonnene Erkenntnisse zurückgreifen könnte.

des Asylbewerbers ergibt. Um dies befriedigend beantworten zu können, muss zunächst geklärt werden, ob ein Individuum überhaupt unmittelbar aus einem völkerrechtlicher Vertrag dem Staat gegenüber ein bestimmtes Verhalten fordern kann, oder ob dies erst nach der Umsetzung in innerstaatliches Recht der Fall ist. Diese Erkenntnisse sind sodann auf das Dubliner Übereinkommen zu übertragen und im Hinblick auf Art. 3 Abs. 4 zu prüfen. Nach der klassischen Völkerrechtslehre, die insbesondere der Dualismus durch seine strikte Trennung von Völkerrecht und innerstaatlichem Recht aufgreift, sollte das Völkerrecht nur Staaten berechtigen und verpflichten, nicht jedoch Individuen.[347] Diese strenge Trennung hat sich jedoch mit der Entstehung der ersten völkerrechtlichen Verträge zum Schutz von Menschenrechten nach dem Zweiten Weltkrieg aufgeweicht. *Ipsen*[348] und *Verdross/Simma*[349] unterteilen die partielle Völkerrechtssubjektivität des Individuums in eine unmittelbare Berechtigung aus dem völkerrechtlichen Vertrag und in eine mittelbare Berechtigung, die quasi als Begünstigung des Individuums erst nach der innerstaatlichen Umsetzung des völkerrechtlichen Vertrages zustande kommt. Maßgebliches Kriterium für die Unterscheidung zwischen einer völkerrechtlichen Berechtigung und einer schlichten Begünstigung des Individuums ist nach den erwähnten Autoren die Bereitstellung eines völkerrechtlichen Verfahrens zur Durchsetzung der zugeordneten Rechte. Ein solches Verfahren stellt zum Beispiel die Europäische Menschenrechtskonvention mit der Möglichkeit der Individualbeschwerde zur Verfügung.

Betrachtet man Art. 3 Abs. 4 des Dubliner Übereinkommen unter dieser Prämisse, so mangelt es bereits an der Bereitstellung eines derartigen Durchsetzungsverfahrens für den betroffenen Asylbewerber. Eine unmittelbare Wirkung ist jedoch auch nicht durch die Transformation des DÜ in das innerstaatliche Recht eingetreten, denn es lässt sich weder aus der Norm selber noch aus Sinn und Zweck des Übereinkommens ein Individualrecht erschließen. Das Dubliner Übereinkommen richtet sich direkt an die Mitgliedstaaten zur organisatorischen Regelung der Zuständigkeit und ist nicht darauf gerichtet, einzelnen Personen Rechtspositionen einzuräumen. Art. 3 Abs. 4 DÜ wurde aufgrund der sensiblen Souveränitätsinteressen der Mitgliedstaaten in das DÜ aufgenommen und nicht, um Individuen ein Recht auf Durchführung eines Asylverfahrens in dem von ihnen ausgewählten Mitgliedstaat zu gewähren.[350] Art. 3 Abs. 4 DÜ ist somit weder aus seinem Inhalt, noch aus Sinn und Zweck hinreichend bestimmt, um von einem

[347] *Ipsen*, 4. Aufl. 1999, § 7 Rn. 1; *Verdross/Simma*, 3. Aufl. 1984, § 423.
[348] *Ipsen*, 4. Aufl. 1999, § 7Rn. 5, 6.
[349] *Verdross/Simma*, 3. Aufl. 1984, § 423, 424.
[350] Siehe zur Entstehungsgeschichte oben S. 63.

subjektiven Recht des Asylbewerbers auszugehen.[351] Hingegen kann es im Zusammenspiel des Art. 3 Abs. 4 DÜ mit dem von den Gerichten zu beachtenden Grundrecht aus Art. 6 Abs.1 GG oder dem Recht auf Familie aus Art. 8 EMRK zu einer Begünstigung des Individuums kommen. Das VG Ansbach vergleicht Art. 3 Abs. 4 durchaus zutreffend mit einem „vertraglichen Einfallstor“ zur Berücksichtigung schon anderweitig bestehender, vorgehender Rechte.[352]

3. Familiäre Gründe

Das DÜ beinhaltet nur in Art. 4 DÜ eine Pflicht zur Zusammenführung von Familien, ansonsten existieren keine Vorschriften, die eine gemeinsame Prüfung der Asylanträge von Familienmitgliedern vorsehen. Ein Großteil der im Klageverfahren behandelten Fälle betrifft daher auch Familien, deren Asylverfahren aufgrund unterschiedlicher Zuständigkeiten in verschiedenen Mitgliedstaaten durchgeführt werden sollen. Die Kläger (bzw. Antragsteller) stützten sich neben Art. 4 DÜ auf das Selbsteintrittsrecht gemäß Art. 3 Abs. 4 DÜ, häufig auch i.V.m. Art. 6 Abs. 1 GG und Art. 8 EMRK, um eine Zuständigkeitsübernahme Deutschlands zu erreichen.

Eine grundlegende Entscheidung zum Erhalt der Familieneinheit und der Reichweite des Art. 6 Abs. 1 und 2 GG im Rahmen einer Überstellung nach dem Dubliner Übereinkommen traf das Bundesverfassungsgericht mit Beschluss vom 24. Juli 1998.[353] Das Bundesverfassungsgericht nahm die Verfassungsbeschwerde eines Asylbewerbers türkischer Staatsangehörigkeit nicht zur Entscheidung an, der trotz Zuständigkeit Spaniens bei seiner Ehefrau und seinen zwei Kindern in Deutschland verbleiben wollte. Das Gericht verneinte eine Verletzung des Schutzbereiches von Art. 6 Abs. 1 und Abs. 2 Satz 1 GG durch das Urteil des VG Braunschweig[354] und den Beschluss des Niedersächsischen OVG,[355] da die Trennung der Familienangehörigen nur vorübergehend und dem Asylbewerber deshalb zumutbar sei. Inwiefern es verfassungsrechtlich im Hinblick auf die Gewährleistung von Art. 6 Abs. 1 und Abs. 2 GG tragfähig sei, bei der Anwendung von Art. 29 Abs. 4, 36 SDÜ nur solche besonderen Gründe und außergewöhnlichen Umstände zu berücksichtigen, die über die Erhaltung bzw. Wiederherstellung der Familieneinheit hinausgehen, insbesondere ob dem Art. 6 Abs. 2 Satz 1 GG ausreichend Genüge getan sei, wenn minderjährige Kinder sich (nur) bei

[351] Vgl. *Marx*, a.a.O., 1999, § 29 Rn. 23.
[352] VG Ansbach, Beschluss vom 28.1.2000, Az. AN 10 S 99.33894.
[353] Az. 2 BvR 99/97.
[354] Urteil vom 24.7.1998, Az. 5 A 5176/96.
[355] Beschluss vom 16.12.1996, Az. 11 L 5452/96.

einem Elternteil aufhalten, das Asylverfahren sich aber über mehrere Jahre hinzieht, wurde vom Gericht ausdrücklich offengelassen, da der Beschwerdeführer die Familientrennung selbst zu verantworten habe. Er hatte nämlich durch eine autonom getroffene Entscheidung die Familieneinheit zunächst aufgegeben und damit durch die zeitlich gestaffelte Ausreise der Familienangehörigen in unterschiedliche Zielländer den Grund für die Aufspaltung der Zuständigkeiten für die Durchführung der Asylverfahren selbst verursacht.[356]

Das VG Stuttgart[357] stellte fest, dass die Abschiebung eines Vaters zusammen mit seinen zwei minderjährigen Kindern, während die Ehefrau bzw. Mutter im Bundesgebiet verbleiben musste, einen Eingriff in den Schutzbereich des Art. 8 Abs. 1 EMRK darstellt. Die Familieneinheit könne in absehbarer Zeit weder in Italien – die italienischen Behörden hatten die Übernahme der Ehefrau abgelehnt –, noch durch eine Rückkehr in das gemeinsame Herkunftsland wiederhergestellt werden. Jedenfalls seien die minderjährigen Kinder auf Obhut und Fürsorge durch ihre Eltern angewiesen. Dies erforderte eine häusliche Gemeinschaft, in der ihnen die erforderliche Betreuung und Erziehung zuteil werde. Eine langfristige Trennung minderjähriger Kinder, insbesondere von Kleinkindern, von ihren Eltern sei grundsätzlich unzumutbar und damit unverhältnismäßig.[358] Ebenfalls einen Verstoß gegen Art. 8 EMRK stellt das VG Berlin[359] fest, falls die Familieneinheit zwischen einem Vater und seinem minderjährigen Kind in Deutschland nicht gewährleist würde. Auch das Urteil des BVerfG zur Drittstaatenregelung wird dahingehend untersucht, ob es dieser Interpretation widerspricht. Das VG Berlin kommt zu dem Schluss, dass die Ausführungen des BVerfG sich auf die Abschiebung eines Asylbewerbers in einen sicheren Drittstaat beziehen, während im vorliegenden Fall bereits das Verbringen des Asylbewerbers aus der Bundesrepublik Deutschland zu einem Verstoß gegen Art. 8 EMRK führt.

Aus der Rechtsprechung ergibt sich, dass sich grundsätzlich keine Pflicht auf Selbsteintritt der Bundesrepublik Deutschland zur Übernahme des Verfahrens eines Familienmitgliedes aus Art. 6 GG noch aus Art. 8 EMRK. Zwar umfasst der Schutzbereich des Art. 6 Abs. 1 GG auch ausländische Ehen und Familien,[360] Art. 6 GG begründet aber keinen grundrechtlichen Anspruch für

[356] Vgl. auch VG Braunschweig, Urteil vom 24.7.1998, Az. 5 A 5176/96; VGH Baden-Württemberg, Beschluss vom 23.7.2002, Az. A 3 S 558/02.

[357] Beschluss vom 12.1.1999, Az. A 17 K 15331/98.

[358] Mit Verweis auf die Rechtsprechung des VGH Baden-Württemberg, Urteil vom 15.10.1996, VBlBW. 1997, S. 273 (276) zu Art. 8 EMRK.

[359] VG Berlin, Beschluss vom 14.4.1997, Az. VG 33 X 485.96.

[360] *Coester-Waltjen*, in: von Münch/Kunig (Hrsg.), GGK I, Art. 6, R. 2 und 45.

ausländische Familienmitglieder auf Einreise und Aufenthalt zwecks Nachzug zu ihren im Bundesgebiet lebenden ausländischen Angehörigen.[361] Daher ist es Eheleuten zuzumuten, dass ihre Asylverfahren in verschiedenen Mitgliedstaaten durchgeführt werden. Die Behörden haben jedoch besondere Gründe und außergewöhnliche Umstände zu berücksichtigen, die über die Erhaltung bzw. Widerherstellung der Familieneinheit hinausgehen, wie zum Beispiel die längere Trennung von Kleinkindern von ihren Eltern. Wird die Trennung der Familieneinheit aber durch autonom getroffene Entscheidung verursacht, so ist nach Ansicht des Bundesverfassungsgerichts den Eheleuten zuzumuten, ihre Asylverfahren in verschiedenen Mitgliedstaaten durchzuführen.

4. Medizinische Gründe

Gesundheitliche Gründe, die entweder den Antragsteller selbst betreffen oder seine Familienangehörigen, können die Ausübung des Selbsteintrittsrechts gemäß Art. 3 Abs. 4 DÜ erforderlich machen. Der Bescheid des BAFl. muss erkennen lassen, dass eine Ermessensabwägung bei Vorliegen derartiger Gründe stattgefunden hat. Es genügt nicht, dass das BAFl. nur die Partnerbehörde des zuständigen Staates informiert, dass Deutschland von seinem Recht auf Selbsteintritt keinen Gebrauch mache.[362]

Eine Verpflichtung, das Asylverfahren trotz anderweitiger internationaler Zuständigkeit selbst zu übernehmen, kann sich zum Beispiel dann ergeben, wenn eine langdauernde Erkrankung eine Reiseunfähigkeit hervorruft und deshalb die Prüfung des Asylantrages des Asylbewerbers im zuständigen Ausland auf unabsehbare Zeit unmöglich werden würde.[363] Eine Schwangerschaft in den ersten Schwangerschaftsmonaten zählt nach Ansicht des VG Ansbach[364] noch nicht zu den außergewöhnlichen Umständen, die einen Selbsteintritt der Bundesrepublik notwendig machen. Solange die Versorgung der Schwangeren im anderen Mitgliedstaat gesichert erscheint, keine Risikoschwangerschaft oder psychische Labilität vorliegt, kann die schwangere Ehefrau mit ihren Kindern in den anderen Mitgliedstaat abgeschoben werden, während das Asylverfahren des Ehemannes in

---

361 BVerfG, NJW 1988, S. 626 (628); BVerwG, InfAuslR 1995, S. 265 (271).

362 Vgl. VG Düsseldorf, Urteil vom 17.9.1996, Az. 25 K 642/96.A; siehe auch Beschluss im einstweiligen Rechtsschutzverfahren vom 14.2.1996, Az. 25 L 239/96.A.

363 VG Ansbach, Beschluss vom 28.1.2000, AN 10 S 99.33894. Im vorliegenden Fall wurde ein Selbsteintrittsrecht allerdings abgelehnt, da der Antragsteller nicht der Aufforderung des Gerichtes nachgekommen war, die akute Erkrankung näher zu belegen.

364 Beschluss vom 8.3.1996, Az. AN 15 S 96.30452, AN 15 S 96.30454.

Deutschland durchgeführt wird.[365] Voraussetzung für die Übernahme des Verfahrens ist auch, dass die Krankheit des Antragstellers nicht ausreichend in dem zuständigen Staat behandelt werden kann.[366]

5. Inhaltliche Überprüfung des Asylantrages

Eine freiwillige Übernahme der Behandlung des Asylbegehrens ergibt sich nicht schon aus der Tatsache, dass der Antragsteller gemäß § 25 Abs. 4 AsylVfG angehört wurde, solange nicht die für eine „Übernahme" i.S.v. Art. 30 Abs. 2 SDÜ notwendige Absicht, über das Asylverfahren auch in der Sache zu entscheiden, besteht.[367] Nach dem deutschen Asylverfahrensgesetz ist auch in den Fällen der Zuständigkeit eines anderen Vertragsstaates über den Asylantrag zu entscheiden. Vorher ist auch in diesen Fällen der Sachverhalt zu klären, insbesondere ist der Ausländer persönlich anzuhören.[368] Dies stellt das Verfahren zur Prüfung eines Asylantrages gemäß Art. 1 Abs. 1 Bst. d) DÜ dar.[369] Die Anhörung erfolgt somit in erster Linie zur verwertbaren Feststellung des Reisewegs des Antragstellers und nicht in Wahrnehmung des Selbsteintrittsrechts nach Art. 3 Abs. 4 DÜ.[370]

III. Artikel 6 DÜ und Artikel 4 GG

In einem der seltenen Urteile, aus denen sich die Zuständigkeit des anderen Mitgliedstaats aus Art. 6 DÜ ergibt, beriefen sich die Kläger (erfolglos) auf das in Art. 4 Abs. 2 garantierte Grundrecht der freien Religionsausübung. Die aus dem Irak stammenden Kläger argumentierten, dass ihnen als Jesiden die freie Religionsausübung in Italien – dem für die Prüfung ihres Asylantrages zuständigen Mitgliedstaat – verwehrt wäre. Das VG Braunschweig verwies auf die Gewährleistung des religiösen Existenzminimums in Italien und wies die Klage ab.[371]

---

365 Anmerkung: Die die Überstellung in den zuständigen Mitgliedstaat organisierende Ausländerbehörde müsste aber prüfen, ob die Überstellung ohne Risiko vollzogen werden kann.

366 VG Berlin, Beschluss vom 21.12.2000, Az. VG 33 X 440.00

367 VG Schwerin, Beschluss vom 3.5.1996, AuAS 1996, S. 227; Bay. VG Würzburg, Beschluss vom 15.10.1997, Az. W 3 S 97.31436.

368 §§ 24 Abs. 1 Satz 2, 25 AsylVfG.

369 VG Freiburg, Urteil vom 15.03.1999, Az. A 8 K 12631/98.

370 VG Karlsruhe, Urteil vom 18.03.2002, Az. A 5 K 12106/99.

371 Urteil vom 20.11.2002, Az. 2 A 334/01.

IV. Artikel 9 DÜ

Im Unterschied zu den Dienstvorschriften des BAFl. von 1997 enthalten die im Jahr 2002 erneuerten Dienstvorschriften Erläuterungen zu Artikel 9 DÜ und den zu berücksichtigenden Beschluss 1/2000 des Artikel-18-Ausschusses.[372] Der im deutschen Recht nicht umgesetzte Beschluss 1/2000 kann in Zukunft Einfluss auf die Fälle haben, in denen Familien mit verschiedenen Visa eingereist sind und zwei verschiedene Mitgliedstaaten für ihre Asylverfahren zuständig sind.[373]

1. Ersuchen eines anderen Mitgliedstaates

Voraussetzungen der Anwendung des Art. 9 DÜ ist das Ersuchen eines anderen Mitgliedstaates auf freiwillige Übernahme eines Verfahrens und der Wunsch des Asylbewerbers hierzu. Zudem müssen humanitäre bzw. familiäre Gründe geltend gemacht werden. Eine Verpflichtung der zuständigen deutschen Behörden, die Antragsteller auf Art. 9 DÜ hinzuweisen, besteht nicht. Deshalb ist die Tatsache, dass die Antragsteller nicht darauf hingewiesen wurden, dass Frankreich auf ihren Wunsch hin Deutschland bitten könne, das Asylverfahren aus humanitären Erwägungen zu übernehmen, rechtlich nicht zu beanstanden.[374]

2. Zustimmung des Asylbewerbers

Weitere Voraussetzung für die Anwendung des Art. 9 DÜ ist die (ausdrückliche) Zustimmung des Asylbewerbers auf freiwillige Übernahme des Verfahrens durch einen anderen als den zuständigen Mitgliedstaat. Ein entsprechender Wunsch des Asylbewerbers kann auch dann nicht fingiert oder unterstellt werden, wenn sich der andere Mitgliedstaat zur Übernahme bereit erklärt.[375]

In verschiedenen Fällen als problematisch erwiesen hat sich das Erfordernis der Zustimmung, wenn es sich bei dem freiwillig zu übernehmenden Asylbewerber um ein Baby oder Kleinkind handelt und die Eltern die Übernahme ablehnen. Aus dem DÜ oder den hierzu ergangenen Durchführungsbestimmungen ergeben sich keine Anhaltspunkte. Die deutsche Rechtsprechung ist uneinheitlich, zum Teil wird auf den mutmaßlichen Willen des Kindes und nicht auf den ausdrücklichen Wunsch der Eltern abgestellt,

---

[372] Siehe oben Fn. 316 in diesem Abschnitt.

[373] Näheres zum Beschluss 1/2000 siehe oben S. 69 und unten S. 247 ff.

[374] VG Schleswig-Holstein, Beschluss vom 27.03.2001, Az. 7 B 13/01

[375] VG Arnsberg, Beschluss vom 31.1.2000, Az. 13 L 1716/99.A.

zum Teil geben die Gerichte dem Wunsch der Eltern statt und verbieten die Überstellung an den sich freiwillig bereit erklärenden Mitgliedstaat, mangels ausdrücklicher Zustimmung des Asylbewerbers.

So entschied das VG Düsseldorf,[376] dass eine Überstellung des in Deutschland im April 2000 geborenen Antragstellers zusammen mit seinen Eltern nach Italien nicht möglich sei, da die Eltern weder vom BAFl. um ihre Zustimmung zur Überstellung des Kindes gebeten wurden, noch dies ihrem Wunsch entspricht.[377]
Nicht auf den Willen der Eltern, sondern auf den mutmaßlichen Willen des Kindes stellt das VG Regensburg ab.[378]. Ist der Asylantragsteller ein (Klein-) Kind, so werde er bezüglich des Wunsches des Asylbewerbers nach Art. 9 DÜ von seinen Eltern vertreten; maßgeblich sei dabei nicht deren – eigener – Wunsch, sondern der (mutmaßliche) Wunsch, der dem Wohl des Kindes am ehesten entspricht. Dieser werde regelmäßig auf den Verbleib des Kindes bei den Eltern gerichtet sein, denn für das Kind sei es dabei nicht von Belang, ob das Asylverfahren der Eltern in Deutschland oder Italien durchgeführt wird.

Das VG Arnsberg[379] umgeht das Problem der fehlenden Zustimmung der Eltern für die Überstellung ihres minderjährigen Kindes. Da mangels Zustimmung die Voraussetzungen des Art. 9 DÜ nicht vorliegen, begründet das Gericht eine Zuständigkeit Italiens auch für das in Deutschland geborene Kind der Asylbewerber mittels einer Analogie zu Art. 6 DÜ. Zwar seien die Voraussetzung des Art. 6 DÜ nur für die Eltern und nicht den Antragsteller gegeben, da es als ungeborenes Kind (nasciturus) in die Bundesrepublik Deutschland eingereist sei. Da das DÜ aber keine Regelung für diese Fallkonstellation enthalte, sei im Wege der Analogie diese Regelungslücke zu füllen. Sinnvollerweise solle das Begehren des Antragstellers analog Art. 6 DÜ im selben Mitgliedstaat der Europäischen Gemeinschaften geprüft werden wie dasjenige seiner Eltern.

Um derartige Probleme in Zukunft zuvorzukommen, sehen die neuen Dienstvorschriften des BAFl. vor, dass bei minderjährigen und möglichen nachgeborenen Kindern zur Sicherheit bereits bei der Anhörung die Zustimmung der Eltern zu dem Verfahren nach Art. 9 DÜ einzuholen ist. Zudem wird ausdrücklich darauf verwiesen, dass sich aus der notwendigen Zustimmung des Asylbewerbers kein Anspruch auf Prüfung in einem bestimmten Mitgliedstaat ergibt. Der Wunsch des Antragsstellers zur Prüfung

---

376 Beschluss vom 29.08.2000, Az. 13 L 2614/00.A.
377 Siehe auch VG Hamburg, Beschluss vom 30.4.1998, Az. 16 VG A 754/98.
378 Beschluss vom 20.10.1999, EZAR 235 Nr. 1.
379 Beschluss vom 31.1.2000, Az. 13 L 1716/99.A.

des Antrages durch den nicht zuständigen Mitgliedstaat könne sich nur darauf beziehen, dass zwischen den Mitgliedstaaten in einem Verfahren bestimmt wird, welcher Mitgliedstaat für den Familienverband zuständig sei.

3. Gründe für die freiwillige Übernahme

Wie bereits oben bei der Darstellung der Rechtsprechung zu Art. 3 Abs. 4 DÜ geschildert, gehen die Gerichte auch im Falle des Art. 9 DÜ davon aus, dass ein Asylbewerber auch unter Berücksichtigung seiner Rechte aus Art. 6 Abs. 1 GG während des Asylverfahrens grundsätzlich keinen Anspruch auf Gewährleistung der Familieneinheit während des Asylverfahrens hat. Ein getrennter Aufenthalt der Kernfamilie in mehreren Vertragsstaaten wird von der Rechsprechung angesichts der zeitlich beschränkten Dauer der Asylverfahren grundsätzlich als zumutbar angesehen.[380] Ob in Fällen eines gemeinsamen Verfolgungs- und Fluchtschicksals ausnahmsweise eine Ermessensreduzierung bei den Entscheidungen nach Art. 9 Abs. 1 DÜ anzunehmen ist, wird vom VG Schwerin ausdrücklich offengelassen, weil eine solche Konstellation in dem behandelten Fall nicht vorlag.[381]

Die neuen Dienstvorschriften des BAFl. weisen darauf hin, dass in Deutschland im Rahmen der humanitären Gründe des Art. 9 DÜ wohl vor allem familiäre Gründe in Betracht kommen.[382] Aber auch im Rahmen des Art. 9 DÜ sei nicht in jedem Fall die Familieneinheit wiederherzustellen. Faktoren, die berücksichtigt werden könnten, seien etwa das Bestehen einer häuslichen Gemeinschaft im Herkunftsland, die Gründe für eine Trennung der Familie sowie der Stand der Asylverfahren in den Mitgliedstaaten. Es bleibt abzuwarten, wie das BAFl. und die Verwaltungsgerichte Art. 9 DÜ im Lichte des neuen Beschlusses 1/2000 anwenden werden.

---

380 Vgl. BVerfG, Beschluss vom 24.7.1998, NVwZ-Beilage 1998, S. 105 f.

381 VG Schwerin, 3.9.1999, Az. 1 B 740/99 As. Vgl. auch VG Gießen, Urteil vom 13.9.1999, Az. 9 E 32555/98.A, die Klägerin und ihr Ehemann hatten bereits vor der Einreise der Klägerin immer getrennt gelebt und die Klägerin hatte sich ein Visum für die Niederlande besorgt und so selbst die Trennung verursacht. VG Ansbach, Urteil vom 1.3.2001, InfAuslR 2001, S. 247 f., der Wunsch bei der Schwester in Deutschland zu leben genügt allein nicht, da zu dem zuständigen Mitgliedstaat (hier: Griechenland) eine Verbindung besteht.

382 Während in Frankreich beispielsweise als kultureller Grund für ein Übernahmeersuchen die Behauptung französischer Abstammung oder die Nähe zur französischen Kultur (Sprache, ehemalige Kolonie etc.) eine Rolle spielen kann.

V. Fristen

1. Artikel 11 Abs. 1 DÜ

Gemäß Art. 11 Abs. 1 DÜ kann ein Mitgliedstaat, in dem ein Asylantrag gestellt wird, innerhalb von sechs Monaten einen anderen von ihm für zuständig gehaltenen Mitgliedstaat um Übernahme eines Asylbegehrens ersuchen. Wird die Sechs-Monats-Frist versäumt, so ist der Staat, in dem der Asylantrag gestellt wurde, selber für die Prüfung des Asylbegehrens zuständig.
Da in dem vor dem VG Düsseldorf[383] behandelten Fall die deutschen Behörden versäumt hatten, ein Übernahmeersuchen an die Niederlande zu stellen, war Deutschland aufgrund des DÜ für die Behandlung des Asylbegehrens zuständig. Folglich durfte dem Asylbewerber auch nicht die Drittstaatenregelung des Art. 16 a Abs. 2 GG entgegengehalten werden, da diese gemäß Art. 16 a Abs. 5 GG keine Anwendung findet, wenn Deutschland aufgrund eines völkerrechtlichen Vertrages für die Prüfung eines Asylverfahrens zuständig ist. Das VG Düsseldorf entschied, dass der Kläger als Asylberechtigter gemäß Art. 16 a GG anzuerkennen sei, nachdem das BAFl. unter Berufung auf die Drittstaatenregelung ihm zunächst nur das sog. kleine Asyl gemäß § 51 Abs. 1 AuslG zuerkannt hatte.

Sollte der übernehmende Staat die Vorschrift des Art. 11 Abs. 1 nicht eingehalten haben, zum Beispiel wenn er das Übernahmeersuchen auch noch der Sechs-Monats-Frist akzeptiert, kann der Asylbewerber sich nicht auf die Unzulässigkeit der Überstellung berufen. Nach Ansicht des VG Schwerin[384] obliegt den deutschen Behörden keine Prüfungspflicht nach § 29 Abs. 3 Satz 1 AsylVfG, ob der zustimmende Mitgliedstaat auch die Regeln des Dubliner Übereinkommens eingehalten hat. Eine derartige Prüfung würde dazu führen, dass ein deutsches Gericht die Entscheidung einer ausländischen Behörde überprüfen müsste; dies ist ihm jedoch verwehrt. Zudem dienten jedenfalls die Fristbestimmungen des Übereinkommens nicht dem Schutz einzelner Asylbewerber.

2. Artikel 11 Abs. 5 DÜ

Gemäß Art. 11 Abs. 5 DÜ muss die Überstellung des Asylbewerbers durch den Mitgliedstaat, in dem der Asylantrag gestellt wurde, an den zuständigen Mitgliedstaat entweder

---

383 Urteil vom 7.2.2001, InfAuslR 5/2001, S. 246 f.
384 Beschluss vom 27.11.2001, AuAS 2002, S. 177 f.

- innerhalb eines Monats nach Annahme des Aufnahmegesuchs oder
- innerhalb eines Monats nach Ende des vom Ausländers gegebenenfalls gegen den Überstellungsbeschluss angestrengten Verfahrens, sofern dieses aufschiebende Wirkung entfaltet, erfolgen.

In der Rechtsprechung umstritten ist, ob es sich bei dieser Frist um eine Ausschlussfrist handelt und, wenn ja, ob diese Frist ein individuelles Recht des Asylbewerbers darstellt. Vermittelnd wird darauf abgestellt, ob das Versäumnis der Frist in die Verantwortung des Asylbewerbers fällt.

Etliche Gerichte vertreten die Auffassung, dass die möglicherweise verletzte Vorschrift des Art. 11 Abs. 5 DÜ ausschließlich eine Pflicht des „abgebenden“ gegenüber dem „aufnehmenden“ Mitgliedstaat regelt und nicht dazu bestimmt ist, den Interessen des jeweiligen Ausländers zu dienen. Aus Art. 11 Abs. 5 DÜ ergäbe sich daher kein subjektives Recht der Antragsteller auf Prüfung ihres Asylantrages in Deutschland.[385] Vielmehr sei wahrscheinlich, dass Art. 11 Abs. 5 DÜ den aufnahmebereiten Staat davor schützen solle, auf Dauer an die Zusage der Aufnahme des Asylbewerbers gebunden zu sein, ohne Veränderungen im rechtlichen oder tatsächlichen Bereich berücksichtigen zu können.[386] Gemäß Art. 21 Abs. 4 des Beschlusses Nr. 1/97 bestimmen die betroffenen Mitgliedstaaten im gegenseitigen Einvernehmen, innerhalb welcher Frist die Überstellung in Sonderfällen zu erfolgen hat.[387] Dem Wortlaut des Art. 11 Abs. 5 DÜ lasse sich nicht entnehmen, dass die Annahme des Übernahmegesuchs davon abhängig gemacht werden solle, dass die Frist des Art. 11 Abs. 5 nicht eingehalten werde.[388] Im Gegensatz zu Art. 11 Abs. 1 und 4 beinhalte Abs. 5 gerade keine Konsequenz für den Fall, dass die Überstellung des Asylbewerbers nicht innerhalb eines Monats durchgeführt werden kann.[389]

Auch das VG Gießen[390] hat erhebliche Zweifel, ob sich aus Art. 11 Abs. 5 DÜ ein subjektives Recht des Asylbewerbers ergibt. Allerdings untersucht das Gericht auch unter Berufung auf die Ansicht von *Hailbronner/Thiery*,[391] in welche Sphäre das Versäumnis der Überstellungsfrist fällt. Im vorliegenden Fall kommt das Gericht zum Ergebnis, dass die Klägerin sich der Überstellung

---

385 VG Schwerin, Gerichtsbescheid vom 25.11.1999, Az. 1 A 2239/99 As; OVG NRW, Beschluss vom 1.09.1999, Az. 23 A 1489/99.A.

386 VG Sigmaringen, Beschluss vom 5.3.2001, InfAuslR 2001, S. 249 ff.; VG Münster, Beschluss vom 31.10.2000, Az. 7 L 1321/00.A

387 OVG Nordrhein-Westfalen, Beschluss vom 1.9.1999, Az. 23 A 1489/99.A

388 Bay. VGH, Beschluss vom 28.1.2002, AuAS 2002, S. 57 ff.

389 OVG Nordrhein-Westfalen, Beschluss vom 26.7.2001, AuAS 2001, S. 214 f.

390 Urteil vom 13.9.1999, Az. 9 E 32555/98.A.

391 *Hailbronner/Thiery*, ZAR 1997, S. 55 (62 f.).

entzogen habe, folglich die Überschreitung der einmonatigen Frist ihr anzurechnen sei.[392] Das VG Regensburg[393] prüft ebenfalls, in welcher Sphäre das Fristversäumnis liegt und kommt zu dem Schluss, dass es sich bei Art. 11 Abs. 5 DÜ nicht um eine Ausschlussfrist handele, wenn die Gründe für das Überschreiten der Frist dem Asylbewerber anzurechnen seien.

Unabhängig von der Frage, ob sich aus den Zuständigkeitsregeln des DÜ subjektive Rechte für den Asylbewerber ergeben, kommt das VG Karlsruhe[394] zu dem Ergebnis, dass eine gemäß § 35 i.V.m. § 29 Abs. 3 AsylVfG erlassene Abschiebungsandrohung aufzuheben sei, wenn die Überstellung nicht innerhalb der Frist des Art. 11 Abs. 5 DÜ erfolgt sei. Denn die Abschiebungsandrohung nach § 35 AsylVfG, gegen die der Kläger rechtzeitig Klage erhoben habe, unterliege einer voll umfänglichen rechtlichen Überprüfung auch hinsichtlich der rechtlichen Unmöglichkeit ihrer Durchführung. Da die Frist des Art. 11 Abs. 5 DÜ zum Zeitpunkt der mündlichen Verhandlung abgelaufen sei, sei die Abschiebung/Überstellung des Klägers auf der Grundlage des DÜ nicht mehr möglich, die Abschiebungsandrohung daher aufzuheben.

Aus dem Wortlaut und Systematik des Art. 11 Abs. 5 ergibt sich kein Anhaltspunkt, dass es sich um eine Ausschlussfrist handelt. Im Gegensatz zu Art. 11 Abs. 1 und Abs. 4 DÜ sind in Abs. 5 gerade keine Konsequenzen für das Überschreiten der Frist geregelt, so dass davon ausgegangen werden kann, dass die Frist wohl nur als Anhaltspunkt für die Behörden der Mitgliedstaaten gedacht war. Für diese Auslegung spricht auch die Staatenpraxis, da in einer Vielzahl von Fällen die Mitgliedstaaten auch nach Ablauf der einmonatigen Frist Überstellungen vornehmen.[395] Art. 21 des Beschlusses 1/97 des Artikel-18-Ausschusses, der vorsieht, dass es für die Zuständigkeit des Mitgliedstaates unerheblich ist, ob der Asylbewerber untergetaucht ist, bestärkt diese Auslegung. Daher kann auch die Argumentation des VG Karlsruhe nicht überzeugen,[396] den diese stellt alleine auf den Fristablauf ab, übersieht aber, dass in der Praxis eine Überstellung solange möglich ist, bis der zuständige Mitgliedstaat nicht mehr zu der Übernahme bereit ist.

---

392 Vgl. auch VG Karlsruhe, Urteil vom 18.h3.2002, Az. A 5 K 12106/99, dass ebenfalls die Einhaltung der Überstellungsfrist ausschließt, da der Kläger seine Überstellung nach Italien durch sein Untertauchen vereitelt hat.

393 Beschluss vom 20.10.1999, EZAR 235 Nr. 1.

394 Urteil vom 11.11.1999, NVwZ-Beilage 2000, S. 70 f. Das VG Greifswald, Beschluss vom 31.8.2000, NVwZ-Beilage 2001, S. 38, schließt sich der Auffassung des VG Karlsruhe ausdrücklich an.

395 Vgl. Bay. VGH, Beschluss vom 28.01.2002, Az. 22 B 00.30925, AuAS 2002, S. 57 ff.

396 Urteil vom 11.11.1999, NVwZ-Beilage 2000, S. 70 f.

3. § 29 Abs. 2 AsylVfG

Nach § 29 Abs. 2 AsylVfG ist das Asylverfahren fortzuführen, wenn die Rückführung des Asylbewerbers innerhalb von drei Monaten nicht möglich ist. Nach wohl herrschender Lehre[397] und Rechtsprechung[398] kommt eine direkte oder entsprechende Anwendung der Drei-Monats-Frist auf die Überstellung im Rahmen des DÜ nicht in Betracht. Nach der Systematik des Gesetzes bezieht sich diese Norm auf die Regelung des § 29 Abs. 1 AsylVfG, wonach ein Asylantrag unbeachtlich ist, wenn offensichtlich ist, dass der Ausländer bereits in einem sonstigen Drittstaat vor politischer Verfolgung sicher war und die Rückführung in diesen Staat möglich ist. Unmittelbar ist § 29 Abs. 2 AsylVfG deshalb auf Fälle des § 29 Abs. 3 AsylVfG nicht anwendbar. Auch eine analoge Anwendung scheidet aus, da Spezialregelungen im DÜ den nationalen Regelungen vorgehen.[399] Die Drei-Monats-Frist ist zudem in den Fällen des § 29 Abs. 3 AsylVfG nicht erforderlich, weil bei Vorliegen dieser Vorschrift die Übernahme durch einen Vertragsstaat feststeht und eine Ungewissheit, ob ein Drittstaat den betroffenen Asylsuchenden übernimmt, die § 29 Abs. 2 AsylVfG zeitlich begrenzen soll, nicht besteht. § 29 Abs. 3 AsylVfG ist gerade im Hinblick auf das DÜ und das SDÜ der Vorschrift angefügt worden[400] Deshalb besteht keine Notwendigkeit, § 29 Abs. 2 AsylVfG entgegen der Systematik des Gesetzes auf § 29 Abs. 3 AsylVfG anzuwenden.[401]

B. Niederlande

Wie oben bereits in der Kurzbeschreibung des niederländischen Ausländer- und Asylrechts erwähnt, kann der Justizminister allgemeine und besondere Anweisungen den für die Grenzbewachung und das Ausländerrecht zuständigen Beamten erteilen.[402] In den veröffentlichten und regelmäßig aktualisierten Rundschreiben (*Tussentijds Bericht Vreemdelingencirculaire*)

---

397 Vgl. *Hailbronner*, Ausländerrecht Kommentar, § 29 AsylVfG, Rn. 19, *Kloesel/Christ/Häuser*, Deutsches AuslR, § 29 Rn. 23; a.A. *Marx*, AsylVfG, § 35 Rn. 7.

398 VG Gießen, Urteil vom 13.9.1999, Az. 9 E 32555/98.A; VG Gießen, Beschluss vom 8.3.1999, AuAS 1999, S. 136; OVG NRW, Beschluss vom 1.9.1999, Az. 23 A 1489/99.A; VG Karlsruhe, Urteil vom 11.11.1999, NVwZ-Beilage 2000, S. 70; VG Karlsruhe, Urteil vom 18.03.2002, Az. A 5 K 12106/99.

399 VG Minden, Urteil vom 26.2.1999, 8 K 4231/98.A.

400 Vgl. BT-Drs. 12/4450, S. 21.

401 VG Gießen, Urteil vom 13.09.1999, Az. 9 E 32555/98.A; VG Gießen, Beschluss vom 8.03.1999, AuAS 1999, S. 136; OVG NRW, Beschluss vom 1.09.1999, Az. 23 A 1489/99.A; VG Karlsruhe, Urteil vom 11.11.1999, NVwZ-Beilage 2000, S. 70.

402 Siehe oben S. 101.

werden auch Ermessenausübungsbestimmungen zur Anwendung des Dubliner Übereinkommens gegeben. Im folgenden werden die vor Inkrafttreten des neuen Ausländerrechts gültigen Weisungen neben der auf dieser Gesetzesgrundlage ergangenen Rechtsprechung dargestellt. Falls eine Änderung der Weisungen durch das *Vreemdelingenwet 2000* eingetreten ist, werden diese der Übersichtlichkeit halber als separater Punkt berücksichtigt, ebenso wie die bisher auf Basis des *Vw 2000* ergangene Rechtsprechung.

I. Artikel 4 DÜ

Nur in wenigen Fällen berufen sich die Asylbewerber auf Art. 4 DÜ. Die Auslegung dieses Zuständigkeitskriteriums wird von der Verwaltung und der Rechtsprechung entsprechend des Wortlautes eng ausgelegt.[403]

Im Verlaufe der parlamentarischen Behandlung des *Vreemdelingenwet 2000* stellte sich zunächst folgendes Problem: Es war geplant, alle positiven Bescheide zur Verleihung der ‚befristeten Aufenthaltserlaubnis Asyl' (Art. 29 Abs. 1 Bst. a) bis d) Vw *2000*) – die sowohl an Konventionsflüchtlinge, Flüchtlinge gemäß Art. 3 EMRK oder aus humanitären Gründen verliehen werden kann – ohne Begründung zu erlassen. Dies hätte dazu geführt, dass aus der Aufenthaltserlaubnis selbst nicht mehr der Grund ihrer Verleihung zu erkennen gewesen wäre. Als Konsequenz hätten somit im Wege des Art. 4 DÜ alle Familienmitglieder derjenigen Flüchtlinge Aufnahme gefunden, die in den Niederlanden eine ‚befristete Aufenthaltserlaubnis Asyl' erhalten haben. Im Gesetzgebungsverfahren wurde daher von der Regierung ein Änderungsvorschlag eingebracht mit der Folge, dass unter der neuen Rechtslage auch positive Bescheide wieder begründet werden müssen.
Der Staatssekretär für Justiz wies in einem Brief an die Zweite Kammer ausdrücklich auf diese Rechtslage hin und unterstrich, dass die niederländische Regierung nicht bereit sei, Art. 4 DÜ auf einen breiteren Kreis von Flüchtlingen anzuwenden. Die Niederlande seien jedoch bereit, unter bestimmten Voraussetzungen Familienmitglieder von Ausländern, die keine GFK-Flüchtlinge seien, freiwillig nach Art. 3 Abs. 4 DÜ zu übernehmen.[404] Mit TBV 2002/15 wurde diese Voraussetzungen vom Staatssekretär veröffentlicht.[405] Demnach übernehmen die Niederlande freiwillig das Asylverfahren gemäß Art. 3 Abs. 4 DÜ, wenn der Familienangehörige eine zeitlich befristete Aufenthaltserlaubnis („*asielvergunning voor bepaalde tijd*") gemäß Art. 29 Abs. 1 Bst. b-d) Vw *2000* besitzt. Zudem muss sich der

---

403 Vgl. auch *Danish Refugee Council*, 2000, S. 78.
404 TK 2000-2001, 19 637, Nr. 604, Brief des Staatssekretärs für Justiz an den Vorsitzenden der Zweiten Kammer vom 3.9.2001.
405 Vgl. NAV 2002, S. 244.

Asylbewerber schon in den Niederlanden aufhalten, ein Familienangehöriger im Sinne des Art. 4 Satz 2 DÜ sein und darf in einem anderen Mitgliedstaat noch kein Asylverfahren abgeschlossen haben.

II. Artikel 3 Abs. 4 DÜ

In den Niederlanden hat der Staatssekretär für Justiz auf Drängen der Rechtsprechung ca. zwei Jahre nach Inkrafttreten des SDÜ Ermessensrichtlinien für die Anwendung von Art. 29 Abs. 4 bzw. Art. 3 Abs. 4 DÜ erlassen.[406] Gemäß dieser Verwaltungsvorschriften soll der IND von der Möglichkeit, das Asylverfahren freiwillig zu übernehmen, zurückhaltend Gebrauch machen. Art. 3 Abs. 4 DÜ soll vor allem bei außerordentlichen Umständen humanitärer Art zum Tragen kommen, die nicht schon vom Tatbestand des Art. 9 DÜ erfasst werden. Dies kann zum Beispiel der Fall sein, wenn die Niederlande und ein oder mehrere andere Dublinstaaten für die Behandlung der Asylanfragen von Mitgliedern einer Familie verantwortlich sind und diese durch die unterschiedliche Zuständigkeit verschiedener Länder getrennt würden.
Des weiteren kann einer Anfrage auch aus prozessökonomischen Gründen zugestimmt werden, wenn eine Anfrage sehr schnell und problemlos aufgrund ihrer Unbegründetheit behandelt und der Asylbewerber ausgewiesen werden kann.[407] Eine ausdrückliche Zustimmung des Asylbewerbers zur Übernahme des Verfahrens durch die Niederlande wird in der Praxis des IND nicht verlangt. Die in Art. 3 Abs. 4 DÜ geforderte Zustimmung gilt mit Einreichung des Asylantrages in den Niederlanden als erteilt.[408]

Die Rechtsprechung geht davon aus, dass Art. 3 Abs. 4 DÜ den Behörden einen weiten Ermessensspielraum gewährt, der nur eine beschränkte gerichtliche Überprüfung erlaubt. Die Gerichte überprüfen daher hauptsächlich die korrekte Interpretation und Anwendung der Ermessensrichtlinien durch den IND.[409] Die umfangreiche Rechtsprechung zu Art. 3 Abs. 4 lässt sich thematisch in folgende Untergruppen aufteilen: Familiäre Gründe, medizinische Gründe, inhaltliche Überprüfung des Asylantrags, Fristenüberschreitung/Vertrauensprinzip, *tenzij*-Klausel und Art. 3 EMRK.

---

406 Als Werkinstructie Nr. 111 im Januar 1997 ausgegeben, auch als TBV 1998/7 publiziert.
407 Rb. Zwolle, 10.12.1997, JV 1998/27; *Kuijer/Steenbergen*, 1999, S. 206.
408 Vgl. Rb. Zwolle, 10.12.1997, JV 1998/27; *Vermeulen*, in: Marinho (Hrsg.), 2000, S. 53 (54).
409 *Vermeulen*, in: Marinho (Hrsg.), 2000, S. 53.

1. Familiäre Gründe

a) Vor dem Beschluss 1/2000

Im einzelnen kommen nach den Verwaltungsvorschriften folgende Umstände für die freiwillige Übernahme des Asylverfahrens von Familienmitglieder, für die nach dem DÜ ein anderer Staat verantwortlich ist, in Betracht:[410]

a. Eines der Familienmitglieder ist ernsthaft krank, hat eine schwere Behinderung, oder ist aus anderen Gründen hilfsbedürftig und kann dies durch ein medizinisches Gutachten belegen.[411]

b. Schwangerschaft oder Geburt (dabei wird eine Zeit von sechs Wochen vor und sechs Wochen nach der Entbindung beachtet). Stichtag ist der Tag des Übernahmeersuchens an den anderen Mitgliedstaat. Mittels eines ärztlichen Attestes soll über das Stadium der Schwangerschaft Auskunft erteilt werden.

c. Die Familienmitglieder sind nachweislich zusammen direkt in die Niederlande eingereist, d.h. sie haben sich vor ihrer Ankunft in den Niederlanden in keinem Drittstaat aufgehalten. Ein derartiger Aufenthalt liegt vor, wenn ein Asylverfahren für ein oder mehrere der Familienmitglieder in dem zuständigen Dublinstaat geführt wird oder wurde.

d. Wenn die Niederlande für das Asylverfahren der beiden Eltern zuständig sind, für die Asylanfrage(n) eines oder mehrerer minderjähriger Kinder aber ein anderes Land verantwortlich ist. Es soll vermieden werden, dass die minderjährigen Kinder alleine in einem anderen Dublinstaat verbleiben. Unter Familienmitgliedern im Sinne des DÜ werden verstanden: die Ehepartner und ein unverheiratetes, minderjähriges Kind bzw. wenn es sich um ein unverheiratetes, minderjähriges Kind handelt, dessen Vater oder Mutter.

Solange keine besonderen Umstände vorliegen, sieht die Rechtsprechung keine Notwendigkeit, die Ermessensrichtlinien weit zu interpretieren. So wurden die Entscheidungen des IND dann bestätigt, wenn keine gleichzeitige Einreise der Familienmitglieder in die Niederlande stattgefunden hat,[412] es noch andere Verwandte in den Niederlanden gibt, die eine hilfsbedürftige Person unterstützen könnten,[413] keine Zuständigkeit verschiedener Staaten für

410 TBV 1998/7, S. 3 f.
411 Dieser Aspekt wird unter Punkt 2, medizinische Gründe, näher untersucht.
412 Rb. Zwolle, 17.6.1998, AWB 98/1720.
413 Rb. Zwolle, 20.5.1998, AWB 98/1780.

die Asylverfahren der Familienmitglieder bestand,[414] oder die sich bereits in den Niederlanden aufhaltenden Familienmitglieder nicht zu dem in der Ermessensrichtlinie genannten „engen Kreis“ der Familie gehören.[415]

Eine weite Interpretation der Ermessensrichtlinien wurde im Falle einer Familie vorgenommen, deren Rückkehr in den Kosovo auf absehbare Zeit nicht zu erwarten war und deren Trennung in Anbetracht der kleinen Kinder nicht angemessen gewesen wäre.[416] In einem ähnlichen Fall verpflichtete das Bezirksgericht Zwolle den IND zu Übernahme der Asylverfahren einer Mutter und ihrer zwei Kinder, da angesichts des jungen Alters der Kinder Nachteile bei einer längeren Trennung nicht auszuschließen waren und die schwangere Ehefrau auf die Hilfe ihres bereits in den Niederlanden lebenden Ehemannes angewiesen war. Zudem hatten beide von Anfang an geplant, zusammen in die Niederlande einzureisen.[417]
Der Begriff „Familienmitglied“ wurde vom Bezirksgericht Zwolle im Falle eines homosexuellen Paares analog angewandt, welches bereits seit zehn Jahren zusammenlebte, gemeinsam in die Niederlande eingereist war und deren Asylgründe zusammenhingen.[418] Auch ein Sohn, der bereits über 18 Jahre alt war und nicht mehr zur „Kernfamilie“ im Sinne des Ermessensrichtlinien zählte, durfte in den Niederlanden bleiben, um seiner an Kehlkopfkrebs erkrankten Mutter zu helfen.[419]

Eine Berufung auf Art. 8 EMRK lehnen die Gerichte in ständiger Rechtsprechung ab, da Familienmitglieder hieraus keinen Schutz vor Trennung für den Zeitraum des Asylverfahrens herleiten können.[420]

b) Seit Inkrafttreten des Beschlusses 1/2000

Der Beschluss 1/2000 des Artikel-18-Ausschusses vom 31. Oktober 2000 über den Übergang der Zuständigkeit für Familienangehörige gemäß Artikel 3 Abs. 4 und Artikel 9 DÜ wurde in den Niederlanden in der Verwaltungsvorschrift TBV 2001/04 vom 5. März 2001 umgesetzt.[421]

---

414 Rb. Zwolle, 26.5. 1999, AWB 99/2741; Rb. Zwolle, 17.02.1999, AWB 99/81 u.a.
415 Rb. Zwolle, 2.4.1999, JuB 1999, S. 29.
416 Rb. Zwolle, 1.7.1998, AWB 98/2271.
417 Rb. Zwolle, 15.7.1998, AWB 98/2578.
418 Rb. Zwolle, 17.12.1997, JV 1998/26; Rb. Zwolle, 18.2.1998, JV 1998/70.
419 Rb. Zwolle, 18.9.1998, NAV 1998/189.
420 Rb. Zwolle, 14.10.1998, AWB 98/4832; Rb. Zwolle, 3.2.1999, AWB 99/3, u.a., siehe weitere Ausführungen bei *Boeles*, NAV 1998, S. 437 ff. auch im Vergleich zur belgischen Rechtsprechung.
421 ABl. 2000 L 281/1 vom 7.11.2000, in Kraft getreten am 8.11.2000.

Das Bezirksgericht Den Haag verpflichtete den IND zur Übernahme des Verfahrens der Ehefrau, da diese seit ihrer Ankunft in den Niederlanden mit ihrem Ehemann – für dessen Asylverfahren die Niederlande zuständig waren – zusammen gewohnt hatte. In dieser Zeit war ihr gemeinsamer Sohn aufgrund einer Gewalttat gestorben. Das Gericht sah eine Anwendung des Art. 3 Abs. 4 unter Verweis auf Beschluss 1/2000 als notwendig an, da die Eltern zur gemeinsamen Trauerverarbeitung und Unterstützung aufeinander angewiesen seien.[422]

Das Bezirksgericht Zwolle gab im folgenden Falle einem Antrag auf einstweiligen Rechtsschutz statt und forderte den IND auf, nähere medizinische Untersuchungen vorzunehmen: Eine Mutter und ihre vier Kinder sollten nach Deutschland überstellt werden, während der Vater in den Niederlanden verbleiben sollte. Die Mutter konnte aber ein medizinisches Gutachten vorgelegen, das Depressionen und Selbstmordgedanken aufgrund der bevorstehenden Trennung bescheinigte. Der Präsident des Bezirksgerichts Zwolle war der Ansicht, dass der Beschluss 1/2000 sehr allgemeine Ausführungen enthalte und sich hieraus keine konkreten Konsequenzen für die Politik des IND ergäben. Insbesondere könne nicht davon ausgegangen werden, dass der IND eine Politik anstrebe, nach der es keine Familientrennung mehr bei unterschiedlicher Zuständigkeit gäbe.[423]

Die Abteilung Verwaltungsrechtsprechung des Staatsrats entschied im Falle einer Asylbewerberin, für deren Asylverfahren Portugal zuständig war, dass sie nicht in den Niederlanden bei ihrem Lebensgefährten bleiben könne, da sich aus Beschluss 1/2000 keine Gleichstellung von Eheleuten und Lebenspartnerschaften ergebe.[424] Diese auf den Wortlaut ausgerichtete, restriktive Interpretation erstaunt gerade in den Niederlanden, die in ihrem nationalen Recht ansonsten eine Gleichbehandlung dieser beiden Lebensformen vorsehen. Auch im Hinblick auf Art. 8 EMRK, der sowohl die eheliche Beziehung als auch die Beziehung zwischen unverheirateten Partner schützt, erscheint diese Rechtsprechung zu eng.

2. Medizinische Gründe

Die oben unter Punkt 1 a) bereits vorgestellten Verwaltungsvorschriften, sehen die freiwillige Übernahme eines Asylverfahrens aufgrund von medizinischen Gründen nur vor, wenn dies einen Familienangehörigen

---

422 Rb. Den Haag, 22.12.2000, NAV 2001/137.

423 Rb. Zwolle, 4.1.2001, NAV 2001/95. Diese Entscheidung erging noch vor dem Erlass der Verwaltungsvorschriften.

424 Raad van State, 26.11.2001, Nr. 200104714/1, NAV 2002/95.

betrifft. Die Rechtsprechung befürwortet aber auch unabhängig von der Existenz familiärer Beziehungen eine freiwillige Übernahme des Asylbewerbers, wenn medizinische Gründe dies notwendig erscheinen lassen.

In den Verfahren stellt sich immer wieder das Problem der Beweisbarkeit der Erkrankung und der Hilfsbedürftigkeit des Asylbewerbers sowie der Ausführlichkeit der benötigten medizinischen Gutachten.[425]
Aus verschiedenen Urteilen des Bezirksgerichtes Zwolle zu Fragen eines posttraumatischen Belastungssyndroms und der vorgetragenen Notwendigkeit, auch während der Behandlung bei der Familie zu bleiben, können folgende Schlussfolgerungen gezogen werden: Zunächst muss der Antragsteller seine Hilfsbedürftigkeit vortragen, genügt dies dem IND nicht, so muss er einen Amtsarzt einschalten, um eine eingehende Untersuchung vorzunehmen.[426] Das Gericht geht zu Gunsten des Klägers/Antragstellers davon aus, dass er nicht die Möglichkeit habe, ausführliche Gutachten vorzulegen, da die medizinische Behandlung für Asylbewerber im Dublinverfahren auf das Notwendigste beschränkt sei.[427]
Nach der Rechtsprechung des Bezirksgerichtes Den Haag hat die Klage bzw. der Antrag auf einstweiligen Rechtsschutz nur dann Erfolg, wenn der Antragsteller durch ein ärztliches Gutachten nachweisen kann, dass ihm im verantwortlichen Dublinstaat keine ausreichende Behandlung zur Verfügung steht. Die Beweislast für seinen Gesundheitszustand obliegt dem Asylbewerber.[428]

Solange eine vergleichbare Behandlung in dem verantwortlichen Mitgliedstaat vorgenommen werden kann, auch wenn eine Übernahme der Kosten nicht gewährleistet ist, besteht kein Grund Art. 3 Abs. 4 DÜ anzuwenden.[429] Auch die Aufnahme in einem Methadonprogramm in den Niederlanden ist keine Rechtfertigung für eine freiwillige Übernahme des Asylverfahrens.[430] In Falle der Überstellung eines Transsexuellen an Spanien hat das Bezirksgericht Den Haag dem Antragsteller im einstweiligen Rechtsschutzverfahren Recht gegeben. Da nicht geklärt sei, ob ihm in Spanien die nötige medizinische

---

425 Zur Rolle medizinischer Gutachten im Asylverfahren siehe auch *Hoogenberk/Pastoors*, NAV 2001, S. 148 ff.

426 Rb. Zwolle, 23.06.1999, AWB 99/2882; Rb. Zwolle, 14.7.1999, AWB 99/3299.

427 Rb. Zwolle, 12.01.2000, NAV 2000/57. Weitere Entscheidungen zum posttraumatischen Belastungssyndrom siehe: Rb. Zwolle, 15.3.2000, NAV 2000/113; Rb. Zwolle, 15.3.2000, NAV 2000/114; AWB 00/379.

428 Rb. Den Haag, 23.04.1999, AWB 99/1978.

429 *Van Bergen*, NAV 1999, S. 265 (266); Rb. Zwolle, 17.2.1999, AWB 99/81.

430 Rb. Den Haag, 27.05.1998, AWB 98/2987.

Behandlung zuteil werde und die entsprechende Expertise vorhanden sei, könne der Antragsteller in den Niederlanden verbleiben.[431]

Das Bezirksgericht Zwolle verpflichtete die Niederlande zur Anwendung des Art. 3 Abs.4 DÜ im Falle einer afghanischen Familie, die sich vor ihrer Ankunft in den Niederlanden in Österreich aufgehalten hatten.[432] Dort wurden sie (wahrscheinlich von Skinheads) überfallen. Die bereits aufgrund der Vorkommnisse in Afghanistan traumatisierte Tochter bekam aufgrund der angedrohten Überstellung nach Österreich weitere psychische Probleme und Panikanfälle. Eine Prüfung ihrer Asylanträge in Österreich sei der Familie nach Ansicht des Gerichts daher nicht zuzumuten.

3. Inhaltliche Überprüfung des Asylantrags

Die inhaltliche Prüfung eines Asylantrages findet (normalerweise) erst dann statt, wenn der Staatssekretär für Justiz festgestellt hat, dass die Niederlande nach dem DÜ zuständig sind oder das Asylverfahren freiwillig übernehmen. Hat jedoch eine ausführliche, inhaltliche Untersuchung des Asylbegehrens bereits während des Dublinverfahrens stattgefunden und wurde dadurch der Eindruck beim Antragsteller erweckt, eine Überstellung an ein anderes Land werde nicht mehr stattfinden, dann kann nach der Rechtsprechung aufgrund der Verletzung des in der Verwaltungslehre anerkannten Vertrauensprinzips (*vertrouwensbeginsel*) ein Grund für die Anwendung des Art. 3 Abs. 4 DÜ gegeben sein.[433] Die Berufung auf den Vertrauensgrundsatz wird von den Gerichten restriktiv ausgelegt; es reicht regelmäßig nicht aus, dass sich der Asylbewerber darauf beruft, es habe eine zweite Anhörung im Aufnahmezentrum stattgefunden oder es sei eine erhebliche Zeit zwischen seiner Anhörung und der Mitteilung seiner Abschiebung in den anderen Dublinstaat vergangen.

Zur Absicherung vor späteren Klagen basierend auf einer Verletzung des Vertrauensprinzips, lässt der IND jeden Asylbewerber im Anmeldezentrum zunächst ein Formular unterzeichnen und bestätigen, dass ihm/ihr bekannt sei, dass eine inhaltliche Untersuchung des Asylantrages erst nach dem Abschluss des Dublinverfahrens erfolgen werde.[434] Die Unterzeichnung dieses Formulars führt nach Ansicht der Rechtsprechung aber nicht automatisch zum

---

431 Rb. Den Haag, 24.07.1998, AWB 98/4348.

432 Rb. Zwolle, 7.6.2002, NAV 2002/276.

433 Rb. Den Haag, 17.11.1995, RV 1995, 16; Rb. Zwolle, 24.12.1998, AWB 98/6315; siehe weitere Nachweise in *Kuijer/Steenbergen*, 1999, S. 205 f. und *Tiemersma*, NAV 1999, S. 257 (259 f.).

434 Siehe zum Inhalt der Erklärung auch *Tiemersma*, NAV 1999, S. 257 (260).

Ausschluss jeglichen Vertrauens auf eine inhaltliche Prüfung des Asylbegehrens.[435] So kann zum Beispiel das widersprüchliche Verhalten eines IND-Beamten das Vertrauen des Asylbewerbers auf eine Prüfung seines Asylbegehrens in den Niederlanden wecken und eine Übernahme gemäß Art. 3 Abs. 4 DÜ rechtfertigen.[436] Besondere Umstände lagen z.B. im folgenden Fall vor, den das Bezirksgericht Zwolle zu entscheiden hatte: Der Asylbewerber wurde schriftlich darüber informiert, dass eine an Griechenland gestellte Dublinanfrage abgelehnt worden sei und prinzipiell sein Asylantrag von den Niederlanden geprüft werden könne. Erst Monate später wurde ihm dann ohne nähere Erläuterungen mitgeteilt, dass eine zweite Anfrage an Griechenland gestellt worden sei. Einer Überstellung an Griechenland stand nun nach Ansicht des Bezirksgerichts Zwolle aber das Vertrauen gegenüber, dass durch das Verhalten des IND beim Bewerber aufgebaut worden war.[437]

4. Fristenüberschreitung / Vertrauensprinzip

Nach ständiger Rechtsprechung der niederländischen Gerichte entfalten die Terminbestimmungen des DÜ, wie zum Beispiel die sechsmonatige Frist des Art. 11 Abs. 1 DÜ oder die einmonatige Frist des Art. 11 Abs. 5 DÜ, nur Wirkung zwischen den Mitgliedstaaten. Asylbewerber können sich somit bei Fristüberschreitung nicht direkt auf diese Bestimmungen berufen.[438] Hat die Fristenüberschreitung bei dem Asylbewerber jedoch das Vertrauen auf die Prüfung seines Asylbegehrens in den Niederlanden geweckt, kann aber die freiwillige Übernahme des Asylverfahrens auf der Basis von Art. 3 Abs. 4 DÜ begründen.[439] Die Verletzung des Vertrauensprinzips aufgrund der Verzögerung des Dublinverfahrens gab Anlass zu sehr divergierender Rechtsprechung und in der Folge auch zum Erlass von Ermessensrichtlinien für die Verwaltung. Wie sich aus den Entscheidungen der Gerichte ergibt, kann die Überstellung eines Asylbewerbers von den Niederlanden in einen anderen Mitgliedstaaten zwischen fünf und neun Monaten dauern.

In zwei Anfang 1999 gefassten Beschlüssen konkretisierte das Bezirksgericht Zwolle die Kriterien, von welchem Zeitpunkt an eine Fristenüberschreitung

---

435 Rb. Haarlem, 20.5.1998, AWB 98/2369. Nach Ansicht von *Tiemersma* a.a.O., kann von einem neu angekommenen Asylbewerber nicht erwartet werden, die Bedeutung jedes von ihm unterzeichneten Dokumentes zu verstehen.

436 Rb. Den Haag, 24.8.1998, AWB 98/5626.

437 Rb. Zwolle, 27.10.1998, AWB 98/4848; siehe auch *Tiemersma*, NAV 1999, S. 257 (260).

438 Vgl. Rb. Den Haag, 29.7.1998, AWB 98/5083; Rb. Den Haag, 11.8.1998, AWB 98/5285.

439 Rb. Den Haag, 14.8.1998, AWB 98/5139.

das Vertrauensprinzip verletze.[440] Demnach sei eine Überschreitung von mehr als sechs Monaten – außer es liegen besondere Umstände vor – im Prinzip nicht mehr zu rechtfertigen. Die Fristenüberschreitung berechne sich ab dem Zeitpunkt des Asylantrages bis zum Erlass des „Dublinbescheides", minus der Zeit zwischen der Anfrage an den möglicherweise zuständigen Staat und dessen Antwort. Die Dauer könne sich unter anderem verlängern durch medizinische Gründe, die eine Untersuchung des Asylbewerbers umfassen, Betrug von Seiten des Asylbewerbers, die sich aus den Fingerabdrucksvergleichen ergebe, oder durch das Stellen einer zweiten Dublinanfrage in einem anderen Mitgliedstaat.
Das Bezirksgericht Den Haag bezog auch die Sorgfalt des Asylbewerbers in seine Überlegungen mit ein.[441] Aus der langen Zeitdauer alleine könne nicht geschlossen werden, dass ein Asylbewerber auf die Übernahme seines Verfahrens durch die Niederlande vertrauen könne. Der IND habe die Asylbewerber zum Zeitpunkt ihrer Anhörung auf die Übernahmemöglichkeit durch einen anderen Staat hingewiesen und sie auch informiert, als zu einem späteren Zeitpunkt ein Übernahmeersuchen an Frankreich gestellt wurde. Die Asylbewerber hätten bei dem IND nachfragen können, wann ein Bescheid ergehe und auch durch Einlegung von Rechtsmitteln darauf dringen können. Des weiteren sei der lange Zeitraum auch auf den Umzug der Asylbewerber in ein anderes Aufnahmezentrum zurückzuführen.

Mit Verwaltungsvorschrift TBV 1999/11 vom 9. Juni 1999 erweiterte der Staatssekretär für Justiz die Anwendung des Art. 3 Abs. 4 DÜ auch auf Fälle der Fristenüberschreitung im Sinne der in der Zwischenzeit von der Rechtsprechung entwickelten Linie. TBV 1999/11 sieht vor, dass eine Anfrage in den Niederlanden gemäß Art. 3 Abs. 4 behandelt wird, wenn

- innerhalb von sechs Monaten nach der Zusage des anderen Staates noch kein Bescheid erlassen wurde,
- kein Betrug vorliegt,
- und keine besonderen Umstände gegeben sind.

Nicht klar ist, worauf diese Verwaltungsvorschrift basiert. Im Dubliner Übereinkommen gibt es eine solche sechsmonatige Frist nicht. Dort wird von einer einmonatigen Frist nach der Zusage des anderen Mitgliedstaates ausgegangen.

---

440 Rb. Zwolle, 19.1.1999, AWB 98/6633; Rb. Zwolle, 17.2.1999, JV 1999/117.
441 Rb. Den Haag, 26.2.1999, JV 1999, Nr. 138.

In Einzelfällen wird von den Gerichten eine strikte Anwendung der sechsmonatigen Frist abgelehnt und auch schon bei einer kürzeren oder anders berechneten Frist die Anwendung des Art. 3 Abs. 4 DÜ befürwortet.
So kann nach Ansicht des Bezirksgerichtes Zwolle eine Fristenüberschreitung auch dann vorliegen, wenn die Zeit zwischen der Zusage des verantwortlichen Dublinstaates und des ablehnenden Bescheides nicht sechs Monate beträgt.[442] In dem zu entscheidenden Fall hatte die niederländische Behörde erst vier Monate nachdem sich die Möglichkeit dazu ergab, die italienischen Behörden um Übernahme des Asylbewerbers ersucht. Nach der Zusage Italiens vergingen noch einmal vier Monate und einundzwanzig Tage bis zum Erlass des ablehnenden Bescheides. Das Gericht verwies auf das sich aus der Präambel des DÜ ergebende Gebot, die Asylbewerber nicht zu lange im Ungewissen zu lassen, welcher Staat für das Asylverfahren zuständig ist. Hieraus schloss das Gericht, dass die Frist sich ab dem Zeitpunkt errechne, ab dem die Möglichkeit der Verantwortlichkeit eines anderen Mitgliedstaates bekannt sei. Ab diesem Zeitpunkt bestünde die Pflicht der Behörden, das Dublinverfahren zügig zu betreiben. Auch in einem weiteren Fall entschied das Bezirksgericht Zwolle, dass eine strikte Interpretation des TVB 1999/11 nicht gerechtfertigt sei. Mit dreimonatiger Verzögerung wurde von den niederländischen Behörden ein Übernahmeersuchen an den verantwortlichen Mitgliedstaat gestellt.[443] Danach verging noch einmal ein Zeitraum von fünf Monaten und sechzehn Tagen nach der Zusage des anderen Mitgliedstaates, bis die Niederlande einen ablehnenden Bescheid erließen.
Die sechsmonatige Frist beginnt nach Ansicht des Bezirksgerichtes Den Haag bereits ab dem Zeitpunkt, ab dem der um Übernahme ersuchte Mitgliedstaat aufgrund der sich aus Art. 11 Abs. 4 DÜ ergebenden dreimonatigen Annahmefiktion zur Übernahme des Asylbewerbers verpflichtet ist. Vergehen ab diesem Zeitpunkt mehr als sechs Monate, bis die Niederlande einen ablehnenden Bescheid erlassen, darf der Asylbewerbers davon ausgehen, dass auch eine inhaltliche Behandlung seines Asylantrages erfolgen wird.[444]

Besondere Umstände im Sinne der Verwaltungsvorschrift, die die Anwendung des Vertrauensgrundsatzes ausschließen, liegen nach der Rechtsprechung z.B. dann vor, wenn ein Asylbewerber seine Reiseroute falsch darstellt, oder verschweigt, dass er bereits in einem anderen Mitgliedsstaat einen Asylantrag gestellt hat. Die hierdurch entstehende längere Dauer des Verfahrens und die Durchführung eines ausführlichen Interviews liegen in die Risikosphäre des Bewerbers.[445] Hat der Asylbewerber jedoch den IND informiert, dass er

[442] Rb. Zwolle, 24.6.1999, JV 1999, Nr. 208.
[443] Rb. Zwolle, 2.11.1999, NAV 2000/4.
[444] Rb. Den Haag, 9.7.1999, NAV 1999/148.
[445] Rb. Den Haag, 2.9.1998, AWB 98/5874; Rb. Zwolle, 2.4.1999, JuB 1999, S. 29.

bereits in einem anderen Mitgliedstaat einen Asylantrag gestellt hat, so kann eine Fristenüberschreitung nicht zu seinen Lasten ausgelegt werden. Die vom Staatssekretär vorgetragene Argumentation, dass dem Asylbewerber die Aussichtslosigkeit seines weiteren Asylantrages hätte bewusst sein müssen und dass das DÜ ausdrücklich das „asylum shopping" zu verhindern suche, wurde vom Bezirksgericht Zwolle nicht akzeptiert.[446]
Auch der Zeitraum, der notwendig ist, um auf die Erstellung eines medizinisches Gutachtens zu warten, kann einen besonderen Umstand darstellen. Kommt der IND aber seiner Pflicht nicht nach, das Dublinverfahren zügig zu betreiben und für eine baldige Erstellung des Gutachtens zu sorgen, so ist eine neunmonatige Zeitüberschreitung nicht mehr zu rechtfertigen.[447]

5. *Tenzij* - Klausel[448]

Wie bereits oben erläutert, wurde die *tenzij*-Klausel nicht in das neue *Vreemdelingenwet 2000* übernommen, sondern es erfolgte eine vergleichbare Regelung im Ausländerrundschreiben, die ebenfalls eine Übernahme gemäß Art. 3 Abs. 4 DÜ erlaubt. Im folgenden wird die Rechtsprechung zur (nicht mehr existierenden) *tenzij*-Klausel des Art. 15 b Abs. 1 a) Vw beschrieben, die aber ihre Geltung auch für die Interpretation der neuen Ermessensvorschriften behalten dürfte.

Kommt die *tenzij*-Klausel zur Anwendung, so übernehmen die Niederlande freiwillig die Prüfung des Asylverfahrens gemäß Art. 3 Abs. 4 DÜ. Beruft sich der Asylbewerber vor Gericht auf die *tenzij*-Klausel, so wird sein Asylbegehren sogleich auch inhaltlich untersucht. Die Rechtsprechung prüft die sog. *tenzij*-Klausel zumeist in zwei Schritten:
Die Rechtsprechung verlangt, dass der Bewerber glaubhaft macht, dass in dem erstverantwortlichen Land eine Entscheidung getroffen wurde, aufgrund derer er unmittelbar mit der Abschiebung rechnen musste, ohne das dagegen noch Rechtsmittel eingelegt werden konnten.[449] Die auf Seiten des Asylbewerbers liegende Beweislast für dieses Kriterium ist sehr hoch. Zumeist scheitert die Anwendung der *tenzij*-Klausel daran, dass der Nachweis der Erschöpfung aller Rechtsmittel nicht erbracht wird. Wie sich aus einer grundlegenden Entscheidung der Rechtseinheitskammer vom 27. August 1998 zur Erschöpfung des Rechtsweges ergibt, muss der Rechtsweg auch bei

---

446 Rb. Zwolle, 8.12.1999, NAV 2000/67.
447 Rb. Zwolle, 7.7.2000, NAV 2000/206.
448 Siehe zum Inhalt der *tenzij*-Klausel oben S. 102 ff.
449 *Van Bergen*, NAV 1999, S. 265 (268).

Aussichtslosigkeit beschritten werden, da zumindest formell die Möglichkeit der Aussetzung der Abschiebung besteht.[450]
Wenn der Rechtsweg erschöpft ist, aber neue Tatsachen vorliegen, die die Stellung eines Asylfolgeantrags rechtfertigen, so muss von dieser Möglichkeit Gebrauch gemacht werden. Wurde ein solcher Folgeantrag ohne Erfolg bei den zuständigen Behörden (hier: BAFl. in Deutschland) gestellt, muss der Asylbewerber auch gegen dessen Ablehnung vor Gericht klagen. Das Versäumnis, rechtzeitig einen Folgeantrag zu stellen, liegt in die Risikosphäre des Asylbewerbers.[451] In einem neueren Beschluss des Bezirksgerichts Zwolle wurde die *tenzij*-Klausel trotz Versäumnis der Stellung eines Folgeantrages angewandt. Das Gericht gestand der Asylbewerberin zu, dass sie aufgrund ihrer gesundheitlichen Situation – sie hatte von der Exekution ihres Ehemannes im Iran Nachricht erhalten – nicht in der Lage gewesen sei, innerhalb der dreimonatigen Frist gemäß § 51 Abs. 1 bis 3 VwVfG in Deutschland einen Folgeantrag zu stellen.[452]
Ein Ausländer, der in Deutschland im Besitz einer Duldung war, aber keinen Asylantrag eingereicht hat, kann sich bei Asylantragstellung in den Niederlanden mangels Rechtswegerschöpfung nicht auf die Klausel berufen.[453] Solange die Behörden des verantwortlichen Landes nicht festgestellt haben, ob Verfolgungsgründe vorliegen, da überhaupt kein Asylantrag eingereicht wurde, solange kann auch die *tenzij*-Klausel nicht zum Tragen kommen.[454]

Zweite Bedingung ist das Vorliegen „erheblicher Gründe", die bei der Beurteilung im Erstbewerberland keine Rolle gespielt haben. Wie sich aus der Gesetzesbegründung ergibt,[455] sind „erhebliche Gründe", die eine Anwendung der *tenzij*-Klausel rechtfertigen können, zum Beispiel:

> a) Umstände, die im erstverantwortlichen Staat erkennbar waren, die aber nach dem nationalen Ausländerrecht nicht relevant waren; es handelt sich dabei nicht um neue Fakten („Nova"), sondern um Fakten, die einer unterschiedlichen juristischen Bewertung unterliegen.

---

[450] REK, 27.8.1998, AWB 98/3057, NAV 1998/155. Ein Asylbewerber hatte es wegen Aussichtslosigkeit unterlassen, eine Revision gegen das Urteil eines deutschen Verwaltungsgerichts einzulegen.
[451] Rb. Zwolle, 6.1.1999, AWB 98/6311.
[452] Rb. Zwolle, 12.1.2000, NAV 2000/57.
[453] Rb. Zwolle, 30.1.1998, AWB 97/6700.
[454] Rb. Den Haag, 20.12.2000, NAV 2001/100. Der Asylbewerber berief sich auf seine Verfolgung wegen Homosexualität in Algerien und trug vor, das in Frankreich dies keinen Asylgrund darstellen würde. Allerdings hatte er noch keinen Asylantrag gestellt.
[455] MvA, TK 1991-1992, Nr. 22142, Nr. 6, S. 8.

b) Umstände, die schon zur Zeit der Ablehnung des Asylgesuchs im erstverantwortlichen Staat bestanden, die aber erst nach dem Erlass des Bescheides bekannt geworden sind.

c) Umstände, die nach Erlass des ablehnenden Bescheides im erstverantwortlichen Staat bekannt geworden sind und die nach niederländischem Recht bei der Beurteilung zur Flüchtlingsanerkennung relevant sein können.[456]

So kann sich ein Asylbewerber zum Beispiel auf die *tenzij*-Klausel berufen, wenn aufgrund einer engeren und restriktiveren Interpretation der GFK ein Mitgliedstaat seinen Asylantrag abgelehnt hat, eine Flüchtlingsanerkennung nach der niederländischen Interpretation der GFK aber in Betracht käme. Eine unterschiedliche Interpretation der GFK besteht innerhalb der EU-Mitgliedstaaten zum Beispiel im Hinblick auf den Schutz von Opfern nichtstaatlicher Verfolgung.[457] So wurde dem einstweiligen Antrag eines afghanischen Asylbewerbers, dessen Asylantrag in Deutschland abgelehnt worden war, vom Bezirksgericht Zwolle stattgegeben.[458] Das deutsche Gericht hat seine Ablehnung mit der fehlenden staatlichen Gewalt in Afghanistan begründet.

Eine unterschiedliche Interpretation der GFK existiert auch zwischen den Niederlanden und der Bundesrepublik Deutschland hinsichtlich der Problematik der Kriegsdienstverweigerung. In den Niederlanden wird die Weigerung, an einem Krieg gegen sein eigenes Volk oder seine Familie teilzunehmen, als Anerkennungsgrund nach der GFK angesehen. Während in den Niederlanden primär auf die Gewissensgründe des Asylbewerbers abgestellt wird,[459] stehen in Deutschland die Motive des verfolgenden Staates im Vordergrund. Ist die Bestrafung von Kriegsdienstverweigerern durch den Staat politisch motiviert, so kann dies zur Anerkennung als Flüchtling

---

456 TK 1991-1992, 22 142, Nr. 6, S. 8.

457 Vgl. *Vermeulen* u.a., 1998, S. 61 ff. und unten Teil 3, S. 259 ff Nach der derzeitigen niederländischen Rechtsprechung und Anerkennungspraxis setzt eine Anerkennung als Flüchtling voraus, dass die Verfolgung entweder von staatlichen Organen oder von Dritten ausgeht und die nationalen Behörden unwillig oder unfähig zur Schutzgewährung sind. Hierbei hängt eine Flüchtlingsanerkennung nicht vom Bestehen staatlicher Strukturen im Verfolgerstaat ab Deutschland, Frankreich und die Schweiz hingegen lehnen die Flüchtlingsanerkennung aufgrund von Verfolgung durch nichtstaatliche Organe ab.

458 Rb. Zwolle, 26.7.1996, RV 1996, S. 17.

459 *Spijkerboer/Vermeulen*, 1996, S. 146 f.

führen.[460] In Anbetracht dieser restriktiveren Interpretation der GFK durch Deutschland hat das Bezirksgericht Zwolle den IND angewiesen, eine genauere Prüfung der *tenzij*-Klausel im Falle eines in Deutschland abgelehnten Kriegsdienstverweigerers vorzunehmen.[461]
Im Falle eines kurdischen Asylbewerbers aus dem Iran, der zur Gruppe der Failly- (Faili-)Kurden gehörte, hatte ein deutsches Gericht den Asylantrag abgelehnt, da eine inländische Fluchtalternative bestünde. Unter Berücksichtigung der vom Kläger vorgelegten Beweise gegen das Bestehen einer solchen Fluchtalternative wies das Bezirksgericht Zwolle den IND an, eine genauere Untersuchung vorzunehmen, da eine Verfolgung bei Rückkehr nicht ausgeschlossen werden könne.[462]

Hingegen kann eine unterschiedliche Politik bei der Aufnahme von Flüchtlingen, wie sie zum Beispiel hinsichtlich der Flüchtlinge aus Albanien und dem Kosovo zwischen den Niederlanden und Deutschland vorlag, keine Anwendung der *tenzij*-Klausel rechtfertigen. Hierbei handelt es sich nämlich nicht um eine verschiedene Interpretation der GFK, sondern um eine unterschiedliche „Politik".[463]

Nach der Rechtsprechung handelt es sich nicht um neue Fakten („Nova"), wenn diese noch vom Antragsteller in einem Folgeantrag im erstverantwortlichen Staat vorgebracht werden können.[464] In einem der (seltenen) erfolgreichen Berufungen auf die *tenzij*-Klausel urteilte der Präsident des Gerichtes Zwolle, dass der IND in seinem Bescheid nicht auf die Frage eingegangen sei, ob der Kläger in einem weiteren Folgeantrag (die Klage gegen die Ablehnung des ersten Folgeantrages war negativ) noch vorbringen konnte, dass er in der Zwischenzeit zwei Einberufungen aus Syrien erhalten hatte. Das Gericht gewährte dem Kläger einstweiligen Rechtsschutz, bis der IND geprüft hatte, ob diese Fakten zu einer anderen Beurteilung der Flüchtlingseigenschaft in den Niederlanden geführt hätten.[465]

Wendet der erstverantwortliche Mitgliedstaat die sog. Drittstaatenregelung in der Absicht an, den Asylbewerber ohne weitere Prüfung in den Drittstaat

460 BVerwGE 69 S 320, EZAR 201 Nr. 8; siehe auch *Discher*, ZAR 1998, S. 217 ff. zum Thema Wehrdienstentziehung als Asylgrund.
461 Rb. Zwolle, 10.8.1999, AWB 99/6236, JV 1999/247. Ebenso Zuerkennung des einstweiligen Rechtschutzes bei kurdischem Kriegsdienstverweigerer Rb. Zwolle, 26.4.2000, NAV 2000/143.
462 Rb. Zwolle, 9.2.2000, NAV 2000/90.
463 Rb. Zwolle, 4.2.1998, AWB 97/7204.
464 Rb. Zwolle, 16.4.1996, AWB 95/5609; *van Bergen*, NAV 1999, S. 269.
465 Rb. Zwolle, 8.5.1998, AWB 97/6500.

abzuschieben, so stellt dies erst einen flüchtlingsrelevanten Fakt dar, wenn der Mitgliedstaat das Gebot des *non-refoulement* verletzt.[466]

6. Artikel 3 EMRK

Seit der Entscheidung des EGMR in der Sache *T.I. gegen das Vereinigte Königreich*[467] vom 7. März 2000 müssen die niederländischen Gerichte häufig prüfen, ob die Überstellung eines Asylbewerbers in einen anderen Mitgliedstaat, der den Ausländer ohne weitere Prüfung in den Heimatstaat abschiebt, zu einer Verletzung von Art. 3 EMRK führen könnte. Dies betrifft vor allem Rücküberstellungen von Asylbewerbern, die bereits ein erfolgloses Asylverfahren in einem Mitgliedstaat durchgeführt haben und nun vortragen, dass der betreffende Mitgliedstaat ihre Asylgründe nicht ausreichend gewürdigt hat.[468]

a) T.I. gegen das Vereinigte Königreich

Ehe die niederländische Rechtsprechung näher dargestellt wird, soll im folgenden eine kurze Zusammenfassung und Analyse des Urteiles *T.I. gegen das Vereinigte Königreich* gegeben werden:
Der Antragsteller, ein Tamile aus Sri Lanka, kam im Februar 1996 nach Deutschland und stellte einen Asylantrag. Er gab an, von der LTTE[469], einer tamilischen Terroristenorganisation, zur Mitarbeit gezwungen und für mehrere Monate verschleppt worden zu sein. Nach seiner Rückkehr sei er von einer anderen Tamilenorganisation erneut verschleppt und gefoltert worden. Sein Asylantrag in Deutschland und Rechtsmittel erster Instanz blieben erfolglos. Nach Ablehnung seines Asylantrages verließ er Deutschland und reiste über Italien nach Großbritannien, wo er im September 1997 Asyl beantragte. Im Januar 1998 ersuchte das Vereinigte Königreich die deutschen Behörden um Übernahme von *T.I.* nach dem DÜ, dies wurde akzeptiert. *T.I.* wählte daraufhin den Rechtsweg, der ihn schließlich zum EGMR führte, und trug vor, dass das Vereinigte Königreich (indirekt) Art. 3 EMRK verletzen würde. Bei Rückkehr nach Deutschland würde er ohne eine erneute Prüfung seines Begehrens in sein Heimatland abschoben, wo ihm erniedrigende oder unmenschliche Behandlung im Sinne von Art. 3 EMRK drohen würden. Das Vorlegen von neuen Beweisen im Rahmen eines Asylfolgeantrages in

---

466 Rb. Zwolle, 7.3.1997, AWB 97/56.

467 EGMR, Zulässigkeitsentscheidung vom 7.3.2000 zur Beschwerde Nr. 43844/98, T.I. ./. Vereinigtes Königreich, InfAuslR 2000, S. 321 ff.

468 Siehe eine Analyse der niederländischen Rechtsprechung in Folge der Entscheidung des EGMR bei *Kroese/Bruin*, NAV 2001, S. 636 ff.

469 Liberation Tiger of Tamil Eelam.

Deutschland sei ausgeschlossen, da die dreimonatige Frist gemäß Art. 51 Abs. 1 VwVfG bereits verstrichen sei.

Der EGMR wies in seiner Entscheidung darauf hin, dass ihm keine Prüfungsbefugnis hinsichtlich der unterschiedlichen Interpretation der GFK durch die Vertragsstaaten zukomme. Sehr wohl werde aber geprüft, ob der Kläger ausreichenden Schutz in Deutschland vor einer Rückschiebung nach Sri Lanka habe, wenn ihm dort die in Art. 3 EMRK benannten Gefahren drohten. Der Gerichtshof unterstrich, dass durch Art. 3 EMRK gewährter Schutz unabhängig davon gelte, ob es sich um staatliche oder nichtstaatliche Verfolgung handele.[470]
Der EGMR stellte fest, das ein Vertragsstaat (hier das Vereinigte Königreich) auch bei einer indirekten Abschiebung über einen anderen Vertragsstaat nicht von seiner Verantwortung entbunden sei, gemäß der EMRK zu prüfen, ob der Antragsteller als Folge der Abschiebung nicht einer Art. 3 EMRK zuwiderlaufenden Behandlung unterworfen werde. Das DÜ sei insofern nicht geeignet, den Staat von einer sorgfältigen Prüfung zu befreien, ob der nach diesem Übereinkommen zuständige Staat angemessene Schutzmöglichkeiten zur Verfügung stelle, um seinerseits eine Verletzung von Art. 3 EMRK zu verhindern.[471] Nach Ansicht des EGMR bestehe das Risiko, dass dem Kläger bei Rückkehr nach Sri Lanka sowohl von Seiten des Staates, als auch von der LTTE Gefahr drohe. Da es aber nicht die Funktion des Gerichtshofes sei, die Asylrechtsprechung und die Anwendung der GFK in Deutschland zu

---

470 Vgl. EGMR, Urteil vom 17.12.1996, Ahmed ./. Österreich, InfAuslR 1997, S. 279, EGMR, Urteil vom 29.4.1997, H.L.R. ./. Frankreich, NVwZ 1997, S. 163. Das BVerwG ist hingegen der Ansicht, dass der Schutz nach Art. 3 EMRK das Drohen einer landesweiten Gefahr im Zielland durch den Staat oder eine staatsähnliche Organisation voraussetzt (z. B. BVerwGE 99, S. 331 (335); BVerwG, NVwZ-Beil. 1996, S. 58 (59); BVerwG, DVBl. 1998, S. 271). Siehe auch kritisch zur engen Interpretation von Art. 3 EMRK durch die deutschen Gerichte: *van Eck*, NAV 1998, S. 668 ff.; *Göbel-Zimmermann*, 1999, S. 327 Rn. 606 ff. *Hailbronner* hingegen lehnt die Ausweitung der Rechtsprechung des EGMR ab, DÖV 1999, S. 617 (620 ff.).

471 „The Court finds that the indirect removal in this case to an intermediary country, which is also a Contracting State, does not affect the responsibility of the United Kingdom to ensure that the applicant is not, as a result of its decision to expel, exposed to treatment contrary to Article 3 of the Convention. Nor can the United Kingdom rely automatically in that context on the arrangements made in the Dublin Convention concerning the attribution of responsibility between European countries for deciding asylum claims. Where States establish international organisations, or *mutatis mutandis* international agreements, to pursue co-operation in certain fields of activities, there may be implications for the protection of fundamental rights. It would be incompatible with the purpose and object of the Convention if Contracting States were thereby absolved from their responsibility under the Convention in relation to the filed of activity covered by such attribution."

überprüfen, beschränke sich die Prüfung darauf, ob dem Asylbewerber in Deutschland ausreichender Schutz vor Rücksendung gewährt werde.
Aufgrund der Aussagen der deutschen Regierung war der EGMR zwar nicht davon überzeugt, dass der Asylbewerber bei seiner Rückkehr einen neuen Asylantrag stellen und Abschiebungshindernisse gemäß § 53 Abs. 4 AuslG geltend machen können, ging jedoch davon aus, dass die Schutzlücke der nichtstaatlichen Verfolgung durch die Anwendung des § 53 Abs. 6 AuslG geschlossen werden könnte.

Im Ergebnis bleibt die Beschwerde von *T.I.* zwar ohne Erfolg, da der EGMR keine Einwände gegen die Rücküberstellung von *T.I.* nach Deutschland hatte. Gleichwohl hat der EGMR wichtige Aussagen zur Prüfpflicht der nationalen Behörden und Gerichte bei einer Überstellung zwischen den Mitgliedstaaten nach dem DÜ aufgestellt.[472] Diese Entscheidung verdeutlicht die neben dem DÜ bestehenden Verpflichtungen der Mitgliedstaaten aus internationalen Verträgen und verdeutlicht, dass auch in den Mitgliedstaaten der Europäischen Union Konstellationen denkbar sind, die zu einer Kettenabschiebung Anlass geben können. Der UNHCR kommt in einer Stellungnahme vom 6. April 2000 zu dem Schluss, dass die Straßburger Entscheidung den „absoluten Charakter" der in Art. 3 EMRK garantierten Rechte bekräftigt habe: „Zum ersten Mal hat ein internationales Menschenrechtsgericht bestätigt, dass der Grundsatz der Nicht–Zurückweisung (*Non-Refoulement*) auch eine indirekte Zurücksendung über Drittstaaten in Gefahrensituationen umfasst. Dies entspricht der Position, die der UNHCR mit Blick auf das *Non-Refoulemen*t Gebot der Genfer Flüchtlingskonvention vertritt."[473]

b) Auswirkungen des Urteils auf die niederländische Rechtsprechung

Wie sich aus der Entscheidung des EGMR ergibt, darf nicht pauschal auf die Anwendung der EMRK in einem anderen Mitgliedstaat verwiesen werden, sondern es muss in jedem Einzelfall geprüft werden, ob Art. 3 EMRK bei der Überstellung in diesen Staat beachtet wird. Hinsichtlich der Beweislastverteilung gingen die Bezirksgerichte von Zwolle und Haarlem zunächst davon aus, dass der IND die Beweislast trägt, dass es zu keiner Verletzung von Art. 3 EMRK bei Überstellung in den zuständigen Mitgliedstaat kommt.[474] Im Gegensatz zu den Bezirksgerichten Zwolle und Haarlem vertrat das Bezirksgericht Den Haag den Standpunkt, dass der

---

[472] Vgl. *Marx*, InfAuslR 2000, S. 313 ff., der auch auf die Bedeutung des Urteils auf das deutsche Recht, insbesondere den Abschiebungsschutz aus Art. 53 AuslG, eingeht.
[473] Pressemitteilung vom 6.4.2000, http://www.unhcr.de.
[474] Das Bezirksgericht Zwolle scheint inzwischen auch davon auszugehen, dass der Asylbewerber die Beweislast hinsichtlich der Geltendmachung einer Verletzung von Art. 3 EMRK trägt, vgl. Rb. Zwolle, 10.8.2001, NAV 2001/269.

Asylbewerber die Beweislast einer möglichen Verletzung von Art. 3 EMRK zu tragen hatte. Diese Ansicht vertritt auch die Abteilung Verwaltungsrechtsprechung des Staatsrats, da davon ausgegangen werden müsse, dass die Mitgliedstaaten ihren internationalen Verpflichtungen nachkämen.[475]

Die Entscheidungen der Gerichte fallen recht unterschiedlich aus, je nachdem wie sorgfältig der IND die Rechtspraxis und die Gesetzeslage in dem betreffenden Mitgliedstaat beschrieben hat bzw. ob der Asylbewerber eine mögliche Verletzung von Art. 3 EMRK zur Überzeugung des Gerichtes vortragen konnte. So kommt das Bezirksgericht Zwolle im Falle einer Überstellung nach Österreich zu dem Ergebnis, dass dieser Mitgliedstaat ausreichenden Schutz vor einer Verletzung des Art. 3 EMRK bietet.[476] Hingegen wird dies in anderen Entscheidungen hinsichtlich Griechenlands[477], Italiens[478] und Portugals[479] abgelehnt. Die dem Gericht auf seine Fragen zur Schutzsituation in den betreffenden Ländern vom Beklagten vorgelegten Antworten genügten dem Richter nicht, und er wies den IND an, detaillierte Erkundigungen bei den zuständigen Landesbehörden über die Anwendung von Art. 3 EMRK einzuholen.
Ein halbes Jahr später kam das Bezirksgericht Zwolle zu dem Schluss, dass Italien Art. 3 EMRK im Sinne der Rechtsprechung des EGMR anwendet.[480] Der Präsident des Bezirksgerichtes schloss dies aus den vom IND vorgelegten Berichten und dem Brief eines italienischen Rechtsanwaltes, der detailliert die italienische Asylpraxis und Rechtsprechung beschrieb. Auch hinsichtlich Portugals kommt der Präsident des Bezirksgerichtes Den Haag einige Zeit später zu dem Urteil, dass dieser Mitgliedstaat ausreichenden Schutz im Sinne des Art. 3 EMRK bietet.[481] Gleiches gilt für Griechenland, hier wurden dem Gericht zwei Briefe des *Greek Council for Refugees* vorgelegt, die die korrekte Anwendung des Art. 3 EMRK in der griechischen Gesetzgebung und der Rechtsprechung bestätigten.[482]
Auch der Präsident des Bezirksgerichtes Haarlem gab sich nicht mit der Antwort des Beklagten zufrieden, dass das Vereinigte Königreich umfangreichen Schutz bei Rücksendung des über die Slowakei eingereisten Asylbewerbers bieten würde. Der Präsident wies den IND an, genauer zu

---

475 Raad van State, 25.10.2001, Nr. 200104546/1, NAV 2002/35.
476 Rb. Zwolle, 7.7.2000, NAV 2000/189.
477 Rb. Zwolle, 16.8.2000, NAV 2000/185.
478 Rb. Zwolle, 16.8.2000, NAV 2000/186.
479 Rb. Den Haag, 24.5.2000, NAV 2000/214.
480 Rb. Zwolle, 13.12.2000, NAV 2001/49.
481 Rb. Den Haag, 12.7.2000, NAV 2001/53 und Rb. Den Haag, 22.1.2001, NAV 2001/84.
482 Rb. Zwolle, 27.3.2001, NAV 2001/166.

recherchieren, ob das Asylverfahren des Asylbewerbers in Großbritannien erneut aufgenommen werde oder ob eine Kettenabschiebung über die Slowakei drohe.[483]

Sehr differenzierte Kriterien hat das Bezirksgericht Zwolle für die Frage der korrekten Anwendung des Art. 3 EMRK in der Bundesrepublik Deutschland aufgestellt. So kann nach Ansicht des Bezirksgerichtes Zwolle die Gefahr der Verletzung von Art. 3 EMRK vorliegen, wenn der Asylbewerber nach seiner Überstellung nach Deutschland ohne Prüfung und ohne Klagemöglichkeit aufgrund der sicheren Drittstaatenregelung nach Tschechien abgeschoben wird.[484] Hingegen sah das Bezirksgericht Zwolle keinen potentiellen Verstoß gegen Art. 3 EMRK in der Überstellung eines türkischen Asylbewerbers an Deutschland, dessen Asylerstantrag und Asylfolgeantrag abgelehnt worden waren, da ein Fall der nichtstaatlichen Verfolgung vorlag. Das Gericht konnte keine Schutzlücke feststellen, da § 53 Abs. 6 Satz 1 AuslG Schutz bei nichtstaatlicher Verfolgung böte.[485] In einem weiteren Fall eines kurdischen Asylbewerbers aus der Türkei erkannte das Bezirksgericht Zwolle zwar an, dass die deutsche und die niederländische Rechsprechung hinsichtlich der Anerkennung von Kriegsdienstverweigerern unterschiedlich sei, jedoch bestünde eine so geringe Möglichheit, dass der Asylbewerber während seines Wehrdienstes gegen sein eigenes Volk kämpfen müsse, dass seine Überstellung nach Deutschland nicht gegen Art. EMRK verstoße.[486]

7. Seit Inkrafttreten des *Vreemdelingenwet 2000*

Die Ausländerweisungen enthalten – wie unter der alten Fassung des Ausländergesetzes – detaillierte Angaben, in welchen Fällen die Niederlande freiwillig die Prüfung eines Asylverfahrens übernehmen sollten.

Die bereits oben erwähnte – mit TBV 1999/11 eingeführte – Fristenregelung[487] wurde in die neuen Weisungen übernommen, erweitert wurden die Ausnahmegründe, die einer Anwendung des Art. 3 Abs. 4 DÜ entgegenstehen.[488]
Danach prüfen die Niederlande freiwillig ein Asylverfahren, wenn sechs Monate nach Eingang der Zustimmung des zuständigen Mitgliedstaates immer

[483] Rb. Haarlem, 1.12.2000, NAV 2001/50.
[484] Rb. Zwolle, 5.7.2000, NAV 2000/190.
[485] Rb. Zwolle, 21.4.2000, NAV 2000/111.
[486] Rb. Zwolle, 22.10.2001, NAV 2002/42.
[487] Siehe oben S. 182 f.
[488] Vc *2000*, 2.3.2.

noch kein „Dublinbescheid“ erlassen worden ist. Liegen folgende besondere Umstände vor, so übernehmen die Niederlande nicht das Asylverfahren, wenn:

- der Asylbewerber unrichtige Angaben gemacht hat;[489]
- zwischen der Annahme des Antrages durch den zuständigen Mitgliedstaat und dem Erlass des „Dublinbescheides“ irgendeine Handlung zugunsten des Asylbewerbers genommen wird;[490]
- der Asylbewerber bereits in einem anderen Mitgliedstaat einen Asylantrag eingereicht hat und dessen Prüfung noch andauert oder bereits abgeschlossen ist;
- der Asylbewerber bereits früher in den Niederlanden einen Asylantrag gestellt hatte, der wegen der Zuständigkeit eines anderen Mitgliedstaates des DÜ abgelehnt worden war.

Des weiteren wurde Beschluss 1/2000 des Artikel-18-Auschusses in die Weisungen integriert.[491]

Wie bereits bei der Beschreibung des neuen *Vreemdelingwet 2000* erwähnt, wurde die *tenzij*-Klausel im Gesetz gestrichen, jedoch auf Forderung des niederländischen Parlaments eine Regelung in den Ausländerweisungen geschaffen.[492] Sollten konkrete Hinweise vorliegen, dass ein Mitgliedstaat seinen internationalen Verpflichtungen gemäß der EMRK und der GFK nicht nachkommt, so können die Niederlande unter bestimmten Voraussetzungen die Asylprüfung gemäß Art. 3 Abs. 4 DÜ übernehmen. Die Beweispflicht obliegt dem Asylbewerber. Eine Verletzung des Artikel 3 EMRK kann nicht angenommen werden, wenn nach rechtskräftigem Abschluss des Asylverfahrens neue, relevante Tatsachen auftauchen, die aber in dem verantwortlichen Mitgliedstaat mit Hilfe eines Asylfolgeantrages oder einer Revision erneut vorgetragen werden können.

---

489 „Unrichtige Angaben“ liegen zum Beispiel dann vor, wenn der Asylbewerber behauptet hat, nie in einem anderen Mitgliedstaat des DÜ gewesen zu sein, Vergleiche seiner Fingerabdrücke aber das Gegenteil ergeben haben.

490 Handlungen zugunsten des Asylbewerbers können eine medizinische Untersuchung sein, oder die Verhandlungen von zwei Mitgliedstaaten über die Übernahme des Asylbewerbers. Da diese Handlungen Zeit benötigen, werden sie nicht auf die sechsmonatige Frist angerechnet.

491 Vc *2000*, 2.3.3.

492 Vc *2000*, 2.3.4.

III. Artikel 9 DÜ

1. Vor Inkrafttreten des *Vreemdelingenwet 2000*

Der Staatssekretär für Justiz hat für die Anwendung des Art. 9 DÜ Verwaltungsvorschriften erlassen.[493] Demnach sollen die Behörden ein Übernahmeersuchen stellen, wenn die Niederlande für keinen der in ihrem Land sich aufhaltenden Familienmitgliedern zuständig sind, sondern die Verantwortung für die Prüfung des Asylverfahrens bei einem oder mehreren anderen Mitgliedstaaten liegt. Hierdurch soll die Prüfung der Asylbegehren verschiedener Familienmitglieder auf einen Staat vereint werden.
Im einzelnen sollen die Niederlande dann eine Anfrage gemäß Art. 9 DÜ an einen anderen Mitgliedstaat stellen,

a. wenn eines der Familienmitglieder ernsthaft krank ist, eine schwere Behinderung hat oder anderweitig hilfsbedürftig ist und dies durch ein medizinisches Gutachten belegen kann, oder im Falle der Schwangerschaft oder Geburt (dabei wird eine Zeit von sechs Wochen vor und sechs Wochen nach der Entbindung beachtet);

b. wenn für die Asylanfrage(n) eines oder mehrerer minderjähriger Kinder ein anderes Land verantwortlich ist als für das Asylverfahren der Eltern.[494]

Der Beamte im Dublinbüro wird in solchen Fällen Kontakt mit den verantwortlichen Mitgliedstaaten aufnehmen, nachdem der Antragsteller sich mit dem Vorgehen einverstanden erklärt hat.

Ein im Vergleich zu Art. 3 Abs. 4 DÜ geringer Teil der Rechtsprechung basiert auf Artikel 9 DÜ. Dies ist wohl darauf zurückzuführen, dass nach Ansicht der niederländischen Rechtsprechung die Bestimmungen des Art. 9 DÜ keine unmittelbare Wirkung für den Asylbewerber entfalten. Sie regeln lediglich die Befugnis des einen Staates, im Falle von Gründen humanitärer Art, einen anderen Staat um die Übernahme der Verantwortung für die Prüfung des Asylbegehrens zu bitten. Obwohl die Zustimmung des Asylsuchers für diese Anfrage notwendig ist, kann der einzelne Asylsuchende keinen Einfluss auf die freiwillige Übernahme des Verfahrens gemäß Art. 9 DÜ durch einen anderen Mitgliedstaat ausüben.[495]

---

493 TBV 1998/7, 8.1.1.3.

494 TBV 1998/7, 8.1.1.3.

495 Vgl. Rb. Zwolle, 1.7.1998, AWB 98/2821.

2. Nach Inkrafttreten des *Vreemdelingenwet 2000*

Der Beschluss 1/2000 wurde in die Ausländerweisungen integriert und ist nun Grundlage der Entscheidungen zu Art. 9 DÜ.[496] Über die Asylanträge soll in Übereinstimmung mit Beschlusses 1/2000 der zuständige Mitgliedstaat entscheiden.[497]

Der Präsident des Bezirksgerichts Amsterdam hat in einem einstweiligen Rechtsschutzverfahren entschieden, dass die niederländischen Behörden Belgien um die Übernahme eine kongolesischen Asylbewerberin gemäß Art. 9 DÜ bitten sollten, deren Ehemann bereits in Belgien ein Asylverfahren durchläuft.[498] Obwohl die Ehefrau nach Vergewaltigung und Flucht aus ihrer Heimat traumatisiert war, hatte der IND entschieden, dass nur unter besonderen Umständen ein anderer Mitgliedstaat um die freiwillige Übernahme eines Asylbewerbers gebeten werden könne. Der Präsident begründete seine Entscheidung unter anderem mit der sich aus Beschluss 1/2000 ergebenden Intention der Mitgliedstaaten, die Asylverfahren von Familienangehörigen, soweit es geht, zusammen zu behandeln.

C. Rechtsvergleich Deutschland – Niederlande

Es ist Aufgabe der Behörden und der Gerichte der Mitgliedstaaten, das DÜ eigenständig und letztinstanzlich auszulegen. So kommt es nicht nur in Deutschland, - dort bereits zwischen den einzelnen Verwaltungsgerichten, solange keine obergerichtliche oder höchstrichterliche Rechtsprechung existiert -, sondern auch in den Niederlanden und weiteren Mitgliedstaaten zu sehr unterschiedlichen Auslegungen der Normen des DÜ.
Der folgende Rechtsvergleich soll Übereinstimmungen und Unterschiede in der Staatenpraxis aufzeigen und ergründen, ob diese Unterschiede im nationalen Recht verankert sind oder auf Unklarheiten der Interpretation des DÜ zurückzuführen sind.

I. Artikel 4 DÜ

Die Rechtsprechung der untersuchten Mitgliedstaaten zu Art. 4 DÜ bietet wenig Vergleichsmöglichkeiten, da in den Niederlanden Entscheidungen hierzu eher rar sind. Aus der vorhandenen Rechtsprechung zeichnet sich lediglich ab, dass Behörden und Gerichte Art. 4 DÜ dem Wortlaut entsprechend eng interpretieren. Die geringe Anzahl von Entscheidungen zu

---

496 Siehe Vc, 2.3.3.; ebenso Vc *2000*, 2.3.3.
497 Vc *2000*, 2.4.
498 Rb. Amsterdam, 2.10.2001, NAV 2002/23.

Art. 4 DÜ mag auch darin begründet sein, dass die niederländischen Ermessensvorschriften zu Art. 3 Abs. 4 DÜ den Behörden einen größeren Spielraum für eine freiwillige Übernahme aus familiären Gründe erlauben und die Asylbewerber sich in Fällen, die nicht mehr vom engen Wortlaut des Art. 4 DÜ umfasst werden, auf das Selbsteintrittsrecht berufen.

Die in Deutschland aufgetretenen Anwendungsprobleme sind teilweise spezifisch auf das deutsche Asylrecht zurückzuführen, so zum Beispiel die Frage, ob die Zuständigkeit Deutschlands nach Art. 4 DÜ schon dann begründet ist, wenn das betreffende Familienmitglied bereits einmal als Flüchtling nach der GFK anerkannt war, der Bundesbeauftragte für Asyl jedoch Klage gegen den positiven Bescheid des BAFl. eingelegt hat. Die Rechtsprechung ist hierzu uneinheitlich und vermag, soweit sie auf eine Anwendung des Art. 4 DÜ auch während des laufenden Klageverfahrens abstellt, nicht zu überzeugen. Weder Wortlaut noch Systematik des Art. 4 Abs. 1 DÜ enthalten einen Anhaltspunkt für die Annahme, dass es auf die Bestandskraft oder die Unanfechtbarkeit der Flüchtlingseigenschaft nicht ankomme.[499] In einer vereinzelt gebliebenen Entscheidung zur Tatbestandsvoraussetzung des ausdrücklichen Wunsches der betroffenen Personen auf Prüfung des Asylantrages in dem Mitgliedstaat, in dem der anerkannte Flüchtling lebt, stellte das Gericht fest, dass dieser Wunsch bereits den Behörden bei Stellung des Asylantrags vorgetragen werden müsse.[500] Auch die an das Bundesverfassungsgericht herangetragene Frage, ob bei einer Zuständigkeit Deutschlands nach Art. 4 DÜ der Ausnahmetatbestand des § 26 a Abs. 1 Satz 3 Nr. 2 AsylVfG zur Anwendung komme und dem Asylbewerber Familienasyl gemäß § 26 Abs. 2 AsylVfG gewährt werde könne, ist ein Problem des innerstaatlichen Rechts und lässt sich nicht auf die anderen Mitgliedstaaten übertragen.[501] Solange eine Harmonisierung des europäischen Asylrechts noch nicht stattgefunden hat,[502] bleibt es den Mitgliedstaaten des DÜ nämlich selbst überlassen, wie sie ihr nationales Asylrecht ausgestalten. Die Anwendung der Drittstaatenklausel wurde den Mitgliedstaaten explizit nach Art. 3 Abs. 4 DÜ zugestanden. Zudem ist das Familienasyl gemäß § 26 Abs. 1 und 2 AsylVfG beschränkt auf die dort genannten Familienmitglieder eines „Asylberechtigten“, d.h. eines Flüchtlings, der nach Art. 16 a Abs. 1 GG anerkannt wurde. Familienasyl kann folglich nicht gewährt werden, wenn das Familienmitglied (nur) als Konventionsflüchtling gemäß Art. 51 Abs. 1 AuslG anerkannt worden ist.

---

499 Siehe Rechtsprechung und nähere Begründung dieser These oben S. 155 ff.

500 Siehe oben S. 157 f.

501 Siehe oben S. 158 f.

502 Zu den bereits begonnen Harmonisierungsprozess seit dem Vertrag von Amsterdam siehe ausführlich im Vierten Teil ab S. 273 ff.

Insgesamt verdeutlicht die deutsche Rechtsprechung, wie wenig Spielraum die Familienzusammenführungsvorschriften des DÜ bieten, da häufig auf diese Bestimmung im Klageverfahren Bezug genommen wird, auch wenn der Tatbestand offensichtlich nicht vorliegt.

II. Artikel 3 Abs. 4 DÜ

Sowohl in Deutschland als auch in den Niederlanden konzentriert sich ein Großteil der Rechtsprechung auf die Anwendung des Art. 3 Abs. 4 DÜ. Als einer der wenigen Mitgliedstaaten des DÜ haben die Niederlande Ermessensausübungsbestimmungen für die Anwendung des Art. 3 Abs. 4 DÜ erlassen, die im Laufe der Anwendung des DÜ an die ergangenen Beschlüsse des Artikel-18-Ausschusses angepasst wurden. Aufgrund dieser Ermessensrichtlinien hat sich eine sehr detaillierte Rechtsprechung entwickelt, die sich anhand der Vorgaben der Ermessensbestimmungen in eine Anwendung des Art. 3 Abs. 4 DÜ aufgrund von familiären und/oder medizinischen Gründen; wegen einer Verletzung des Vertrauensprinzips (da der Asylbewerber annehmen musste, dass sein Asylbegehren von den Niederlanden geprüft wird); in eine Fristenüberschreitung des Art. 11 Abs. 1 bzw. Abs. 5 DÜ; oder die Geltendmachung der *tenzij*-Klausel einteilen lässt.
In Deutschland hingegen erstreckt sich die Rechtsprechung des Art. 3 Abs. 4 vornehmlich auf Fälle der Familientrennung und andere humanitäre Probleme.

In beiden Mitgliedstaaten kann eine Zustimmung zur freiwilligen Übernahme des Asylverfahrens aus prozessökonomischen Gründen erfolgen, wenn absehbar ist, dass eine Asylanfrage schnell und problemlos aufgrund ihrer offensichtlichen Unbegründetheit abgelehnt werden kann. Eine ausdrückliche Zustimmung des Asylbewerbers wird entgegen des Wortlauts von Art. 3 Abs. 4 DÜ weder von den deutschen noch den niederländischen Behörden verlangt; die Zustimmung gilt konkludent mit der Einreichung des Asylantrages als erteilt.

Weder in der deutschen noch in der niederländischen Rechtsprechung hat sich die Ansicht durchgesetzt, dass Art. 3 Abs. 4 DÜ (und Art. 9 DÜ) ein individuelles Recht des Asylbewerbers beinhaltet. Wie bereits oben beschrieben[503] reicht die Rechtsprechung in Deutschland von einer Negation jeder individuellen Rechtsposition des Individuums aus dem DÜ bis zur Überprüfung, ob das BAFL. eine ermessensfehlerfreie Entscheidung getroffen hat. In den Niederlanden geht die Rechtsprechung davon aus, dass Art. 3 Abs. 4 DÜ den Behörden einen weiten Ermessensspielraum gewährt, der nur

---

503 Siehe oben S. 161 ff.

eine beschränkte gerichtliche Überprüfung erlaubt. Die Überprüfung des Ermessensspielraums der Behörden durch die Gerichte ist im Vergleich zu Deutschland wesentlich vereinfacht, da der Ermessensausübung anhand der vom Staatsminister für Justiz erlassenen Weisungen erfolgen soll. Diese sich aus den Weisungen ergebende Transparenz der Entscheidung bringt aus Sicht der niederländischen Behörden - nicht aus Sicht der Asylbewerber – jedoch den Nachteil mit sich, dass gegen ca. 80% der Dublinentscheidungen der Rechtsweg eingelegt wird und somit eine erhebliche Verzögerung des Verfahrens entsteht.

Wie bereits erwähnt, beschränkt sich die Rechtsprechung in Deutschland zu Art. 3 Abs. 4 vornehmlich auf familiäre und medizinische Gründe. Aufgrund der nur geringen Anzahl von zugänglichen Entscheidungen deutscher Gerichte, die sich mit einem freiwilligen Übernahme aus medizinischen Gründen auseinandersetzt, ist kein aussagekräftiger Vergleich mit der niederländischen Rechtsprechung möglich. Es lässt sich jedoch feststellen, dass die untersuchten Fälle, die die Übernahme eines Asylverfahrens aufgrund der Unbehandelbarkeit einer Krankheit im anderen Mitgliedstaat oder der Reiseunfähigkeit wegen einer langandauernden Krankheit, nicht über die Gründe hinausgehen, die auch niederländische Gerichte für die Anwendung des Selbsteintrittsrechts für notwendig erachteten. Hinsichtlich einer Anwendung des Selbsteintrittsrechts beim Vorliegen von familiären Gründen ist die Praxis der deutschen Behörden und die deutsche Rechtsprechung ebenfalls zurückhaltender als ihr jeweils niederländisches Pendant. Auch wenn die Asylbewerber sich häufig auf Art. 6 GG berufen, um eine Familienzusammenführung zu erreichen, ist dies in den wenigsten Fällen erfolgreich. Solange nur eine vorübergehende Trennung der Familienangehörigen stattfindet, ist der Schutzbereich des Art. 6 GG nicht berührt. Nur wenn außergewöhnliche Umstände vorliegen, kann eine Verletzung des Art. 6 GG in Betracht kommen.[504]

Artikel 8 EGMR führt weder nach der deutschen noch der niederländischen Rechtsprechung zu der Zusammenführung eines Familienmitgliedes mit einem Asylbewerber, da die Trennung während des Asylverfahrens nur temporärer Art ist.

Der Einfluss des nationalen Rechts auf die Anwendung des Art. 3 Abs. 4 DÜ zeigt sich in den Niederlanden insbesondere im Zusammenhang mit der Berufung der Asylbewerber auf das sog. Vertrauensprinzip und die sogenannte *tenzij*-Klausel. So kann in den Niederlanden eine Verletzung des

---

[504] BVerfG, Beschluss vom 24.07.1998, Az. 5 A 5176/96. Siehe Besprechung oben S. 164.

in der Verwaltungslehre anerkannten Vertrauensprinzips vorliegen, wenn der Asylbewerber den Eindruck haben konnte, dass der IND seinen Asylantrag auch inhaltlich prüfen würde und von einer Überstellung in den anderen Dublinstaat absehen würde. Vereinzelt wurde auch vor deutschen Gerichten vorgetragen, dass aufgrund der ausführlichen Asylanhörung des Asylantrags der Asylbewerber davon ausgehen musste, dass die deutschen Behörden sich für zuständig erachten. Dieses Argument wird regelmäßig mit dem Hinweis zurückgewiesen, dass die Asylanhörung regelmäßig auch die Befragung zu den materiellen Gründen des Antrages umfasst.

Neben der bereits erwähnten *tenzij*-Klausel hat auch die Entscheidung *T.I. gegen das Vereinigte Königreich* zu einer beträchtlichen Anzahl von Entscheidungen der niederländischen Gericht geführt, sie sich mit der Frage einer möglichen Verletzung von Artikel 3 EMRK bei der Überstellung in einen anderen Mitgliedstaat auseinander setzten mussten. Das Urteil des EGMR in Sachen *T.I. gegen das Vereinigte Königreich* hat keine Auswirkungen in der deutschen Rechtsprechung gezeigt.

III. Artikel 9 DÜ

Artikel 9 DÜ spielt im Vergleich zu Artikel 3 Abs. 4 DÜ in beiden Staaten keine bedeutende Rolle, dies mag an der Zurückhaltung der Mitgliedstaaten liegen, ein Asylverfahren freiwillig zu übernehmen. Die Verabschiedung des Beschlusses 1/2000 des Artikel-18-Ausschusses stellt aber einen wichtigen Schritt dar, um in Zukunft den Mitgliedstaaten Kriterien für die Anwendung dieses Artikels vorzugeben.

IV. Fristen

Neben den Art. 3 Abs.4 und Art. 9 DÜ ist auch bei der Anwendung der Fristenregelungen gemäß Art. 11 Abs. 1 und Art. 11 Abs. 5 DÜ die Frage aufgetreten, ob Asylbewerber aus einer Überschreitung der vorgegebenen Fristen ein subjektives Recht auf Prüfung ihres Asylantrags in dem unzuständigen Mitgliedstaat herleiten können.
Die niederländische Rechtsprechung prüft diese Frage im Zusammenhang mit der Frage, ob eine Verletzung des Vertrauensprinzips einschlägig ist und daher das Asylverfahren gemäß Art. 3 Abs. 4 DÜ übernommen werden sollte. Hiermit wird derjenige Asylbewerber geschützt, der aufgrund der Fristenüberschreitung darauf vertrauen durfte, dass die Niederlande seinen Asylantrag auch inhaltlich prüfen. Auch wenn die niederländischen Gerichte davon ausgehen, dass die Bestimmungen des Dubliner Übereinkommens keine individuellen Rechte beinhalten, kommen die Gerichte mit dieser

Interpretation des Vertrauensprinzips einem individuellen Recht zumindest sehr nah. Im Laufe der Anwendung des DÜ hat sich zunächst eine sehr detaillierte Rechtsprechung entwickelt, die Anlass zum Erlass einer Erweiterung der Ermessensvorschriften für die Anwendung des Art. 3 Abs. 4 DÜ gab.[505]

Die deutsche Rechtsprechung insbesondere zu Art. 11 Abs. 5 DÜ ist uneinheitlich.[506] Sowohl die deutsche als auch die niederländische Rechtsprechung verdeutlichen jedoch, dass zwei Fragen Auslöser für die problematische Anwendung dieser Vorschrift sind: Zum einen ist unklar, ob es sich hierbei um eine Ausschlussfrist handelt, und zum anderen ist fraglich, ob und wann aufgrund des Verhaltens des zu überstellenden Asylbewerbers eine Verlängerung der Frist möglich ist. Nur eine Klärung im Nachfolgeinstrument zum Dubliner Übereinkommen kann hier zu einer besseren Anwendung des DÜ führen.

505 Siehe oben S. 182 ff

506 Siehe oben S. 171 f.

Dritter Teil: Evaluierung des Dubliner Übereinkommens

Das Dubliner Übereinkommen enthält keine Überwachungs- und Bewertungskriterien, anhand derer sein Erfolg oder Misserfolg bewertet werden könnte. Daher wird im folgenden Teil anhand eines Rückgriffes auf die Ziele des Übereinkommens und die in der Praxis aufgetretenen Anwendungsprobleme der Erfolg des DÜ analysiert. Eine Auswertung der statistischen Daten über die Anzahl der zwischen den Mitgliedstaaten gestellten Übernahmeersuchen und die erfolgten Transfers ergänzt die Analyse. In die Evaluierung werden außer den im zweiten Teil beschriebenen Erkenntnissen aus dem Vergleich der Umsetzung des DÜ in Deutschland und den Niederlanden auch Erfahrungswerte aus den anderen Mitgliedstaaten einfließen, wie sie sich zum Beispiel aus den von der Europäischen Kommission vorgenommenen Befragungen zur Überprüfung des Dubliner Übereinkommens ergeben.[1]

1. Kapitel Wurden die Zielvorstellungen erreicht?

A. Rasche Entscheidung über den Asylantrag - Fristenprobleme

In der Präambel des DÜ wird ausdrücklich darauf hingewiesen, dass Maßnahmen erforderlich sind, damit ein Asylbewerber nicht zu lange im ungewissen über den Ausgang seines Asylverfahrens gelassen wird.

I. Fristenregelungen des DÜ

Artikel 11 DÜ enthält wichtige Fristen zum Dublinverfahren, die durch weitere Vorschriften in den Beschlüssen des Artikel-18-Ausschusses ergänzt werden. So muss ein Mitgliedstaat gemäß Art. 11 Abs. 1 DÜ an einen anderen Mitgliedstaat innerhalb von sechs Monaten nach der Einreichung des Asylantrages ein Überstellungsgesuch richten. Der Mitgliedstaat, an den eine solche Anfrage gerichtet wird, muss dann binnen drei Monaten über das Aufnahmegesuch entscheiden. Diese Antwortfrist ist auf acht Tage verkürzt, wenn es sich um ein Rückübernahmeersuchen gemäß Art. 13 Abs. 1 Bst. b) DÜ handelt. Art. 11 Abs. 5 DÜ schließlich bestimmt die Frist für die

1 Die Europäische Kommission hat zunächst am 21.03.2000 ein Diskussionspapier zur Überprüfung des DÜ erstellt (SEK(2000)522), um eine Diskussionsgrundlage für die Ausarbeitung einer EG-Verordnung als Nachfolger des DÜ anzubieten. Am 13.06.2001 stellte die Kommission dann ein Arbeitsdokument mit einer ausführlichen Bewertung des DÜ vor (SEK(2001)756). Diese beiden Dokumente werden im einzelnen in Teil 4 vorgestellt, rechtsvergleichende Erkenntnisse fließen aber bereit an dieser Stelle in die Evaluierung des DÜ mit ein.

(freiwillige oder begleitete) Überstellung des Asylbewerbers an den zuständigen Mitgliedstaat. Diese beträgt einen Monat nach Annahme des Aufnahmegesuchs bzw. einen Monat nach Ende des eventuell vom Ausländer gegen den Überstellungsbeschluss eingelegten (erfolglosen) Rechtsmittels, falls dieses aufschiebende Wirkung hat.

Sanktionen für das Überschreiten von Fristen sieht das DÜ nur in Art. 11 Abs. 4 DÜ vor. Danach muss der Mitgliedstaat, an den ein Übernahmegesuch gerichtet wurde, bei Nichtbeantwortung automatisch die Zuständigkeit zur Prüfung des Asylverfahrens übernehmen. Ob es sich bei der in Art. 11 Abs. 5 DÜ festgelegten Überstellungsfrist von einem Monat auch um eine Ausschlussfrist handelt, ist umstritten. Der Wortlaut des Art. 11 Abs. 5 DÜ spricht dagegen, zudem haben die Mitgliedstaaten mit Art. 21 Abs. 4 und 5 DÜ des Beschlusses 1/97 vereinbart, dass sie auch nach Ablauf der Frist im gegenseitigen Einvernehmen bereit sind, einen neuen Überstellungstermin zu vereinbaren.[2] Nichtsdestoweniger haben einige nationale Gerichte Art. 11 Abs. 5 im Sinne einer Ausschlussfrist interpretiert und als individuelles Recht des Asylbewerbers gewertet. So haben niederländische Gerichte entschieden, dass bei einem Überschreiten der sechsmonatigen Frist gemäß Art. 11 Abs. 1 bzw. der einmonatigen Frist gemäß Art. 11 Abs. 5 DÜ eine Verletzung des Vertrauensprinzips vorliegen kann, mit der Folge, dass die Niederlande das Asylverfahren nach Art. 3 Abs. 4 DÜ freiwillig übernehmen müssen.[3] Auch ein Teil der deutschen Rechtsprechung hat bei einem Überschreiten der Überstellungsfrist den ablehnenden „Dublinbescheid" für rechtswidrig erklärt.[4]

Im Gegensatz zu Art. 11 Abs. 1 DÜ existiert keine Frist für das Stellen eines Rückübernahmeersuchens gemäß Art. 13 DÜ oder einer Informationsanfrage gemäß Art. 15 DÜ. Weitere Fristen wurden nur als unverbindliche Empfehlungen in den Beschlüssen des Art.-18-Ausschusses festgelegt. So legt Art. 4 Abs. 4 des Beschlusses Nr.1/97 fest, dass die Mitgliedstaaten alles daran setzen sollten, Aufnahmegesuche binnen eines Monats statt binnen dreier Monate zu beantworten. Eine Überprüfung, ob die Höchstfrist von einem Monat praktikabel ist, wurde jedoch nie vorgenommen.[5] Des weiteren können die Mitgliedstaaten auch in besonders eilbedürftigen Fällen ein Dringlichkeitsverfahren anwenden.[6] Hiervon wird in der Praxis vor allem

---

2 Vgl. *Löper*, in: Faria (Hrsg.), 2001, S. 27 (30).

3 Siehe oben S. 182 ff.

4 Siehe oben S. 171.

5 *Arbeitsdokument der Kommission*, Überprüfung des Dubliner Übereinkommens, SEK (2000)522 vom 21.03.2000, Rn. 16.

6 Art. 5 des Beschlusses 1/97.

Gebrauch gemacht, wenn der Asylbewerber in Abschiebehaft sitzt oder sich im Flughafenverfahren befindet und noch vor der Einreise über die Zuständigkeit entschieden werden soll.[7]

Theoretisch ist es somit aufgrund der im Dubliner Übereinkommen festgelegten Fristen möglich, dass zwischen dem Einreichen eines Asylantrages und der Entscheidung über die Zuständigkeit eines Mitgliedstaates ein Zeitraum von bis zu neun Monaten liegt, nicht mitgerechnet die Zeit für eine eventuell vorangehende Informationsanfrage gemäß Art. 15 DÜ. Die Zeitspanne zwischen der Asylantragstellung und der Überstellung des Asylbewerbers kann somit mehr als 10 Monate betragen. Im Falle eines Widerspruchs- oder Klageverfahrens gegen den „Dublinbescheid" – welches in manchen Mitgliedstaaten die Regel ist[8] – kommt es zu einer weiteren Verzögerung der Überstellung.

II. Praxiserfahrungen

Die vorhandenen Daten und Erfahrungen zeigen – soweit sie repräsentativ sind[9] – dass die Durchschnittsdauer für die Beantwortung von Aufnahmegesuchen häufig über dem in Art. 4 Abs. 1 des Beschlusses 1/97 gesetzten Ziel von einem Monat liegt.[10] Zwischen bestimmten Mitgliedstaaten beträgt die Durchschnittsdauer sogar 90 Tage.[11]
Die Befragung der Mitgliedstaaten durch die Kommission hat ergeben, dass diese nach überwiegender Ansicht die Frist von sechs Monaten für die Einreichung eines Antrages gemäß Art. 11 Abs. 1 DÜ bei einem anderen Mitgliedstaat nicht für zu lang erachten. Häufig komme es zu Verzögerungen

---

7 *Löper*, ZAR 2000, S. 16 (23).

8 In den Niederlanden werden gegen ca. 80% der ablehnenden Entscheidungen Rechtsmittel eingelegt.

9 In den vierteljährlichen Berichten der Kommission, die basierend auf den statistischen Daten der Mitgliedstaaten erstellt werden, fehlen statistische Angaben über:
- die Durchschnittsdauer zwischen der Einreichung des Asylantrages und dem Gesuch an einen anderen Mitgliedstaat, den Asylbewerber aufzunehmen;
- die Durchschnittsdauer für die Beantwortung von Informationsgesuchen nach Artikel 15 des DÜ vor der Stellung eines förmlichen Aufnahmegesuchs an einen anderen Mitgliedstaat;
- und die durchschnittliche Frist zwischen dem Zeitpunkt, zu dem ein Mitgliedstaat die Zuständigkeit für einen Asylbewerber übernimmt, und dem Zeitpunkt der tatsächlichen Überstellung des Asylbewerbers in diesen Mitgliedstaat.

10 *Arbeitsdokument der Kommission*, Überprüfung des Dubliner Übereinkommens, SEK (2000) 522 vom 21.03.2000, Rn. 15.

11 Dies ist die Höchstfrist, die nach Art. 11 Abs. 4 DÜ verstreichen darf, ehe automatisch der Mitgliedstaat, der das Übernahmeersuchen nicht beantwortet, die Zuständigkeit übernehmen muss.

in der Bearbeitung, da die Antworten auf die Informationsersuchen gemäß Art. 15 zu lange dauerten. Auch könnten Indizien für die Zuständigkeit eines Mitgliedstaates erst spät im Dublinverfahren auftreten. Hingegen halten die meisten Mitgliedstaaten die dreimonatige Frist des Art. 11 Abs. 4 DÜ für zu lang. Hier besteht der Wunsch, die in Art. 4 Abs. 1 des Beschlusses Nr. 1/97 genannte Frist von einem Monat zu einer verbindlichen Frist zu erklären.
Die einmonatige Frist des Art. 11 Abs. 5 und des Art. 13 Abs. 1 Bst. b) zur Überstellung des Asylbewerbers an den zuständigen Mitgliedstaat wird von den Mitgliedstaaten jedoch als zu kurz erachtet.[12]

Die Kommission kommt in ihrer Auswertung zu dem Schluss, dass diverse Gründe vorliegen, die eine Verzögerung des Dublinverfahrens begründeten. Verzögerungen entstünden zum einen aufgrund von Regelungen des nationalen Rechts, wie z.B. der Möglichkeit, einstweiligen Rechtsschutz wahrzunehmen. Dies betreffe auch nationale Fristen für die Ingewahrsamnahme, die nicht den Fristen des DÜ entsprächen. Zum anderen handele es sich um organisatorische Mängel, die in der Kapazität der zuständigen Behörden für die Bearbeitung der Informationsersuchen und der Überstellungsersuchen begründet seien. Im DÜ fehle eine Frist für die Beantwortung der Informationsgesuche gemäß Art. 15. Im Beschluss Nr. 1/97 werde lediglich festgelegt, der betreffende Mitgliedstaat „sollte alles daran setzen", das Gesuch wenn möglich sofort bzw. innerhalb von einem Monat ab Erhalt zu beantworten.[13]

III. Kritik

Rasche Verfahren sind ein Ziel der gesamten europäischen Asylpolitik und können nicht alleine von einem Übereinkommen über die Zuständigkeitsverteilung garantiert werden. Ein Zuständigkeitsverteilungssystem wie das DÜ darf aber auch nicht dazu führen, dass die Asylverfahren noch länger dauern, wenn der inhaltlichen Prüfung erst noch eine langwierige Zuständigkeitsprüfung vorangestellt wird.
Wie in Beschluss Nr. 1/97 festgelegt ist, würde in dem Fall, dass das Verfahren zur Bestimmung des zuständigen Mitgliedstaates letztlich länger dauern würde als die Prüfung des eigentlichen Asylantrages, „das Übereinkommen nicht nur seinen Zweck völlig verfehlen, sondern sogar eine neue Kategorie von „refugees in orbit" entstehen, eine Gruppe von

[12] *Arbeitsdokument der Kommission*, Bewertung des Dubliner Übereinkommens, SEK (2001) 756 vom 13.06.2001, S. 10.

[13] Vgl. *Arbeitsdokument der Kommission*, Überprüfung des Dubliner Übereinkommens, SEK (2000) 522, 21.03.2000, S. 9.

Asylbewerbern, deren Anträge nicht geprüft würden, solange das im Übereinkommen vorgesehene Verfahren nicht abgeschlossen ist".[14]
Daher sollten die Mitgliedstaaten soweit wie möglich versuchen, die bestehenden Fristen einzuhalten und die Gründe für Fristenüberschreitungen zu vermindern. Soweit praktikabel, könnten in der nachfolgenden Verordnung Fristen gekürzt werden bzw. die bisher in den Beschlüssen nur unverbindlich geregelten Fristen im DÜ verbindlich festgelegt werden.

B. Vermeidung von „Refugees in orbit"

Eines der Hauptziele des Übereinkommens ist es, jedem Asylbewerber die Gewähr dafür zu bieten, dass sein Asylantrag von *einem* Mitgliedstaat geprüft wird. Dadurch soll verhindert werden, dass ein Asylbewerber von einem Mitgliedstaat zum anderen geschoben wird, ohne dass sich ein Staat für sein Asylverfahren zuständig erklärt. Mit Hilfe der Hierarchie der Zuständigkeitskriterien und der Bestimmungen zur Überstellung und Aufnahme des Asylbewerbers wurde theoretisch eine Lösung für das Problem der „refugees in orbit" gefunden. Diese Lösung hat jedoch Lücken, die das Konzept wieder in Frage stellen.

I. Artikel 3 Abs. 5 DÜ

Nach Art. 3 Abs. 5 behält jeder Mitgliedstaat das Recht, einen Asylbewerber nach seinen innerstaatlichen Rechtsvorschriften unter Wahrung der Genfer Flüchtlingskonvention in einen Drittstaat zurück- oder auszuweisen. Damit wird das dem DÜ zugrundeliegende Konzept des *einen* zuständigen Staates ausdrücklich gebrochen.

Die meisten Mitgliedstaaten haben in den 90er Jahren eine sogenannte Drittstaatenregelung in ihr nationales Asylrecht aufgenommen. Grundlage für die nationalen Regelungen stellte die „Londoner Entschließung zu einem einheitlichen Konzept betreffend Drittaufnahmestaaten" vom 30. November und 1. Dezember 1992 dar.[15] Die Entschließung zu einem einheitlichen Konzept in bezug auf Aufnahmedrittländer gestattet den Mitgliedstaaten,

---

[14] Artikel 23 Abs. 3 des Beschlusses Nr. 1/97. Vgl. *Arbeitsdokument der Kommission*, Überprüfung des Dubliner Übereinkommens, SEK (2000) 522, 21.03.2000, S. 10.

[15] Noch vor Inkrafttreten des Maastrichter Vertrages am 1. Januar 1993 verabschiedeten die für die Einwanderung zuständigen Minister am 30.11./1.12.1992 in London drei Entschließungen zu unterschiedlichen Aspekten des Asylrechts (u.a. „Entschließung über offensichtlich unbegründete Asylanträge" und „Schlussfolgerungen zu sicheren Herkunftsstaaten"). Diesen kommt keine bindende Wirkung zu; eine Umsetzung in den Mitgliedstaaten war daher notwendig. Die Londoner Entschließungen haben eine große praktische Bedeutung für die Entwicklung des europäischen Asylrechts erlangt.

Asylsuchende und Flüchtlinge in sichere Drittstaaten aus- oder zurückzuweisen. Die Entschließung führt eine Liste von Prinzipien und Kriterien auf, die vor Anwendung des Konzeptes berücksichtigt werden müssen. So darf ein Drittland dann als sicher bezeichnet werden, wenn dort Schutz vor *refoulement* gemäß Art. 33 GFK und Schutz vor Folter, unmenschlicher oder erniedrigender Behandlung besteht. Des weiteren muss dem Asylbewerber bereits Schutz in dem Drittland gewährt worden sein oder er muss an der Grenze oder im Hoheitsgebiet des Drittlands die Möglichkeit gehabt haben, sich um Schutz an die Behörden dieses Landes zu wenden, bevor er sich in den Mitgliedstaat begeben hat, in dem er um Asyl bittet. Der Schutz vor Aus- oder Zurückweisung im Aufnahmedrittland muss tatsächlich bestehen.[16]

Diese Entschließung legt auch fest, in welcher Beziehung das DÜ und das Konzept des sicheren Drittstaates stehen. Demnach prüft der Mitgliedstaat zunächst die Möglichkeit, ob er den Asylbewerber in einen sicheren Drittstaat aus- oder zurückweisen kann. Liegen die erforderlichen Nachweise vor und akzeptiert der Drittstaat die Rücknahme, so wird die Rückreise des Asylbewerbers in das Aufnahmedrittland eingeleitet.[17] Kann der Asylbewerber nicht in ein Aufnahmedrittland zurück- oder ausgewiesen werden, so sind die Bestimmungen des DÜ anzuwenden.[18] Folglich geht die Drittstaatenregelung dem Dubliner Übereinkommen vor; nur wenn kein aufnahmebereiter Drittstaat gefunden wird, findet das DÜ Anwendung. Wird ein Asylbewerber nach Durchführung des Dublinverfahrens in den zuständigen Mitgliedstaat überstellt, so behält dieser Mitgliedstaat die Möglichkeit, in Anwendung seines innerstaatlichen Rechts einen Asylbewerber in das Aufnahmedrittland zurück- oder auszuweisen.[19] Allerdings kann ein Mitgliedstaat die Zuständigkeit für die Prüfung eines Asylantrags in Anwendung des Übereinkommens von Dublin nicht mit dem Hinweis darauf ablehnen, dass der ersuchende Mitgliedstaat den Bewerber in das Aufnahmedrittland hätte zurückführen müssen.[20]

Die Drittstaatenregelung kann somit – abhängig von nationalen Gesetzen – dazu führen, dass das DÜ nur dann Anwendung findet, wenn kein Drittaufnahmestaat ausfindig gemacht werden kann. Bei strikter Anwendung der oben beschriebenen Anwendung der Drittstaatenregelung, bliebe

16 Art. 2 Londoner Entschließung vom 30. November und 1. Dezember 1992, abgedruckt in *Hailbronner*, Ausländerrecht Kommentar, Bd. 4, D 12.2.
17 Art. 3 a) Londoner Entschließung vom 30. November und 1. Dezember 1992, a.a.O.
18 Art. 1 d) Londoner Entschließung vom 30. November und 1. Dezember 1992,a.a.O.
19 Art. 3 c) Londoner Entschließung vom 30. November und 1. Dezember 1992, a.a.O.
20 Art. 3 b) Londoner Entschließung vom 30. November und 1. Dezember 1992, a.a.O.

Asylsuchenden und Flüchtlingen nur die Garantie, dass *ein* Staat ihr Asylgesuch prüfen muss, *wenn kein Drittaufnahmestaat vorhanden ist.*

Trotz der Londoner Entschließung der Einwanderungsminister von 1992 wenden die Mitgliedstaaten der EU die Drittstaatenregelung sehr unterschiedlich in ihrer nationalen Gesetzgebung an.[21] Eine gesetzlich festgelegte Liste der sicheren Drittstaaten kennen allein Deutschland[22] und die Niederlande[23]. In den anderen Mitgliedstaaten wird der Begriff der sicheren Drittstaaten umschrieben.[24] Insbesondere besteht kein Konsens zwischen den Mitgliedstaaten, wie der Begriff des „sicheren" Drittstaates zu definieren ist. Dies führt dazu, dass bereits die Möglichkeit der Asylantragstellung auch bei dem reinen Transit durch einen Drittstaat von manchen Mitgliedstaaten als vorherige Schutzmöglichkeit eingestuft wird.[25] In anderen Mitgliedstaaten schließt der vorherige Transfer durch einen sicheren Drittstaat den Flüchtling nicht automatisch vom Asylverfahren aus, abgestellt wird vielmehr auf einen vorherigen Aufenthalt in dem anderen Land.
Auch verfahrensrechtlich existieren zwischen den Mitgliedstaaten diverse Unterschiede in der Anwendung der Drittstaatenregelung. So können Anträge von vornherein als unzulässig abgelehnt werden oder in einem Eilverfahren behandelt werden. Sehr unterschiedlich sind auch die Rechtsschutzmöglichkeiten, die gegen einen ablehnenden Bescheid zur Verfügung stehen. Hier reicht die Bandbreite von dem völligen Ausschluss jeglichen Rechtsmittels über Rechtsmittel ohne aufschiebende Wirkung bis zu Rechtsmitteln mit aufschiebender Wirkung.[26]

---

21 Für einen genauen Vergleich der nationalen Regelungen aller Europäischen Staaten siehe: *Danish Refugee Council*, 1997, S. 1 ff.; *Boeles* et al., 1999, S. 193 ff. zählen kurz die Unterschiede der nationalen Drittstaatenregelungen in den westeuropäischen Ländern auf.

22 Art. 16 a Abs. 2 GG, der die Mitgliedstaaten der Europäischen Gemeinschaft kraft Verfassung zu sicheren Drittstaaten erklärt, sowie § 26 a Abs. 2 und Anlage I AsylVfG, die Norwegen, Polen und Tschechien zu sicheren Drittstaaten bestimmen.

23 Art. 15 Abs. 4-8 Vw a.F. ist die gesetzliche Fassung der sicheren Drittstaatenregelung. Art. 15 Abs. 5 Vw a.F. bestimmt, dass die Länder der Europäischen Gemeinschaft und der Europäischen Wirtschaftsgemeinschaft, des weiteren die per Verwaltungsvorschrift (Art. 51 a Vb) festgelegten Länder Polen, Tschechien und die Schweiz sichere Drittstaaten sind.

24 *Boeles* et.al., 1999, S. 193 ff.

25 Nach der Rspr. des BVerwG reicht es aus, wenn der Asylbewerber die Gelegenheit hatte, im Drittstaat seine Reise zu unterbrechen und einen Asylantrag zu stellen. Sogar die Durchquerung eines Drittstaates auf der Ladefläche eines LKW ohne Zwischenaufenthalt soll nach überwiegender Meinung nicht zum Ausschluss der Drittstaatenregelung führen, vgl. BVerwG, DÖV 1998, S. 273 (274).

26 *Danish Refugee Council*, 1997, S. 1 ff.; *Lavenex*, 1999, S. 76 ff.

II. Kritik an der Drittstaatenregelung

Die Drittstaatenregelung hat sehr viel Kritik in der Literatur erfahren. Hier soll nur ein kurzer Überblick gegeben werden, um die weiterhin bestehende Gefahr, dass „refugees in orbit" geschaffen werden, zu verdeutlichen und den möglichen Verstoß gegen das *Non-refoulement*-Gebot aufgrund von durchgeführten Kettenabschiebungen aufzuzeigen.
Im Völkerrecht ist das Konzept des sicheren Drittstaates unbekannt; gewohnheitsrechtlich ist nur anerkannt, dass ein Staat seine eigenen Staatsbürger wieder aufnehmen muss.[27] Das Völkerrecht verbietet den Staaten aber auch nicht, Flüchtlinge in dritte Staaten aus- oder zurückzuweisen. Das Handeln der Staaten wird jedoch durch das *Refoulement-Verbot* gemäß Art. 33 GFK eingeschränkt, das eine Rück- oder Ausweisung eines Flüchtlings in Staaten verbietet „..in denen sein Leben oder seine Freiheit wegen seiner Rasse, Religion, Staatsangehörigkeit, seiner Zugehörigkeit zu einer bestimmten sozialen Gruppe oder wegen seiner politischen Überzeugung bedroht sein würde".[28] Dabei verbietet das *Refoulement-Verbot* nicht nur eine Rückschiebung in den Herkunftsstaat des Flüchtlings oder in einen sonstigen Staat, in dem eine Bedrohung zu befürchten wäre, sondern auch eine Kettenabschiebung.[29] Eine Kettenabschiebung liegt dann vor, wenn ein Flüchtling von dem Staat, in den er abgeschoben wird, in einen anderen Staat weitergeschoben wird und auch dort eventuell keine Bleibemöglichkeit erhält. Für den Flüchtling kann dies im schlimmsten Fall dazu führen, dass er ohne Prüfung seines Asylbegehrens in seinen Herkunftsstaat zurückgeschoben wird.[30]

Das Exekutivkomitee für das Programm des UNHCR (EXCOM) hat sich mit dem Thema der sicheren Drittstaaten in seinem Beschluss Nr. 58 zum Thema

---

27 Vgl. Verdross/Simma, 3. Aufl. 1984, § 1202; sowohl aus Art. 3 Abs. 2 des 4. Zusatzprotokolls zur EMRK vom 16. September 1963 als auch aus Art. 12 Abs. 4 des Internationalen Paktes für bürgerliche und politische Rechte (IPBPR) ergibt sich, dass niemand das Recht entzogen werden darf, in das Hoheitsgebiet des Landes zu reisen, dessen Staatsangehöriger er ist. Da er IPBPR jedoch nur ein Verbot des *willkürlichen* Entzugs ausspricht kann wohl noch nicht von einer völkergewohnheitsrechtlichen Regelung ausgegangen werden.

28 Siehe zum *Refoulement-Verbot* bereits oben S. 30 f.

29 *Albuquerque Abell*, IJRL 1999, S. 60 (68 ff.), m.w.N., gelangt anhand der Untersuchung der *travaux prèperatoires* der GFK zu dem Ergebnis, dass Art. 33 GFK sowohl die direkte als auch die indirekte Rückschiebung in den Herkunftsstaat verbietet.

30 Vgl. *Achermann/Gattiker*, ASYL 1994, S. 23 (26 ff.).

der irregulären Wanderungsbewegungen beschäftigt.[31] Hiernach kann ein Flüchtling in den Drittstaat zurückgeschoben werden, wenn er dort bereits Schutz gefunden hat, das *Non-refoulement* Gebot gewährleistet ist, er im Staat verbleiben kann und im Einklang mit anerkannten fundamentalen humanen Maßstäben behandelt, bis eine Dauerlösung gefunden wurde. Im Gegensatz zum DÜ verlangt der Beschluss, dass der Flüchtling bereits vorher Schutz in dem Drittstaat gefunden hatte. Bereits mit Beschluss Nr. 15 hatte sich EXCOM dafür ausgesprochen, dass Asyl nicht lediglich aus dem Grund verweigert werden sollte, weil bereits in einem andern Land darum ersucht worden ist. Wenn eine Person aber bereits Beziehung zu einem Drittstaat vor der Asylantragstellung hatte, so dürfte sie aufgefordert werden, in diesem Staat Asyl zu beantragen.[32]

Ebenso wie Art. 33 GFK verbietet Art. 3 EMRK die Ausweisung oder Rückschiebung eines Flüchtlings in einen Drittstaat, wenn die Gefahr besteht, dass er von dort in den Verfolgerstaat weitergeschoben wird.[33] Dieses Risiko besteht, wenn rechtlich wie faktisch nicht der Schutz des *non-refoulement* gewährleistet ist. Wie der EGMR im Fall *Soering* festgestellt hat, ist dafür das

---

31 EXCOM Beschluss Nr 58, Bst. f) „Where refugees and asylum-seekers nevertheless move in an irregular manner from a country where they have already found protection, they may be returned to that country if: (i) they are protected against refoulement and (ii) they are permitted to remain there and to be treated in accordance with recognized basic human standards until a durable solution is found for them.

32 EXCOM Beschluss Nr. 15, Bst. h) „An effort should be made to resolve the problem of identifying the country which is responsible for examining an asylum request by the adoption of common criteria. In elaborating such criteria the following principles should be observed:

(i) The criteria should make it possible to identify in a positive manner the country which is responsible for examining an asylum request and to whose authorities the asylum-seeker should have the possibility of addressing himself;

(ii) The criteria should be of such a character as to avoid possible disagreement between States as to which of them should be responsible for examining an asylum request and should take into account the duration and nature of any sojourn of the asylum-seeker in other countries;

(iii) The intentions of the asylum-seeker as regards the country in which he wishes to request asylum should as far as possible be taken into account;

(iv) Regard should be had to the concept that asylum should not be refused solely on the ground that it could be sought from another State. Where, however, it appears that a person, before requesting asylum, already has a connexion or close links with another State, he may if it appears fair and reasonable be called upon first to request asylum from that State."

33 Siehe oben S. 33 ff. und *Alleweldt*, 1996, S. 16 ff.

tatsächliche Risiko ausschlaggebend, nach der Abschiebung Folter oder unmenschlicher oder erniedrigender Behandlung unterworfen zu werden.[34]

Das Ziel des Dubliner Übereinkommen, das Phänomen der „refugees in orbit" zu beseitigen, ist nur erreicht worden, soweit es das Hin- und Herschieben der Flüchtlinge *innerhalb* der Vertragsstaaten betrifft. Die Mitgliedstaaten tragen jedoch weiterhin dazu bei, dass Antragsteller aufgrund der Anwendung der Drittstaatenregelung in andere Staaten weitergeschoben werden können und dort eventuell zu „refugees in orbit" werden, wenn kein Staat sich bereit erklärt, ihr Asylbegehren zu prüfen. *Achermann* beschrieb die Auswirkungen der Drittstaatenregelung und des DÜ bereits vor dessen Inkrafttreten zutreffend mit folgendem Bild: „In Zukunft werden wir zwei Kreise vorfinden, einen inneren der Vertragsstaaten der beiden Übereinkommen [SDÜ und DÜ], die zwar eine Verpflichtung zur Asylgesuchsprüfung anerkennen, aber keine Asylverfahren durchführen, weil sie Asylsuchende in Drittaufnahmestaaten zurückweisen, und einen äußeren Kreis der Nichtvertragsstaaten des DÜ, die zwar Asylsuchende zurücknehmen, aber selbst nicht verpflichtet sind, Asylverfahren durchzuführen, und die wiederum versuchen werden, die betroffenen Personen in einen weiteren Staat zurückzuweisen."[35]

III. Schlussfolgerungen

Um die Gefahr der Kettenabschiebung zu vermeiden, sollten Asylbewerber erst in einen Drittstaat zurückgeführt werden, wenn dort die Anwendung der GFK garantiert ist und Schutz gemäß Art. 33 GFK, Art. 3 EMRK und Art. 3 des UN-Übereinkommens gegen Folter tatsächlich bestehen. Es sollte sichergestellt sein, dass Asylbewerber im Drittstaat Zugang zu einem effizienten und fairen Anerkennungsverfahren erhalten und ihnen solange wie nötig Schutz gewährt wird.[36] Notwendig ist somit zum einen die Harmonisierung der Drittstaatenregelungen in den verschiedenen Mitgliedstaaten und zum anderen die Garantie, dass der Asylantrag des zurückgeschobenen Flüchtlings in dem betreffenden Drittstaat auch in einem fairen, den internationalen Verträgen entsprechenden Asylverfahren geprüft wird.

Die Kommission hat in ihrem „Vorschlag für eine Richtlinie des Rates über Mindestnormen für Verfahren in den Mitgliedstaaten zur Zuerkennung oder

---

34 EGMR, Soering gegen das Vereinigte Königreich, Urteil vom 7. Juli 1989, EuGRZ 1989, S. 314 ff. Siehe zu diesem Urteil auch *Zühlke/Pastille*, ZAR 1999, S. 749 ff.

35 *Achermann*, in: Achermann/Bieber/Epiney/Wehner, 1995, S. 110 f.

36 Vgl. auch die Forderungen von *ECRE*, 2000, S. 4 m.w.N.

Aberkennung der Flüchtlingseigenschaft" vom 24. Oktober 2000 Kriterien festgelegt, unter welchen Bedingungen ein Asylantrag als unzulässig abgelehnt werden darf, da ein Drittland als sogenanntes „sicheres Drittland" betrachtet werden kann.[37] Der Entwurf legt Kriterien für die Bestimmung sicherer Drittstaaten vor, nach denen die Mitgliedstaaten ein Drittland als sicheres Drittland einstufen können.[38] Eine eigene Liste sicherer Drittstaaten wird von der Kommission nicht vorgeschlagen. Ungeachtet des Vorliegens einer Liste darf ein Mitgliedstaat einen Asylbewerber nur in einen sicheren Drittstaat zurücksenden, wenn

- der Asylbewerber in Beziehung zu diesem Land steht oder dort enge Bindungen besitzt oder wenn er während eines früheren Aufenthaltes in dem betreffenden Land Gelegenheit hatte, den Schutz der Landesbehörden in Anspruch zu nehmen;
- es Grund gibt anzunehmen, dass dieser Asylbewerber wieder in das Hoheitsgebiet des Drittlandes zugelassen wird, und
- es keinen Grund gibt anzunehmen, dass das Land in dem speziellen Fall des Asylbewerbers nicht als sicheres Drittland zu betrachten ist.

Dieser Vorschlag stieß bereits auf die Kritik von nichtstaatlichen Organisationen und des UNHCR, die u.a. das Fehlen einer Garantie für die Durchführung eines Asylverfahrens in dem betreffenden Drittstaat bemängelten.[39] Zunächst bleibt jedoch abzuwarten, ob der Rat diesen Entwurf akzeptiert oder weitere Änderungen vornimmt.

C. Verhinderung von „asylum shopping"

Laut der Präambel bezweckt das DÜ, das mehrfache Stellen von Asylanträgen in den Mitgliedstaaten zu verhindern. Das DÜ soll somit verhindern, dass Asylbewerber sich den Mitgliedstaat aussuchen, in dem sie Asyl beantragen.

Theoretisch ist das DÜ geeignet, das mehrmalige Stellen eines Asylantrages zu verhindern, da anhand der Zuständigkeitskriterien ein verantwortlicher Mitgliedstaat festgestellt werden kann und die Wiederaufnahmeregeln die Durchführung dieses Grundsatzes absichern. In der Praxis liegen bisher jedoch

---

37 ABl. 2001 C E/236 vom 27.2.2000.

38 Vgl. Art. 22 des Entwurfes und Anhang I.

39 Vgl. *UNHCR*, UNHCR's Observations on the European Commission's proposal for a Council Directive on Minimum standards on procedures for granting and withdrawing refugees status, Genf, Juli 2001; *ECRE*, Comments from ECRE on the proposal on minimum standards on procedures in Member States for granting and withdrawing refugee status, London, April 2001.

noch keine Zahlen vor, wie viele der insgesamt in der Europäischen Union gestellten Mehrfachanträge aufgedeckt und gemäß den Zuständigkeitskriterien des DÜ behandelt werden konnten.[40] Beweisprobleme beeinträchtigen die Ermittlungen, ob bereits in einem anderen Staat ein Asylantrag gestellt wurde.[41] Gibt der Asylbewerber keine Auskunft und liegen ansonsten keine Beweise oder Indizien vor, so ist auch eine Informationsanfrage bei den anderen Mitgliedstaaten aussichtslos. Die Mitgliedstaaten erhoffen sich aber durch die Einführung der Fingerabdruckdatenbank Eurodac eine Verbesserung der Beweisführung und der Aufdeckung von Mehrfachanträgen. Mittels der Datenbank soll auch eine Statistik über diejenigen Ausländer erstellt werden, die bereits in einem Mitgliedstaat als Asylberechtigte anerkannt wurden, aber in einen anderen Mitgliedstaat weiterreisen und dort erneut einen Asylantrag stellen.[42] Zum jetzigen Zeitpunkt ist noch nicht festzustellen, ob es aufgrund des DÜ gelungen ist, das mehrfache Stellen von Asylanträgen wirksam zu unterbinden.

D. Lastenverteilung aufgrund des DÜ

Eine Lastenverteilung der in der Europäische Union gestellten Asylanträge ist kein im DÜ explizit erwähntes Ziel, liegt jedoch dem Konzept des DÜ zugrunde. Vor Inkrafttreten des DÜ warnte *Achermann*, dass das DÜ theoretisch die Gefahr der ungerechten Lastenverteilung in sich bergen würde, da die Staaten an den Außengrenzen der EU, vor allem an den Süd- und Ostgrenzen einer größeren Zahl von Asylbewerbern ausgesetzt seien.[43] Wenn nicht andere Kriterien, wie ein Visum oder eine Aufenthaltserlaubnis vorliegen, wären diese Länder, die für den Schutz der Außengrenzen verantwortlich gemacht werden, für die Asylprüfung zuständig.

Hat sich die Befürchtung bewahrheitet und wie hat sich das DÜ auf die Verteilung der Asylbewerber in der EU ausgewirkt? Im folgenden wird anhand der Statistiken der Jahre 1998 bis 2000 das Verhältnis zwischen der Anzahl der Übernahmeersuchen nach dem Dubliner Übereinkommen, der Annahme dieser Ersuchen durch den anderen Mitgliedstaat und der Anzahl der erfolgreichen Transfers in den zuständigen Mitgliedstaat untersucht.[44]

---

40 *Arbeitsdokument der Kommission*, Überprüfung des Dubliner Übereinkommens, SEK (2000) 522 vom 21.03.2000, Rn. 22.

41 Siehe unten S. 221 ff. ausführlich zu den Beweisschwierigkeiten des DÜ.

42 Siehe näheres zu der Eurodac-Verordnung unten S. 226 ff.

43 *Achermann*, in: Achermann/Bieber/Epiney/Wehner, 1995, S. 100 f.

44 Neuere Zahlen des Artikel-18-Ausschusses für alle Mitgliedstaaten lagen zum Abschluss der Arbeit noch nicht vor.

I. Auswertung der Statistiken[45]

Anhand der statistischen Daten zum Dubliner Übereinkommen lässt sich ein Eindruck über die Durchführung und den Erfolg des DÜ gewinnen. Gemäß Artikel 28 Abs. 1 des Beschlusses Nr. 1/97 führen die Mitgliedstaaten einen vierteljährlichen Austausch statistischer Daten über die praktische Anwendung des Übereinkommens durch. Die Statistiken, die von den Mitgliedstaaten an das Sekretariat des Rates übermittelt werden, sind jedoch teilweise unvollständig, bzw. unterschiedlichen statistische Berechnungsmethoden der Mitgliedstaaten verhindern eine exakte Vergleichbarkeit.[46]

1. Übernahmeersuchen der Mitgliedstaaten

Die Anzahl der von den Mitgliedstaaten gestellten Übernahme- bzw. Rückübernahmeersuchen[47] hat sich im untersuchten Zeitraum 1998 bis 2000 in Relation zu den gestellten Asylanträgen kontinuierlich verringert. Wurden im Jahr 1998 noch 19.800 Übernahmeersuchen gestellt (dies entsprach 6,5 % aller Asylanträge), so wurden im Jahr 1999 nur noch 19.662 Übernahmeersuchen und im Jahr 2000 gerade noch 16.131 Ersuchen gestellt. Im Vergleich zu der Gesamtzahl der im Jahr 2000 gestellten Asylanträge wurde somit nur bei 4,1 % der Asylbewerber ein Übernahmeersuchen an einen anderen Mitgliedstaat gestellt. Dies bedeutet im Ergebnis, dass bei mehr als 95 % der Fälle der Mitgliedstaat, in dem der Asylantrag gestellt wurde, auch für die Prüfung des Asylverfahrens zuständig war. Die Befragung der Mitgliedstaaten durch die Kommission hat ergeben, dass die zuständigen Verwaltungsbehörden bei unzureichenden Beweisen oft darauf verzichten, den für zuständig befundenen Staat zu befassen, selbst wenn sie der Überzeugung sind, dass dieser Staat tatsächlich jener ist, über den der Asylbewerber eingereist ist.[48]

---

45 Da die Statistiken des Artikel-18-Ausschusses vertraulich sind, war nur eine Auswertung der auch in anderen Quellen, wie dem Dänischen Flüchtlingsrat publizierten Zahlen für alle Mitgliedstaaten der EU möglich.

46 So zählt das BAFl. in Deutschland zum Beispiel Erst- und Zweitanträge zusammen, oder die britischen Immigrationsbehörden trennen nicht zwischen den Asylverfahren einzelner Familienmitglieder.

47 Die statistischen Daten umfassen sowohl Ersuchen an den potentiellen zuständigen Mitgliedstaat mit der Bitte auf Übernahme eines Asylbewerbers, als auch Anfragen auf Rückübernahme, wenn der Asylbewerber während des laufenden Asylverfahrens in einen andern Staat weitergereist ist oder sich dort nach Abschluss des Verfahrens illegal aufhält.

48 *Arbeitsdokument der Kommission*, Bewertung des Dubliner Übereinkommens, SEK (2001) 756 vom 13.6.2001, S. 6. Vlg. auch *Kloth*, in: Faria (Hrsg.), 2001, S. 7 (18).

	1998	1999	2000	Gesamt
Anzahl Asylbewerber	303.210	386.244	389.590	1.079.044
Anzahl Übernahmeersuchen	19.800	19.662	16.131	55.593
% an der Anzahl der Asylbewerber	6,5 %	5,1 %	4,1 %	5,2 %
Erfolgreiche Übernahmeersuchen	14.068	14.039	13.116	41.223
% an der Anzahl der Übernahmeersuchen	71,1 %	71,4 %	81,3 %	74,2 %
% an der Anzahl der Asylbewerber	4,6 %	3,6%	3,6 %	3,8 %
Transfers in den anderen Mitgliedstaat	5850	6.875	6.621	19.346
% an den erfolgreichen Übernahmeersuchen	41,6 %	49,0 %	50,5 %	46,9 %
% an der Anzahl der Übernahmeersuchen	29,5 %	35,0 %	41,0 %	34,8 %
% an der Anzahl der Asylbewerber	1,9 %	1,8 %	1,7 %	1,8 %

Darst. 9: Tabelle Übernahmeersuchen und Transfers der Mitgliedstaaten des DÜ – Gesamt (Quelle: Report Danish Refugee Council)

Ein genaueres Bild ergibt sich, wenn man die Übernahmeersuchen der einzelnen Mitgliedstaaten betrachtet (s. unten *Darst. 10*). Die höchste Anzahl der Übernahmeersuchen wurden jeweils von den Niederlanden und Deutschland gestellt, wobei sich für Deutschland, ebenso wie für Frankreich und Österreich, kein abnehmender Trend feststellen lässt. Es folgen Großbritannien und Schweden als weitere Mitgliedstaaten mit einer verhältnismäßig hohen Anzahl von Übernahmeersuchen. Die geringste Anzahl der Übernahmeersuchen wurden im untersuchten Zeitraum von Griechenland, Portugal und Italien gestellt. Italien stellt hierbei eine Besonderheit dar, da im 1998 noch 411 Übernahmeersuchen an andere Mitgliedstaaten gerichtet wurden, während 1999 nur noch 91 und 2000 sogar nur noch 34 Ersuchen gestellt wurden.

Die durchschnittliche Erfolgsquote der Übernahmeersuchen betrug 1998 71,1 %, 1999 71,4 % und im Jahr 2000 81,3 %. Diese hohen Quoten sprechen dafür, dass die Übernahmeersuchen meist zu Recht gestellt werden. Sie könnten jedoch ein Indiz dafür sein, dass die Mitgliedstaaten nur noch Übernahmeersuchen stellen, wenn sie genügend Beweise haben und sich sicher sein können, dass der gefragte Mitgliedstaat das Ersuchen annehmen wird. Diese Hypothese wird durch Aussagen der Mitgliedstaaten gestützt, die vor dem aufwendigen Dublinverfahren zurückschrecken und in Zweifelsfällen eher bereit sind, ein Asylverfahren selber durchzuführen.

2. Transfers der Asylbewerber an die zuständigen Mitgliedstaaten

Die erfolgreichen Übernahmeersuchen führen jedoch nicht in jedem Fall zu einer Überstellung des betreffenden Asylbewerbers in den zuständigen Mitgliedstaat. Nach den Erkenntnissen der Mitgliedstaaten erfolgten im Jahr 2000 nur knapp die Hälfte der Transfers, die im Vergleich zu den positiven Übernahmeersuchen möglich gewesen wären. Noch schlechter fielen die Zahlen im Jahr 1998 (nur 41,6 %) und im Jahr 1999 (49 %) aus (s. *Darst. 14*)

Für eine differenziertere Betrachtung sollten auch die Zahlen der einzelnen Mitgliedstaaten berücksichtigt werden. Im Jahr 2000 wiesen folgende Staaten einen günstigen Saldo auf:[49] Dänemark (97 %), Finnland (93 %), Belgien (70 %) und Deutschland (59 %). Belgien kommt hierbei aber eine Sonderrolle zu, da dieser Mitgliedstaat nur die begleiteten Überstellungen aufzeichnet und keine Statistik über die freiwilligen Transfers führt.[50] Dänemark zählt zu den Mitgliedstaaten, die das DÜ am erfolgreichsten anwenden.[51] In den Jahren 1998 bis 2000 hat Dänemark 4.844 Anfragen an andere Mitgliedstaaten gestellt, von denen 88 % (4.273) akzeptiert wurden. 81 % der akzeptierten Asylbewerber (3.470) konnten schließlich in den zuständigen Mitgliedstaat überstellt werden. Ein Grund für den Erfolg von Dänemark ist der Abschluss von bilateralen Rücknahmeabkommen mit Deutschland und Schweden, die eine schnelle Bearbeitung der Fälle versprechen, die in Häfen, an der Grenze oder in Grenznähe auftreten.[52] Eine geringe Anzahl von Transfers in Relation

---

49 Die Prozentangabe ergibt sich aus der Zahl der erfolgten Transfers gegenüber der Anzahl der akzeptierten Übernahmeersuchen.

50 Vgl. *Arbeitsdokument der Kommission*, Bewertung des Dubliner Übereinkommens, SEK (2001) 756, 13.06.2001, S. 3.

51 Siehe *Heinonen*, in: Faria (Hrsg.), 2001, S. 175 (186 f.)

52 Siehe zu den bilateralen Abkommen oben S. 120.

zu der Anzahl der akzeptierten Übernahmeersuchen wiesen im Jahr 2000 Österreich (23 %), Frankreich (14 %) und Irland (13 %) auf.[53]

Vergleicht man die Anzahl der tatsächlich überstellten Asylbewerber im Verhältnis zur Anzahl aller Asylbewerber in den Mitgliedstaaten, so zeigt sich, dass die Auswirkungen des Dubliner Übereinkommens erstaunlich gering sind. Im Durchschnitt der Jahre 1998 bis 2000 wurden demnach nur 1,8 % aller Asylbewerber in der Europäischen Union nach dem Dubliner Übereinkommen in einen anderen Mitgliedstaat überstellt. Fraglich ist, ob diese Quote dadurch erhöht werden könnte, dass der Transfer von Asylbewerber generell unter Begleitung stattfindet. Nach dem DÜ ist es den Mitgliedstaaten freigestellt, ob sie Überstellungen auf freiwilliger Basis oder begleitet durchführen. Die Mitgliedstaaten haben unterschiedliche nationale Regeln entwickelt, wann sie eine freiwillige Ausreise erlauben oder eine begleitete Überstellung durchführen. Begleitete Überstellungen bedürfen einer größeren Koordination und Organisation zwischen den zuständigen Dublinbehörden und denen mit dem Vollzug der Überstellung beauftragten Behörden der verschiedenen Mitgliedstaaten, sichern jedoch die Ankunft des Asylbewerbers im zuständigen Mitgliedstaat. Bei freiwilligen Überstellungen hingegen fällt es den Asylbewerbern leichter, noch im Ausgangsstaat oder im Zielstaat unterzutauchen.
Eine generelle Einführung begleiteter Überstellungen würde dem Asylbewerber jedoch ein hohes Maß an Zwang insbesondere im Hinblick auf seine Reisefreiheit auferlegen, sowie administrative und polizeiliche Ressourcen verstärkt in Anspruch nehmen.[54] Zudem garantiert auch die begleitete Überstellung nicht, dass ein Asylbewerber im Zielstaat das Asylverfahren durchläuft und nicht bereits im Laufe des Verfahrens wieder weiterreist oder untertaucht. In Anbetracht dieser Überlegungen scheint es nicht sinnvoll zu sein, generell eine begleitete Überstellung einzuführen. Die Entscheidung je nach Einzelfall ist demnach das geeignetere und weniger einschneidende Mittel.

Zusammenfassend muss festgestellt werden, dass das Dubliner Übereinkommen seit seinem Inkrafttreten als Begleitmaßnahme des freien Personenverkehrs nur eine geringe Rolle gespielt hat. Weniger als 5 % der Asylbewerber werden nach dem DÜ behandelt, und nur 1,8 % der Asylbewerber werden schließlich nach einem aufwendigen Verfahren in den zuständigen Mitgliedstaat überstellt. Die Europäische Kommission kommt in

---

[53] Die Prozentangabe ergibt sich aus der Zahl der erfolgten Transfers gegenüber der Anzahl der akzeptierten Übernahmeersuchen.

[54] Vgl. *Arbeitsdokument der Kommission*, Bewertung des Dubliner Übereinkommens, SEK (2001) 756, 13.06.2001, S. 18.

ihrem Arbeitsdokument vom 13. Juni 2001 zu dem Ergebnis, „...dass das Inkrafttreten des Übereinkommens keine spürbaren Auswirkungen auf die Zahl der Asylanträge in der Europäischen Union hatte.“[55]

[55] *Arbeitsdokument der Kommission*, Bewertung des Dubliner Übereinkommens, SEK (2001) 756, 13.06.2001, S. 23.

	1998			1999			2000		
	Anfragen	**Akzeptiert**	**Transfers**	**Anfragen**	**Akzeptiert**	**Transfers**	**Anfragen**	**Akzeptiert**	**Transfers**
Belgien	1.634	1.354	1.140	1.618	1.399	1.420	1.615	1.200	840
Dänemark	1.902	1.475	982	1.638	1.584	1.309	1.304	1.214	1.179
Deutschland	3.479	1.682	809	5.690	2.819	1.720	3.917	3.651	2.142
Finnland	139	66	61	170	60	52	103	57	53
Frankreich	949	510	117	720	500	91	1.302	864	124
Griechenland	8	8	4	23	11	5	25	12	6
Großbritannien	2.485	1.824	876	2.205	1.792	883	1.790	1.391	706
Irland	169	141	21	181	137	5	55	40	5
Italien	411	43	16	91	69	26	34	16	6
Luxemburg	74	54	0	161	111	0	55	33	18
Niederlande	6.145	5.174	1.010	3.331	2.870	453	3.408	2.745	761
Österreich	264	76	21	1.272	912	64	634	473	107
Portugal	53	19	5	54	27	8	31	31	16
Schweden	1.922	1.498	749	2.337	1.604	802	1.695	1.244	622
Spanien	166	144	39	171	144	37	163	145	36
EU Gesamt	**19.800**	**14.068**	**5.850**	**19.662**	**14.039**	**6.875**	**16.131**	**13.116**	**6.621**

Darst. 10: Tabelle Übernahmeersuchen und Transfers der Mitgliedstaaten des DÜ – nach einzelnen Ländern (Quelle: Report Danish Refugee Council)

2. Kapitel Beweisprobleme

A. Beweisbarkeit und sonstige Anwendungsprobleme der Artikel 4 bis 8 DÜ

Die Zuständigkeitskriterien des DÜ basieren (mit Ausnahme des Art. 4 und 8 DÜ) auf dem Grundsatz, dass derjenige Mitgliedstaat, der für die Einreise des Asylbewerbers in das Hoheitsgebiet verantwortlich ist, auch für die Prüfung des Asylantrages zuständig ist. Die effektive Anwendung dieser Zuständigkeitskriterien setzt voraus, dass der Nachweis über die Zuständigkeit eines anderen Mitgliedstaates erbracht werden kann.
Probleme in der Praxis bereiten immer wieder die Identifizierung der Asylbewerber und die Beweisbarkeit des Aufenthaltes in einem anderen Mitgliedstaat. Asylbewerber vernichten vielfach, auch auf Geheiß der Schlepperbanden, ihre Pässe/Reisedokumente bei Ankunft in dem Zielstaat, um eine Abschiebung in ihr Herkunftsland zu erschweren. Auch mangelt es häufig an Indizien, wie etwa Bus- oder Bahntickets, die einen Hinweis auf die Zuständigkeit eines anderen Mitgliedstaates liefern könnten. So werden weiterhin, entgegen der Zielsetzung des DÜ, mehrere Asylanträge unter verschiedenen Namen von einer Person gestellt, oder die Anwendung des DÜ scheitert daran, dass Mitgliedstaaten den Aufenthalt eines Asylbewerbers in einem anderen Vertragsstaat nicht beweisen können.[1]

Der Artikel-18-Ausschuss hat daher mit Beschluss 1/97 vom 9. September 1997[2] Grundsätze für die Beweisführung aufgestellt und die Mitgliedstaaten darauf hingewiesen, in „loyaler Zusammenarbeit" die Zuständigkeit für die Durchführung eines Asylverfahrens mit einem möglichst geringen Beweisaufwand zu bestimmen.[3] Hierfür wurden im Anhang III des Beschlusses 1/97 zwei Verzeichnisse erstellt. Im Verzeichnis A sind die Beweise aufgeführt, die den vollen Nachweis für die Zuständigkeit nach dem Übereinkommen erbringen, soweit sie nicht durch einen Gegenbeweis widerlegt werden.[4] Im Verzeichnis B sind Indizien aufgeführt, deren

---

1 *Hurwitz*, IJRL 1999, S. 646 (672).

2 Abl. 1997 L 281/1, auch abgedruckt im Anhang. Zu den Beschlüssen des Artikel-18-Ausschusses siehe oben S. 68 ff.

3 Vgl. Art. 23 Beschluss 1/97 vom 9. September 1997.

4 Zu den Beweisen in Liste A zählen z.B. für den Nachweis der illegalen Einreise in einen Mitgliedstaat: der Ausreisestempel eines an einen Mitgliedstaat angrenzenden Staates unter Berücksichtigung der Reiseroute des Asylbewerbers sowie des Datums des Grenzübertritts, oder ein Fahrausweis, mit dessen Hilfe die Einreise über die Außengrenzen förmlich festgestellt werden kann.

Beweiskraft im Rahmen des Übereinkommens im Einzelfall zu würdigen ist.[5] Gemäß Art. 25 des Beschlusses Nr. 1/97 sollte ein Mitgliedstaat bereit sein, die Zuständigkeit auch auf der Grundlage von Indizien zu übernehmen, wenn sich bei der Gesamtprüfung der Situation des Asylbewerbers zeigt, dass der betreffende Mitgliedstaat aller Wahrscheinlichkeit nach zuständig ist.[6] Da die Mitgliedstaaten weiterhin skeptisch gegenüber der Anwendung von Indizien blieben, wies der Artikel-18-Ausschuss in seinem Beschluss 1/98 vom 30. Juni 1998 erneut auf die Wichtigkeit der Berücksichtigung von Indizien für den Nachweis der Einreise von Asylbewerbern in die Europäische Union hin.[7] Der Rat nahm zudem am 26. Januar 1998 einen „Aktionsplan zum Zustrom von Zuwanderern aus dem Irak und den Nachbargebieten“ an, um die Mitgliedstaaten zu veranlassen, auch Reiserouten von Asylbewerbern bei ihrer Prüfung zu berücksichtigen.[8] Die Schwierigkeiten bei der Ausführung dieser Vorschriften sind somit teilweise darauf zurückzuführen, dass ihre Auslegung oder ihre Bedeutung von den Mitgliedstaaten unterschiedlich vorgenommen bzw. eingeschätzt wird.[9]

Die Kommission hat in ihrem Arbeitsdokument vom 13. Juni 2001 untersucht, welche Zuständigkeitskriterien des DÜ wie häufig angewandt werden, um daraus Rückschlüsse für die Beweisregeln zu ziehen.[10] Demnach wird Art. 5 DÜ (gültige oder abgelaufene Aufenthaltserlaubnis bzw. Visa) bei Aufnahmeersuchen am häufigsten geltend gemacht und führt auch zu den anteilmäßig meisten positiven Antworten durch die ersuchten Mitgliedstaaten. Der als Auffangkriterium gedachte Art. 8 DÜ (Zuständigkeit im Lande des Asylantrages) wird am zweithäufigsten angewandt. An dritter Stelle folgt Art. 6 DÜ (Zuständigkeit bei illegaler Einreise), dessen Anwendung jedoch zwischen den Mitgliedstaaten stark schwankt.[11] Art. 4 DÜ wird sehr wenig genutzt, was nach Ansicht der Kommission dafür spricht, dass

---

5 Zu den Indizien in Liste B zählen z.B. für den Nachweis der illegalen Einreise in einen Mitgliedstaat: Erklärungen des Asylbewerbers, Berichte/Bestätigung der Angaben durch eine internationale Organisation oder Hotelrechnungen und Fahrausweise.

6 Art. 23 Abs. 5 Beschluss Nr. 1/97.

7 Siehe Art. 1 Beschluss 1/98 vom 30. Juni 1998, Abl. 1998 L 196/49.

8 Siehe Rat der Europäischen Union, 26. Januar 1998, EU-Aktionsplan Zustrom von Zuwanderern aus Irak und den Nachbargebieten (5573/98 Limite).

9 *Arbeitsdokument der Kommission*, Überprüfung des Dubliner Übereinkommens, SEK (2000) 522 vom 21.03.2000, Rn. 45.

10 Vgl. *Arbeitsdokument der Kommission*, Bewertung des Dubliner Übereinkommens, SEK (2001) 756 vom 13.06.2001, S. 4. Die ermittelten Zahlen haben nur einen begrenzten Aussagewert, da nur die Hälfte der Mitgliedstaaten Statistiken über die Häufigkeit des Rückgriffs auf einzelne Kriterien besitzt, die oft nicht vergleichbar sind.

11 Nach Schätzungen der Kommission scheinen Ersuchen gestützt auf Art. 6 weniger häufig angenommen zu werden als Ersuchen, die auf anderen Kriterien beruhen.

Familienangehörigen von Flüchtlingen, die in einem Mitgliedstaat ansässig sind, eher auf dem Weg der Familienzusammenführung in die Europäische Union gelangen. Das am wenigsten genutzte Zuständigkeitskriterium scheint Art. 7 DÜ (legale visumsfreie Einreise) zu sein. Außerdem hat die Kommission festgestellt, dass es für die Mitgliedstaaten im allgemeinen leichter ist, den Beweis für das Vorliegen einer Wiederaufnahmesituation zu erbringen, als die ursprüngliche Zuständigkeit eines anderen Mitgliedstaates nachzuweisen.[12] Zurückzuführen ist dies auf national vorhandene Datenbanken, in denen die Daten von Asylbewerbern gespeichert werden. Mit Hilfe des zumeist gut funktionierenden bilateralen Fingerabdruckaustausches kann dann relativ einfach das vorherige Stellen eines Asylantrages nachgewiesen werden.
Im folgenden soll am Beispiel der einzelnen Zuständigkeitskriterien die Schwierigkeiten der Mitgliedstaaten bei der Beweisführung aufgezeigt werden.

I. Artikel 4 DÜ

Der Nachweis von Art. 4 bereitet verhältnismäßig wenig Probleme, es genügt, wenn der möglicherweise zuständige Mitgliedstaat in seinen Akten prüft, ob der betreffende Familienangehörige als Flüchtling anerkannt und legal in seinem Hoheitsgebiet ansässig ist. Nicht auszuschließen ist jedoch, dass die Anforderungen an den Nachweis des Verwandtschaftsverhältnisses bzw. der Nachweis des Vorliegens einer Ehe zu der seltenen Anwendung des Art. 4 führt. So kann in der Praxis die Frage der Rechtmäßigkeit der Ehe Probleme aufwerfen. Wurde die Ehe nicht im Mitgliedstaat geschlossen, sondern bereits vor Einreise im Heimatstaat, so bestimmt sich die Rechtmäßigkeit der Ehe nach dem Recht des Herkunftsstaates. Angeknüpft wird hier an die Regeln des internationalen Privatrechts. So kann auch eine „Stellvertreter- oder Handschuhehe“[13] oder eine „Mehrehe“[14] in Deutschland wirksam sein, wenn diese am Ort der Eheschließung wirksam geschlossen wurde oder wenn das Personalstatut der Eheschließenden sie zulässt.[15] Abhängig vom nationalen Recht der Mitgliedstaaten kann unter Umständen auch eine gleichgeschlechtliche Ehe oder eine amtlich registrierte nichteheliche Lebensgemeinschaft genügen, um sich auf Art. 4 DÜ zu berufen.[16] Nationale

---

12 *Arbeitsdokument der Kommission*, Bewertung des Dubliner Übereinkommens, SEK (2001) 756 vom 13.06.2001, S. 8.

13 Art. 11 Abs. 1 EGBGB.

14 Art. 12 Abs. 2 GFK.

15 *Löper*, ZAR 2000, S. 16 (20).

16 *Löper*, ZAR 2000, S. 16 (20).

Besonderheiten bewirken allerdings eine uneinheitliche Anwendung des DÜ, die im Ergebnis aber nicht zu vermeiden ist.[17]

Der Europäischen Kommission ist darin zuzustimmen, dass die seltene Anwendung des Art. 4 DÜ wohl weniger auf beweisrechtlichen Problemen, also auf der Tatsache beruht, dass ein Nachzug zu bereits anerkannten Flüchtlingen im Rahmen des Familiennachzuges stattfindet.[18] Der Nachzug von Familienangehörigen eines anerkannten Flüchtlings ist grundsätzlich wesentlich einfacher im Rahmen einer Familienzusammenführung zu gestalten als im Wege des Dubliner Übereinkommens. So müssen Familienangehörigen zum Beispiel keine eigenen Asylgründe nachweisen und können nach ausländerrechtlichen Vorschriften einreisen, nachdem ihnen ein Visum zum Familiennachzug erteilt wurde. Dieser eher langwierige Weg kommt natürlich nicht in Betracht, wenn die Familienangehörigen selbst verfolgt werden und schnellstmöglich ihre Heimat verlassen müssen.

II. Artikel 5 DÜ

Die Anwendung des Art. 5 ist relativ unkompliziert, wenn entsprechende Dokumente (Aufenthaltserlaubnis, Visum) vorliegen. Dies setzt allerdings voraus, dass der Asylbewerber seine Dokumente nicht zerstört oder weggeworfen hat. Liegen keine Dokumente vor, so ist die Anwendung von Art. 5 meist nur dann erfolgreich, wenn der Asylbewerber freiwillig Angaben macht, die eine Nachforschung erleichtern.[19]

Liegen die Dokumente zwar vor, stellt sich aber heraus, dass entweder der Pass oder das Visum gefälscht sind, so ist fraglich, welcher Mitgliedstaat für die Prüfung des Asylbegehrens zuständig ist. Art. 5 Abs. 2 DÜ spricht von einem „gültigen" Visum und Art. 5 Abs. 3 DÜ von einer „gültigen" Aufenthaltserlaubnis. Ist der Asylbewerber im Besitz eines gefälschten Passes, aber mit einem echten Visum oder einer Aufenthaltserlaubnis, so muss sich der ausstellende Mitgliedstaat die Täuschung seiner Beamten zurechnen lassen. Auch wenn sich Asylbewerber aufgrund falscher Angaben (z.B. ein

---

17 *Kloth*, in: Faria (Hrsg.), 2001, S. 7 (15).

18 Vgl. *Arbeitsdokument der Kommission*, Bewertung des Dubliner Übereinkommens, SEK (2001) 756 vom 13.06.2001, S. 4.

19 Dies beruht darauf, dass die von den Auslandsvertretungen der Mitgliedstaaten ausgegebenen Schengen-Visa (das betrifft nur die Staaten im Schengen-Verbund) nicht im Schengen-Informationssystem (SIS) verzeichnet werden. Da in den Auslandsvertretungen die Datenaufbewahrung sehr unterschiedlich gehandhabt wird, ist die Nachprüfung in den Akten über die Ausgabe eines Visums unterschiedlich effizient. Für eine Nachprüfung auf nationaler Ebene müssten zudem Anhaltspunkte oder Aussagen des Asylbewerbers vorliegen.

gefälschter Pass oder falsche Angaben zum Reisezweck) von der Botschaft bzw. dem Konsulat eines Mitgliedstaates eine (echte) Aufenthaltserlaubnis oder ein Visum ausstellen lassen, so muss der betreffende Mitgliedstaat sich dies auch zurechnen lassen.[20]

III. Artikel 6 DÜ

Die Anwendung des Art. 6 hat sich als überaus schwierig erwiesen, da ein illegales Überschreiten der Außengrenzen *per definitionem* keine offiziellen Spuren hinterlässt. So kann die Bestimmung des zuständigen Staates nur anhand von Angaben des Asylbewerbers oder von Indizien erfolgen. Die Mitgliedstaaten haben mehrere Versuche unternommen, um die Anwendung des Art. 6 DÜ zu vereinfachen. So haben sie in Art. 23 des Beschlusses 1/97 vereinbart, auch Indizien für den Nachweis der Zuständigkeit eines Mitgliedstaates zu akzeptieren. Mit Art. 1 des Beschlusses 1/98 haben sie sich geeinigt, Informationen über die regulären Einreiserouten von Asylbewerbern in die Mitgliedstaaten ausreichen zu berücksichtigen.[21] Ebenso kann den Angaben des Asylbewerbers Beweiskraft zukommen, wenn sie genau und detailliert sind und Elemente enthalten, die überprüft werden können.[22]

IV. Artikel 7 DÜ

Auch bei Art. 7 zeigt sich in der Praxis, dass aufgrund der häufigen Zerstörung aller Personaldokumente ein Nachweis der legalen Einreise in einen Mitgliedstaat schwierig ist. Ein eventuell vorhandener Stempel im Reisepass, der die Einreise in einen Mitgliedstaat dokumentieren könnte, ist häufig nicht mehr vorhanden. Hinsichtlich der Anerkennung von Beweisen und Indizien durch die Behörden der Mitgliedstaaten treten die gleichen Probleme auf wie beim Zuständigkeitskriterium des Art. 6 DÜ.

V. Artikel 8 DÜ

Der ursprünglich als Auffangkriterium gedachte Art. 8 wird in der Praxis am zweithäufigsten angewandt. Dies ist nicht verwunderlich angesichts der oben geschilderten Probleme zum Nachweis eventuell vorliegender Zuständigkeitskriterien. Die Mitgliedstaaten haben in der Befragung gegenüber der Kommission aber angegeben, dass sie sich in ihren

---

20 *Löper*, ZAR 2000, S. 16 (20); *Kloth*, in: Faria (Hrsg.), 2001, S. 7 (15 f.). Siehe auch VG Aachen, Urteil vom 10.08.1998, Az. 4 L 1032/98.A; VG Aachen, Beschluss vom 6.5.1998, Az. 4 L 586/98.A.

21 Vgl. *Kloth*, in: Faria (Hrsg.), 2001, S. 7 (16 ff.).

22 Art. 27 Beschluss Nr. 1/97 vom 9.9.1997.

Übernahmeersuchen auf Art. 8 berufen. Das ist erstaunlich, da bei Nichtvorliegen anderer Kriterien der Staat, in dem der Asylbewerber sich befindet und den Asylantrag gestellt hat, gerade kein Übernahmeersuchen an einen anderen Mitgliedstaat stellen muss. Die Kommission geht daher auch davon aus, dass es sich hierbei um Wiederaufnahmegesuche handelt, die eigentlich nach Art. 3 Abs. 7 DÜ oder Art. 10 DÜ zu stellen wären.[23]

Schwierigkeiten ergeben sich in der Praxis, wenn ein Asylbewerber in den Mitgliedstaat A einreist, anschließend in Mitgliedstaat B weiterreist, dort Asyl beantragt und dann in Mitgliedstaat C weiterreist, wo er ebenfalls einen Asylantrag stellt. Mitgliedstaat C hat zunächst an Mitgliedstaat A ein Übernahmeersuchen zu stellen, da die Zuständigkeit aufgrund der Einreise der Zuständigkeit aufgrund der Stellung eines Asylantrages (Art. 8 DÜ) vorgeht.[24] Lehnt Mitgliedstaat A das Übernahmeersuchen mangels ausreichender Beweise ab, stellt sich die Frage, ob subsidiär Mitgliedstaat B oder C für die Prüfung des Asylantrages zuständig ist. Hier ist die Praxis der Mitgliedstaaten unterschiedlich. Nach Ansicht von *Löper* ist Mitgliedstaat B subsidiär zuständig, da der Ausländer dort den ersten Asylantrag gestellt hat. Dennoch hält er – ebenso wie *Kloth* – die Situation für unbefriedigend, dass Mitgliedstaat A sich durch zu hohe Beweisanforderungen aus seiner Verantwortung stiehlt. Eine Zuständigkeit von Mitgliedstaat C halten beide Autoren für falsch, da dieser Mitgliedstaat am wenigsten Verantwortung für die Einreise des Asylbewerbers in das Hoheitsgebiet der EU trägt.[25]

B. Bessere Beweisführung durch das Fingerabdruckvergleichssystem Eurodac[26]

Eine erfolgversprechende Lösung der oben beschriebenen Beweisschwierigkeiten bietet die Speicherung und der Vergleich von Fingerabdrücken der Asylbewerber in einer EU-weiten Datenbank wie sie die Eurodac-Verordung vorsieht.[27] Bis jetzt wurde ein solcher Abgleich nur auf bilateraler Basis und nur im Einzelfall zwischen den Mitgliedstaaten vorgenommen.[28] Ein genereller Abgleich der Fingerabdrücke im Rahmen des personenbezogenen Datenaustausches und ohne Anhaltspunkte für die

---

23 *Arbeitsdokument der Kommission*, Bewertung des Dubliner Übereinkommens, SEK (2001) 756 vom 13.06.2001, S. 4 f.

24 Siehe Art. 26 Abs. 2 Beschluss 1/97.

25 *Löper*, ZAR 2000, S. 16 (21 f.); *Kloth*, in: Faria (Hrsg.), 2001, S. 7 (19 f.).

26 Vgl. auch ausführlich *Schröder*, ZAR 2001, S. 71 ff.

27 ABl. L 316/1 vom 15.12.2000.

28 *Hailbronner/Thiery*, ZAR 1997, S. 55 (60), die auch auf technische Schwierigkeiten beim Vergleich aufgrund der mangelnden Harmonisierung der Fingerabdrucknahme in den Mitgliedstaaten hinweisen.

Zuständigkeit des anderen Staates ist nicht gestattet, da Art. 15 DÜ keine Ermächtigungsgrundlage hierfür darstellt.[29]

Bereits im Dezember 1991 hatten die für die Einwanderung zuständigen Minister die Einführung eines gemeinschaftsweiten Systems zur Abnahme von Fingerabdrücken von Asylbewerbern beschlossen. Die Beratungen über ein Übereinkommen zur Einrichtung eines Fingerabdruck-identifizierungssystems für Asylbewerber wurden dann im März 1996 von den Mitgliedstaaten eingeleitet. Aufgrund des bevorstehenden Abschlusses des Amsterdamer Vertrages wurden der vom Rat erarbeitete Übereinkommensentwurf und das ergänzende Protokoll der Mitgliedstaaten aber bis zum Inkrafttreten des Amsterdamer Vertrages „eingefroren". Die Kommission hat am 26.05.1999 einen Verordnungsentwurf vorgelegt, der den Gegenstand des Übereinkommensentwurfes und des Protokolls zusammenfasste.[30] Der Rat hat am 11. Dezember 2000 die *Verordnung (EG) Nr. 2725/2000 über die Einrichtung von „Eurodac" für den Vergleich von Fingerabdrücken zum Zwecke der effektiven Anwendung des Dubliner Übereinkommens* verabschiedet.[31] Hierbei handelt es sich um den ersten Gemeinschaftsrechtsakt, der im Rahmen des Amsterdamer Vertrages vom Rat verabschiedet wurde. Ziel von Eurodac ist es, die Anwendung des DÜ zu erleichtern.

I. Inhalt der Eurodac-Verordnung

Unter Obhut der Europäischen Kommission wird eine Zentraleinheit eingerichtet, die dafür zuständig ist, im Auftrag der Mitgliedstaaten die computergestützte Datenbank für Fingerabdrücke zu betreiben und den Vergleich der von den Mitgliedstaaten mittels elektronischer Datenübermittlung übersandten Fingerabdrücke vorzunehmen.[32] Die Mitgliedstaaten sind verpflichtet, von jedem Asylbewerber bei Asylantragstellung und von jedem Ausländer, der in Verbindung mit dem illegalen Überschreiten der Außengrenze eines Mitgliedstaats aufgegriffen und nicht zurückgewiesen wird, unverzüglich die Fingerabdrücke aller Finger abzunehmen, vorausgesetzt die Person ist mindestens 14 Jahre alt. Die Fingerabdrücke aller Finger werden zusammen mit der vom

---

29 *Hurwitz*, IJRL 1999, S. 646 (672); *Löper*, ZAR 2000, S. 16 (23).

30 KOM (1999) 260 vom 26.05.1999, ein geänderter Vorschlag der Kommission datiert vom 15.03.2000, KOM (2000) 100.

31 ABl. L 316/1 vom 15.12.2000; die Verordnung ist mit ihrer Veröffentlichung im Amtsblatt in Kraft getreten. Der Begriff „Eurodac" setzt sich aus *Européen* und *Dactyloskopie* zusammen. Im folgenden: Eurodac-VO.

32 Art. 3 Abs. 2 Eurodac-VO.

‚Herkunftsmitgliedstaat'[33] verwendeten Kennnummer, Ort und Zeitpunkt der Antragstellung, dem Geschlecht und dem Zeitpunkt der Abnahme der Fingerabdrücke an die zentrale Datenbank übermittelt.[34] Die Zentraleinheit ordnet diesem Datensatz eine eigene Kennnummer zu und speichert auch den Zeitpunkt der Übermittlung der Daten, ihrer Eingabe in die zentrale Datenbank und den Herkunftsmitgliedstaat. Name oder Adresse der betroffenen Personen werden nicht übermittelt und sind nur dem Herkunftsmitgliedstaat bekannt.

Die Verarbeitung und Verwendung der Datensätze von Asylbewerbern, von Ausländern, die bei dem illegalen Überschreiten einer Außengrenze aufgegriffen wurden und von Ausländern, die sich illegal in einem Mitgliedstaat aufhalten, unterscheiden sich beträchtlich.

Die Fingerabdruckdaten von Asylbewerbern werden nach Übermittlung durch den Mitgliedstaat von der Zentraleinheit mit den von den anderen Mitgliedstaaten übermittelten und in der zentralen Datenbank bereits gespeicherten Fingerabdruckdaten verglichen.[35] Auf Antrag eines Mitgliedstaates kann die Zentraleinheit den Vergleich auch auf die früher von diesem Mitgliedstaat übermittelten Daten erstrecken.[36] Ergibt sich aus dem Vergleich die Übereinstimmung der übermittelten Daten mit bereits früher gespeicherten Daten, so werden dem Mitgliedstaat alle mit den Fingerabdruckdaten gespeicherten Daten mitgeteilt. Das Ergebnis des Vergleichs wird in dem Herkunftsmitgliedstaat sofort verifiziert und dient sodann dazu, den für das Asylverfahren zuständigen Mitgliedstaat zu bestimmen.[37]

---

33 ‚Herkunftsmitgliedstaat' ist gemäß Art. 2 Abs. 1 c) Eurodac-VO der Mitgliedstaat, der die personenbezogenen Daten eines Asylbewerbers, eines illegal die Grenze überschreitenden Ausländers oder eines illegal sich in seinem Hoheitsgebiet aufhaltenden Ausländers an die Zentraleinheit weitergibt.

34 Art. 4 Abs. 1 Eurodac-VO.

35 Art. 4 Abs. 3 Eurodac-VO.

36 Hiervon werden wohl Mitgliedstaaten Gebrauch machen, die selbst nicht über ein nationales Speicherungssystem für Fingerabdruckdaten von Asylbewerbern verfügen.

37 Art. 4 Abs. 6 Eurodac-VO; Fingerabdrücke fallen als sonstige zur Identifizierung des Asylbewerbers erforderliche Angaben unter Art. 15 Abs. 2 DÜ. Vgl. Anhang III des Beschlusses Nr. 1/97 vom 9.09.1997 (Abl. L 281/1 vom 14.10.1997). Anhang III unterscheidet zwischen Beweisen und Indizien. Beweise sind z.B. die Fingerabdrücke eines Asylbewerbers oder ein gültiges Visum, während zu den Indizien z.B. Erklärungen des Asylbewerbers, Fahrausweise oder Hotelrechnungen zählen.

Die Datensätze werden in der Regel zehn Jahre aufbewahrt und danach automatisch gelöscht.[38] Eine vorzeitige Löschung auf Anweisung desjenigen Mitgliedstaats, der die Daten übermittelt hat, kommt nur in Betracht, wenn der Asylbewerber die Staatsangehörigkeit eines Mitgliedstaates erworben hat.[39] Eine Besonderheit ergibt sich, wenn der Asylbewerber vor Ablauf der zehnjährigen Frist in einem Mitgliedstaat als Flüchtling anerkannt und zugelassen wird. In diesem Fall werden die Daten in der zentralen Datenbank gesperrt. Sollte sich bei der Anfrage eines Mitgliedstaates ein ‚Treffer' ergeben, so wird dieser nur in der Statistik der Zentraleinheit vermerkt; dem anfragenden Mitgliedstaat wird ein negatives Ergebnis mitgeteilt.[40] Hintergrund dieser während der Verhandlungen zwischen den Mitgliedstaaten umstrittenen Regelung ist der Verdacht, dass eine unbekannte Anzahl von bereits in einem Mitgliedstaat anerkannten Flüchtlingen in einen anderen Mitgliedstaat weiterreist und dort erneut einen Asylantrag stellt. Innerhalb einer fünfjährigen Probephase soll anhand der durch die Anfragen der Mitgliedstaaten ermittelten Fälle eine Statistik zu diesem Phänomen erstellt werden. Auf Grundlage der Statistik entscheidet der Rat dann, ob die Daten eines Asylbewerbers ab Zuerkennung des Flüchtlingsstatus gelöscht werden bzw. diese Daten zum Zwecke des Vergleichs weiter in der zentralen Datenbank gespeichert bleiben.[41]

Die Fingerabdruckdaten von Ausländern, die in Verbindung mit dem illegalen Überschreiten einer Außengrenze eines Mitgliedstaats aufgegriffen werden,[42] werden in der zentralen Datenbank ausschließlich zum Zwecke des Vergleichs mit in der Folge an die Zentraleinheit übermittelten Daten über Asylbewerber gespeichert.[43] Ein Vergleich mit den bereits in der zentralen Datenbank gespeicherten Daten ist ebenso wenig erlaubt, wie ein Vergleich mit den zukünftigen der Zentraleinheit übermittelten Daten von illegal an der Grenze aufgegriffenen Ausländern. Diese Datensätze werden für zwei Jahre ab dem Zeitpunkt ihrer Abnahme in der zentralen Datenbank aufbewahrt und danach automatisch gelöscht.[44] Eine vorzeitige Löschung ist möglich, wenn der Ausländer die Staatsangehörigkeit eines Mitgliedstaates erworben hat, ihm

---

38 Art. 6 Eurodac-VO.
39 Art. 7 Eurodac-VO.
40 Art. 12 Abs. 1 Eurodac-VO.
41 Art. 12 Abs. 2 Eurodac-VO.
42 Art. 8 Abs. 1 Eurodac-VO verpflichtet die Behörden, nur von denjenigen Ausländern die Fingerabdrücke abzunehmen, die nicht in einen Drittstaat zurückgewiesen werden können.
43 Art. 9 Abs. 1 Eurodac-VO.
44 Art. 10 Abs. 1 Eurodac-VO.

eine Aufenthaltsgenehmigung erteilt wurde oder er das Hoheitsgebiet der Mitgliedstaaten verlassen hat.[45]

Ein Mitgliedstaat kann außerdem der Zentraleinheit Fingerabdruckdaten eines Ausländers, der sich illegal im Hoheitsgebiet der Mitgliedstaaten aufhält und keinen Asylantrag gestellt hat, übermitteln.[46] Die Übermittlung der Fingerabdrücke eines illegal sich aufhaltenden Ausländers ist in das Ermessen der Mitgliedstaaten gestellt. Es gelten Regelvermutungen, wann eine Anfrage an die Zentraleinheit berechtigt ist.[47] Ein Vergleich der Fingerabdrücke findet nur mit den bereits in der zentralen Datenbank gespeicherten Fingerabdruckdaten von Asylbewerbern statt, nicht mit den Fingerabdrücken von Ausländern, die beim illegalen Überschreiten einer Außengrenze aufgegriffen wurden. Sobald die Ergebnisse des Vergleichs dem Herkunftsmitgliedstaat übermittelt worden sind, löscht die Zentraleinheit unverzüglich die Fingerabdruckdaten. Alleiniger Zweck der Überprüfung ist festzustellen, ob der Ausländer bereits früher in einem anderen Mitgliedstaat einen Asylantrag gestellt hat.

II. Datenschutzrechtliche Bestimmungen

Grundlegende Bestimmung für den Datenschutz ist die auf die Eurodac-VO anwendbare Datenschutzrichtlinie 95/46/EG vom 24.10.1995.[48] Gemäß Art. 286 EG-Vertrag findet sie auch Anwendung auf die Organe und die Einrichtungen der Gemeinschaft und umfasst somit auch die in der Kommission einzurichtende Zentraleinheit. Des weiteren schützt Art. 8 Abs. 1 der Europäischen Menschenrechtskonvention die Privatsphäre.[49] Dieses Recht umfasst auch den Zugang zu den persönlichen Daten.[50]

---

45 Art. 10 Abs. 2 Eurodac-VO.

46 Art. 11 Eurodac-VO.

47 Art. 11 Abs. 1 S. 2 Eurodac-VO; eine Datenabfrage ist in der Regel begründet, wenn der Ausländer erklärt, dass er einen Asylantrag gestellt habe, jedoch den Mitgliedstaat der Antragstellung nicht angibt; der Ausländer kein Asyl beantragt, die Rückführung in sein Herkunftsland jedoch mit der Begründung ablehnt, dass er dort in Gefahr wäre oder der Ausländer seine Abschiebung anderweitig zu verhindern versucht, indem er es ablehnt, bei der Feststellung seiner Identität mitzuwirken, vor allem indem er keine oder gefälschte Ausweispapiere vorlegt.

48 RL 95/46/EG des Europäischen Parlaments und des Rates vom 24. Oktober 1995 zum Schutz natürlicher Personen bei der Verarbeitung personenbezogener Daten und zum freien Datenverkehr, Abl. L 281 vom 23.11.1995, S. 331 (im folgenden: DatenschutzRL). Diese Richtlinie ist am 25. Oktober 1998 in Kraft getreten.

49 Die Europäische Union ist zwar nicht Vertragsmitglied der EMRK, sie achtet jedoch gemäß Art. 6 EG-Vertrag „die Grundrechte, wie sie in der am 4. November 1950 in Rom unterzeichneten Europäischen Konvention zum Schutze der Menschenrechte und Grundfreiheiten gewährleistet sind und wie sie sich aus den gemeinsamen

Die Verantwortung für die Sicherheit der Daten ist zwischen Mitgliedstaaten und der Kommission geteilt. Da die Kommission die Daten im Auftrage der Mitgliedstaaten verwaltet, ist sie lediglich für das Funktionieren der Zentraleinheit, insbesondere für die Sicherheit der Daten und das rechtmäßige Verhalten der in der Zentraleinheit tätigen Personen verantwortlich.[51] Der Herkunftsmitgliedstaat ist verantwortlich für die Rechtmäßigkeit der Abnahme und der Fingerabdrücke und ihrer Übermittlung zusammen mit den relevanten Daten an die zentrale Datenbank. Des weiteren ist er auch für die Rechtmäßigkeit der Speicherung, Aufbewahrung, Berichtigung und Löschung der Daten in der zentralen Datenbank und der Verwendung der von der Zentraleinheit übermittelten Ergebnisse des Vergleichs verantwortlich.[52]

Einer der Grundsätze der DatenschutzRL ist die Reduzierung der Verarbeitung personenbezogener Daten auf das Unvermeidbare; eine Datensammlung ist nur in dem Umfang legitimiert, in dem die jeweils in Betracht kommenden Angaben für den spezifischen Zweck tatsächlich relevant sind.[53] Die enge Zweckbindung der Eurodac-VO an das DÜ ist somit Maßstab für die Rechtmäßigkeit der Datenerhebung bei den betroffenen Personen. Unproblematisch ist hierbei die Abnahme von Fingerabdrücken von Asylbewerbern, da diese im Rahmen des Art. 15 Abs. 2 DÜ zur Bestimmung des zuständigen Mitgliedstaates notwendig ist. Auch die Abnahme von Fingerabdrücken der illegal eine Außengrenze überschreitenden Ausländer ist durch den engen Zusammenhang mit Art. 6 DÜ noch gerechtfertigt.

Fraglich ist aber, ob die Abnahme der Fingerabdrücke von illegal sich in einem Mitgliedstaat aufhaltenden Ausländern noch in einem engen Zweckzusammenhang mit dem DÜ steht. Nach Ansicht der Mitgliedstaaten dient diese Regelung der effektiven Durchsetzung der Rücknahmevorschriften gemäß Art. 10 Abs. 1 c) und Abs. 1 e) DÜ.[54] Unter diese Rücknahme-

---

Verfassungsüberlieferungen der Mitgliedstaaten als allgemeine Grundsätze des Gemeinschaftsrechts ergeben".

50 Siehe EGMR, Urteil vom 26.3.1987, Leander gegen Schweden, Reihe A, Nr. 116; Urteil vom 7.7.1989, Gaskin gegen UK, Reihe A, Nr. 160; Urteil vom 27.8.1997, M.S. gegen Schweden, 2837/92; speziell zur Abnahme von Fingerabdrücken siehe EKMR: McVeigh u.a. gegen UK, DR 25 S. 15 (1981).

51 Art. 12 Abs. 4 Eurodac-VO.

52 Art. 12 Abs. 3 Eurodac-VO.

53 Art. 6 Abs. 1 c) DatenschutzRL; *Dammann/Simitis*, EG-Datenschutzrichtlinie, Kommentar, 1997, S. 79.

54 Diese Artikel sehen die Wiederaufnahmepflicht eines Mitgliedstaates für einen Asylbewerber vor, dessen Antrag geprüft wird und der sich illegal in einem anderen Mitgliedstaat aufhält (Bst. c) bzw. die Wiederaufnahme eines Ausländers, dessen

verpflichtung fällt aber nur ein Teil der potentiell durch Eurodac betroffenen Personen. Nicht alle sich in einem Mitgliedstaat illegal aufhaltenden Ausländer haben aber in einem anderen Mitgliedstaat einen Asylantrag gestellt bzw. haben illegal die Außengrenze eines Mitgliedstaates überschritten. Sie könnten auch legal in ein Land eingereist sein und erst dort durch Ablauf ihres Aufenthaltstitels zu sog. ‚Illegalen' geworden sein. Da nach dem DÜ keine allgemeine Rücknahmepflicht aller illegal eingereisten Ausländer besteht, steht die Abnahme der Fingerabdrücke von illegal sich aufhaltenden Ausländern nicht mehr in einem engen Zweckzusammenhang mit dem DÜ und verstößt somit gegen Art. 6 Abs. 1 c) DatenschutzRL. Zwar stellt Art. 11 Eurodac-VO Regelvermutungen auf, ob ein Ausländer zu einem früheren Zeitpunkt einen Asylantrag gestellt haben könnte, jedoch ist es nicht Aufgabe der Zentraleinheit, das Vorliegen einer „begründeten" Anfrage nachzuprüfen. Somit bleibt es den Mitgliedstaaten überlassen, ob sie von jedem sich in einem Mitgliedstaat illegal aufhaltenden Ausländer die Fingerabdruckdaten an die zentrale Datenbank weitergeben, oder ob sie im Sinne der engen Zweckbindung des DÜ nur in begründeten Fällen die Daten weiterleiten.

Das Gebot der Reduzierung der Datenverarbeitung auf das Notwendige umfasst auch die zeitliche Befristung der Aufbewahrung der erhobenen Daten. Art. 6 Abs. 1 e) DatenschutzRL sieht vor, dass Daten nur so lange aufbewahrt werden dürfen, wie es für die Realisierung der Zwecke, für die sie erhoben wurden, und zur Identifizierung der betreffenden Person notwendig ist. Problematisch ist die von der Eurodac-VO nicht vorgesehene Möglichkeit, bei Anerkennung als Flüchtling in einem der Mitgliedstaaten eine vorzeitige Löschung der Daten zu erreichen.[55] Da nach Anerkennung als Flüchtling davon auszugehen ist, dass die betreffende Person keinen weiteren Asylantrag in einem anderen Mitgliedstaat stellt, steht die Datenaufbewahrung nicht mehr in einem engen Zweckzusammenhang mit dem DÜ. Der Rat bzw. die Mitgliedstaaten scheinen aber davon auszugehen, dass eine größere Anzahl von Flüchtlingen – auch nach oft jahrelangen Anerkennungsverfahren in einem Staat – bereit sind, diese Mühen noch einmal in einem anderen Mitgliedstaat auf sich zu nehmen und einen neuen Asylantrag zu stellen.[56] Es

---

Antrag abgelehnt wurde und der sich illegal in einem anderen Mitgliedstaat aufhält (Bst. e).

55 Siehe Art. 12 Eurodac-VO: diese Daten werden zunächst gesperrt und dem anfragenden Staat nur ein negativer Treffer mitgeteilt. Erst nach einer Probephase von fünf Jahren trifft der Rat eine Entscheidung, ob dieses Verfahren fortgesetzt wird.

56 Nach Kritik des Europäischen Parlaments hat die Kommission in ihrem Änderungsvorschlag vom 15.03.2000, KOM(2000)100 vorgeschlagen, Art. 12 Eurodac-VO ersatzlos zu streichen und Daten von Asylbewerbern, die auf Dauer in einem Mitgliedstaat Aufenthalt nehmen, vorzeitig zu löschen. Nach Ansicht der Kommission sollten Flüchtlinge in den Anwendungsbereich eines Rechtsinstruments

ist wünschenswert, dass die Mitgliedstaaten sich nach der Probephase von fünf Jahren dazu entscheiden, auch für die Daten anerkannter Flüchtlinge eine vorzeitige Löschungsmöglichkeit einzuführen.

Ein weiterer Grundsatz der DatenschutzRL ist die Einhaltung eines Höchstmaßes an Transparenz. Die Richtlinie verlangt eine ausführliche Information der Betroffenen bei Erhebung bzw. bei Weitergabe der Daten.[57] Die Eurodac-VO verpflichtet die Mitgliedstaaten, die betroffenen Personen zum Zeitpunkt der Abnahme der Fingerabdrücke u.a. über deren Verwendung zu unterrichten und sie über ihre rechtlichen Möglichkeiten zur Einsichtnahme und zur Löschung der Daten aufzuklären. Eine Einschränkung besteht hinsichtlich der sich illegal in einem Mitgliedstaat aufhaltenden Ausländer; diese müssen spätestens zum Zeitpunkt der Übermittlung ihrer Daten an die Zentraleinheit hierüber unterrichtet werden, vorausgesetzt der Aufwand erweist sich nicht als unverhältnismäßig oder unmöglich.[58]

Einem Missbrauch der Daten soll dadurch vorgebeugt werden, dass die Mitgliedstaaten nur Zugriff auf die selbst von ihnen übermittelten Daten bei der zentralen Datenbank haben. Dieser Zugriff darf nur durch Behörden erfolgen, deren Befugnis zuvor der Kommission mitgeteilt wurde. Kein Mitgliedstaat kann die in der zentralen Datenbank gespeicherten Daten direkt abfragen, Anfragen sind nur im Rahmen des Dubliner Übereinkommens möglich und nur im Falle eines Treffers werden die entsprechenden Daten an den anfragenden Mitgliedstaat weitergegeben.[59] Insbesondere darf die Zentraleinheit keine Daten an die Behörden von Drittländern übermitteln.[60] Auch soll eine Nutzung der Daten zu strafrechtlichen Zwecken durch die Zweckbindung an das Dubliner Übereinkommen nicht möglich sein.

Entsprechend den Bestimmungen der EG-DatenschutzRL ist vorgesehen, dass auf nationaler Ebene eine unabhängige Kontrollinstanz die Rechtmäßigkeit der Verarbeitung personenbezogener Daten durch den betreffenden Mitgliedstaat sowie die Übermittlung der Daten an die Zentraleinheit überwacht.[61] In Deutschland wird der Bundesbeauftragte für den Datenschutz

---

einbezogen werden, dass bestimmt, unter welchen Umständen ein legal in einem Mitgliedstaat aufhältiger Drittstaatsangehöriger sich in einem anderen Mitgliedstaat aufhalten darf.

57 Art. 10 und 11 DatenschutzRL; *Dammann/Simitis*, EG-Datenschutzrichtlinie, Kommentar, 1997, S. 79.

58 Art. 18 Abs. 1 S. 3 Eurodac-VO.

59 Art. 15 Abs. 1 und 2 Eurodac-VO.

60 Art. 15 Abs. 5 Eurodac-VO.

61 Art. 19 Eurodac-VO.

diese Aufgabe übernehmen.[62] Die Tätigkeit der Zentraleinheit wird durch eine unabhängige gemeinsame Kontrollinstanz überwacht, die sich aus höchstens zwei Vertretern der nationalen Kontrollinstanzen eines jeden Mitgliedstaates zusammensetzt und gewährleisten soll, dass durch die Verarbeitung oder Nutzung der gespeicherten Daten die Rechte der betroffenen Personen nicht verletzt werden.[63] Die gemeinsame Kontrollinstanz wird mit Errichtung der unabhängigen Kontrollinstanz nach Art. 286 Abs. 2 EG-Vertrag aufgelöst. Diese wird dann an die Stelle der unabhängigen Kontrollinstanz treten und alle Befugnisse wahrnehmen, die ihr durch den Rechtsakt, mit dem sie errichtet wird, übertragen werden.[64]

III. Rechte der betroffenen Personen

Jede betroffene Person hat den Anspruch darüber unterrichtet zu werden, ob und welche Daten über sie in der zentralen Datenbank gespeichert sind und welcher Mitgliedstaat diese Daten übermittelt hat. Dieses Recht kann in jedem Mitgliedstaat ausgeübt werden. Handelt es sich hierbei um sachlich falsche Daten, so kann die Berichtigung, oder im Falle von unrechtmäßig gespeicherten Daten, die Löschung verlangt werden.[65] Im Gegensatz zu persönlichen Daten, wie Name und Adresse, ist es für die betroffene Person

---

62 Die jeweiligen nationalen Datenschutzbeauftragten waren auch an den Verhandlungen über die Verordnung beteiligt.

63 Art. 20 Abs. 2 und 3 Eurodac-VO. Zu ihren Aufgaben zählt weiterhin die Kontrolle der Rechtmäßigkeit der Übermittlung personenbezogener Daten an die Mitgliedstaaten durch die Zentraleinheit; die Prüfung der Anwendungsfragen im Zusammenhang mit dem Betrieb von Eurodac; die Prüfung von Fragen im Zusammenhang mit den von den nationalen Kontrollinstanzen vorgenommenen Kontrollen und die Erarbeitung von Empfehlungen im Hinblick auf die gemeinsame Lösung für bestehende Probleme.

64 Art. 286 Abs. 2 EGV: „Vor dem in Absatz 1 genannten Zeitpunkt [1. Januar 1999] beschließt der Rat gemäß dem Verfahren des Artikels 251 die Errichtung einer unabhängigen Kontrollinstanz, die für die Überwachung der Anwendung solcher Rechtsakte der Gemeinschaft auf die Organe und Einrichtungen der Gemeinschaft verantwortlich ist, und erlässt erforderlichenfalls andere einschlägige Bestimmungen. Am 14.Juli 1999 hat die Kommission einen Vorschlag für eine Verordnung des Europäischen Parlaments und des Rates zum Schutz natürlicher Personen bei der Verarbeitung personenbezogener Daten durch die Organe und Einrichtungen der Europäischen Gemeinschaft und zum freien Datenverkehr angenommen (KOM 1999, 337). Mit dieser Verordnung, die sich auf Art. 286 EGV stützt, wird die darin vorgesehene unabhängige Kontrollinstanz errichtet. Ihre Aufgabe wird es sein, die Verarbeitung personenbezogener Daten durch die Eurodac Zentraleinheit zu kontrollieren.

65 Diese Ansprüche ergeben sich aus dem Übereinkommen selbst (Art. 18 Abs. 2 und 3) und aus Art. 12 RL 95/46/EG, auf den Art. 18 Abs. 1 1.Unterabsatz ausdrücklich Bezug nimmt.

allerdings schwierig festzustellen, ob es sich bei den gespeicherten Daten auch wirklich um die eigenen Fingerabdrücke handelt.[66]
Nur der Mitgliedstaat, der die Daten an die zentrale Datenbank übermittelt hat, ist befugt, die Daten zu berichtigen oder zu löschen. Der Antrag auf Berichtigung oder Löschung der unrichtigen Daten kann in jedem Mitgliedstaat gestellt werden; die Behörden dieses Mitgliedstaats treten dann mit den Behörden des betreffenden Mitgliedstaats in Verbindung. Die nationale Kontrollinstanz unterstützt die betroffene Person bei der Wahrnehmung ihres Auskunftsrechts und ihres Rechts auf Berichtigung und Löschung von Daten.[67] Ist der Antrag des Betroffenen begründet, so werden die Daten durch den betreffenden Mitgliedstaat nach seinen Rechts- und Verwaltungsvorschriften berichtigt oder gelöscht und der Antragsteller hierüber informiert.[68] Ist der Mitgliedstaat nicht der Ansicht, dass die gespeicherten Daten unrichtig oder falsch sind, so teilt er der betroffenen Person dies unter Angabe der möglichen Rechtsmittel und der eventuell zu ihrer Geltendmachung zur Verfügung stehenden finanziellen oder sonstigen Mittel mit. Rechtliche Mittel können nur im Mitgliedstaat, der die Daten übermittelt hat, eingelegt werden, da andere Mitgliedstaaten oder die Kommission nicht zu deren Löschung oder Berichtigung befugt sind.[69] Im Gegensatz zum Dubliner Übereinkommen, in dem eine Zuständigkeit des EuGH nicht vorgesehen ist, ist der EuGH für die Auslegung der Eurodac-VO zuständig.[70]

IV. Ausblick und Würdigung

Die Eurodac-VO bedarf gemäß Art. 249 Abs. 2 EG-Vertrag keiner Umsetzung in das nationale Recht, da sie als EG-Verordnung allgemeine Geltung hat und

66 *Brouwer*, Privacy & Informatie 1999, S. 15.

67 In Deutschland wird diese Aufgabe der Bundesbeauftragte für den Datenschutz übernehmen. Wie weit diese Hilfestellung reicht, ob bei der Antragstellung geholfen wird oder die betroffene Person an die zuständige Behörde (BAFl.) weiterverwiesen wird, ist zu diesem Zeitpunkt noch nicht abzusehen.

68 Verfügt der Mitgliedstaat über die nötige Technik, so können die unrichtigen Daten unmittelbar in der zentralen Datenbank von ihm selbst berichtigt oder gelöscht werden. Ansonsten nimmt die Kommission auf Ersuchen des Mitgliedstaates diese Aufgabe wahr Art. 15 Abs. 3 Eurodac-VO.

69 Art. 18 Abs. 2 Eurodac-VO.

70 Gemäß Art. 68 EG-Vertrag kann aber in einem Zeitraum von fünf Jahren nach Inkrafttreten des Amsterdamer Vertrages nur ein Gericht, dessen Entscheidung nicht mehr mit Rechtsmitteln des innerstaatlichen Rechts angefochten werden kann, dem EuGH eine Vorlagefrage unterbreiten. Erst nach einstimmiger Beschlussfassung des Rates nach Ablauf dieser fünf Jahre können die Bestimmungen über die Zuständigkeit des EuGH denjenigen des Art. 234 EG-Vertrag angepasst werden (vgl. Art. 67 Abs. 2 EG-Vertrag).

unmittelbar in den Mitgliedstaaten gilt. Mit Verordnung (EG) Nr. 4907/2002 des Rates vom 28. Februar 2002 wurden schließlich Durchführungsbestimmungen zur Eurodac-Verordnung von den Mitgliedstaaten festgelegt.[71] Die Verabschiedung dieser Durchführungsbestimmungen hatte sich aufgrund bestehender Bedenken von Frankreich hinsichtlich der Art und Weise der Abnahme von Fingerabdrücken zunächst verzögert. Am 15. Februar 2003 ist die Datenbank schließlich auch technisch in Betrieb genommen worden.

Kann Eurodac eine Lösung für die ineffiziente Anwendung des DÜ bieten und werden in der Verordnung ausreichend die Rechte der betroffenen Personen gewahrt?
Die zentrale Datenbank kann sicherlich dazu beitragen, dass in Zukunft sehr viel leichter bewiesen werden kann, ob eine bestimmte Person bereits in einem anderen Mitgliedstaat einen Asylantrag gestellt hat. Fingerabdrücke sind eindeutige Beweise, die nicht wie andere Beweismittel (Zugtickets, Hotelrechnungen) oder Indizien von den Mitgliedstaaten in Frage gestellt werden können. Ob die Feststellung, dass eine Person illegal die Außengrenze eines Mitgliedstaates überschritten hat,[72] mit Hilfe von Eurodac einfacher zu treffen ist, ist indes zweifelhaft. Die Abnahme von Fingerabdrücken kann ja nur dann erfolgen, wenn die illegale Einreise der Person bemerkt wird, was wiederum abhängig von einer umfassenden Kontrolle der Außengrenzen ist. Da ein Teil der an der Grenze aufgegriffenen Personen direkt in den (sicheren) Drittstaat zurückgeschoben werden kann, wird die Anzahl der so dokumentierten Personen wohl eher gering bleiben. Abzulehnen ist die Abnahme und der Vergleich der Fingerabdrücke von Ausländern, die sich illegal in einem Mitgliedstaat aufhalten, da dies nicht mehr vom Zweck des DÜ gedeckt ist.

Zu kritisieren ist auch die lange Aufbewahrungszeit der Daten von Asylbewerbern; hier konnte sich das Europäische Parlament mit seinem Vorschlag auf Reduzierung der zehnjährigen Aufbewahrung auf fünf Jahre gegenüber dem Rat nicht durchsetzen. Nicht zu rechtfertigen ist jedenfalls die weitere Aufbewahrung der (gesperrten) Daten von anerkannten Flüchtlingen in der Datenbank.
Ebenso wenig vom Rat umgesetzt wurde der Vorschlag des Europäischen Parlaments, das Mindestalter für die Abnahme von Fingerabdrücken auf 18 Jahre und nicht auf 14 Jahre festzulegen. Neben der allgemeinen Kritik, dass die Abnahme von Fingerabdrücken eine Kriminalisierung von Asylbewerbern bedeute, wurde der Heraufsetzung des Mindestalters vom EP besondere

---

71 ABl. 2002 L62/1.
72 Als Nachweis für das Zuständigkeitskriterium des Art. 6 DÜ.

Bedeutung beigemessen. Da bei Wanderbewegungen zwischen den Mitgliedstaaten auch Personen unter 18 Jahren betroffen sind, bestanden die Kommission und der Rat auf dem Mindestalter von 14 Jahren. Eine Einigung konnte jedoch hinsichtlich der Einbeziehung von Schutzklauseln in die Verordnung erzielt werden.[73] Für die deutsche Rechtslage wird diese Regelung keine Veränderung bedeuten, da bisher schon gemäß § 16 AsylVfG Fingerabdrücke von Asylbewerbern ab 14 Jahren abgenommen werden durften.

Positiv lässt sich vermerken, dass die datenschutzrechtlichen Bestimmungen in der Eurodac-VO detaillierter und „flüchtlingsfreundlicher" ausgestaltet wurden als die vergleichbaren Regelungen im Dubliner Übereinkommen. Ob die betroffenen Asylbewerber ausreichend über die Verarbeitung ihrer Daten und ihre Rechte zur Berichtigung und Löschung informiert werden, wird sich in der Praxis erweisen. Ebenfalls abzuwarten bleibt der tatsächliche Schutz der Daten in der zentralen Datenbank. Theoretisch sollte es möglich sein, dass die Daten nur zum Zwecke des DÜ und nicht etwa zu Strafverfolgungszwecken gebraucht werden; die Kontrolle hierüber liegt insbesondere bei der nationalen Kontrollinstanz.

3. Kapitel Ungenauigkeiten und Lücken des DÜ

A. Anwendungsbereich

Das DÜ ist nur auf Asylbewerber anwendbar, die um Schutz nach der Genfer Flüchtlingskonvention unter Berufung auf den Flüchtlingsstatus im Sinne von Art. 1 A Abs. 2 ersuchen.[74] Es findet keine Anwendung auf Flüchtlinge, die ihr Schutzersuchen auf die Europäische Menschenrechtskonvention oder andere internationale oder nationale Vorschriften beschränken.
Von Seiten der Mitgliedstaaten wurde die Befürchtung geäußert, dass die Zuständigkeitskriterien des DÜ Fälle, in denen Personen ihren Asylantrag während des laufenden Verfahrens zurückziehen und unter einem anderen Titel um Schutz ersuchen, oder in denen Personen keinen Asylantrag stellen und von vornherein nur subsidiären Schutz beantragen, nicht ausreichend bzw. überhaupt nicht berücksichtigen.[75] Das Phänomen des Ausweichens kommt

---

73 Siehe Art. 4 Abs. 1 S. 2 Eurodac-VO: „Das Verfahren zur Abnahme von Fingerabdrücken wird...unter Beachtung der in der Europäischen Menschenrechtskonvention und im Übereinkommen der Vereinten Nationen über die Rechte des Kindes verankerten Schutzklauseln festgelegt."

74 Vgl. Art. 1 Abs. 1 Bst. b) Dubliner Übereinkommen.

75 *Arbeitsdokument der Kommission*, Überprüfung des Dubliner Übereinkommens, SEK (2000) 522 vom 21.03.2000, Rn. 49.

jedoch nur in den Mitgliedstaaten zum Tragen, die verschiedene Antragsmöglichkeiten für unterschiedliche Schutzformen anbieten. In vielen Mitgliedstaaten besteht nur eine einzige Antragsform, die alle gesetzlich vorgesehenen Schutzformen umfasst.[76]
Dieses Problem ist erst zu lösen, wenn das materielle Asylrecht in den Mitgliedstaaten harmonisiert wird und neben der Anerkennung als Flüchtling gemäß der GFK auch vergleichbare sekundäre Schutzformen existieren. Solange in den Mitgliedstaaten unterschiedliche Schutzformen für de-facto-Flüchtlinge bestehen, wird auch immer eine Ungleichbehandlung von Flüchtlingen bei der Anwendung des DÜ stattfinden.[77] Die Kommission hat bereits in ihrem Vorschlag für eine „Richtlinie des Rates zur Festlegung von Mindestnormen für die Anerkennung und den Status von Flüchtlingen nach der GFK", Personen berücksichtigt, die anderweitig internationalen Schutz benötigen.[78] Im Hinblick auf diese Richtlinie sollte auch die zukünftigen Verordnung über die Zuständigkeit der Prüfung eines Asylverfahrens in den Mitgliedstaaten sowohl auf Konventionsflüchtlinge als auch auf anderweitig schutzbedürftige Personen anwendbar sein.[79]

Das DÜ findet ebenfalls keine Anwendung auf Personen, die in einem der Mitgliedstaaten bereits als Flüchtlinge nach der GFK anerkannt sind und einen weiteren Asylantrag in einem anderen Mitgliedstaat stellen. Bis jetzt existieren auf europäischer Ebene keine befriedigenden Regelungen, die es anerkannten Flüchtlingen gestatten, ähnlich wie Unionsbürgern, ihren Wohnsitz in einen anderen EU-Mitgliedstaat zu verlegen und dort einer Erwerbstätigkeit nachzugehen. Das *Europäische Übereinkommen über den Übergang der Verantwortung für Flüchtlinge*[80] vom 16. Oktober 1980 regelt lediglich die Ausstellung von Flüchtlingsreisepässen, beinhaltet aber keinen Anspruch auf Aufenthalt in einem anderen Mitgliedstaat.[81] Die Mitgliedstaaten vermuten daher, dass eine beträchtliche Anzahl von Personen nach ihrer Anerkennung als Flüchtlinge in einen anderen Mitgliedstaat weiterwandern und mangels anderweitiger rechtlicher Möglichkeiten dort erneut einen Asylantrag stellen, um in diesem Staat zu verbleiben. Mangels einer europäischen Datenbank liegen hierüber keine Zahlen vor, die Mitgliedstaaten haben aber die Hoffnung, dass mit dem Funktionieren von EURODAC Erkenntnisse gewonnen werden können. Sinnvoll ist es daher, ein Rechtsinstrument zu

---

76 *Arbeitsdokument der Kommission*, Bewertung des Dubliner Übereinkommens, SEK (2001) 756 vom 13.06.2001, S. 14.
77 Siehe *Achermann*, in: Achermann et.al., 1995, S. 103 ff.
78 KOM (2001) 510 vom 12.9.2001.
79 ECRE 2000, S. 4.
80 ETS Nr. 107, in Kraft getreten am 1.12.1980.
81 Siehe oben S. 39 f.

schaffen, dass auch Drittstaatsangehörigen, die in einem der Mitgliedstaaten als Flüchtlingen gemäß der GFK anerkannt sind, Freizügigkeit in der EU zu gewähren.[82]

B. Freiwillige Übernahme der Zuständigkeit durch die Mitgliedstaaten

Nach den Art. 3 Abs. 4 DÜ und Art. 9 DÜ haben die Vertragsstaaten die Möglichkeit, freiwillig die Prüfung eines Asylverfahrens zu übernehmen; der eigentlich zuständige Staat wird von seiner Verpflichtung befreit.[83] Aus Art. 3 Abs. 4 DÜ ergeben sich keinerlei Vorgaben, in welchen Fallkonstellationen das Selbsteintrittsrecht von den Mitgliedstaaten angewandt werden sollte. Auch bei Art. 9 DÜ fehlen Präzisierungen hinsichtlich der Art der humanitären, insbesondere familiären oder kulturellen Gründe, die ein freiwilliges Übernahmeersuchen begründen könnten. Zwar haben die Mitgliedstaaten sich im Oktober 2000 nach längeren Verhandlungen auf einen Beschluss zur Anwendung und Auslegung der beiden Vorschriften hinsichtlich der freiwilligen Übernahme bei Familienangehörigen geeinigt, damit ist jedoch nur ein Teilbereich der humanitären Fälle abgedeckt.[84] Zudem ist der Beschluss 1/2000 des Artikel-18-Ausschusses nur eine Empfehlung an die Mitgliedstaaten und somit rechtlich nicht verbindlich.[85] Im folgenden soll zunächst die unterschiedliche Staatenpraxis bezüglich der Anwendung des Selbsteintrittsrechts dargestellt und danach kommentiert werden.

I. Darstellung der unterschiedlichen Staatenpraxis zu Art. 3 Abs. 4 und Art. 9 DÜ[86]

Belgien

Art. 3 Abs. 4 DÜ wurde in das belgische Ausländergesetz umgesetzt.[87] Das Gesetz selbst enthält keine Konkretisierungen, wann eine freiwillige Übernahme der Prüfung erfolgen soll, ebenso fehlen Verwaltungsvorschriften für die Anwendung des Dubliner Übereinkommens. In der Praxis wird Art. 3

---

82 Vgl. die Forderung von ECRE, 2000, S. 3.

83 Art. 3 Abs. 4 Satz 2 DÜ und Art. 9 Satz 2 DÜ.

84 Beschluss Nr. 1/97 vom 31. Oktober 2000 des Artikel-18-Ausschusses, ABl. L 281/1 vom 7.11.2000.

85 Eine Analyse des Beschlusses 1/2000 erfolgt unten im Zusammenhang mit der besonderen Problematik der Familienzusammenführung.

86 Zur deutschen Staatenpraxis siehe oben S. 160 ff. und S. 168; zur niederländischen Staatenpraxis siehe oben S. 176 ff. und S. 168 ff.

87 Art. 51/5 § 2 Loi du 15 décembre 1980 sur L'Access au Territoire, le Séjour, l'Etablissement et l'Eloignement des Etrangers : « La demande dont le traitement incombe à la Belgique, ou dont elle assume la responsabilité, est examinée conformément aux dispositions de la présent loi. »

Abs. 4 DÜ dazu genutzt, im Falle eines offensichtlich unbegründeten Asylantrages die Prüfung zu übernehmen und den Asylbewerber zeitnah abzuschieben.[88] Sind mehrere Mitglieder einer Familie mit unterschiedlichen Visa oder auf verschiedenen Reiserouten nach Belgien gekommen, so kann Art. 3 Abs. 4 auch Anwendung auf diejenigen Familienmitglieder finden, für die Belgien keine Zuständigkeit nach dem DÜ hat. Dies gilt auch für schwangere Frauen, Personen mit schweren Gesundheitsproblemen und unbegleiteten minderjährigen Flüchtlingen.[89]
Für die Anwendung des Art. 9 DÜ gibt es ebenfalls keine Verwaltungsvorschriften, es wird im Einzelfall entschieden, ob eine Anfrage an einen anderen Mitgliedstaat gestellt werden soll.

Dänemark
Die dänischen Behörden übernehmen ein Asylverfahren gemäß Art. 3 Abs. 4 DÜ, wenn mit hoher Wahrscheinlichkeit davon auszugehen ist, dass der Asylantrag als offensichtlich unbegründet abgelehnt werden kann. Nur wenn sicher ist, dass ein anderer Mitgliedstaat zuständig ist und eine baldige Übernahme erfolgen kann, wird ein Dublinverfahren eingeleitet.[90]
Art. 9 DÜ wurde in das nationalen Recht umgesetzt.[91] Wie sich aus den Dienstanweisungen der dänischen Immigrationsbehörden ergibt, wird Art. 9 DÜ dann angewandt, wenn sich mindestens ein enges Familienmitglied des Asylbewerbers bereits mit einer Aufenthaltsgenehmigung oder als Asylbewerber im Land aufhält. Zu den „engen Familienmitgliedern“ zählen der Ehegatte oder ein langjähriger Lebenspartner, ein Minderjähriger, ein Elternteil über 60 Jahre, der Elternteil eines Minderjährigen und Bruder oder Schwester eines unbegleiteten Minderjährigen. Auch aus praktischen Erwägungen können die dänischen Behörden das Verfahren an sich ziehen, so z.B. bei der Anwesenheit weiterer enger Familienmitglieder, im Falle einer ernsthaften Krankheit des Asylbewerbers, oder wenn es sich bei dem Bewerber um einen unbegleiteten Minderjährigen handelt.[92].

---

88 Vgl. *Hurwitz*, IJRL 1999, S. 646 (659 ff.), die auch die Rechsprechung in Belgien beschreibt.

89 *Danish Refugee Council*, 2000, S. 71.

90 Danish Handbook on the procedures for application of the Dublin Convention, 31. Juli 1997, S. 32 f.

91 Art. 48 c Aliens (Consolidation) Act No. 557 of 30 July 1998: "If special considerations of a humanitarian nature make it appropriate, the Danish Immigration Service may decide, not withstanding the rules of Sections 48 a and 48 b, that an application for a residence permit under Section 7 should be examined in Denmark, if the alien so desires."

92 Danish Handbook on the procedures for application of the Dublin Convention, 31. Juli 1997, S. 33 f.

Finnland
Art. 3 Abs. 4 DÜ und Art. 9 DÜ wurden nicht in das nationale Recht umgesetzt. Die Dienstanweisungen der finnischen Behörden beziehen sich zwar auf Art. 3 Abs. 4 DÜ, konkretisieren aber nicht dessen Anwendung. Humanitäre Gründe im Sinne des Art. 9 DÜ können laut den Dienstvorschriften dann vorliegen, wenn für die Prüfung der Asylanträge einer Kernfamilie verschiedene Mitgliedstaaten zuständig sind.[93]

Frankreich
Die Anwendung des Art. 3 Abs. 4 DÜ wird von Fall zu Fall entschieden, es gibt keine Dienstanweisungen oder Verwaltungsvorschriften. Die Verwaltungspraxis ist sehr unterschiedlich, da die verschiedenen Präfekturen unabhängig voneinander über die Anwendung des DÜ entscheiden. Nur wichtige und/oder grundlegende Entscheidungen werden an das Innenministerium zur Entscheidung abgegeben. Lediglich Anfragen gemäß Art. 9 DÜ eines anderen Mitgliedstaates an Frankreich werden generell vom Innenministerium entschieden.[94]
In Frankreich wird Art. 9 DÜ vor allem bei unbegleiteten Minderjährigen angewandt. Befinden sich die Eltern in Frankreich, so wird die Überstellung des sich in einem anderen Mitgliedstaat befindlichen Minderjährigen betrieben. Ist der Minderjährige alleine in Frankreich, so wird eine Anfrage an den Mitgliedstaat gestellt, der für das Asylverfahren der Eltern verantwortlich ist.[95]
Werden die Asylverfahren eines Ehepaares von verschiedenen Mitgliedstaaten geprüft, so ist der Tatbestand der Ehe alleine nicht Grund genug für die Anwendung des Art. 9. Es müssen weitere Gründe wie Schwangerschaft, Behinderung oder psychische Probleme eines der Partner hinzukommen, um eine Anfrage an den anderen Mitgliedstaat zu stellen.[96]

Griechenland
Das Dubliner Übereinkommen ist nicht in das griechische Recht umgesetzt worden. Verwaltungsvorschriften zur Interpretation und Anwendung des Art. 3 Abs. 4 DÜ und Art. 9 DÜ existieren nicht.
Nach Auskunft von nichtstaatliche Organisationen wurde von den griechischen Behörden bisher fast nie Gebrauch vom Selbsteintrittsrecht gemacht bzw. die Bitte an einen anderen Mitgliedstaat herangetragen, aus humanitären Gründen einen Asylbewerber zu übernehmen.[97]

---

93 *Danish Refugee Council*, 2000, S. 74.
94 *Danish Refugee Council*, 2000, S. 74 f.
95 *Hurwitz*, IJRL 1999, S. 661; *Abollivier Raoult*, in: Marinho (Hrsg.), 2000, S. 65.
96 *Abollivier Raoult*, in: Marinho (Hrsg.), 2000, S. 65.
97 *Danish Refugee Council*, 2000, S. 76 f., 92.

Großbritannien
Das DÜ wurde nicht in das nationale Recht umgesetzt. Art. 3 Abs. 4 DÜ und Art. 9 DÜ werden restriktiv angewandt. In der Regel wird der Asylantrag in Großbritannien geprüft, wenn ein Ehepartner oder ein minderjähriges Kind des Asylbewerbers sich bereits in Großbritannien befindet oder der Antragsteller selbst ein minderjähriges Kind ist. Auch ein schlechter Gesundheitszustand oder Schwangerschaft können Grund für die Anwendung des Art. 3 Abs. 4 DÜ sein.[98]

Irland
Das DÜ wurde in das nationale Recht umgesetzt, Verwaltungsvorschriften sind hierzu nicht erlassen worden. Die Entscheidung der freiwilligen Übernahme einer Asylantragsprüfung wird von Fall zu Fall vorgenommen. Da nach dem irischen Recht der Asylbewerber bis zu fünf Tagen nach der Anhörung Gelegenheit hat, Einwendungen gegen seine Überstellung vorzutragen, wird die Forderung nach Anwendung des Art. 3 Abs. 4 DÜ normalerweise vom Asylbewerber selber gestellt.[99]
Das Selbsteintrittsrecht wird von den irischen Behörden im Falle der drohenden Trennung einer Familie aufgrund der Zuständigkeit unterschiedlicher Mitgliedstaaten für die Prüfung ihrer Asylanträge, bei minderjährigen Flüchtlingen oder bei schweren Gesundheitsproblemen angewandt. Anfragen nach Art. 9 DÜ an andere Mitgliedstaaten werden dagegen recht selten gestellt.[100]

Italien
Art. 3 Abs. 4 DÜ und Art. 9 DÜ sind nicht in das nationale Recht umgesetzt. Laut Auskunft der italienischen Behörden wird von diesen Klauseln im Falle von Kernfamilien Gebrauch gemacht, die durch die unterschiedliche Zuständigkeit für die Dauer des Asylverfahrens getrennt würden.[101]

Luxemburg
Es gibt weder Verwaltungsvorschriften für die Anwendung von Art. 3 Abs. 4 DÜ und Art. 9 DÜ, noch eine einheitliche Praxis. Vom Selbsteintrittsrecht wird z.B. Gebrauch gemacht, um die Trennung einer Familie zu vermeiden.[102]

---

98 *Harrison*, in: Marinho (Hrsg.) 2000, S. 163; *Danish Refugee Council*, 2000, S. 82 f. Eventuelle Änderung nach Verabschiedung des Beschlusses Nr. 1/2000 sind noch nicht berücksichtigt.
99 Siehe unten Rechtsschutzmöglichkeiten in Irland, S. 251.
100 *Danish Refugee Council*, 2000, S. 77.
101 *Danish Refugee Council*, 2000, S. 77.
102 *Danish Refugee Council*, 2000, S. 78.

Österreich

Es existieren keine Verwaltungsvorschriften für die Anwendung der Art. 3 Abs. 4 DÜ und Art. 9 DÜ. Die zuständigen Behörden entscheiden von Fall zu Fall nach den zugrundeliegenden Umständen, ob eine freiwillige Übernahme des Asylbewerbers in Betracht kommt. Art. 3 Abs. 4 DÜ wird nach Auskunft der Behörden dann angewandt, wenn die Überstellung eines Familienangehörigen gegen Art. 8 EMRK verstoßen würde. Art. 9 DÜ kann angewandt werden, wenn ein Ehepartner zuvor nach Österreich geflohen und der andere Partner kurz darauf nachgefolgt ist.[103]

Portugal

Art. 3 Abs. 4 DÜ und Art. 9 DÜ sind nicht in das portugiesischen Recht umgesetzt. Es gibt keine Verwaltungsvorschriften, eine freiwillige Übernahme bzw. ein Übernahmeersuchen aus humanitären Gründen werden von Fall zu Fall geprüft. Ein Grund für die Anwendung des Selbsteintrittsrechtes kann die mögliche Trennung von Familienangehörigen aufgrund der Zuständigkeit verschiedener Mitgliedstaaten sein. Aussicht auf Erfolg kann auch die Bitte eines anderen Mitgliedstaats auf freiwillige Übernahme eines unbegleiteten Minderjährigen haben, der Familienangehörige in Portugal hat.[104]

Schweden

Art. 3 Abs. 4 DÜ und Art. 9 DÜ sind nicht in das schwedische Recht umgesetzt und es gibt keine Verwaltungsvorschriften zu ihrer Anwendung. Das *Aliens Appeals Board* hat mit seiner Entscheidung vom 1. November 1998[105] aber grundlegende Aussagen zur Anwendung des Art. 3 Abs. 4 DÜ gemacht. Demnach soll vom Selbsteintrittsrecht Gebrauch gemacht werden, wenn eine Überstellung wegen Suizidgefahr oder schwerer gesundheitlicher Probleme nicht möglich ist, oder wenn gesundheitliche Probleme bestehen und gleichzeitig familiäre Beziehungen zu Schweden vorliegen. Art. 9 DÜ wird selten angewandt und es besteht bisher keine konstante Verwaltungspraxis.[106]

Die Schwedische Einwanderungsbehörde macht auch dann von ihrem Selbsteintrittsrecht Gebrauch, wenn abzusehen ist, dass ein Asylverfahren als offensichtlich unbegründet abzulehnen ist und der Asylbewerber bald in sein Herkunftsland abgeschoben werden kann.[107]

---

[103] *Danish Refugee Council*, 2000, S. 69 f.

[104] *Danish Refugee Council*, 2000, S. 79 f.

[105] Aliens Appeals Board, UN 348-98.

[106] *Danish Refugee Council*, 2000, S. 81 f.; *Formgren/Berselius*, in: Marinho (Hrsg.), 2000, S. 205 ff., erläutern einige Dublinentscheidungen des Aliens Appeals Board.

[107] *Danish Refugee Council*, 2000, S. 94.

Spanien
Die Anwendung des Art. 3 Abs. 4 DÜ und Art. 9 DÜ wird von Fall zu Fall entschieden, Verwaltungsvorschriften existieren nicht. Nach Aussagen der spanischen Behörden wird von dem Selbsteintrittsrecht aus gesundheitlichen oder familiären Gründen Gebrauch gemacht, oder wenn es sich bei dem Asylbewerber um einen unbegleiteten Minderjährigen handelt. Nach Aussagen von spanischen nichtstaatlichen Organisationen ist die Praxis der spanischen Behörden sehr restriktiv und es wird nur selten Gebrauch von Art. 3 Abs. 4 DÜ und Art. 9 DÜ gemacht.[108]

II. Auswertung der Staatenpraxis und Kritik

Ein Vergleich der unterschiedlichen Staatenpraxis zur Anwendung des Selbsteintrittsrechts zeigt, dass in der Mehrheit der Mitgliedstaaten keine Vorgaben zur Auslegung der Art. 3 Abs. 4 DÜ und Art. 9 DÜ – sei es in Form eines Gesetzes, einer Verwaltungsvorschrift, oder einer Dienstanweisung – existieren. Nur zwei Mitgliedstaaten haben detaillierte Anwendungshinweise angenommen; die Niederlande in Form von verbindlichen Verwaltungsvorschriften und Dänemark in Form einer Dienstanweisung. In den anderen Mitgliedstaaten hat sich entweder eine Verwaltungspraxis herauskristallisiert, oder die Prüfung des Selbsteintrittsrecht wird von Fall zu Fall vorgenommen. Generell ist davon auszugehen, dass die Mitgliedstaaten restriktiv von ihrem Selbsteintrittsrecht Gebrauch machen. Obwohl Art. 9 DÜ eine freiwillige Übernahme auch aus „kulturellen Gründen" erlaubt, reichen in der Praxis der Mitgliedstaaten kulturelle Aspekte, wie zum Beispiel Rasse, ethnische Zugehörigkeit, Nationalität, Religion, Sprache etc. eines Asylbewerbers in der Praxis der Mitgliedstaaten regelmäßig nicht für eine freiwillige Übernahme des Asylverfahrens aus.

Des weiteren hat der Vergleich der deutschen und der niederländischen Rechtsprechung gezeigt, dass unterschiedliche Auffassungen darüber bestehen, ob Art. 3 Abs. 4 DÜ und Art. 9 DÜ ein individuelles Recht des Asylbewerbers darstellen. Die überwiegende Meinung in der Literatur und Rechtsprechung ist der Auffassung, dass die Mitgliedstaaten mit dem Dubliner Übereinkommen nicht beabsichtigten, Individualrechte für Asylbewerber zu schaffen. Das DÜ sollte lediglich Rechte und Pflichten zwischen den Mitgliedstaaten begründen. In der Praxis überprüfen die nationalen Gerichte jedoch, ob die Behörden ihr Ermessen bei der Anwendung der Art. 3 Abs. 4 DÜ und Art. 9 DÜ angewandt haben. Hier wäre eine Klarstellung in der geplanten EG-Verordnung notwendig,[109] um Unklarheiten und

[108] *Danish Refugee Council*, 2000, S. 80 f.
[109] Siehe unten S. 288 ff.

Unterschiedlichkeiten in der nationalen Verwaltungspraxis und Rechtsprechung auszuschließen.

Diverse Mitgliedstaaten verzichten auf die Durchführung eines Zuständigkeitsbestimmungsverfahrens und prüfen „freiwillig" ein Asylbegehren, wenn das Asylverfahren als offensichtlich unbegründet abgelehnt werden kann und eine schnelle Abschiebung des Asylbewerbers in seinen Herkunftsstaat möglich erscheint.[110] Der UNHCR hat sich mit dem Hinweis gegen diese Praxis ausgesprochen, dass von der Möglichkeit des Selbsteintrittsrecht zum Wohle des Flüchtlings und nicht gegen diesen Gebrauch gemacht werden solle.[111]
Problematisch ist in diesem Zusammenhang die Praxis der Mitgliedstaaten, von einer ausdrücklichen Zustimmung des Asylbewerbers zur Anwendung des Art. 3 Abs. 4 DÜ abzusehen. Obwohl Art. 3 Abs. 4 DÜ die freiwillige Übernahme eines Asylverfahrens von der Zustimmung des Asylbewerber abhängig macht, wird in der Praxis nicht auf eine ausdrückliche, in mündlicher oder schriftlicher Form vorgebrachte Einwilligung abgestellt. Behörden und Rechtsprechung gehen vielmehr davon aus, dass durch das Stellen des Asylantrages konkludent die Einwilligung des Asylbewerber auf Prüfung seines Antrages in einem bestimmten Mitgliedstaat zum Ausdruck gebracht wird.[112]

Die freiwillige Übernahme des Verfahrens auf der Grundlage einer durch den Asylantrag „fingierten Zustimmung" ist abzulehnen, da eine solche Interpretation von Art. 3 Abs. 4 dem Wortlaut der Norm widerspricht und Sinn und Zweck der Norm in ihr Gegenteil umkehrt. Zwar spricht Art. 3 Abs. 4 DÜ nicht ausdrücklich von einer schriftlichen oder mündlichen Zustimmung des Asylbewerbers, aus den Art. 13 Abs. 1 und 3 des Beschlusses 1/97 ergibt sich jedoch, dass eine Zustimmung des Asylbewerbers schriftlich zu erteilen ist. Nach Ansicht von *Löper* sollte nur in den Fällen, in denen der Asylbewerber ein besonderes Interesse an der Prüfung seines Antrages durch den originär zuständigen Mitgliedstaat hat, eine konkludente Zustimmung ausgeschlossen werden. In einem solchen Fall könne von dem Asylbewerber jedoch erwartet werden, dass er während der Anhörung „ausdrücklich" seinen Wunsch auf Überstellung in einen anderen Staat zu erkennen gebe.[113] Dieser Vorschlag würde jedoch voraussetzen, dass ein Flüchtling zum Zeitpunkt der

---

[110] Vgl. *Löper*, ZAR 2000, S. 16 (18); *Danish Refugee Council*, 2000, S. 94.

[111] Siehe *Hurwitz*, IJRL 1999, S. 646 (660).

[112] *Löper*, ZAR 2000, S. 18; *Hurwitz*, IJRL 1999, S. 646 (659 f.) mit divergierender Rspr. in Fn. 69; für Deutschland vgl. *BAFl.*, Dienstanweisung zum Übereinkommen von Dublin vom 24.7.1997, Rn. 1.2.

[113] *Löper*, ZAR 2000, S. 16 (18).

Anhörung ausreichend über die Zuständigkeitsregeln des Dubliner Übereinkommens informiert wird und ihm bekannt ist, dass er seinen Wunsch auf Überstellung in den zuständigen Mitgliedstaat gegenüber dem zuständigen Behörden bekannt geben muss. Das DÜ sieht keine Informationspflicht des Asylbewerbers vor, noch ist dies in allen Mitgliedstaaten rechtlich verankert.[114]

C. Schutz von Familien

Das DÜ hat seit seinem Inkrafttreten viel Kritik aufgrund des mangelnden Schutzes von Familien erfahren. Im DÜ findet sich nur mit Artikel 4 eine Bestimmung zur Familienzusammenführung. Art. 4 DÜ beschränkt sich aber auf die Herstellung der Familieneinheit eines Asylbewerbers mit einem engen Familienangehörigen,[115] wenn diesem Angehörigen bereits von einem Mitgliedstaat die Flüchtlingseigenschaft zuerkannt worden ist und er in diesem Mitgliedstaat seinen legalen Wohnsitz hat. Die Mitgliedstaaten legen dieses Zuständigkeitskriterium eng aus.[116] Hat der Asylbewerber ein Familienmitglied, das selbst in einem der Mitgliedstaaten noch ein Asylverfahren durchläuft, so findet Art. 4 DÜ keine Anwendung. Das Dubliner Übereinkommen enthält auch keine objektiven Kriterien zur Wahrung der Einheit von Familien oder zur Familienzusammenführung in Fällen, in denen ein Familienmitglied des Asylbewerbers legal in einem der Mitgliedstaaten ansässig ist, aber nicht die Flüchtlingseigenschaft besitzt.[117]

In der Praxis problematisch sind vor allem die Fälle, in denen die Mitglieder einer Familie gleichzeitig oder nacheinander in denselben Mitgliedstaat einreisen und unterschiedliche Mitgliedstaaten für die Prüfung ihrer Asylverfahren zuständig sind. Dies ergibt sich zum Beispiel dann, wenn die

---

114 Siehe den Vergleich des *Danish Refugee Council*, 2000, S. 95 ff., zur Informations- und Beratungspraxis der Mitgliedstaaten im Dublinverfahren. Demnach werden nur in sehr wenigen Mitgliedstaaten Informationen zum Dublinverfahren verteilt bzw. eine kostenlose Rechtsberatung steht zur Verfügung.

115 Der personelle Anwendungsbereich des Art. 4 DÜ beschränkt sich auf die Kernfamilie des Asylbewerbers, d.h. sein Ehegatte, sein minderjähriges Kind, oder sofern der Asylbewerber ein minderjähriges Kind ist, dessen Vater oder Mutter.

116 *Danish Refugee Council*, 2000, S. 69 ff.

117 Auch das Recht zur Familienzusammenführung wird im Rahmen der Harmonisierung der europäischen Asyl- und Einwanderungspolitik nach dem Amsterdamer Vertrag angepasst. Die Kommission hat bereits am 1.12.1999 einen Vorschlag für eine Richtlinie des Rates betreffend das Recht auf Familienzusammenführung angenommen (KOM(1999)638). Am 10.12.2000 hat die Kommission einen geänderten Vorschlag eine Richtlinie des Rates betreffend das Recht auf Familienzusammenführung vorgelegt (KOM(2000)624).

Mitglieder einer Familie Visa verschiedener EU-Staaten besitzen oder auf unterschiedlichen Reiserouten in denselben Mitgliedstaat gereist sind. Durch die Überstellung in den jeweils zuständigen Mitgliedstaat wird die Familie auseinandergerissen und es besteht die Gefahr, dass sie angesichts der langwierigen Asylverfahren jahrelang getrennt ist. Erst nach (positivem) Abschluss zumindest eines der Asylverfahren ist gegebenenfalls eine Familienzusammenführung nach ausländerrechtlichen Vorschriften möglich. Den Mitgliedstaaten bleibt die Möglichkeit, Gebrauch von Art. 3 Abs. 4 DÜ und Art. 9 DÜ zu machen und das Verfahren freiwillig zu übernehmen, um eine Trennung von Familienangehörigen zu vermeiden. Wie sich aus dem Vergleich der Staatenpraxis zur Anwendung des Selbsteintrittsrechts ergeben hat, wird von diesem Recht aber viel zu selten und zu restriktiv Gebrauch gemacht.

I. Beschluss 1/2000 des Artikel-18-Ausschusses

Um eine „harmonisierte und wirksame Umsetzung der Art. 3 Abs. 4 DÜ und Art. 9 DÜ im Bereich der Familienzusammenführung" zu erreichen,[118] hat der Artikel-18-Ausschuss nach längerer Verzögerung am 31. Oktober 2000 den Beschluss 1/2000 angenommen.[119] Der Anwendungsbereich des Beschlusses umfasst Familienangehörige i.S.d. Art. 4 DÜ und darüber hinaus andere nahe Angehörige eines Asylbewerbers, wenn sich der Mitgliedstaat vergewissert hat, dass entweder der Asylbewerber oder jener nahe Angehörige ganz oder überwiegend auf Hilfe zum Leben durch den anderen angewiesen ist. Diese Hilfe muss tatsächlich erbracht werden und die betroffenen Personen müssen vor Verlassen des Herkunftslands als Familie zusammengelebt haben.[120]

Der Beschluss enthält keine rechtsverbindlichen Vorgaben für die Mitgliedstaaten, sondern zählt eine Reihe von Faktoren auf, die bei der Beurteilung einer Familienzusammenführung berücksichtigt werden sollen. Die Entscheidung liegt dann im Einzelfall im Ermessen des Mitgliedstaates. Die beispielhaft aufgezählten Faktoren sind:[121]

- das Bestehen einer häuslichen Gemeinschaft der Familienangehörigen im Herkunftsland bis zum Zeitpunkt der Ausreise oder der Flucht;

---

[118] Siehe Präambel des Beschlusses 1/2000 vom 31. Oktober 2000.

[119] Abl. L 281 S. 1 vom 7.11.2000. Die österreichische Ratspräsidentschaft hatte bereit im zweiten Halbjahr 1998 einen Entwurf für einen Beschluss zur Auslegung des Art. 3 Abs. 4 vorgelegt, der auch von der deutschen Ratspräsidentschaft an den Artikel-18-Ausschuss weitergeleitet wurde. Eine Verabschiedung scheiterte dann aber zunächst an einem Veto Italiens. Vgl. hierzu *Schmid/Bartels*, 2001, S. 95.

[120] Art. 1 Beschluss 1/2000 vom 31. Oktober 2000.

[121] Art. 2 Abs. 1 Beschluss 1/2000 vom 31. Oktober 2000.

- die Gründe, die zu einer geteilten Zuständigkeit für die Familienangehörigen oder zu einer Trennung der Familie geführt haben;

- der Stand der jeweiligen asyl- und ausländerrechtlichen Verfahren in den Mitgliedstaaten.

Allerdings nennt der Beschluss auch Gründe, die im Regelfall zu einer Familienzusammenführung führen sollten. Aus der Formulierung lässt sich entnehmen, dass in derartigen Fällen das Ermessen der Mitgliedstaaten gegen Null tendiert und nur in Ausnahmefällen eine Familienzusammenführung zu versagen ist.

In der Regel soll eine Familienzusammenführung dann stattfinden, wenn

- ein Familienangehöriger minderjährig unter 18 Jahren ist und ansonsten unbegleitet in einem Mitgliedstaat zurückbleiben würde;

- ein Familienangehöriger von Hilfe abhängig ist, z.B. wegen Schwangerschaft, eines neugeborenen Kindes, schwerer Krankheit, ernsthafter Behinderung, oder hohen Lebensalters.

Halten sich Familienangehörige bereits gemeinsam in einem Mitgliedstaat auf, sind aber verschiedene Mitgliedstaaten für ihre Asylverfahren zuständig, so sollte der Aufrechterhaltung der Familieneinheit besonderes Gewicht beigemessen werden.[122]

Auch die Bestimmung des zuständigen Staates wird in Beschluss 1/2000 nicht rechtsverbindlich geregelt. Die Mitgliedstaaten sollen sich vielmehr im gegenseitigen Einvernehmen und nach Zustimmung der betroffenen Personen untereinander einigen, welcher Staat die Zuständigkeit für die Prüfung der Asylanträge der verschiedenen Familienmitglieder übernimmt.[123] Bei der Entscheidung über den Übergang der Zuständigkeit sollen folgende Faktoren berücksichtigt werden:[124]

- die Anzahl der Familienangehörigen, für die ein Mitgliedstaat gemäss den Artikeln 4 bis 8 des DÜ zuständig ist;

---

[122] Art. 2 Abs. 3 Beschluss 1/2000 vom 31. Oktober 2000. Siehe auch *Schmid/Bartels*, 2001, S. 97, zu den Hintergründen der Zweiteilung in Familienzusammenführung und Aufrechterhaltung der Familieneinheit.

[123] Art. 3 Abs. 1 Beschluss 1/2000 vom 31. Oktober 2000.

[124] Art. 4 Beschluss 1/2000 vom 31. Oktober 2000.

- der Aufenthaltsort, wenn sich alle Familienmitglieder in dem selben Mitgliedstaat aufhalten;

- bei unbegleiteten minderjährigen Personen der Aufenthaltsort des Vaters oder der Mutter in einem Mitgliedstaat;

- die Anzahl der in einem der betreffenden Mitgliedstaaten bereits legal aufhältigen Familienangehörigen;

- in den betreffenden Mitgliedstaaten bereits begonnene Prüfungen in Bezug auf Asylanträge der Familienangehörigen;

- wenn festgestellt wird, dass sich der Asylantragsteller ausschließlich auf die im Asylantrag eines Familienangehörigen geltend gemachten Asylgründe beruft, die Zuständigkeit für die Behandlung des Asylantrages dieses Familienangehörigen (Hauptantragsteller).

Es bleibt abzuwarten, wie die Mitgliedstaaten den Beschluss 1/2000 in der Praxis anwenden. Die Niederlande haben den Beschluss bereits in ihre Verwaltungsvorschriften umgesetzt, während Deutschland und andere Mitgliedstaaten dies noch nicht getan haben bzw. eine Umsetzung in das nationale Recht auch nicht geplant ist. Da es sich um einen Beschluss des Artikel-18-Ausschusses handelt, sind die vereinbarten Regelungen nur unverbindliche Ermessenvorschriften für die Mitgliedstaaten, Asylbewerber können hieraus kein eigenes Recht geltend machen. Um einen wirksamen und rechtsverbindlichen Schutz von Familien zu erlangen, ist es unumgänglich, eine Konkretisierung von Art. 3 Abs. 4 DÜ oder Art. 9 DÜ im Dubliner Übereinkommen selber bzw. in der geplanten Verordnung vorzunehmen.

II. Familienschutz durch Art. 8 EMRK?

Fraglich ist, ob Art. 8 EMRK Schutz in den oben beschriebenen Problemfälle bietet und die Zuständigkeit für die Prüfung der Asylanträge von Familienangehörigen auf einen Mitgliedstaat konzentrieren kann.[125]

Wie bereits oben im Kapitel Rechtsquellen des Flüchtlingsvölkerrechts erläutert,[126] kann eine Ausweisung, die zu einer Trennung von Familienangehörigen führt, einen Eingriff in das Familienleben i.S.d. Art. 8 EMRK darstellen. Voraussetzung dafür ist, dass bereits alle Familienangehörigen im Vertragsstaat anwesend sind. Ein Anspruch auf

---

[125] Siehe ausführlich zu Inhalt und Umfang von Art. 8 EMRK oben S. 33 ff.

[126] Siehe oben S. 33 ff.

Einreise, Familiennachzug und Visumserteilung ergibt sich somit nicht aus Art. 8 EMRK.[127] In *Gül vs. Schweiz* bejahte der EGMR das Bestehen eines Familienlebens zwischen dem in der Schweiz sich aufhaltenden türkischen Ehepaar und ihrer Tochter und ihrem in der Türkei wohnhaften 13-jährigen Sohn. Der Gerichtshof verneinte aber das Vorliegen eines Eingriffes in das Familienleben, da die Beschwerdeführer selbst durch das freiwillige Verlassen der Türkei die Trennung von ihrem Sohn verursacht hatten. Die Tatsache, dass der Vater nicht als politischer Flüchtling in der Schweiz anerkannt worden war und von der Schweiz aus diverse Male seinen Sohn in der Türkei besucht hatte, ohne Probleme mit den türkischen Behörden zu bekommen, sprach aus Sicht des Gerichtshofes dafür, dass es der Familie jederzeit möglich sei in die Türkei zurückzukehren und dort ein Familienleben zu führen.[128]
Im *Ahmut vs. Niederlande* sprach sich der Gerichtshof gegen den Nachzug eines marokkanischen Kindes zu seinem in den Niederlanden lebenden Vater aus, obwohl der Vater inzwischen mit einer Niederländerin verheiratet war und selbst auch die niederländische Staatsbürgerschaft angenommen hatte. Auch in diesem Fall basierte das Urteil auf dem Argument, dass eine Rückkehr des Vaters in sein Heimatland, um dort mit seinem Sohn als Familie zu leben, jederzeit möglich sei.

Auch wenn die (frühere) Europäische Menschenrechtskommission und der Europäische Gerichtshof für Menschenrechte bisher noch keinen Fall gemäß Art. 8 EMRK zum Familienleben von Flüchtlingen oder Asylbewerbern zu entscheiden hatten, kann doch aus den oben beschriebenen Urteilen zumindest geschlossen werden, dass ein Eingriff in das Familienleben bei Flüchtlingen, die nicht in ihr Heimatland zurückkehren können, zu einer Verletzung von Art. 8 EMRK führen kann. Ein Recht auf Familienzusammenführung für Asylbewerber kann aus Art. 8 EMRK aber nicht begründet werden, da der Aufenthalt von Asylbewerbern zunächst nur vorübergehend ist und noch nicht festgestellt wurde, ob tatsächlich die Gefahr der Verfolgung bei Rückkehr in die Heimat besteht. Auch die nur zeitweilige Trennung von Familienmitgliedern ist mit Art. 8 EMRK vereinbar. Die nationalen Behörden haben jedoch in jedem Einzelfall eine Abwägung zwischen dem Recht des Asylbewerbers auf Familienleben aus Art. 8 EMRK und dem Recht des Staates auf Kontrolle der Einwanderung vorzunehmen.[129] So kann in Ausnahmefällen eine freiwillige Übernahme des Verfahrens durch einen Mitgliedstaat angebracht sein, um eine Verletzung des Art. 8 EMRK zum Beispiel wegen eines außergewöhnlich lange dauernden Asylverfahrens oder

127 EGMR, Urteil vom 19.2.1996, Gül ./. Schweiz, InfAuslR 1996, S. 245; EGMR, Urteil vom 28.11.1996, Ahmut ./. Niederlande, InfAuslR 1997, S. 141.

128 Siehe *Gül vs. Schweiz*, Urteil vom 19. Februar 1996, a.a.O.

129 *Klug*, in : Marinho (Hrsg.), 2000, S. 69 (74 f.).

Gründen, die eine Trennung von Familienmitgliedern unzumutbar machen, zu vermeiden. Dies gilt auch für minderjährige Kinder, die auf die Pflege von ihren Eltern angewiesen sind.[130] Die Mitgliedstaaten des DÜ haben diese Fälle im Beschluss 1/2000 des Art.-18-Ausschusses berücksichtigt.

D. Rechtsweggarantie[131]

Das DÜ verpflichtet die Staaten nicht, den Asylbewerbern eine Widerspruchs- und/oder Klagemöglichkeit gegen die Überstellung in einen anderen Mitgliedstaat einzuräumen. Das DÜ setzt aber voraus, dass in den Mitgliedstaaten eine derartige Möglichkeit besteht, wie sich inzident aus Art. 11 Abs. 5 DÜ ergibt, der vorsieht, dass die Überstellung eines Asylbewerbers „spätestens ... einen Monat nach Ende des vom Ausländer gegebenenfalls gegen den Überstellungsbeschluss angestrengten Verfahrens erfolgen [soll], sofern dieses aufschiebende Wirkung hat."
Die Mitgliedstaaten haben die Rechtschutzmöglichkeiten im Dublinverfahren - im Vergleich zu den im normalen Asylverfahren zur Verfügung stehenden Rechtsmitteln - stark eingeschränkt. Die Wahl der Rechtsmittel und die Möglichkeit ihrer aufschiebenden Wirkung sind meist vergleichbar mit den Rechtsmitteln, die in einem verkürzten Verfahren (z.B. bei offensichtlich unzulässigen oder offensichtlich unbegründeten Asylanträgen, im sicheren Drittstaatverfahren) eingelegt werden können.[132] Die folgende Übersicht verdeutlicht die unterschiedliche Ausgestaltung der Rechtsschutzmöglichkeiten in den Mitgliedstaaten gegen einen Überstellungsbescheid im Dublinverfahren.

I. Darstellung des unterschiedlichen nationalen Rechtsschutzes im Dublinverfahren

Belgien

Gegen den ablehnenden Bescheid im Dublinverfahren kann innerhalb von 60 Tagen beim obersten belgischen Verwaltungsgericht, dem *Conseil d'Etat,* Klage eingereicht werden.[133] Der *Conseil d'Etat* kann nur die Rechtmäßigkeit des Bescheides anhand des Verwaltungsrechts überprüfen, eine neue Tatsachenprüfung findet nicht statt. Die Klage[134] hat keine aufschiebende Wirkung, daher muss der Asylbewerber innerhalb von fünf Tagen einen

[130] Vgl. *Hailbronner/Thiery*, ZAR 1997, S. 55 (57); *Löper*, ZAR 2000, S. 16 (22).
[131] Zum deutschen Rechtsverfahren siehe oben S. 117 ff.; zum niederländischen Rechtsverfahren siehe oben S. 135 ff bzw. S. 143 für das *Vw 2000* .
[132] Vgl. *Schröder/Marinho*, in: Marinho (Hrsg.), 2000, S. 85 ff.
[133] Art. 14 Lois coordonnées sur le Conseil d'Etat.
[134] Recours en annulation pour excès de pouvoir.

Antrag auf einstweiligen Rechtsschutz einreichen.[135] Diesem Antrag wird nur dann entsprochen, wenn die Klage Aussicht auf Erfolg hat und dem Antragsteller ein nicht wieder gut zu machender Schaden im Falle des sofortigen Vollzugs des Bescheides droht.[136]

Dänemark

In Dänemark wird der Asylbewerber bereits über eine mögliche Überstellung an einen anderen Mitgliedstaat informiert, wenn die dänischen Behörde erst das Übernahmeersuchen gestellt haben, aber noch keine Antwort vom Zielstaat eingegangen ist. Obwohl dieser Information noch keine rechtliche Wirkung zukommt, kann bereits zu diesem Zeitpunkt ein Widerspruch beim Innenministerium eingelegt werden. Dieser Widerspruch hat jedoch keine aufschiebende Wirkung.[137] Wurde der Widerspruch kurz nach der Benachrichtigung eingelegt, so sollte theoretisch – auch wenn in der Zwischenzeit die Zusage des Mitgliedstaates vorliegt – mit der Abschiebung bis zur Entscheidung des Innenministeriums gewartet werden.[138] In der Praxis kann die Bearbeitung des Widerspruchs beim Innenministerium jedoch Monate dauern, so dass zwischendurch eine Überstellung in den verantwortlichen Mitgliedstaat stattfindet, um nicht die im Dubliner Übereinkommen festgelegten Fristen zu überschreiten.[139] Es besteht keine Klagemöglichkeit vor einem Gericht.

Frankreich

Gegen die Transferentscheidung der Präfektur kann Widerspruch beim Innenministerium eingelegt werden (*recours hiérarchique*) oder innerhalb von zwei Monaten Klage beim Verwaltungsgericht eingereicht werden (*recours au contentieux*). Die Klage hat keine aufschiebende Wirkung. Gegen die ablehnende Entscheidung des Verwaltungsgerichts im Klageverfahren kann Berufung beim Verwaltungsgerichtshof und gegen diese Entscheigung beim höchsten Verwaltungsgericht, dem *Conseil d'Etat* eingelegt werden.

Seit Änderung des Verwaltungsprozessrechts mit Gesetz vom 13. Juli 2000, gibt es nun die Möglichkeit, den Präsidenten des Verwaltungsgerichts um die Aussetzung der Abschiebung zu bitten. Voraussetzung ist das gleichzeitige Einreichen der Klage, die Dringlichkeit des Antrages und ernsthafte Zweifel

---

135 Art. 17 Lois coordonnées sur le Conseil d'Etat.

136 Vgl. *Schröder/Marinho*, in: Marinho (Hrsg.), 2000, S. 85 (94); *Danish Refugee Council*, 2001, S. 54 f.

137 § 48 d Ausländergesetz vom 30. Juli 1998.

138 So beschrieben im "Handbook on the procedures for application of the Dublin Convention" des Dänischen Immigrationsservice vom 31. Juli 1997, S. 48.

139 *Danish Refugee Council*, 2001, S. 55 f.; siehe auch *Schröder/Marinho*, in: Marinho (Hrsg.), 2000, S. 85 (98).

an der Rechtmäßigkeit der Transferentscheidung. Darüber hinaus kann beim Präsidenten des Verwaltungsgerichts auch ein Antrag gestellt werden, um alle notwendigen Maßnahmen zum Schutze überragender Rechte zu treffen, die der Staat schwer und offensichtlich unrechtmäßig verletzt haben. Dieser Antrag kann unabhängig von einer eingereichten Klage gestellt werden und muss innerhalb von 48 Stunden entschieden werden. Entscheidungen des Präsidenten unterliegen nicht der Berufung mit Ausnahme solcher Entscheidungen, die ein Grundrecht des Antragstellers verletzen. In einem solchen Fall kann der Staatsrat innerhalb von fünfzehn Tagen angerufen werden.[140]

Griechenland

Gegen die Entscheidung im Dublinverfahren kann Widerspruch mit aufschiebender Wirkung eingelegt werden. Wurde die Entscheidung im normalen Asylverfahren getroffen, so muss der Widerspruch innerhalb von 30 Tagen beim Minister für öffentliche Ordnung eingereicht werden. Wurde ein verkürztes Asylverfahren durchgeführt, stehen nur zehn Tage zur Einlegung des Widerspruchs beim Staatssekretär des Ministeriums für öffentliche Ordnung, bei Asylbewerbern, die im Hafen oder Flughafen festgehalten werden, sogar nur fünf Tage zur Verfügung.[141]

Sowohl gegen die Entscheidung des Ministers, als auch des Staatssekretärs, kann innerhalb von 60 Tagen eine Klage vor dem Obersten Verwaltungsgericht eingereicht werden. Es ist möglich, separat die Aussetzung der Vollziehung zu beantragen.[142]

Großbritannien

Da Großbritannien das Dubliner Übereinkommen nicht in nationales Recht umgesetzt hat, werden Dublinfälle nach dem gleichen Verfahren wie die sogenannten Sicheren-Drittstaatenfälle behandelt. Widersprüche gegen die Entscheidung, einen Asylbewerber in einen sicheren Drittstaat, der Mitglied der Europäischen Union ist, zurückzubringen, haben keine aufschiebende

---

140 *Danish Refugee Council*, 2001, S. 57.

141 Im normalen Verfahren wird der Asylbewerber zunächst von einem sechsköpfigen Widerspruchskomitee angehört, bevor der Minister für öffentliche Ordnung innerhalb von 90 Tagen nach der Empfehlung des Komitees über den Widerspruch entscheidet. Im verkürzten Asylverfahren fasst das Widerspruchskomitee eine Empfehlung nach Aktenlage ohne erneute Anhörung des Asylbewerbers und teilt diese dem Staatssekretäre des Ministeriums für öffentliche Ordnung mit. Dieser fasst innerhalb von 30 Tagen (wird der Asylbewerber im Hafen oder auf dem Flughafen festgehalten, innerhalb von 15 Tagen) eine Entscheidung.

142 *Danish Refugee Council*, 2001, S. 59.

Wirkung.[143] In der Praxis werden diese Entscheidungen jedoch mittels eines *judicial review* vor Gericht angegriffen, da ein Rechtbehelf, der erst nach Abschiebung per Post eingelegt werden darf, von den Gerichten nicht als adäquater Schutz angesehen wird. Wird der *judicial review* vor dem High Court zugelassen, so wird auch die Abschiebung ausgesetzt. Ein Spruchkörper des High Court überprüft sodann die Entscheidung auf seine Rechtmäßigkeit und Rationalität.[144]
Negative Entscheidungen des High Court können vor dem Court of Appeal überprüft werden und dessen Entscheidungen wiederum von dem House of Lords, immer unter der Voraussetzung, das die Zulassung (und damit auch die weitere Aussetzung der Vollziehung des Bescheids) vom jeweiligen Gericht bejaht wird.[145]

Irland

Der Asylbewerber wird nach der ersten Anhörung über die möglicherweise bestehende Zuständigkeit eines anderen Staates zur Prüfung seines Asylantrages informiert. Er hat sodann die Gelegenheit, innerhalb von fünf Arbeitstagen nach der Anhörung, Einwendungen gegen seine Überstellung in den anderen Staat vorzutragen.[146] Schließt sich der beauftragte Entscheider dieser Sichtweise nicht an und erlässt eine Dublinentscheidung, so kann der Asylbewerber hiergegen innerhalb von fünf Arbeitstagen Klage beim *Refugee Appeals Tribunal* einreichen. Die Klage hat aufschiebende Wirkung.[147] Die bis November 2000 bestehende Institution eines unabhängigen *Appeals Officers* wurde mit dem *Refugee Act 1996* durch das *Refugee Appeals Tribunal* ersetzt.[148]

---

143 Der Widerspruch kann innerhalb von 28 Tagen nach der Ausreise aus Großbritannien bei der Widerspruchsbehörde in Einwanderungsangelegenheiten (*Immigration Appelate Authority*) eingelegt werden. Gegen einen negativen Widerspruchsbescheid ist die Klage vor dem Einwanderungsgericht (*Immigration Appeal Tribunal*) möglich.

144 Das Verfahren des *judicial review* ist in zwei Stufen gegliedert. Zunächst muss der Antragsteller seinen Antrag innerhalb von fünf Tagen bei dem *Crown Office* des High Court einreichen, welches die Zulässigkeit nach Aktenlage oder in einer mündlichen Verhandlung überprüft. Wenn die Zulässigkeit abgelehnt wurde, ohne das eine mündliche Verhandlung stattfand, kann der Antragsteller eine solche verlangen. Wird die Zulässigkeit bejaht, so untersucht das High Court die Begründetheit des Antrages.

145 *Schröder/Marinho*, in: Marinho (Hrsg.), 2000, S. 85 (153 f.); vgl. auch *Danish Refugee Council*, 2001, S. 65 f. Zur Anwendung des DÜ und der Rechtsprechung in Großbritannien siehe auch: *Harrison*, in: Marinho (Hrsg.), 2000, S. 163 ff.

146 Dublin Convention (Implementation) Order, 2000, Art. 3.

147 Dublin Convention (Implementation) Order, 2000, Art. 7.

148 Siehe zur alten Rechtslage: *Schröder/Marinho*, in: Marinho (Hrsg.), 2000, S. 85 (122).

Italien
Der Asylbewerber kann gegen die Überstellungsentscheidung in einen anderen Mitgliedstaat Klage vor dem zuständigen regionalen Verwaltungsgericht einreichen. Die Klage hat nicht automatisch aufschiebende Wirkung, das Gericht setzt aber normalerweise die Vollziehung der Entscheidung aus, wenn dies beantragt wird. Gegen ein ablehnendes Urteil des Verwaltungsgerichts kann Revision vor dem Oberverwaltungsgericht eingereicht werden. Das Oberverwaltungsgericht untersucht nur die Rechtmäßigkeit des Verfahrens und nimmt keine neue Beurteilung der Tatsachen vor.
Außerdem kann der Asylbewerber gegen die Entscheidung des Verwaltungsgerichts einen Antrag auf Überprüfung bei dem Präsidenten der Republik stellen. Dieses Verfahren dauert sehr lange und hat keine aufschiebende Wirkung.[149]

Luxemburg
Der Asylbewerber kann gegen die Dublinentscheidung Widerspruch bei dem Ministerium für Justiz einlegen. Ebenso kann er innerhalb von drei Monaten eine Klage vor dem Verwaltungsgericht eingereichen. Diese Klage hat keine aufschiebende Wirkung, auf Antrag kann diese aber wiederhergestellt werden, wenn dem Kläger durch die Überstellung nicht wieder gut zu machender Schaden droht. Gegen ablehnende Entscheidungen des Verwaltungsgerichts kann innerhalb von 40 Tagen nach Zustellung des Urteils Berufung bei dem Oberverwaltungsgericht eingelegt werden.[150]

Österreich
Der Asylbewerber kann gegen eine Entscheidung des Bundesasylamtes im Dublinverfahren vor dem Unabhängigen Bundesasylsenat (UBAS) innerhalb von zehn Tagen nach Erhalt der Entscheidung Klage einlegen. Die Klage muss innerhalb von zehn Tage entschieden werden, so dass das gesamte Rechtsmittelverfahren nicht länger als zwanzig Tage dauert.[151] Die Klage hat aufschiebende Wirkung.

---

[149] Vgl. *Schröder/Marinho*, in: Marinho (Hrsg.), 2000, S. 85 (127); *Danish Refugee Council*, 2001, S. 60.

[150] Vgl. *Schröder/Marinho*, in: Marinho (Hrsg.), 2000, S. 85 (130 f.); *Danish Refugee Council*, 2001, S. 61.

[151] Zunächst war in Art. 32 des Asylgesetzes 1997 vorgesehen, dass innerhalb von zwei Tagen Klage eingereicht werden sollte, über die der Unabhängige Asylsenat in vier Tagen entscheiden sollte. Der Verfassungsgerichtshof hat diese kurze Frist jedoch als verfassungswidrig aufgehoben (Urteil vom 21. Juni 1998, G 31/98-10). In der Praxis überschreitet der Unabhängige Bundesasylsenat jedoch häufig die Zehn-Tages-Frist zur Abgabe seiner Entscheidung.

Nach der Entscheidung des Unabhängigen Bundesasylsenats kann sowohl der Verwaltungsgerichtshof, als auch der Verfassungsgerichtshof (wenn eine Verletzung der Verfassung in Betracht kommt), innerhalb von sechs Wochen angerufen werden. Nicht nur der Asylbewerber, sondern auch der Innenminister kann den Verwaltungsgerichtshof anrufen, um eine Aufhebung der Entscheidung des UBAS und eine Rücküberweisung an das Bundesasylamt zu erreichen. Die Klage vor dem Verwaltungsgerichtshof und/oder dem Verfassungsgerichtshof hat keine aufschiebende Wirkung, auf Antrag kann diese aber angeordnet werden.[152]

Portugal

Der Asylbewerber kann gegen die Dublinentscheidung innerhalb von fünf Tagen Widerspruch beim Nationalen Kommissar für Flüchtlinge einreichen. Dieser Widerspruch hat aufschiebende Wirkung. Der Kommissar muss innerhalb von 48 Stunden über den Widerspruch entscheiden.

Wird der Widerspruch abgelehnt, so kann Klage beim örtlich zuständigen Verwaltungsgericht eingelegt werden. Eine Berufung gegen das negative Urteil ist vor dem Obersten Verwaltungsgericht möglich. Beide Gerichte untersuchen die Entscheidung nur auf ihre Rechtmäßigkeit, es wird keine neue Tatsacheninstanz durchgeführt.[153]

Schweden

Die Entscheidung der Schwedischen Einwanderungsbehörde im Dublinverfahren kann von einer unabhängigen Verwaltungseinrichtung, dem *Aliens Appeals Board,* in einem Widerspruchsverfahren überprüft werden.[154] Der Widerspruch gegen die Dublinentscheidung muss innerhalb von drei Wochen nach Zustellung der Entscheidung eingelegt werden. Der Widerspruch hat grundsätzlich aufschiebende Wirkung. Hat die den Bescheid erlassende Einwanderungsbehörde allerdings den sofortigen Vollzug angeordnet, muss der Asylbewerber zusätzlich einen Antrag zu Wiederherstellung der aufschiebenden Wirkung stellen. Die Entscheidungen des *Aliens Appeals Board* sind endgültig, weitere Rechtsmittel hiergegen sind nicht vorgesehen.[155]

---

152 Vgl. *Schröder/Marinho*, in: Marinho (Hrsg.), 2000, S. 85 (89); *Danish Refugee Council*, 2001, S. 53 f.

153 Vgl. *Schröder/Marinho*, in: Marinho (Hrsg.), 2000, S. 85 (140 f.); *Danish Refugee Council*, 2001, S. 62 f.

154 Das *Aliens Appeals Board* hat Befugnissen vergleichbar denen eines Verwaltungsgerichts. Siehe auch *Formgren/ Berselius*, in: Marinho (Hrsg.), 2000, S. 205 ff.

155 Vgl. *Schröder/Marinho*, in: Marinho (Hrsg.), 2000, S. 85 (148 f.); *Danish Refugee Council*, 2001, S. 64 f. Siehe auch zu den Entscheidung des Aliens Appeals Board: *Formgren/ Berselius*, in: Marinho (Hrsg.), 2000, S. 205 ff.

Spanien
Asylbewerber können innerhalb von zwei Monaten nach Erhalt der (negativen) Dublinentscheidung Klage beim Nationalen Gerichtshof einreichen. Ebenso können sie bis zu einem Monat nach der Entscheidung auch einen Widerspruch beim Innenminister einlegen.[156] Normalerweise wird bei Einlegung der Klage automatisch die aufschiebende Wirkung hergestellt, ist das nicht der Fall, so kann diese separat beantragt werden.
Für die Berufung ist der Weg zum Obersten Gerichtshof offen, wenn dies dem Nationalen Gerichtshof innerhalb von zehn Tagen nach Zustellung des Urteils mitgeteilt wird.[157]

II. Auswertung der Staatenpraxis und Kritik

In den meisten Mitgliedstaaten existiert zumindest ein Rechtsmittel gegen einen „Dublinbescheid“, d.h. der Asylbewerber kann entweder Widerspruch in der ersten Instanz einlegen oder eine Klage vor Gericht erheben. In Dänemark und Schweden kann nur ein Widerspruch gegen den „Dublinbescheid“ eingelegt werden, wobei in Schweden eine unabhängige Instanz über den Widerspruch entscheidet, während in Dänemark das Innenministerium dafür zuständig ist. In Frankreich, Griechenland, Großbritannien, Luxemburg, den Niederlanden, Portugal und Spanien kann sowohl Widerspruch als auch Klage eingelegt werden. In Belgien, Deutschland, Finnland, Irland, Italien, Österreich besteht nur die Möglichkeit der Klage vor Gericht.

Während es in einigen Mitgliedstaaten nur die Möglichkeit gibt, gegen den „Dublinbescheid“ Widerspruch oder Klage einzulegen (Belgien, Dänemark und Schweden), steht in anderen Mitgliedstaaten gegen die Entscheidung der zweiten Instanz unter bestimmten Bedingungen (z.B. keine neue Tatsacheninstanz, sondern nur Überprüfung einer Rechtsverletzung) ein weiterer Instanzenweg zur Verfügung. Dies ist der Fall in Deutschland, Frankreich, Großbritannien, Italien, Luxemburg, Österreich, Portugal und Spanien.
Dem Rechtsmittel kommt aufschiebende Wirkung in Griechenland, Irland, Österreich und Portugal zu. In den anderen Mitgliedstaaten hat das jeweilige Rechtsmittel keine aufschiebende Wirkung, sondern diese muss separat, zum Beispiel im Wege eines einstweiligen Rechtsschutzverfahrens, bei dem für das Hauptverfahren zuständigen Gericht beantragt werden. Unterschiede bestehen

---

156 Die Entscheidung muss innerhalb von drei Monaten ergehen. Wurde Widerspruch eingelegt, so beginnt die zweimonatige Klagefrist erst nach Zustellung des negativen Widerspruchbescheides.

157 Vgl. *Schröder/Marinho*, in: Marinho (Hrsg.), 2000, S. 85 (145); *Danish Refugee Council*, 2001, S. 63 f.

auch in der für die Einlegung eines Rechtsmittels gegen einen „Dublinbescheid".

Die Befragung der Mitgliedstaaten durch die Europäische Kommission hat ergeben, dass in denjenigen Mitgliedstaaten, in denen Rechtsmittel gegen einen „Dublinbescheid" aufschiebende Wirkung haben, mehr Widerspruchs- und Klageverfahren gegen „Dublinbescheide" angestrengt werden. So werden in den Niederlanden gegen ca. 80% der „Dublinbescheide" Rechtsmittel eingelegt. Die Durchschnittsdauer dieser Verfahren ist sehr unterschiedlich; in Österreich dauern sie nach Erkenntnissen der Europäischen Kommission zwischen 10 und 20 Tagen, in Deutschland ca. 130 Tage und in Großbritannien bis zu zwei Jahren.[158] Wie sich bereits anhand des Vergleichs der Rechtsprechung deutscher und niederländischer Gerichte ergeben hat und auch durch Untersuchungen anderer Mitgliedstaaten bestätigt wird, berufen sich die Asylbewerber hauptsächlich auf Art. 3 Abs. 4 DÜ und Art. 9 DÜ, sowie auf familiäre Beziehungen zu bereits in den Mitgliedstaaten lebende Angehörige.[159] Ein stärkeres Augenmerk auf den Erhalt oder die Wiederherstellung der Familieneinheit mittels der Anwendung des Beschlusses 1/2000 könnte zu Verminderung der Klageverfahren gegen „Dublinbescheide" führen.

E. Fehlende juristische Kontrolle durch den EuGH

Da das DÜ als völkerrechtlicher Vertrag außerhalb des Rahmens der Europäischen Gemeinschaft entstanden ist, ist der Gerichtshof der Europäischen Gemeinschaften nicht befugt, das Dubliner Übereinkommen auszulegen oder über die Streitigkeiten zwischen den Mitgliedstaaten aus diesem Übereinkommen zu urteilen. Die Zuständigkeit zur Prüfung von Fragen zur Anwendung des DÜ obliegt dem Artikel-18-Ausschuss, der jedoch nicht über die Möglichkeit verfügt, die einheitliche Anwendung seiner Beschlüsse sicherzustellen.[160] Der Ausschuss kann auch nicht wie ein Gericht im Einzelfall die korrekte Auslegung des Übereinkommens prüfen. Er prüft lediglich auf Antrag eines oder mehrerer Mitgliedstaaten allgemeine Fragen der Anwendung und Auslegung des Übereinkommens.

Wie sich in der Staatenpraxis gezeigt hat, wird das DÜ von den Behörden und Gerichten der einzelnen Mitgliedstaaten unterschiedlich ausgelegt. So zeigte etwa der Vergleich der Anwendung der Art. 3 Abs.4 DÜ und des Art. 9 DÜ

---

[158] Vgl. *Arbeitsdokument der Kommission*, Bewertung des Dubliner Übereinkommens, SEK (2001) 756 vom 13.06.2001, S. 16.

[159] *Marinho*, in: Marinho (Hrsg.), 2000, S. 225 ff.; *Danish Refugee Council*, 2000, S. 67

[160] Vgl. Art. 18 Abs. 2 DÜ.

sehr deutlich, dass einige Mitgliedstaaten eine enge Interpretation vornehmen, während andere Mitgliedstaaten, wie zum Beispiel die Niederlande, eine liberalere Position vertreten.

F. Chancengleichheit im Asylverfahren in den Mitgliedstaaten?

Das sog. „One-chance-only-Prinzip" basiert auf der Annahme, dass ein Asylbewerber in allen Mitgliedstaaten des DÜ die gleichen Chancen auf die faire und zügige Behandlung seines Asylbegehrens hat. Da alle Mitgliedstaaten die GFK und die EMRK unterzeichnet haben, respektieren sie die negative Asylentscheidung eines anderen Mitgliedstaates und führen auf der Grundlage ihres gegenseitigen Vertrauens in einen vergleichbaren Schutzstandard kein weiteres Asylverfahren im eigenen Land durch. Es ist fraglich, ob eine Chancengleichheit allein aufgrund der Unterzeichnung der besagten völkerrechtlichen Verträge angenommen werden kann, oder ob nicht vielmehr die mangelnde Harmonisierung des prozessualen und materiellen Asylrechts in der Europäischen Union zu einer Ungleichbehandlung der Asylbewerber im Dublinverfahren führt.

I. Interpretation der GFK in den Mitgliedstaaten

Bereits 1996 haben die Mitgliedstaaten der EU sich im Rahmen ihrer intergouvernementalen Zusammenarbeit im Bereich Justiz und Inneres auf einen Gemeinsamen Standpunkt über die Definition des Begriffs „Flüchtling" in Art. 1 der Genfer Flüchtlingskonvention geeinigt.[161] Dieser Gemeinsame Standpunkt hat keine rechtliche Verbindlichkeit für die Mitgliedstaaten, stellt aber eine gemeinsame Vorgabe von politischem Gewicht dar. Er erläutert unter anderem Fälle der Flüchtlingseigenschaft in Einzelfällen oder für ganze Gruppen; Verfolgung durch den Staat und durch Dritte; Bürgerkrieg; inländische Fluchtalternative oder Kriegsdienstverweigerung und Desertion. Ein Harmonisierung der Anwendung des Flüchtlingsbegriffes konnte hierdurch jedoch nicht erreicht werden. Wie verschiedene Untersuchungen zeigen, besteht nach wie vor eine unterschiedliche Auslegung der GFK innerhalb der EU-Mitgliedstaaten.[162]
Ein Beispiel für die unterschiedliche Interpretation der GFK ist der Schutz von Opfern nichtstaatlicher Verfolgung. Die überwiegende Staatenpraxis und der UNHCR legen die GFK dahingehend aus, dass eine Flüchtlingsanerkennung nicht vom Bestehen staatlicher Strukturen im Verfolgerstaat abhängt.[163] Deutschland, Frankreich und die Schweiz hingegen lehnen eine

---

[161] Gemeinsamer Standpunkt vom 4. März 1996, ABl. 1996 L 63/2.
[162] *Wolter*, 1999; *Vermeulen* u.a., 1998; *Carlier/Vanheule* (Hrsg.), 1997.
[163] Vgl. *Marx*, ZAR 2001, S. 12 ff.

Flüchtlingsanerkennung aufgrund von Verfolgung durch nichtstaatliche Organe ab.[164].

Ein weiteres Beispiel für die unterschiedliche Auslegung der GFK ist die Anerkennung als GFK-Flüchtling von Kriegsdienstverweigerern. In den Niederlanden wird die Weigerung, an einem Krieg gegen sein eigenes Volk oder seine Familie teilzunehmen, als Anerkennungsgrund nach der GFK angesehen. Es wird primär auf die Gewissensgründe des Asylbewerbers abgestellt.[165] In Deutschland hingegen stehen die Motive des verfolgenden Staates im Vordergrund. Ist die Bestrafung von Kriegsdienstverweigerern durch den Staat politisch motiviert, so kann dies zu Anerkennung als Flüchtling führen.[166]

II. Anerkennungsraten ausgewählter Herkunftsländer in verschiedenen EU-Mitgliedstaaten

Die oben beschriebene unterschiedliche Interpretation der GFK spiegelt sich auch in der Anzahl der Anerkennungen von politischen Flüchtlingen in den EU-Mitgliedstaaten wieder. Die abweichenden Anerkennungszahlen resultieren aber nicht nur aus einer unterschiedlichen Interpretation der GFK, sondern auch aus einer unterschiedlichen Einschätzung der politischen Lage in den Herkunftsländern. Anhand der untenstehenden Tabellen (*Darstellung 15*) soll ein Überblick über die Anerkennungsraten der Flüchtlinge aus den Hauptherkunftsländer (Irak, Iran, Afghanistan, Türkei, Bundesrepublik Jugoslawien) in verschiedenen EU-Mitgliedstaaten gegeben werden. Die Zahlen beruhen auf einer Statistik des UNHCR aus dem Jahre 2001. Die statistische Auswertung kann jedoch nur annähernd ein Bild der unterschiedlichen Chancen auf eine Asylanerkennung in den EU-Mitgliedstaaten vermitteln, da häufig eine beträchtliche Zeitdauer zwischen der Asylantragstellung und der Anerkennung lieg. Des weiteren können zum Beispiel Familien als eine Gruppe gezählt werden oder jede Person als eigenständiger Asylbewerber. Häufig geben die Mitgliedstaaten Zahlen aus der ersten und zweiten Instanz weiter, ohne diese hinreichend zu

---

[164] Vgl. *Vermeulen* u.a., 1998, S. 61 ff. Nach der derzeitigen niederländischen Rechtsprechung und Anerkennungspraxis setzt eine Anerkennung als Flüchtling voraus, dass die Verfolgung entweder von staatlichen Organen oder von Dritten ausgeht und die nationalen Behörden unwillig oder unfähig zur Schutzgewährung sind. Hierbei

[165] *Spijkerboer/Vermeulen*, 1996, S. 146 f.

[166] Zu weiteren Unterschieden in der Auslegung der GFK siehe den Rechtsvergleich von *Wolter*,1999, 1 ff.

kennzeichnen. So kann es zu einer doppelten Zählung von Personen kommen.[167]

So wurden zum Beispiel afghanische Flüchtlinge in Deutschland jahrelang nicht als Asylberechtigte gemäß Art. 16 a GG oder gemäß § 51 Abs. 1 AuslG anerkannt, da die faktische Herrschaft der Taliban in Afghanistan durch das Bundesverwaltungsgericht als nichtstaatliche Verfolgung bewertet wurde. Den Flüchtlingen konnte daher nur ein sekundärer Schutzstatus gemäß § 53 Abs. 6 AuslG gewährt werden, wenn eine Abschiebung aufgrund drohender Gefahr für Leib und Leben nicht möglich war. Erst das Urteil des Bundesverfassungsgericht, welches die Taten der Taliban als „quasi-staatliche Verfolgung" einstufte, machte es möglich, dass afghanische Flüchtlinge auch als Asylberechtigte anerkannt wurden.[168] Im Gegensatz zu Deutschland erkannten die meisten anderen EU-Mitgliedstaaten afghanische Flüchtlinge als Konventionsflüchtlinge nach der GFK an, da sie der zutreffenden Ansicht folgten, dass eine Flüchtlingsanerkennung nicht vom Bestehen staatlicher Strukturen im Verfolgerstaat abhänge.

Im Jahr 2000 wurden auf EU-Ebene durchschnittlich acht Prozent der afghanischen Asylbewerber nach der GFK anerkannt. Die Anerkennungszahlen variieren in den einzelnen Mitgliedstaaten von 45% in den Niederlanden, über 29% in Österreich bis zu 1% Anerkennungen in der Bundesrepublik Deutschland. Die Niederlande weisen aber nicht nur die höchste Anerkennungsquote nach der GFK auf, sondern haben im Jahr 2000 auch 33% der Antragstellern einen sekundären Schutzstatus gewährt.

Wurden in der EU im Jahr 2000 durchschnittlich 4 % der jugoslawischen Asylantragsteller anerkannt, so zeigt die unten stehende Tabelle, wie groß die Unterschiede zwischen den einzelnen Mitgliedstaaten waren. Während Österreich im Jahr 2000 knapp jeden dritten Antragsteller aus Jugoslawien anerkannte und die Niederlande immerhin noch jeden Siebten, ist die Anerkennungsrate in Deutschland mit zwei Prozent anerkannten Flüchtlingen nur halb so groß wie der Durchschnitt auf EU-Ebene. Anhand der Daten über die Erteilung eines anderweitigen Schutzstatus lässt sich feststellen, dass Mitgliedstaaten, die eine geringe Anerkennungsquote nach der GFK haben, häufig den Asylbewerbern einen sekundären Schutzstatus zuerkennen. Dies trifft zum Beispiel für Deutschland zu, dass im Jahr 2000 zwar nur zwei Prozent der Asylantragsteller aus Jugoslawien nach der GFK anerkannt hat, neun Prozent der Antragsteller aber einen sekundären Schutzstatus gewährt hat.

---

[167] Vgl. UNHCR, 2001, S. 5.
[168] BVerfG, Beschluss vom 10.8.2000, NvWZ 2000, S. 1165.

Herkunftsland	Anerkennung nach GFK in %		Anderweitiger Schutz in %	
Irak	**1999**	**2000**	**1999**	**2000**
Deutschland	36 %	58 %	1 %	3 %
Großbritannien	4 %	10 %	2 %	12 %
Niederlande	14 %	11 %	4 %	4 %
Belgien	4 %	7 %	-	-
Österreich	2 %	10 %	-	-
Frankreich	-	47 %	-	-
Iran				
Deutschland	8 %	7 %	1 %	2%
Großbritannien	1%	4 %	2 %	2 %
Niederlande	8 %	4 %	5 %	4 %
Belgien	-	39 %	-	-
Österreich	3 %	6 %	-	-
Frankreich	-	27 %	-	-
Afghanistan				
Deutschland	-	1 %	61 %	47 %
Großbritannien	0 %[169]	5 %	9 %	4 %
Niederlande	38 %	45 %	48 %	33 %
Belgien	4 %	3 %	-	-
Österreich	3 %	29 %	-	-
Frankreich	2 %	3 %	-	-
Türkei				
Deutschland	25 %	19 %	3 %	5 %
Großbritannien	-	-	11 %	4 %
Niederlande	-	1 %	-	4 %
Belgien	6 %	4 %	-	-
Österreich	0 %[170]	2 %	-	-
Frankreich	8 %	10 %	-	-
BR Jugoslawien				
Deutschland	5 %	2 %	2 %	9 %
Großbritannien	81 %	3 %	7 %	3 %
Niederlande	1 %	13 %	3 %	3 %
Belgien	3 %	4 %	-[171]	-
Österreich	86 %	29 %	-	-
Frankreich	13 %	8 %	-	-

Darst. 11: Anerkennungsraten ausgewählter Herkunftsländer in verschiedenen EU-Mitgliedstaaten 1999-2000 (Quelle: UNHCR)

[169] Insgesamt wurden 1999 fünfzehn afghanische Asylbewerber in Großbritannien nach der GFK anerkannt. Wegen der Abrundung werden 0% angezeigt.

[170] Insgesamt wurden 1999 zehn türkische Asylbewerber in Österreich nach der GFK anerkannt. Wegen der Abrundung werden 0% angezeigt.

[171] Ein Strich kann sowohl bedeuten, dass niemand anerkannt wurde bzw. dass keine Daten zur Verfügung stehen.

III. Rechtsprechung der nationalen Gerichte

Die Unterschiede im prozessualen und materiellen Asylrecht der EU-Mitgliedstaaten haben nationale Gerichte und den EGMR in einigen Fällen dazu gezwungen, im Rahmen der Überstellung eines Asylbewerbers nach dem DÜ den Schutz von Asylbewerbern vor *refoulement* in den verschiedenen Mitgliedstaaten zu prüfen und bei Bedenken die Überstellung zu verhindern.

Nach Ansicht von *Noll* haben die Mitgliedstaaten der EU bei der Verabschiedung des Dubliner Übereinkommens die Unterschiede in den nationalen Asylverfahren und die daraus möglicherweise entstehenden Problem bewusst und vorsätzlich in Kauf genommen.[172] *Noll* unterscheidet in seiner Untersuchung zwei verschiedene Herangehensweisen der Gerichte an dieses Problem.[173] Zum einen identifiziert er den *formalen* Ansatz, nach dem die Gerichte allein auf die Ratifizierung und Anwendung der GFK und der EMRK in den Mitgliedstaaten abstellen. Anhänger dieses Ansatzes befürworten eine Überstellung nach dem Dubliner Übereinkommen unabhängig von der tatsächlichen Interpretation und Anwendung der völkerrechtlichen Verträge in den Mitgliedstaaten. Auf der anderen Seite identifiziert er den *empirischen* Ansatz, dessen Vertreter darauf abstellen, ob ein bestimmter Asylbewerber auch tatsächlich in Konformität mit den oben genannten völkerrechtlichen Verträgen behandelt wird.

Ein Beispiel für den *formalen* Ansatz ist der sogenannte „Minderjährigen-Bosnier Fall". Ein bosnisches Ehepaar und seine drei Kinder kamen, nachdem sie erfolglos in Deutschland um Asyl nachgesucht hatten, nach Schweden, um erneut einen Asylantrag zu stellen. Gemäß Art. 5 Abs. 1 und 4 DÜ erklärten sich die deutschen Behörden mit der Rücküberstellung der bosnischen Familie einverstanden. Hiergegen erhoben die Asylbewerber Einspruch beim *Aliens Appeals Board* mit der Begründung, dass nach der deutschen Rechtsprechung eine inländische Fluchtalternative in Bosnien Herzegowina existiere, während in Schweden eine solche inländische Fluchtalternative verneint wurde. Das *Aliens Appeals Board* entschied jedoch, dass die unterschiedliche Ansicht der schwedischen und deutschen Behörden hinsichtlich des Bestehens einer inländischen Fluchtalternative im Falle der Überstellung der Asylbewerber nach Deutschland nicht Artikel 33 GFK verletzen würde.

Nichtsdestoweniger entschied sich das *Aliens Appeals Board,* den Fall der schwedischen Regierung vorzulegen, eine Option die immer dann gegeben ist, wenn ein Fall eine große Anzahl von Flüchtlingen betrifft, außenpolitische

---

172 *Noll,* Nord. J. Int'l L. 2001, S. 161 ff.
173 *Noll,* Nord. J. Int'l L. 2001, S. 161 ff.

Beziehungen zwischen Schweden und einem anderen Staat betroffen sind oder eine Entscheidung aufgrund einer Gesetzeslücke nicht entschieden werden kann. Die Entscheidung der schwedischen Regierung hat dann Vorbildfunktion für zukünftige Fälle.
Während das *Aliens Appeals Board* einen formalen Ansatz zugrundelegend, keinen Anlass sah, von einer Überstellung der Asylbewerber nach Deutschland Abstand zu nehmen, entschied die schwedische Regierung, der Familie eine unbefristete Aufenthaltserlaubnis aus politisch-humanitären Gründen zu erteilen. Begründet wurde diese Entscheidung mit dem Wunsch, das Daytoner Abkommen umzusetzen und niemanden gegen seinen Willen in die Heimat zurückzusenden.[174] Die schwedische Regierung stützte ihre Entscheidung - zumindest offiziell – nicht auf eine mögliche Verletzung des Artikel 33 GFK durch Deutschland im Falle einer Weitersendung der Asylbewerber nach Bosnien-Herzegowina. Es ist jedoch davon auszugehen, dass die schwedische Regierung eine Einzelfallprüfung der Schutzmöglichkeiten der Asylbewerber sowohl in Deutschland als auch in der Heimat der Asylbewerber vornahm und zu dem Schluss gelangte, dass die Familie nur in Schweden ausreichenden Schutz vor *refoulement* genießen würde.[175]

Auch die englischen Gerichte mussten sich in verschiedenen Verfahren mit der Frage der Verletzung von Artikel 33 GFK aufgrund der Überstellung eines Asylbewerbers gemäß des Dubliner Übereinkommens in einen anderen Mitgliedstaat (hier: Frankreich und Deutschland) auseinandersetzen. In dem viel zitierten Urteil *Adnan & Aitseguer* sprachen sich sowohl der *Court of Appeal* als auch das *House of Lords* gegen eine Rückführung der beiden Asylbewerber nach Deutschland bzw. Frankreich aus,[176] da in beiden Staaten kein Schutz bei nichtstaatlicher Verfolgung bestehe.[177] Beide Gerichte begründeten ihre Entscheidung damit, dass das Vereinigte Königreich die beiden Asylbewerber aufgrund einer weiten Interpretation der GFK nicht in

---

[174] Minority Bosnians Decision, 29. Juni 2000, Übersetzung aus dem Schwedischen nach *Noll*, Nord. J. Int'l L. 2001, S. 161 (168): „The government is of the opinion that Swedish practice with regard to asylum seekers from Bosnia-Herzegovina should be contrived, as far as possible, in the spirit of the Dayton Agreement, entailing that the affected persons are not returned against their will, and that they have an option to repatriate to the palces from which they originated."

[175] *Noll*, Nord. J. Int'l L. 2001, S. 161 (166 ff); siehe auch *Tousek*, in Faria (Hrsg.), 2001, S. 141 (144 f.).

[176] Adnan, eine somalische Staatsbürgerin, befürchtete die Rache eines fremden Clans in ihrem Heimatland. Aitseguer, ein algerischer Staatsbürger, berief sich auf Verfolgung seitens der „Groupe Islamique Armé" und fehlenden Schutzes durch den Staat.

[177] *Court of Appeal*, Urteil vom 23.7.1999, NVwZ-Beil. I 2000, S. 58 ff.; *House of Lords*, Urteil vom 19.12.2000, NVwZ-Beil. I 2002, S. 17 ff.

ihre Heimatländer zurücksenden würde, und nicht davon ausgehen könne, dass sie in Deutschland oder Frankreich sicher vor *refoulement* wären. Die Interpretation der GFK durch Deutschland und Frankreich wird sehr detailliert untersucht, ebenso wie die Frage, ob der Innenminister aufgrund einer unterschiedlichen Interpretation der GFK durch diese Staaten – im Gegensatz zu einer Nichtanwendung der GFK – im Einzelfall von einer Rücksendung des Asylbewerbers dorthin absehen und selbst das Asylverfahren prüfen kann. Diese Rechtsprechung zeigt gut den von *Noll* beschriebenen empirischen Ansatz.[178]

Während im Falle *Adnan & Aitseguer* die englischen Gerichte umfassend untersuchten, ob die Asylbewerber im zuständigen Mitgliedstaat Schutz nach der GFK finden würden, stellte der EGMR im Fall *T.I. gegen das Vereinigte Königreich* nur auf die Frage ab, ob im zuständigen Mitgliedstaat Schutz vor *refoulement* bestehen würde.[179] Da andere Schutzformen zur Verfügung standen und somit keine Gefahr der Verletzung des Artikel 3 EMRK zu befürchten war, stand der Rücküberstellung des Asylbewerbers nach Deutschland nichts im Wege. Eine detaillierte Analyse der Interpretation des Artikel 3 EMRK durch die deutsche Rechtsprechung erfolgte nicht.

IV. Schlussfolgerungen

Trotz Anwendung der GFK und der EMRK in allen Mitgliedstaaten können Unterschiede im nationalen Recht sowie eine unterschiedliche Interpretation der völkerrechtlichen Verträge dazu führen, dass ein Asylbewerber von einem Mitgliedstaat in sein Herkunftsland zurückgewiesen wird, in einem anderen Mitgliedstaat aber zum Beispiel einen de-facto-Status erhalten hätte. Es kann daher zum jetzigen Zeitpunkt nicht von einer Chancengleichheit der Asylbewerber in allen Mitgliedstaaten des DÜ ausgegangen werden.
Daher haben auch diverse nationale Gerichte, entgegen dem dem DÜ zugrundeliegenden Grundsatz des „One-chance-only-Prinzips" eine Überstellung des Asylbewerbers in einen anderen Mitgliedstaat abgelehnt, wenn im Einzelfall davon ausgegangen werden musste, dass eine Verletzung des *Non-refoulement-Prinzips* droht. Eine Harmonisierung des nationalen Asylrechts ist daher die Grundvoraussetzung für die faire Anwendung der EG-Verordnung, die das DÜ ersetzt.

---

[178] Vgl. *Noll*, Nord. J. Int'l L. 2001, S. 161 (173 ff.).
[179] Siehe ausführlich oben S. 189 ff.

G. Zusammenfassung und Ergebnisse

Diese Zusammenfassung soll kurz die Ergebnisse der Evaluierung und des Vergleichs der deutschen und der niederländischen Rechtsprechung, soweit deren Auswertung Rückschlüsse auf Lücken und Verbesserungsbedarf des Dubliner Übereinkommens zuließ, skizzieren.

Wie bereits mehrfach festgestellt, kann als Grundproblem für eine uneinheitliche Anwendung des DÜ und für eine daraus resultierende fehlende Chancengleichheit der Asylbewerber in den Mitgliedstaaten die mangelnde Harmonisierung des Asylrechts in der Europäischen Union angeführt werden.[180] Beispielhaft hierfür ist die unterschiedliche Interpretation der GFK in den Mitgliedstaaten.[181] Insbesondere die von der herrschenden Staatenpraxis und der Auslegung des UNHCR abweichende Ansicht der Bundesrepublik Deutschland und Frankreichs zur nichtstaatlichen Verfolgung gaben Anlass für diverse Urteile nationaler Gerichte und ein Urteil des EGMR[182] im Rahmen der Überprüfung einer Überstellung nach dem DÜ in eines dieser beiden Länder. In den Niederlanden hat das Urteil des EGMR dazu geführt, dass nunmehr sehr häufig eine Verletzung von Art. 3 EMRK im Falle der Überstellung in einen anderen Mitgliedstaat (nicht nur beschränkt auf Deutschland und Frankreich) vorgetragen wird.[183]
Die Gefahr einer Verletzung des Art. 3 EMRK aufgrund einer Kettenabschiebung besteht aber nicht nur nach Durchführung eines Dublinverfahrens und der Prüfung des Asylantrages in einem der Mitgliedstaaten, sondern bereits bei der Einreiseverweigerung und Abschiebung des Asylbewerbers in einen sicheren Drittstaat, ohne sein Asylbegehren zu prüfen. Den Mitgliedstaaten ist nämlich gemäß Art. 3 Abs. 5 DÜ ausdrücklich freigestellt, weiterhin ihre nationalen Vorschriften zur sicheren Drittstaatenregelung neben dem DÜ anzuwenden. Das erklärte Ziel der Vermeidung von sog. „Refugees in orbit" ist daher in der Praxis nicht erreicht.[184]

Ein weiteres Problem der fehlenden Harmonisierung des Asylrechts stellen die unterschiedlichen Rechtsschutzmöglichkeiten in den Mitgliedstaaten dar. Aus Sicht der Asylbewerber wirkt es sich nachteilig aus, dass in einigen Mitgliedstaaten Rechtsmittel keine aufschiebende Wirkung haben, bzw. dass auch die Art des Rechtsmittels und des zu beschreitenden Rechtsweg

[180] Siehe oben S. 265.
[181] Siehe oben S. 259 ff.
[182] Urteil T.I. gegen das Vereinigte Königreich vom 7. März 2000 siehe oben S. 189 ff.
[183] Siehe oben zur niederländischen Rechtsprechung S. 191 ff.
[184] Siehe oben S. 207 ff.

unterschiedlich ausgestaltet sind.[185] Aus der Sicht der Mitgliedstaaten hingegen führt die Einlegung von Rechtsmitteln gegen einen „Dublinbescheid" häufig zu langen Rechtsschutzverfahren, so dass das Dublinverfahren verzögert und das Ziel einer schnellen Klärung der Zuständigkeitsfrage konterkariert wird. Eine Lösung läge hier zum Beispiel in der zukünftigen Aussetzung der aufschiebenden Wirkung des Rechtsmittels, um das Dublinverfahren zügig durchzuführen und zur materiellen Prüfung des Asylantrages im zuständigen Mitgliedstaat zu gelangen.

Gezeigt hat sich auch – unabhängig davon, ob ein Rechtsmittel gegen einen „Dublinbescheid" eingelegt wird –, dass die Dublinverfahren in der Regel zu lange dauern. Dies ist zum Teil bedingt durch die im DÜ vorgesehenen Fristen für das Einreichen und Beantworten von Übernahmeersuchen, die sich in der Praxis als zu lang erwiesen haben.[186] Problematisch ist auch die Überstellungsfrist in Art. 11 Abs. 5 DÜ, die dem Wortlaut nach nicht als Ausschlussfrist ausgestaltet ist und zu divergierender Rechtsprechung in Deutschland und den Niederlanden geführt hat.[187]
Eine Studie der Europäischen Kommission hat ermittelt, dass der theoretisch als Auffangkriterium gedachte Art. 8 DÜ in der Praxis das meist angewandete Zuständigkeitskriterium darstellt. Hintergrund der mangelnden effektiven Anwendung der Zuständigkeitskriterien ist zum einen die erschwerte Identifizierung der Asylbewerber, die häufig ihre Pässe/Reisedokumente vernichten, und zum anderen die Überdehnung der Anforderungen an die Beweisführung durch manche Mitgliedstaaten.[188] Eine Besserung im Hinblick auf die Akzeptanz von Beweisen und Indizien innerhalb der Mitgliedstaaten hat bereits der vom Artikel-18-Ausschuss verabschiedete Beschluss 1/97 vom 1. September 2001 gebracht.[189] Große Hoffnung setzten die Mitgliedstaaten auch in die Eurodac-Datenbank, um in Zukunft anhand der Fingerabdrücke eines Asylbewerbers einfacher zu erkennen, ob er/sie sich bereits zuvor in einem anderen Mitgliedstaat aufgehalten hat.

Als unzulänglich haben sich die Zuständigkeitskriterien des DÜ im Hinblick auf den Erhalt der Familieneinheit von Asylbewerbern erwiesen. Art. 4 DÜ, die einzige Vorschrift im DÜ, die den Erhalt bzw. die Wiederherstellung der

---

185 Siehe zu den Rechtsmitteln gegen einen „Dublinbescheid" in den Mitgliedstaaten oben S. 251 ff.

186 Siehe oben zu Problem der Fristen in der deutschen und niederländischen Rechtsprechung S. 200 und im Rahmen der Evaluierung des DÜ oben S. 203 ff.

187 Siehe oben S. 200.

188 Siehe oben zu den Beweisproblemen und der Anwendung der Zuständigkeitskriterien S. 221ff.

189 Siehe oben S. 69 f.

Familieneinheit bezweckt, ist zu eng, da sie sich nur auf bereits anerkannte Flüchtlinge nach der GFK bezieht.[190] Hier wäre eine Erweiterung auch auf andere Familienangehörige, die sich zum Beispiel noch im Asylverfahren befinden bzw. aus anderen Gründen legal und auf Dauer in einem Mitgliedstaat leben, wünschenswert.
Um eine Trennung von Familienangehörigen im Asylverfahren aufgrund der unterschiedlichen Zuständigkeit von Mitgliedstaaten für die Prüfung des Asylverfahrens zu umgehen, haben sich daher viele Asylbewerber auf Art. 3 Abs. 4 DÜ berufen. Die Auswertung der Staatenpraxis hat gezeigt, dass die Anwendung des Selbsteintrittrechts von den Mitgliedstaaten mangels Vorgaben im DÜ sehr unterschiedlich gehandhabt wird.[191] Neben Unklarheiten, ob es sich bei Art. 3 Abs. 4 DÜ um ein subjektives Recht des Asylbewerbers handelt,[192] ergaben sich auch Probleme hinsichtlich der Frage, ob eine ausdrückliche Zustimmung des Asylbewerbers zur Anwendung des Selbsteintrittsrechts notwendig ist oder das Stellen des Asylantrages konkludent als Zustimmung gewertet werden kann.[193] Auffallend ist auch die Zurückhaltung der Mitgliedstaaten Gebrauch von Art. 9 DÜ zu machen, um somit einer Trennung von Familienangehörigen zuvorzukommen.[194] Der Beschluss 1/2000 des Artikel-18-Ausschusses soll hier Abhilfe bringen.[195]

Der Vergleich des deutschen und niederländischen Asylverfahrens hat auch aufgezeigt, dass die niederländischen Behörden den Asylbewerber ausführlicher über das Dublinverfahren und die damit zusammenhängenden Konsequenzen informieren.[196] So ist es dem Asylbewerber aufgrund der fakultativen Beratung durch einen kostenlosen Rechtsbeistand auch möglich, frühzeitig Gründe für die Anwendung des Selbsteintrittsrechts oder andere Gründe, die einer Überstellung in den zuständigen Mitgliedstaat entgegenstehen, geltend zu machen. Mehr Transparenz des behördlichen Agierens und ein Aufzeigen der Ermessensgründe im „Dublinbescheid" sollten zur Regel und nicht zur Ausnahme im Dublinverfahren werden.

Schlussendlich hat eine Auswertung der statistischen Daten zur Anwendung des DÜ ergeben, dass das Übereinkommen bisher nur eine geringe Rolle zur Lastenverteilung in der EU gespielt hat,[197] so dass sich die Frage stellt, ob der

---

190 Siehe oben S. 59 und S. 196.
191 Siehe oben S. 239 ff.
192 Siehe oben S. 161 f. zur deutschen Rechtsprechung.
193 Siehe oben S. 160 zur deutschen Rechtsprechung.
194 Siehe oben zur deutschen und niederländischen Rechtsprechung S. 200.
195 Siehe oben S. 247 f.
196 Siehe oben S. 143 f.
197 Siehe oben S. 214 ff.

immense Verwaltungsaufwand den geringen Erfolg überhaupt rechtfertigt. Auffallend an der statistischen Auswertung war insbesondere die geringe Anzahl von tatsächlich erfolgten Überstellungen der Asylbewerber in den zuständigen Mitgliedstaat. Hier müsste eine genauere Untersuchung unter Mitwirkung der Mitgliedstaaten erfolgen, um herauszufinden, ob die geringe Anzahl von Überstellungen aus der Wahlmöglichkeit zwischen einer begleiteten oder einer freiwilligen Überstellung resultiert oder weitere Gründe für das Problem verantwortlich sind. Als wirkungsvoll erwiesen haben sich bilaterale Abkommen zwischen den Mitgliedstaaten,[198] so dass an eine Ausweitung auch auf andere Mitgliedstaaten zu denken wäre.

---

[198] Zum Beispiel zwischen Deutschland und Dänemark und Deutschland und Schweden, siehe hierzu oben S. 120 f.

Vierter Teil: Der lange Weg zu einem harmonisierten Asylrecht in der EU

Seit dem Abschluss des SDÜ und des DÜ begannen die Mitgliedstaaten eine informelle Zusammenarbeit im Bereich der Innen- und Justizpolitik, die seit 1992 zwar im EU-Vertrag festgeschrieben war, aber dennoch auf politischer, intergouvernementaler Ebene blieb. Erst mit der Verabschiedung des Vertrages von Amsterdam im Jahre 1999 entschieden sich die Mitgliedstaaten für eine Vergemeinschaftung der europäischen Asyl- und Einwanderungspolitik. Dieser Prozess vom Maastrichter Vertrag bis zum Vertrag von Amsterdam soll zunächst im ersten Kapitel skizziert werden, um die Grundvoraussetzungen für die Harmonisierung des europäischen Asylrechts aufzuzeigen. Im zweiten Kapitel wird sodann das im Rahmen des Titels IV des Amsterdamer Vertrages verabschiedete Nachfolgeinstrument zum Dubliner Übereinkommen – die Verordnung zur Bestimmung des zuständigen Asylstaats – vorgestellt und bewertet.

1. Kapitel Entwicklungen der europäischen Asylpolitik seit dem Abschluss des DÜ bis zum Vertrag von Amsterdam

A. Informelle Zusammenarbeit in der Asylpolitik bis 1999

I. Der Vertrag von Maastricht

Mit dem Unionsvertrag von Maastricht vom 7. Februar 1992[1] wurde die Asylpolitik in den dritten Pfeiler, die Zusammenarbeit in den Bereichen Justiz und Inneres, überführt (Titel 6 EUV).[2] Gemäß Art. K.1 Nr. 1 EUV wurde u. a. die Asyl- und Einwanderungspolitik als Angelegenheit von gemeinsamem Interesse der Mitgliedstaaten eingestuft. Die mangelnde Bereitschaft der meisten Mitgliedstaaten, ihre Souveränität in diesem Bereich aufzugeben, zeigt sich in der im Maastrichter Vertrag gewählten Form der zwischenstaatlichen Zusammenarbeit. Eine gemeinschaftsrechtliche Zusammenarbeit, wie sie etwa von der Bundesrepublik Deutschland vorgeschlagen wurde, konnte sich nicht durchsetzen.[3] Lediglich Art. 100 c EGV sah eine Gemeinschaftskompetenz zur Begründung einer gemeinsamen, einheitlichen Visapolitik gegenüber Drittstaatsangehörigen vor.

---

[1] ABl. 1992 C 191/1. In Kraft getreten am 1.11.1993.

[2] Der Vertrag von Maastricht hat ein Säulenkonzept geschaffen, in dem die Union als „virtuelles Gebilde" aus den drei Säulen Europäische Gemeinschaften, Außen- und Sicherheitspolitik, sowie Justiz und Inneres besteht. Näheres zum Maastrichter Vertrag siehe *Blanke*, DÖV 1993, S. 412 ff.

[3] *Akmann*, JA 1994, S. 49 (52 f.).

Der Rat entschied gemäß Art. K.4 Abs. 3 EUV grundsätzlich einstimmig, lediglich Durchführungsbestimmunen konnten mit qualifizierter Mehrheit verabschiedet werden.[4]

Der Rat konnte auf Initiative eines Mitgliedstaats oder der Kommission

- gemeinsame Standpunkte festlegen sowie jede Art der Zusammenarbeit fördern, die den Zielen der Union dient;

- gemeinsame Maßnahmen annehmen, soweit sich die Ziele der Union durch gemeinsames Vorgehen besser verwirklichen lassen als auf nationaler Ebene;

- Übereinkommen ausarbeiten, die er den Mitgliedstaaten zur Annahme gemäß ihren verfassungsrechtlichen Vorschriften empfiehlt.

Aus dem zwischenstaatlichen Charakter der gemeinsamen Standpunkte, Maßnahmen und Übereinkommen ergab sich auch, dass der Europäische Gerichtshof keine Zuständigkeit zu deren Auslegung besaß. Insgesamt war das Verfahren der Zusammenarbeit wenig transparent; das Europäische Parlament hatte kein Mitspracherecht, es wurde zu den wichtigsten Bereichen nur unterrichtet und seine Auffassung „gebührend berücksichtigt".[5] Im Hinblick auf die zukünftige Vergemeinschaftung der Asylpolitik fand sich in Art. K.2 EUV bereits die Verpflichtung der Mitgliedstaaten, politisch Verfolgten Schutz gemäß der GFK und der EMRK zu gewähren.

II. Ergebnisse der informellen Zusammenarbeit

Noch vor Inkrafttreten des Maastrichter Vertrages am 1. Januar 1993 verabschiedeten die für die Einwanderung zuständigen Minister am 30. November und 1. Dezember 1992 in London drei Entschließungen zu unterschiedlichen Aspekten des Asylrechts.[6] Die Empfehlungen stellen Kriterien auf für offensichtlich unbegründete Asylanträge, zu einem einheitlichen Konzept in bezug auf Aufnahmedrittländer und zu sicheren Herkunftsländern. Wegen ihres unverbindlichen Charakters blieb es den Mitgliedstaaten überlassen, diese Empfehlungen in ihr nationales Recht

---

4 Art. K.3 Abs. 2 Bst. b) und c) EUV.

5 Art. K 6 EUV.

6 Zu den Entschließungen siehe auch *Göbel-Zimmermann*, 1999, S. 391 ff.; *Hailbronner*, ZAR 1995, S. 3 ff.; *Wolter*, 1999, S. 40 ff.; *Guild*, 1996, S. 141 ff. mit den Entschließungen in englischer Sprache; in deutscher Sprache abgedruckt bei *Marx*, AsylVfG, 1999, S. 1609 ff.

umzusetzen. Die meisten Mitgliedstaaten haben in der Folge jedoch diese Konzepte in ihr nationales Ausländer- und Asylrecht eingeführt. Die Londoner Entschließungen haben hierdurch eine große praktische Bedeutung für die Entwicklung des Asylrechts erlangt. Insbesondere legte die Entschließung zu einem einheitlichen Konzept in bezug auf Aufnahmedrittländer fest, in welcher Beziehung das Dubliner Übereinkommen und das Konzept des sicheren Drittstaats stehen.[7]

In den folgenden Jahren einigten sich die Mitgliedstaaten auf weitere Entschließungen und Standpunkte zum Asylverfahren, denen allen gemeinsam ihre rechtliche Unverbindlichkeit ist.[8] Um auf eine gewisse Vergleichbarkeit der Asylverfahren hinzuwirken, verabschiedete der Rat am 20. Juni 1995 eine Entschließung über Mindestgarantien für Asylverfahren[9] Des weiteren verabschiedete der Rat am 25. September 1995 eine Entschließung zur Lastenverteilung hinsichtlich der Aufnahme und des vorübergehenden Aufenthalts von Vertriebenen.[10] Am 4. März 1996 verabschiedete der Rat einen Gemeinsamer Standpunkt betreffend die harmonisierte Anwendung der Definition des Begriffs „Flüchtling" in Artikel 1 des Genfer Abkommens vom 28. Juli 1951 über die Rechtsstellung der Flüchtlinge vom 4. März 1996.[11] Erläutert werden vor allem folgende Fälle: Flüchtlingseigenschaft in Einzelfällen oder für Gruppen, Verfolgung durch den Staat oder durch Dritte, Bürgerkrieg, Verfolgungsgründe, inländische Fluchtalternative, Nachfluchtgründe, Kriegsdienstverweigerung und Desertion, Ausschluss und Verlust der Flüchtlingseigenschaft. Problematisch ist, dass die Staaten der EU neben der GFK eine eigene Flüchtlingsdefinition schufen, die den Flüchtlingsbegriff der GFK einseitig einschränkt.[12]

B. Vergemeinschaftung im Vertrag von Amsterdam

Mit Inkrafttreten des Amsterdamer Vertrages am 1. Mai 1999 haben sich für die Asyl- und Einwanderungspolitik der Europäischen Union völlig neue Perspektiven ergeben. In den Amsterdamer Vertrag wurde Titel IV „Visa, Asyl, Einwanderung und andere Politiken betreffend den freien

---

7 Siehe bereits ausführlich oben in Teil 3, S. 207 ff.

8 Da es sich vorliegend nur um einen Überblick der europäischen Asylrechtsentwicklung handelt, wird von einer näheren Beschreibung Abstand genommen und auf weiterführende Literatur in den Fußnoten verwiesen.

9 ABl. 1995 C 274/13, abgedr. bei Marx, AsylVfG, 1999, S. 1601. Siehe hierzu *Göbel-Zimmermann*, 1999, S. 393 f.; *Guild*, 1996, S. 413 ff.

10 ABl. 1995 C 262/1. Siehe hierzu *Göbel-Zimmermann*, 1999, S. 396;

11 ABl. 1996 L 63/2, abgedr. bei Marx, AsylVfG, 1999, S. 1589.

12 Vgl. Amnesty international, 1999, S. 39 ff.; kritisch auch *Göbel-Zimmermann*, 1999, S. 395 f.

Personenverkehr" aufgenommen.[13] Diese ehemals im „dritten Pfeiler" der Europäischen Union vertretenen Themen sind nun im „ersten Pfeiler", den Europäischen Gemeinschaften geregelt, im dritten Pfeiler der Europäischen Union verbleiben nur noch die polizeiliche und justizielle Zusammenarbeit in Strafsachen. Nicht alle EU-Staaten sind zur Teilnahme an den beschriebenen Politikbereichen verpflichtet. Dänemark,[14] Irland und das Vereinigte Königreich[15] haben sich in zwei Protokollen zum Amsterdamer Vertrag eine Sonderstellung garantiert, die ihnen ein „opt-out" oder „opt-in" erlauben.

Mit dem Amsterdamer Vertrag hat sich die Europäische Union unter anderem zum Ziel gesetzt, die Union als Raum der Freiheit, der Sicherheit und des Rechts auszugestalten, in dem in Verbindung mit geeigneten Maßnahmen in bezug auf die Kontrollen an den Außengrenzen, das Asyl, die Einwanderung sowie die Verhütung und Bekämpfung der Kriminalität der freie Personenverkehr gewährleistet ist.[16] Der Begriff der „Freiheit" steht für Maßnahmen in den Bereichen Menschenrechte, Asylrecht und Einwanderung; „Sicherheit" für Maßnahmen in den Bereichen der polizeilichen Kooperation gegen organisiertes Verbrechen, Schmuggel und Drogenhandel; und „Recht" für Maßnahmen in den Bereichen der justiziellen Zusammenarbeit.

Das Ziel der Schaffung eines gemeinsamen europäischen Asylsystems ist nur ein langfristig zu erreichendes Ziel. Der Vertrag von Amsterdam und ihm folgend die Europäische Kommission gehen davon aus, dass dieses Ziel nur in zwei Stufen zu erreichen ist: In einer ersten Stufe, die bis 2004 verwirklicht werden muss, sollen im asylrechtlichen Bereich die in Titel IV vorgegebenen Mindestnormen umgesetzt werden. In einer zweiten Phase soll nach einer Evaluierung des bisher Erreichten und einer dann notwendigen Änderung des EG-Vertrages das Asylrecht weiter harmonisiert werden. Grundlegender Ansatz der Vereinheitlichung des europäischen Asylrechts ist, europaweit mehr Gerechtigkeit bei der Prüfung von Asylanträgen zu gewährleisten,

---

13 Artikel 61 bis 69 des Amsterdamer Vertrages.

14 Gemäß Art. 1 und 2 des dem Vertrag über die Europäische Union und dem Vertrag zur Gründung der Europäischen Gemeinschaft beigefügten „Protokolls über die Position Dänemarks" beteiligt sich Dänemark nicht an der Annahme von Maßnahmen durch den Rat, die nach Title IV EGV vorgeschlagen werden (sog. ‚opt-out').

15 Im Gegensatz zu Dänemark haben das Vereinigte Königreich und Irland in dem „Protokoll über die Position des Vereinigten Königreichs und Irlands", das dem Vertrag über die Europäische Union und dem Vertrag zur Gründung der Europäischen Gemeinschaft beigefügt ist, ein sog. ‚opt-in' vereinbart. Hiernach können die beiden Mitgliedstaaten dem Präsidenten des Rats innerhalb von drei Monaten nach der Vorlage eines Vorschlags oder einer Initiative gemäß Titel IV EGV beim Rat schriftlich mitteilen, ob sie sich an der Annahme und Anwendung beteiligen möchten.

16 Vgl. Artikel 2 EGV.

unerwünschte Sekundärmigration zwischen den EU-Staaten zu verringern und im Ergebnis sowohl eine umfassendere Anwendung der Genfer Flüchtlingskonvention sicherzustellen als auch den nicht von ihr geregelten subsidiären Schutzbedarf von Flüchtlingen zu vereinheitlichen.

I. Titel IV Amsterdamer Vertrag

Titel IV „Visa, Asyl, Einwanderung und andere Politiken betreffend den freien Personenverkehr" des Amsterdamer Vertrags sieht folgende Maßnahmen im Bereich des Asyl- (und Einwanderungsrechts) vor:

- Kontrolle der Außengrenzen (Art. 61 Bst. a, 62 Abs. 1 und Abs.2);
- **Asyl** (Art. 63 Abs. 1 und Abs. 2);
- Einwanderung (Art. 61 Bst. b, 63 Abs. 3);
- Rechte von Drittstaatsangehörigen (Art.62 Abs. 3, 63 Abs. 4);
- Polizeiliche und justitielle Zusammenarbeit in Strafsachen (Art.61 Bst. e, 65).

Die Kompetenzen der EG im Asylbereich ergeben sich dabei aus Art. 63 Abs. 1 und 2 EG-Vertrag, wonach die Gemeinschaft Rechtsakte über die Zuständigkeit für Asylverfahren, Mindestnormen für die Aufnahme, für die Anerkennung und für die Anerkennungsverfahren von Asylbewerbern, sowie Mindestnormen für den vorübergehenden Schutz von Vertriebenen und über eine ausgewogene Lastenverteilung unter den Mitgliedstaaten erlassen kann. Diese Maßnahmen werden durch die gemeinschaftsrechtlichen Handlungsinstrumente des Art. 251 EGV – Verordnung, Richtlinie, Entscheidung – erlassen.

II. Rechtsinstrumente und Verfahren

Obwohl das Asyl- und Flüchtlingsrecht nun in den ersten Pfeiler der Europäischen Union inkorporiert, d.h. vergemeinschaftet wurde, findet zunächst ein besonderes Gesetzgebungsverfahren gemäß Art. 67 EGV Anwendung. Diese Abweichung resultiert aus der besonderen Sensibilität und Wichtigkeit dieses Politikbereiches für die Mitgliedstaaten, die hier nur ungern ihre Souveränität beschränken bzw. aus der Hand geben wollen.[17] Der Rat beschließt gemäß dem Verfahren des Artikels 67 innerhalb eines Zeitraums von fünf Jahren nach Inkrafttreten des Vertrags von Amsterdam in Übereinstimmung mit dem Genfer Abkommen vom 28. Juli 1951 und dem Protokoll vom 31. Januar 1967 über die Rechtsstellung der Flüchtlinge sowie

---

[17] Vgl. *Hailbronner/Thiery*, EuR 1998, S. 583 (586).

einschlägige andere Verträge einstimmig auf Vorschlag der Kommission oder auf Initiative eines Mitgliedstaates und nach Anhörung des Europäischen Parlaments. Der Rat hat jedoch nicht nur eine Handlungskompetenz, sondern auch eine Handlungspflicht, durch den Erlass der o.g. Maßnahmen innerhalb eines Fünfjahreszeitraums den freien Personenverkehr im Sinne von Artikel 14 EGV zu gewährleisten.[18] Nach Ablauf der fünf Jahre kann der Rat nach Anhörung des Europäischen Parlaments einstimmig einen Beschluss fassen, wonach auf alle oder Teile der Bereiche, die unter Titel IV fallen, das Mitentscheidungsverfahren gemäß Art. 251 EGV anzuwenden ist.[19]

Der Vertrag von Nizza vom 26. Februar 2001[20] hat dieses Verfahren entscheidungsfreundlicher ausgestaltet, wobei zwischen Rechtsakten im Bereich des Asylrechts (Art. 63 Nr. 1 und Nr. 2 Bst. a EGV) und Rechtsakten zur Bekämpfung illegaler Einwanderung (Art. 63 Nr. 3 Bst. b EGV) zu unterscheiden ist. Für die vorgenannten Maßnahmen gilt seit dem Inkrafttreten des Vertrages von Nizza am 1. Februar 2003 das Mitentscheidungsverfahren gemäß Art. 251 EGV, welches dem Europäischen Parlament mehr Rechte einräumt und (nur noch) eine qualifizierte Mehrheit des Rates vorsieht. Voraussetzung ist allerdings, dass es sich nicht um eine Erstregelung des genannten Sachgebiets handelt.[21] Für die letzteren Maßnahmen bleibt es zunächst beim bisherigen Entscheidungsverfahren, jedoch haben sich die Mitgliedstaaten verpflichtet, auch in diesem Bereich zum 1. Mai 2004 zum Mitentscheidungsverfahren überzugehen.[22]

III. Die Rolle des Europäischen Gerichtshofs

Auch die Rolle des EuGH im Bereich des Titel IV wurde gemäß Art. 68 EGV modifiziert: Der EuGH kann im Vorabentscheidungsverfahren gemäß Art. 234 EGV über eine Frage der Auslegung der Artikel 61 bis 67 EGV,(mit Ausnahme des Artikels 62 Nr. 1 EGV) sowie die Gültigkeit oder Auslegung von auf diese Artikel gestützten Rechtsakten der Gemeinschaftsorgane entscheiden. Zur Vorlage berechtigt und verpflichtet sind allerdings nur letztinstanzliche Gerichte eines Mitgliedstaates, wenn sie eine Entscheidung des EuGH für den Erlass ihres Urteils für erforderlich halten.[23] Üblicherweise

18 *Hailbronner/Thiery*, EuR 1998, S. 583 (587). Die Fünfjahresfrist gilt nicht im einwanderungspolitischen Bereich und für den legalen Aufenthalt von Drittstaatsangehörigen in anderen Mitgliedstaaten.

19 Vgl. Art. 67 EGV.

20 BGBl. 2002 II S. 1666, in Kraft getreten am 1. Februar 2003.

21 Vgl. Art. 67 Abs. 5 EGV.

22 Vgl. Art. 67 Abs. 4 EGV.

23 Zwar könnte nach dem Wortlaut des Art. 68 Abs. 1 EGV angenommen werden, dass den nationalen Gerichten eine Vorlage vor den EuGH freigestellt ist, ein Vergleich mit

dürfen in den anderen Vertragsbereichen des EGV auch unterinstanzliche Gerichte, deren Entscheidung noch mit nationalen Rechtsmitteln angegriffen werden kann, den EuGH nach den Regeln des Vorabentscheidungsverfahrens anrufen. Da die Mitgliedstaaten jedoch Verfahrensverzögerungen befürchteten, wurde der Vorlageausschluss für unterinstanzliche Gerichte in Titel IV EGV aufgenommen. Diese Verfahrensänderung ist in der Literatur überwiegend kritisch aufgenommen worden. So wird bezweifelt, ob hierdurch tatsächlich Verfahrensverzögerungen vermieden werden können,[24] und prognostiziert, dass die Gefahr uneinheitlicher Anwendung des Gemeinschaftsrechts erheblich ansteigen werde.[25]

Nicht nur das Vorlageverfahren, sondern auch das Gutachterverfahren hat mit Art. 68 Abs. 3 EGV eine Änderung erfahren. Danach kann der Rat, die Kommission oder ein Mitgliedstaat den EuGH um eine Entscheidung in einer Frage der Auslegung des neuen Titels IV ersuchen oder auf diesen Titel gestützte Rechtsakte der Organe der Gemeinschaft zur Entscheidung vorlegen.[26]

Nach Ablauf von fünf Jahren kann der Rat nach Anhörung des Europäischen Parlaments durch einstimmigen Beschluss die Bestimmungen über die Zuständigkeit des Gerichtshofs an die allgemeinen Vorschriften über die Gerichtsbarkeit des EuGH anpassen.[27]

IV. Asylprotokoll zum EU-Vertrag

Prinzipiell können nur Drittstaatsangehörige sich auf die asyl- und vertriebenenrechtlichen Bestimmungen des Amsterdamer Vertrages berufen. Hierauf haben sich die Mitgliedstaaten in einem nicht unumstrittenen Protokoll zum Amsterdamer Vertrag geeinigt.[28] Nach Ansicht der

---

Art. 234 Abs. 2 EGV lässt jedoch den Schluss zu, dass den Gerichten lediglich ein Einschätzungsspielraum hinsichtlich der Entscheidungserheblichkeit der Vorlagefrage zukommt. Siehe näheres hierzu bei *Dörr/Mager*, AöR 2000, S.386 (389 f.).

24 Siehe *Hailbronner/Thiery*, EuR 1998, S. 583 (596).

25 Siehe *Dörr/Mager*, AöR 2000, S. 386 (391) m.w.N.

26 Siehe vertiefend bei *Dörr/Mager*, AöR 2000, S. 386 (392) m.w.N.

27 Art. 67 Abs. 2 2. Spiegelstrich 2. Alt. EGV. Siehe auch *Dörr/Mager*, AöR 2000, S. 386 (400), die mit der Rolle des Art. 68 EGV auch einen Erprobungscharakter für allgemeine Reformen der europäischen Gerichtsbarkeit vermuten.

28 Protokoll Nr. 20 über die Gewährung von Asyl für Staatsangehörige von Mitgliedstaaten der Europäischen Union. Zur Entstehungsgeschichte dieses Protokolls siehe *Hailbronner/Thiery*, EuR 1998, S. 583 (589); siehe auch *Schmahl*, ZAR 2001, S. 3 (3 f.); *Zimmermann*, NVwZ 1998, S. 450 (453 f.). Kritisch *amnesty international*, 1999, S. 20 f.

Mitgliedstaaten gelten „in Anbetracht des Niveaus des Schutzes der Grundrechte und Grundfreiheiten in den Mitgliedstaaten der Europäischen Union“ die Mitgliedstaaten untereinander als „sichere Herkunftsländer“. Nur unter engen Tatbestandsausnahmen können Staatsangehörige der Europäischen Union einen Asylantrag in einem anderen Mitgliedstaat der EU stellen. Ziffer *a* macht Ausnahmen im Falle der Außerkraftsetzung und Einschränkung von Menschenrechten in Kriegs- und sonstigen Notsituationen; Ziffer *b* findet Anwendung, wenn das Verfahren gemäß Art. 7 EGV (Verfahren zur Festsetzung einer schwerwiegenden und anhaltenden Verletzung der in Art. 6 EUV genannten Grundsätze der Union) eingeleitet wurde; Ziffer *c* ist erst dann einschlägig, wenn im Verfahren nach Art. 7 EGV tatsächlich eine schwerwiegende und anhaltende Verletzung von Art. 6 EUV festgestellt wurde. Nach Ziffer *d* darf jeder Mitgliedstaat im Einzelfall einen Asylantrag prüfen, wenn er den Rat davon umgehend unterrichtet; allerdings wird grundsätzlich davon ausgegangen, dass der Antrag eines Unionsbürgers offensichtlich unbegründet ist.

Auch wenn von einem hohen Schutzniveau in der EU ausgegangen werden kann, und keine tatsächlichen Nachteile – auch aufgrund der Ausnahmebestimmungen – für Unionsbürger zu erwarten sind, stellt ein derartiges Asylprotokoll ein falsches politisches Signal dar. Die Genfer Flüchtlingskonvention garantiert einen unbeschränkten Zugang zum Asylverfahren unabhängig von Fragen der Staatsangehörigkeit oder sonstiger an die Person anknüpfender Bedingungen. Alle Versuche, die von einzelnen Mitgliedstaaten der GFK unternommen werden, die GFK auf regionaler Ebene einzuschränken, bergen die Gefahr, dass sich andere Mitgliedstaaten in ihrer politischen Praxis an diesem (schlechten) Beispiel orientieren.[29]

V. Einbeziehung des Schengen-Besitzstandes

Mit dem Protokoll Nr. 2, das dem Amsterdamer Vertrag als Anhang beigefügt wurde, fand der sog. Schengen *Acquis* (bzw. Schengenbesitzstand) Eingang in den Rechtsrahmen der Europäischen Union. Ein separates Schengen-Protokoll war notwendig, um bereits bestehende völkerrechtliche Rechtsakte zu übernehmen, da durch Schaffung der entsprechenden Kompetenzgrundlagen zum Erlass von identischen Rechtakten die spiegelbildliche Übernahme des Besitzstandes nicht gesichert gewesen wäre.[30]

Laut Präambel ist das Hauptziel des Schengen-Protokolls die schnellere Entwicklung hin zu einem Raum der Freiheit, der Sicherheit und des Rechts.

---

[29] Siehe auch Kritik des UNHCR in seiner Presseerklärung vom 20. Juni 1997. A.A. *Hailbronner/Thiery*, EuR 1998, S. 583 (591), die betonen, dass weder eine völkerrechtliche Verletzung noch eine Verletzung des Art. 16 a GG vorliegen.

[30] *Hailbronner/Thiery*, EuR 1998, S. 583 (606).

Der Schengen-Besitzstand wird im Anhang zum Schengen-Protokoll definiert. Er umfasst Schengen I von 1985, das SDÜ von 1990 inklusive der dazugehörigen Schlussakte und den dazu abgegebenen Erklärungen, sowie die Beitrittsprotokolle und -übereinkommen zu den beiden Abkommen. Sekundärrechtlich werden die Beschlüsse und Erklärungen des Schengen-Exekutivausschusses und die Rechtsakte zur Durchführung des Übereinkommens, die von den Organen erlassen worden sind, denen der Exekutivausschuss Entscheidungsbefugnis übertragen hat, mit einbezogen.

Bis zum Inkrafttreten des Amsterdamer Vertrages musste der Rat die Rechtsgrundlagen der jeweiligen Bestimmungen und Beschlüsse des Schengen-Besitzstandes festlegen, um so eine eindeutige Zuordnung zum Amsterdamer Vertrag zu garantieren. Es erwies sich im Einzelfall als nicht einfach, diese entweder dem ersten Pfeiler der Europäischen Union (Titel IV: Freier Personenverkehr, Asylrecht und Einwanderung) oder dem dritten Pfeiler der EU (Titel VI: Bestimmungen über die polizeiliche und justizielle Zusammenarbeit in Strafsachen) zuzuordnen. Im Gegensatz zu den Schengen Bestimmungen, die in den dritten Pfeiler überführt werden und weiterhin dem Völkerrecht unterliegen, wurden die dem ersten Pfeiler zugeordneten Bestimmungen vergemeinschaftet, d.h. in supranationales Recht überführt.[31] Neu der Europäischen Union beitretende Staaten müssen den *acquis communautaire*, also auch den Schengen-Besitzstand übernehmen.[32] Auch die asylrechtlichen Bestimmungen des SDÜ (Art. 28-38) sind Bestandteil des Schengen-Besitzstands. Diese werden jedoch seit dem Inkrafttreten des Dubliner Übereinkommens aufgrund des Bonner Protokolls[33] nicht mehr angewandt, was jedoch nichts an ihrer fortbestehenden rechtlichen Existenz ändert.[34] Sonderregelungen gelten für das Vereinigte Königreich, Irland und Dänemark. Das Vereinigte Königreich und Irland sind nicht an das Schengen-Protokoll gebunden; die beiden Staaten können aber jederzeit beantragen, dass einzelne oder alle Elemente des Besitzstandes auf sie Anwendung finden sollen.[35]

---

31 *Hailbronner/Thiery*, EuR 1998, S. 583 (608 ff.).

32 Art. 8 Schengen-Protokoll.

33 Siehe oben S. 58.

34 Siehe *Hailbronner/Thiery*, EuR 1998, S. 583 (607 f.), die sich auch mit der Frage auseinandersetzen, ob die asylrechtlichen Bestimmungen des SDÜ dem Art. 63 Abs. 1 Bst. a EGV zugeordnet werden. Dies wird von den Autoren verneint, in der Annahme, das der unionsweit geltende *Dublin acquis* vergemeinschaftet wird.

35 Vgl. *Zimmermann*, NVwZ 1998, S. 450 (452 f.).

B. Europäische Asylpolitik seit dem Vertrag von Amsterdam

I. Aktionsplan des Rates und der Kommission

Der „Aktionsplan des Rates und der Kommission zur bestmöglichen Umsetzung der Bestimmungen des Amsterdamer Vertrags über den Aufbau eines Raums der Freiheit, der Sicherheit und des Rechts" vom 3. Dezember 1998 sieht vor,[36] dass die Maßnahmen, die binnen zwei Jahren nach Inkrafttreten des Amsterdamer Vertrages ergriffen werden sollten, die „fortgesetzte Prüfung der Kriterien und Voraussetzungen für eine verbesserte Durchführung des Übereinkommens sowie der etwaigen Umwandlung der Rechtsgrundlage für das Amsterdamer System" einschließen.
In Bezug auf die Regelungen des Nachfolgeinstrumentes zum Dubliner Übereinkommen wurden folgende Vereinbarungen getroffen: Das Verfahren sollte u.a. um Bestimmungen ergänzt werden, die es ermöglichen, die Zuständigkeit für die Behandlung der Mitglieder ein und derselben Familie einem einzigen Mitgliedstaat zuzuweisen, wenn bei Anwendung der Zuständigkeitskriterien mehrer Mitgliedstaaten zuständig wären. Damit sollte eine befriedigende Regelung der Schutzfrage für den Fall gefunden werden, dass ein Flüchtling das Aufenthaltsland wechselt.
Im Aktionsplan wird ebenfalls darauf hingewiesen, dass Maßnahmen im Asylbereich zur Einschränkung der Sekundärmigration von Asylbewerbern zwischen den Mitgliedstaaten nötig seien.

II. Schlussfolgerungen von Tampere

Der Europäische Rat ist am 15. und 16. Oktober 1999 in Tampere zu einer Sondertagung über die Schaffung eines Raums der Freiheit, der Sicherheit und des Rechts in der Europäischen Union zusammengekommen, auf der die politischen Leitlinien für die nächsten Jahre unter anderem im Bereich Asyl und Einwanderung festgelegt wurden.

Der Rat bekräftigte die Bedeutung, die die Europäische Union und die Mitgliedstaaten dem Recht auf Asyl beimessen. Die Mitgliedstaaten kamen überein, auf ein gemeinsames europäisches Asylsystem hinzuwirken, das sich auf die uneingeschränkte und allumfassende Anwendung der GFK stützt.
Auf kurze Sicht solle dieses System eine klare und praktikable Formel für die Bestimmung des für die Prüfung eines Asylantrags zuständigen Staates, gemeinsame Standards für Asylverfahren und die Aufnahme von Asylbewerbern, sowie die Annäherung der Bestimmungen über die

---

[36] ABl. 1999 C 19/1.

Zuerkennung der Flüchtlingseigenschaft und Vorschriften über die Formen des subsidiären Schutzes implizieren. Auf längere Sicht sollen die Regeln der Gemeinschaft zu einem gemeinsamen Asylverfahren und einen unionsweit geltenden einheitlichen Status für diejenigen, denen Asyl gewährt wird, führen. Des weiteren wurden Maßnahmen hinsichtlich der gemeinsamen Steuerung der Migrationsströme diskutiert. Außerdem soll eine einheitliche Politik der Visaerteilung, und auch eine gemeinsame Regelung für den Umgang mit gefälschten Dokumenten gefunden werden.[37]

Schließlich entschied der Rat, dass die Kommission ein Instrument entwickeln solle, um in den folgenden Jahren den Grad der im Vertrag von Amsterdam und im Aktionsplan von Wien aufgestellten Ziele zu überprüfen. Am 24. März 2000 unterbreitete die Kommission erstmals im Auftrag des Rates einen „Anzeiger der Fortschritte bei der Schaffung eines Raums der Freiheit, der Sicherheit und des Rechts in der Europäischen Union".[38] Dieses sogenannte *Scoreboard* wird seither halbjährlich vorgelegt und zeigt den Stand und die Planung der Maßnahmen an.

III. Die Schlussfolgerungen von Laeken und von Sevilla

Unter der belgischen Präsidentschaft hat der Europäische Rat in Laeken im Dezember 2001 sein Engagement hinsichtlich der politischen Orientierungen und der Ziele, die in Tampere festgelegt wurden, bekräftigt. Er stellte aber auch fest, dass es neuer Impulse und Leitlinien bedürfe, um die in bestimmten Bereichen eingetretenen Verzögerungen aufzuholen. Der Europäische Rat ersuchte die Kommission, bis spätestens 30. April 2002 geänderte Vorschläge zu den Asylverfahren, der Familienzusammenführung und der Verordnung „Dublin II" vorzulegen. Er ersuchte ferner den Rat, seine Arbeiten zu den übrigen Entwürfen – Aufnahmeverfahren, Definition des Begriffs „Flüchtling" und Formen des subsidiären Schutzes – zu beschleunigen.[39]

Der Europäische Rat von Sevilla im Juni 2002 betonte die enge Verbundenheit der beiden Politikbereiche Asyl und Einwanderung und das Ziel, die Migrationsströme unter Wahrung des Rechts und in Zusammenarbeit mit den Herkunfts- und Transitländern der Asylbewerber unter Kontrolle zu halten. Das Problem eines koordinierten und integrierten Schutzes der Außengrenzen sowie die Bekämpfung der illegalen Migration nahmen großen Raum auf der Ratstagung ein. Des weiteren erging an den Rat die ausdrückliche

---

37 *Wollenschläger*, EuGRZ 2001, S. 354 (361).

38 KOM(2000)167 vom 24. März 2000.

39 Schlussfolgerungen des Vorsitzes, Europäischer Rat von Laeken, 14./15. Dezember 2001, SN 300/1/01 REV 1, S. 10 ff.

Aufforderung, die Beratung der bereits vorliegenden Vorschläge im Asylbereich voranzutreiben. So sollte unter anderem die Dublin-II-Verordnung noch bis Dezember 2002 abgeschlossen werden.[40] Im Vergleich zu den vom Europäischen Rat getroffenen Schlussfolgerungen von Tampere ist in Sevilla eine Akzentverschiebung in Richtung der Schutzes der Europäischen Union vor illegaler Migration festzustellen.

IV. Bereits verabschiedete Vorschläge und Rechtsinstrumente

Als erster Gemeinschaftsrechtsakt im Asylbereich ist am 15. Dezember 2000 die Verordnung „Eurodac" für den Vergleich von Fingerabdrücken zum Zwecke der effektiven Anwendung des Dubliner Übereinkommens in Kraft getreten.[41] Weitere bisher verabschiedete Rechtsakte sind die Richtlinie 2001/55/EG des Rates vom 20. Juli 2001 über Mindestnormen für die Gewährung vorübergehenden Schutzes im Falle eines Massenzustroms von Vertriebenen und Maßnahmen zur Förderung einer ausgewogenen Verteilung der Belastungen, die mit der Aufnahme dieser Personen und den Folgen dieser Aufnahme verbunden sind, auf die Mitgliedstaaten.[42]

Mit Entscheidung des Rates vom 28. September 2000 über die Errichtung eines Europäischen Flüchtlingsfonds haben sich die Mitgliedstaaten für die – vorerst vierjährige – Einrichtung eines Fonds entschieden, der den Mitgliedstaaten einen finanziellen Ausgleich für die Belastungen, die ihnen durch die Aufnahme von Flüchtlingen entstehen, zugesichert.[43]

Die Richtlinie des Rates zur Festlegung von Mindestnormen für die Aufnahme von Asylbewerbern in den Mitgliedstaaten wurde am 19. Dezember 2002 von den Innen- und Justizministern der EU angenommen und trat am 6. Februar 2003 in Kraft.[44]

Schließlich konnte im Dezember 2002 auch eine politische Einigung über ein Nachfolgeinstrument zum Dubliner Übereinkommen erzielt werden. Die Verordnung zur Bestimmung des für die Prüfung eines in der EU gestellten Asylantrages zuständigen Mitgliedstaats (im folgenden: Dublin-II-Verordnung) wurde am 18. Februar 2003 von den Innen- und Justizministern der EU angenommen und ist am 17. März 2003 in Kraft getreten.[45]

---

40 Schlussfolgerungen des Vorsitzes, Europäischer Rat von Sevilla, 21./22. Juni 2002, SN 200/02, S. 7 ff.

41 ABl. 2000 L 316/1. Ausführlich dazu oben S. 221 ff.

42 ABl. 2001 L 212/14.

43 ABl. 2000 L 252/12.

44 ABl. 2003 L 31 vom 6. Februar 2003, S. 18.

45 ABl. 2003 L 50 vom 25. Februar 2003, S. 1. Siehe ausführlich zur Dublin-II-Verordnung unten Kapitel 2, S. 283 ff.

Derzeit liegen dem Rat noch zwei wichtige Vorschläge der Kommission im Asylbereich vor. Hierbei handelt es sich zum einen um den Vorschlag der Kommission über eine Richtlinie über Mindestnormen für Verfahren in den Mitgliedstaaten zur Zuerkennung oder Aberkennung der Flüchtlingseigenschaft,[46] und zum anderen um den Vorschlag einer Richtlinie des Rates über Mindestnormen für die Anerkennung und den Status von Drittstaatsangehörigen und Staatenlosen als Flüchtlinge oder als Personen, die anderweitig internationalen Schutz benötigen.[47]

2. Kapitel Die EU-Verordnung zur Bestimmung des zuständigen Asylstaats (Dublin-II)

A. Vorarbeiten der Kommission

Vor der Ausarbeitung eines Rechtsaktes gemäß Artikel 63 Abs. 1 Bst. a) EG-Vertrag beschloss der Rat der Europäischen Union, das Funktionieren des Dubliner Übereinkommens zu bewerten. Die Kommission stimmte zu, diese Aufgabe zu übernehmen und legte in der Folge am 21. März 2000 zunächst ein Arbeitsdokument zur Überprüfung des DÜ als Diskussionsgrundlage vor, ehe sie am 13. Juni 2001 dem Rat der Europäischen Union eine Bewertung der Durchführung des DÜ präsentierte.

I. Arbeitsdokument der Kommission

In ihr Arbeitsdokument[48] bezog die Kommission sowohl Erkenntnisse aus einer zwischen den Mitgliedstaaten durchgeführten Umfrage ein, als auch die Ergebnisse eines vom *Danish Refugee Council* aus NGO-Sicht erstellten Vergleichs der Anwendung des DÜ in den Mitgliedstaaten.[49] Das Arbeitsdokument der Kommission analysiert die Probleme bei der Durchführung des DÜ, stellt die konkreten Ergebnisse den in der Präambel des Übereinkommens genannten Zielen gegenüber und skizziert denkbare Optionen für den Ersatz des Übereinkommens. Da bereits ein Großteil der

---

46 Geänderter Vorschlag der Kommission vom 18. Juni 2002, ABl. 2002 C 291E vom 26. November 2002, S. 143.

47 Vorschlag der Kommission vom 12. September 2001, ABl. C 51E vom 26. Februar 2002, S. 325.

48 *Arbeitsdokument der Kommission*, Überprüfung des Dubliner Übereinkommens: Ausarbeitung von Gemeinschaftsnormen zur Bestimmung des Mitgliedstaats, der für die Prüfung eines in einem Mitgliedstaat gestellten Asylantrags zuständig ist, SEK (2000)522 vom 21.03.2000.

49 The Dublin Convention - Study on its implementation in the 15 Member States of the European Union, 2001.

Erkenntnisse der Kommission in die unter Teil 3 dieser Dissertation erfolgte Bewertung des DÜ eingeflossen sind, wird an dieser Stelle nur noch kurz auf die im Arbeitspapier benannten Schlussfolgerungen der Kommission und ihre Überlegungen für künftige Rechtsakte eingegangen.

Die Kommission kommt zu dem Schluss, dass sich das DÜ in der Praxis nicht in dem Maße bewährt hat, wie von seinen Verfassern angenommen wurde und sogar „zu vielen gravierenden Befürchtungen Anlass gegeben“ habe. Die Kommission hebt besonders hervor, dass der Dublinmechanismus zu langsam sei und dem Ziel der Verkürzung von Asylverfahren zuwiderlaufe. Zudem sei nicht klar, ob das DÜ ausreichende Vorteile biete, um die Aufwendung an Ressourcen für seine Durchführung rechtfertigen zu können. Ein zukünftiger Gemeinschaftsrechtsakt solle zudem verbindliche Normen über die Wahrung der Familieneinheit enthalten, um die Einheit der Familien zu sichern und getrennte Familien zusammenzuführen. Eingehend stellt das Arbeitsdokument auch die Beweisprobleme im Zusammenhang mit der Feststellung des zuständigen Mitgliedstaates dar.

Einen Erfolg bzw. Teilerfolg habe das Übereinkommen jedoch erzielt, da sichergestellt werden konnte, dass Asylbewerber nicht von einem Mitgliedstaat in den nächsten abgeschoben werden, ohne dass sich ein Mitgliedstaat für die Prüfung ihres Asylverfahrens für zuständig erklärt. Auch die Vorschriften über die Wiederaufnahme würden mit der Einführung von Eurodac besonders wirksam werden, selbst wenn eine vollständige Lösung der Beweisprobleme auch mit Eurodac nicht zu erwarten sei. Positiv lasse sich auch die zukünftige Vergemeinschaftung der Asylpolitik und die Zuständigkeit des Europäischen Gerichtshofs für die einheitliche Auslegung des DÜ vermerken.

Die Kommission schlägt in ihrem Arbeitsdokument vier Alternativmodelle zum DÜ vor und gibt dazu ihre Einschätzung der Umsetzbarkeit ab. Das DÜ könnte ersetzt werden durch:

- eine Regelung, nach der der letzte bekannte Transitstaat innerhalb der EU für einen Asylbewerber zuständig ist. Eine solche Regelung würde nach Ansicht der Kommission die Frage der Beweisbarkeit der Einreise in das Hoheitsgebiet der Mitgliedstaaten erleichtern, da es häufig leichter falle, die Einreise vom letzten Transitstaat in den Mitgliedstaat zu beweisen, in dem der Asylantrag gestellt wird.

- eine Regelung, die an andere Aspekte der Einwanderung des Asylbewerbers anknüpft. Eine solche Regelung würde nach Meinung der Kommission möglicherweise willkürlich sein, und sie wäre auch nicht einfacher zu handhaben als das gegenwärtige System, da auch hier die Frage der Beweisbarkeit des Zuständigkeitskriteriums auftreten würde.

- eine Regelung, die an den Herkunftsstaat des Asylbewerbers anknüpft. Nach dieser Regelung wäre jeweils ein Mitgliedstaat für alle Asylbewerber aus einem Herkunftsland zuständig. Diesen Vorschlag bezeichnet die Kommission selbst als den ‚radikalsten Vorschlag' und räumt ihm wenig Chancen auf Verwirklichung ein.

- eine Regelung, den ersten Mitgliedstaat für zuständig zu erklären, in dem der Asylantrag gestellt wird und zugleich die Wiederaufnahmeregelung beizubehalten, damit vermieden wird, dass Asylbewerber Mehrfachanträge in unterschiedlichen Mitgliedstaaten stellen. Nach Ansicht der Kommission würde diese – von Nichtstaatlichen Organisationen favorisierte Regelung – keine Verbindung zwischen der Verantwortung für die Kontrolle der Außengrenzen und der Zuständigkeit zur Behandlung eventuell nachfolgender Asylanträge herstellen. Auch werde dem Asylbewerber nicht die Möglichkeit genommen, den Mitgliedstaat auszuwählen, in dem er seinen Asylantrag stellen könne.

Die Kommission spricht sich in ihrem Arbeitsdokument nicht eindeutig für ein bestimmtes Zuständigkeitsverteilungsmodell aus, erklärt jedoch, dass es nicht viele gangbare Alternativen zu dem derzeitigen Verfahren gäbe. Zu diesem Zeitpunkt scheint die Kommission das überwiegend von nichtstaatlichen Organisationen favorisierte Modell der Zuständigkeit des ersten Mitgliedstaates, in dem ein Asylantrag gestellt wird, noch als realisierbar eingestuft zu haben.

> „Der Ansatz, jenen Mitgliedstaat für zuständig zu erklären, in dem der erste Asylantrag gestellt wird, ist hinreichend klar, doch setzt er eine Wahl zwischen Kriterien voraus, die als ebenso wichtig angesehen werden können. Dieses Modell könnte sicherlich die Grundlage für ein klares und funktionelles Verfahren darstellen, bei dem eine rasche Abwicklung und Rechtssicherheit gewährleistet sind, die Abschiebung von Flüchtlingen von einem Mitgliedstaat zum anderen vermieden wird, das Problem der Mehrfachanträge Berücksichtigung findet und die Einheit der Familie sichergestellt ist. Allerdings wäre dazu eine Harmonisierung in anderen Bereichen wie bei Asylverfahren, Aufnahmebedingungen, der Auslegung des Flüchtlingsbegriffs und des

subsidiären Schutzes erforderlich, damit Asylbewerber davon abgehalten werden, sich den Mitgliedstaat auszusuchen, in dem sie ihren Asylantrag stellen."[50]

II. Bewertungsdokument der Kommission

Am 13. Juni 2001 legte die Kommission dem Rat der Europäischen Union schließlich eine Bewertung der Durchführung des Dubliner Übereinkommens vor.[51] Dieses Dokument beschreibt detaillierter als das oben zitierte Arbeitsdokument die mit der Anwendung des DÜ in der Praxis gemachten Erfahrungen, so z.B. die Beweisprobleme, Ungenauigkeiten oder Lücken des Übereinkommens und Schwierigkeiten mit den im DÜ festgelegten Fristen. Zudem enthält die Bewertung des DÜ eine ausführliche Beurteilung der vorhandenen statistischen Daten. Bei ihrer Auswertung kommt die Kommission zu dem Ergebnis, dass in mehr als 95% der Fälle der Mitgliedstaat, in dem der Asylantrag gestellt worden ist, endgültig für die Prüfung des Antrags zuständig gewesen sei. Das DÜ habe daher als Begleitmaßnahme zum freien Personenverkehr in der Europäischen Union nur ein beschränkte Rolle gespielt.[52]

Ferner präsentiert die Kommission eine interessante Auswertung des prozentualen Anteils der in den einzelnen Mitgliedstaaten gegen einen „Dublinbescheid" eingelegten Rechtsmittel. Nach den der Kommission vorliegenden Erkenntnissen stieg die Zahl der Fälle, in denen Rechtsmittel eingelegt wurden, von 1998 auf 1999 an, in Deutschland zum Beispiel von 83 auf 200 Fälle, in den Niederlanden wurden sogar gegen 80 % der Bescheide Rechtsmittel eingelegt. Dies veranlasst die Kommission zu dem Schluss, dass die Rechtsprechung die betreffenden Mitgliedstaaten dazu zwinge, zusätzlich zur Bestimmung des zuständigen Mitgliedstaats je nach Einzelfall Elemente zu bewerten, die mit den Kriterien des Dubliner Übereinkommens nicht zu tun hätten.[53]

III. Entwurf der Verordnung

Am 26. Juli 2001 legte die Kommission schließlich den Entwurf für eine „Verordnung des Rates zur Festlegung von Kriterien und Verfahren zur Bestimmung des Mitgliedstaats, der für die Prüfung eines Asylantrags

[50] *Arbeitsdokument der Kommission*, SEK(2000)522 vom 21.03.2000, S. 24, Rn. 59.

[51] *Arbeitsdokument der Kommission*, Bewertung des Dubliner Übereinkommens, SEK(2001)76 vom 13.06.2001.

[52] *Arbeitsdokument der Kommission*, Bewertung des DÜ, 2001, S. 2 ff.

[53] *Arbeitsdokument der Kommission*, Bewertung des DÜ, 2001, S. 16 f.

zuständig ist, den ein Staatsangehöriger eines dritten Landes in einem Mitgliedstaat gestellt hat", vor.[54]

Der Verordnungsentwurf zielt nach Aussage der Kommission darauf ab,

- sicherzustellen, dass jeder Asylbewerber effektiv Zugang zu den Verfahren zur Bestimmung der Flüchtlingseigenschaft hat, indem die erforderliche Verbindung zu diesen Verfahren, die im Vorschlag für eine Richtlinie über die diesbezüglichen Mindestnormen festgeschrieben wurden, hergestellt und Bestimmungen festgelegt werden, die im Falle einer Fristüberschreitung Konsequenzen ermöglichen;
- den Asylmissbrauch zu verhindern, den Mehrfachanträge darstellen, die ein und derselbe Asylbewerber gleichzeitig oder nacheinander in mehreren Mitgliedstaaten stellt, um eine Verlängerung seines Aufenthalts in der Europäischen Union zu erzielen;
- Defizite des Dubliner Übereinkommens zu beseitigen und Ungenauigkeiten zu korrigieren;
- das System den neuen Gegebenheiten aufgrund der bei der Schaffung eines Raums ohne Binnengrenzen erzielten Fortschritte anzupassen, indem insbesondere Konsequenzen aus dem Inkrafttreten der Verordnung (EG) Nr. 539/2001 des Rates vom 15. März 2001 zur Aufstellung der Liste der Drittländer, deren Staatsangehörige beim Überschreiten der Außengrenzen im Besitz eines Visums sein müssen, sowie der Liste der Drittländer, deren Staatsangehörige von dieser Visumpflicht begreift sind, gezogen werden;
- eine möglichst zügige Bestimmung des zuständigen Staates zu ermöglichen, indem einerseits angemessene Fristen für die verschiedenen Phasen des Verfahrens festgelegt werden und andererseits präzisiert wird, welche Beweismittel erforderlich sind, damit die Zuständigkeit eines Mitgliedstaats bestimmt werden kann;
- die Effizienz des Systems zu erhöhen, indem den Mitgliedstaaten eine realistischere Frist für die Durchführung von Beschlüssen zur Überstellung von Asylbewerbern eingeräumt und ein geeigneter Rahmen vorgegeben wird, damit besondere Durchführungsmodalitäten für die Mitgliedstaaten festgelegt werden können, die gemeinsam ein großes Arbeitsvolumen bei der Bestimmung des zuständigen Staates zu bewältigen haben.[55]

---

[54] ABl. C 304 E, KOM(2001)447 endg., im folgenden: VO-Enwurf DÜ.
[55] VO-Entwurf DÜ, a.a.O., S. 3 f. Rn. 2.1.

Zur Umsetzung dieser Ziele wurden neue Kriterien hinzugefügt, wie zum Beispiel kürzere Verfahrensfristen, längere Fristen für die Durchführung von Überstellungen, und neue Bestimmungen, die die Einheit der Familie von Asylbewerbern gewährleisten sollen sowie den Schutz von minderjährigen, unbegleiteten Flüchtlingen vorsehen. Nachdem der Europäische Rat die Kommission auf dem Gipfel in Laeken im Dezember 2001 aufgefordert hat, den ursprünglichen Vorschlag noch einmal zu ändern,[56] dauerte es noch bis Dezember 2002, bis die Mitgliedstaaten – zuletzt in einem schriftlichen Verfahren – eine politische Einigung über einen Kompromissvorschlag der dänischen Präsidentschaft erzielen konnten. Die Dublin-II-Verordnung wurde schließlich am 18. Februar 2003 vom Rat der EU angenommen und ist am 17. März 2003 in Kraft getreten.[57]

B. Inhalt der Verordnung

I. Reichweite der Verordnung

Die Dublin-II-Verordnung ersetzt das Dubliner Übereinkommen vom 15. Juni 1990, das DÜ bleibt jedoch (zunächst) weiterhin für Dänemark im Verhältnis zu den anderen Mitgliedstaaten in Kraft, bis ein Abkommen geschlossen wird, welches Dänemark die Beteiligung an der Verordnung gestattet. Hingegen haben das Vereinigte Königreich und Irland mitgeteilt, dass sie sich an der Annahme und Anwendung der Dublin-II-Verordnung beteiligen möchten.
Die Dublin-II-Verordnung ist ebenso wie das DÜ nur auf Asylbewerber anwendbar, die um Schutz nach der Genfer Flüchtlingskonvention unter Berufung auf den Flüchtlingsstatus im Sinne von Art. 1 A Abs. 2 ersuchen.[58] Sie findet keine Anwendung auf Flüchtlinge, die ihr Schutzersuchen auf die Europäische Menschenrechtskonvention oder andere internationale oder nationale Vorschriften beschränken.[59] Sie umfasst die Anträge aller Drittstaatsangehörigen,[60] die an der Grenze oder im Hoheitsgebiet eines Mitgliedstaates um Asyl im oben genannten Sinne nachsuchen.[61]

Die Dublin-II-Verordnung ist anwendbar auf Asylanträge, die ab dem ersten Tag des sechsten Monats nach ihrem Inkrafttreten gestellt werden

[56] Siehe oben S. 281.
[57] Verordnung/EG Nr. 343/2003 des Rates; ABl. 2003 L 50 vom 25. Februar 2003, S. 1)
[58] Siehe Art. 2 Bst. c) Dublin-II-VO.
[59] Vgl. *Hailbronner*, ZAR 2002, 259 (264).
[60] Vgl. Art.2 Bst. a) Dublin-II-VO. Wie oben S. 277 beschrieben, haben die EU-Mitgliedstaaten mit Protokoll zum Amsterdamer Vertrag grundsätzlich die Einreichung eines Asylantrags von Unionsbürgern ausgeschlossen.
[61] Vgl. Art. 3 Dublin-II-VO.

(1. September 2003) und gilt ab diesem Zeitpunkt – ungeachtet des Datums des Asylantrags – auch für alle Gesuche um Aufnahme oder Wiederaufnahme von Asylbewerbern.[62] Sachverhalte, die die Zuständigkeit eines Mitgliedstaats nach sich ziehen können, werden auch berücksichtigt, wenn sie vor diesem Zeitpunkt liegen, mit Ausnahme der Bestimmung gemäß Art. 10 Abs. 2 (illegaler Aufenthalt von mindestens fünf Monaten in einem Mitgliedstaat).[63] Eine Anpassung der deutschen oder niederländischen Gesetze aufgrund der Dublin-II-Verordnung ist nicht notwendig. In Deutschland werden lediglich die Dienstanweisungen des BAFl. für die Einzelentscheider den neuen Bestimmungen angepasst, in den Niederlanden entsprechend die Ermessensrichtlinien für die Ausführung der Verordnung.[64]

Mit Verordnung Nr. 1566/2003 vom 2. September 2003 hat die Kommission darüber hinaus Durchführungsbestimmungen zur Dublin-II-Verordnung erlassen, um einige praktische Modalitäten zu präzisieren.[65] Bereits am 19. September 2003 trat auch das geschützte elektronische Netz zur Übermittlung von Asylanträgen zwischen den Mitgliedstaaten, das sogenannte „DubliNet", in Operation.[66]

II. Die Zuständigkeitskriterien

Dem Verordnungsvorschlag liegen dieselben Grundsätze wie dem Dubliner Übereinkommen zugrunde, nämlich das Konzept, dass derjenige Mitgliedstaat für die Prüfung eines Asylverfahrens zuständig ist, der für die Einreise des Asylbewerbers in das Hoheitsgebiet der EU verantwortlich ist. Zusätzlich wurden diesen Kriterien Bestimmungen zur Einhaltung der Einheit der Familie vorangestellt. Im Verordnungsentwurf der Kommission wurden darüber hinaus Kriterien angeführt, die die Zuständigkeit für die Prüfung eines Asylverfahrens an den illegalen Aufenthalt von Drittstaatsangehörigen in einem Mitgliedstaat knüpften.[67] Hiermit sollte deutlich gemacht werden, dass ein Mitgliedstaat, der den illegalen Aufenthalt von Drittstaatsangehörigen in seinem Hoheitsgebiet nicht wirksam bekämpft, gegenüber seinen Partnern die

---

62 Art. 29 Abs. 2 Dublin-II-VO.

63 Art. 24 Abs. 2 Dublin-II-VO.

64 Siehe Battjes, NAV 2003, S. 252 (257)

65 ABl. 2003 L222 vom 5. September 2003, S. 3.

66 Pressemitteilung der Kommission vom 19. September 2003.

67 Art. 12 und 13 VO-Entwurf (Fn. 17). Art. 12 VO-Entwurf, der die Zuständigkeit eines Mitgliedstaats an die wissentliche Duldung des illegalen Aufenthalts eines Drittstaatsangehörigen von mehr als zwei Monaten auf seinem Hoheitsgebiet knüpfte, war insbesondere Frankreich ein Dorn im Auge. Art. 12 VO-Entwurf wurde auch als „Sangatte-Klausel" in Anspielung auf das – nunmehr geschlossene – Flüchtlingslager im Ort Sangatte in der Nähe des Ärmelkanals bezeichnet.

gleiche Verantwortung trägt wie ein Mitgliedstaat, der nicht für eine ausreichende Kontrolle seiner Außengrenzen gesorgt hat. Diese Kriterien wurden jedoch im Laufe der Verhandlungen auf Wunsch einiger Mitgliedstaaten aufgegeben; stattdessen wurde als Kompromiss vereinbart, dass die Zuständigkeit eines Mitgliedstaats aufgrund der illegalen Einreise eines Asylbewerbers zwölf Monate nach dem Grenzübertritt endet[68] und, falls ein Mitgliedstaat nicht oder nicht mehr aufgrund dieses Kriteriums zuständig ist, derjenige Mitgliedstaat die Prüfung des Asylverfahrens übernehmen muss, in dem der Asylbewerber sich zuvor bereits fünf Monate aufgehalten hat.[69]

Die Zuständigkeitskriterien finden in der in Kapitel III der Verordnung genannten Reihenfolge Anwendung;[70] lässt sich anhand dieser Kriterien kein Mitgliedstaat bestimmen, so ist derjenige Mitgliedstaat zuständig, in dem der Asylantrag gestellt wurde.[71]

1. Zuständigkeit zur Einhaltung der Familieneinheit

Artikel 6 bis 8 stellen die Kriterien für die Einhaltung der Familieneinheit auf. Erstmals wird mit Art. 6 eine verbindliche Regelung für unbegleitete minderjährige Asylbewerber dahingehend getroffen, dass der Mitgliedstaat, in dem sich ein Familienangehöriger des unbegleiteten Minderjährigen aufhält,[72] für die Prüfung des Asylantrags zuständig ist, sofern dies im Interesse des Minderjährigen liegt. Das DÜ sah in diesem Fall nur eine Ermessensbestimmung im Beschluss 1/2000 des Artikel-18-Ausschusses vor.[73] Ist kein Familienangehöriger im Hoheitsgebiet der Mitgliedstaaten anwesend, so ist der Mitgliedstaat, in dem der Minderjährige seinen Asylantrag gestellt hat gemäß Art. 6 Abs. 2 zuständig.

Hat ein Asylbewerber in einem der Mitgliedstaaten einen Familienangehörigen, dem die Flüchtlingseigenschaft gewährt wurde, so ist dieser Mitgliedstaat gemäß Art. 7 für die Prüfung des Asylverfahrens zuständig, sofern die Betroffenen dies wünschen. Auch wenn im

---

68 Siehe Art. 10 Abs. 1 Satz 2 Dublin-II-VO.

69 Art. 10 Abs. 2 Dublin-II-VO. Der dänische Vorsitz konnte mit diesem Kompromissvorschlag im Dezember 2002 erreichen, dass verschiedene Mitgliedstaaten ihre noch bestehenden Vorbehalte (insbesondere wegen Art. 12 und 13 des Entwurfs) im Rahmen eines schriftlichen Verfahrens aufhoben und eine politische Einigung erzielt werden konnte.

70 Art. 5 Abs. 1 Dublin-II-VO.

71 Art. 13 Dublin-II-VO.

72 Vgl. Art. 2 Bst. i) Dublin-II-VO zur Definition des „Familienangehörigen“.

73 Vgl. Art. 2 Abs. 2 Beschluss 1/2000 des Artikel-18-Ausschusses vom 31.10.2000; ABl. L 281 vom 7.11.2000, S. 1.

Asylverfahren des Familienangehörigen noch keine erste Sachentscheidung getroffen wurde, kann auf Wunsch der betroffenen Personen eine Überstellung in den Mitgliedstaat stattfinden, um die Familieneinheit wieder herzustellen.[74]

2. Zuständigkeit wegen der Verantwortung für die Einreise des Asylbewerbers

Artikel 9 bis 12 regeln die Zuständigkeit eines Mitgliedstaats aufgrund seiner Verantwortung für die Einreise des Asylbewerbers in das Hoheitsgebiet der Mitgliedstaaten. Hat ein Mitgliedstaat durch eine positive Handlung wie die Erteilung einer Aufenthaltsgenehmigung oder eines Visums wesentlich dazu beigetragen, dass ein Drittstaatsangehöriger in das Hoheitsgebiet der Mitgliedstaaten einreisen und sich dort aufhalten darf, so ist er für die Prüfung des Asylbegehrens zuständig.[75] Die Verantwortlichkeit des zuständigen Mitgliedstaats erlischt, wenn entweder der Asylbewerber das Hoheitsgebiet der Mitgliedstaaten verlassen hat oder die Aufenthaltsgenehmigung seit mehr als zwei Jahre oder das Visum seit mehr als sechs Monaten abgelaufen sind. Die Zuständigkeit liegt sodann bei dem Mitgliedstaat, in dem der Asylantrag gestellt wurde.[76] Hat ein Asylbewerber illegal aus einem Drittstaat kommend die Land-, See- oder Luftgrenze eines Mitgliedstaats überschritten und kann dies anhand von Beweismitteln oder Indizien oder aufgrund von Fingerabdruckdaten, die gemäß der Eurodac-Verordnung gespeichert wurden,[77] nachgewiesen werden, so ist dieser Mitgliedstaat zuständig.[78] Besteht für einen Drittstaatsangehörigen kein Visumzwang zur Einreise in einen Mitgliedstaat und stellt er dort einen Asylantrag, so ist dieser Mitgliedstaat für die Durchführung des Asylverfahrens verantwortlich.[79] Stellt der Drittstaatsangehörige jedoch erst in einem zweiten Mitgliedstaat einen Asylantrag, in den er ebenfalls visumfrei einreisen darf, so obliegt diesem Mitgliedstaat die Prüfung des Asylantrags.[80] Wird der Asylantrag im

---

74 Art. 8 Dublin-II-VO.

75 Art. 9 Dublin-II-VO.

76 Art. 9 Abs. 4 Satz 2 Dublin-II-VO. Eine Lücke des DÜ wird durch Abs. 5 geschlossen, der vorsieht, dass die Erlangung des Visums oder des Aufenthaltstitels unter betrügerischen Umständen die Zuständigkeit der Mitgliedstaaten nicht berührt. Kann jedoch nachgewiesen werden, dass die betrügerische Handlung, beispielsweise die Ersetzung oder Änderung des Dokuments, erst nach der Ausstellung vorgenommen wurde, entfällt die Zuständigkeit des das Visum oder die Aufenthaltserlaubnis ausstellenden Mitgliedstaats.

77 Siehe zu „Eurodac" ausführlich oben S. 226 ff.

78 Zum Erlöschen dieser Zuständigkeit siehe Art. 10 Abs. 1 und 2.

79 Art. 11 Abs. 1 Dublin-II-VO.

80 Art. 11 Abs. 2 Dublin-II-VO.

internationalen Transitbereich eines Flughafens eines Mitgliedstaats gestellt, so ist dieser Mitgliedstaat für die Prüfung des Asylantrags zuständig.[81]

Eine klarstellende Vorschrift für die in der Vergangenheit häufig problematischen Fälle von gefälschten oder missbräuchlich erlangten Dokumenten,[82] wurde in Art. 9 Abs. 5 aufgenommen. Demnach bleibt die Zuständigkeit eines Mitgliedstaats bestehen, wenn der Asylbewerber das Visum oder die Aufenthaltserlaubnis aufgrund einer falschen oder missbräuchlich verwendeten Identität oder nach Vorlage von gefälschten, falschen oder ungültigen Dokumenten erlangt hat. Wird jedoch erst nach Erlangung des Visums oder der Aufenthaltserlaubnis eine betrügerische Handlung vorgenommen, so ist der ausstellende Mitgliedstaat nicht zuständig.

3. Zuständigkeit bei gleichzeitiger Einreise von Familienangehörigen

Eine in der Rangfolge nachgeordnete Bestimmung zur Familienzusammenführung findet sich in Art. 14. Stellen mehrere Mitglieder einer Familie in demselben Mitgliedstaat gleichzeitig oder in so großer zeitlicher Nähe einen Asylantrag, dass die Verfahren zur Bestimmung des zuständigen Mitgliedstaats gemeinsam durchgeführt werden können, sollen die Asylanträge von nur einem Mitgliedstaat geprüft werden. Zuständig für alle Familienmitglieder ist derjenige Mitgliedstaat, dem die Prüfung des größeren Teils der Asylanträge der Mitglieder einer Familie obliegt,[83] gegebenenfalls der Mitgliedstaat, der für die Prüfung des vom ältesten Familienangehörigen gestellten Asylantrags zuständig ist.[84]

4. Selbsteintrittsrecht der Mitgliedstaaten

Wie bereits im DÜ besteht auch in der Dublin-II-Verordnung die Möglichkeit, dass ein Mitgliedstaat freiwillig die Prüfung eines Asylverfahrens übernehmen kann, entweder nach eigenem Ermessen oder aufgrund der Bitte eines anderen Mitgliedstaats. Aus Art. 3 Abs. 2 Dublin-II-Verordnung (im DÜ auch als „Souveränitätsklausel“ bekannt) ergibt sich keine Konkretisierung, unter welchen Umständen das Selbsteintrittsrecht von den Mitgliedstaaten angewandt werden sollte; in der Begründung des Verordnungsentwurfs spricht die Kommission von politischen, humanitären oder praktischen Erwägungen.[85] Darüber hinaus sieht Art. 3 Abs. 2 nun keine Zustimmung des Asylbewerbers

---

[81] Art. 12 Dublin-II-VO.
[82] Siehe *Löper*, ZAR 2000, S. 16 (20).
[83] Art. 14 Bst. a) Dublin-II-VO.
[84] Art. 14 Bst. b) Dublin-II-VO.
[85] KOM (2001) 447 endg. vom 26.7.2001 (Fn. 17), S. 11.

zur Übernahme des Asylverfahrens mehr vor und legitimiert die damit bereits in einigen Mitgliedstaaten bestehende Behördenpraxis, das Einreichen eines Asylantrags konkludent als Einwilligung des Asylbewerbers auf Prüfung seines Asylantrags in diesem Mitgliedstaat zu bewerten.[86]
Die „humanitäre Klausel" des Art. 15 sieht eine freiwillige Übernahme der Prüfung eines Asylverfahrens aufgrund des Ersuchens eines anderen Mitgliedstaats vor, um Familienmitglieder und andere abhängige Familienangehörige aus humanitären Gründen, die sich insbesondere aus dem familiären oder kulturellen Kontext ergeben, zusammenzuführen. Gegenüber der humanitären Klausel des Art. 9 DÜ wurde Art. 15 Dublin-II-Verordnung ausdrücklich auf den Zweck der Zusammenführung von Familienangehörigen beschränkt[87] und um die in Abs. 2 und 3 aufgezählten Regelbeispiele erweitert.[88] Demnach sollen die Mitgliedstaaten im Regelfall eine Trennung von Asylbewerbern, deren familiäre Bindung bereits im Herkunftsland bestanden hat, vermeiden und diese zusammenführen, wenn die betroffene Person wegen Schwangerschaft, eines neugeborenen Kindes, einer schweren Krankheit, einer ernsthaften Behinderung oder hohen Alters auf die Unterstützung der anderen Person angewiesen ist.[89] Handelt es sich bei dem Asylbewerber um einen unbegleiteten Minderjährigen, so nehmen die Mitgliedstaaten nach Möglichkeit eine Zusammenführung mit einem Familienangehörigen vor, der sich in einem anderen Mitgliedstaat aufhält, sofern dies im Interesse des Minderjährigen liegt.[90] Eine Einwilligung der betroffenen Personen zur Anwendung des Art. 15 ist erforderlich.
Die Mitgliedstaaten können die Bedingungen und Verfahren für die Umsetzung dieses Artikels gemäß dem in Art. 27 Abs. 2 der Verordnung vorgesehenen Verfahren beschließen.

III. Die Rechtsfolgen der Zuständigkeit aus der Verordnung

1. Pflichten der Mitgliedstaaten

Artikel 16 benennt die Pflichten der Mitgliedstaaten sowie die Umstände, unter denen diese Verpflichtungen erlöschen. Hierunter fallen die Übernahme eines Asylbewerbers, der in einem anderen Mitgliedstaat einen Asylantrag

---

86 Vgl. zur Praxis der Mitgliedstaaten bei der Anwendung des Art. 3 Abs. 4 DÜ oben S. 239 ff.

87 Siehe auch *Battjes*, NAV 2003, S. 252 (255).

88 Diese Vorschrift soll nach Angaben der Kommission vor allem dazu dienen, eine Trennung von Familienmitgliedern, die sich aus einer wortlautgetreuen Anwendung der Zuständigkeitskriterien ergeben kann, zu verhindern oder rückgängig zu machen; vgl. KOM (2001) 447 endg. vom 26.7.2001 (Fn. 17) S. 16.

89 Art. 15 Abs. 2 Dublin-II-VO.

90 Art. 15 Abs. 3 Dublin-II-VO.

gestellt hat; die abschließende Prüfung des Asylantrages; die Wiederaufnahme eines Asylbewerbers, der sich während der Antragsprüfung unerlaubt in einen anderen Mitgliedstaat begeben hat; die Wiederaufnahme eines Asylbewerbers, der während der Antragsprüfung seinen Asylantrag zurückgezogen hat und sich unerlaubt in einen anderen Mitgliedstaat begeben hat, sowie die Wiederaufnahme des Drittstaatsangehörigen, der sich nach Ablehnung des Asylgesuches unerlaubt in einen anderen Mitgliedstaat begeben hat.

2. Aufnahme- und Wiederaufnahmeverfahren

Die Vorschriften für die Aufnahme und Wiederaufnahme von Asylbewerbern entsprechen ebenfalls weitgehend dem vom Dubliner Übereinkommen vorgesehenen Verfahren. Die Bestimmungen des Art. 11 DÜ (Aufnahmeverfahren) wurden der Übersichtlichkeit halber auf die Art. 17 bis 19 Dublin-II-Verordnung aufgeteilt und ergänzt. Notwendige Änderungen ergaben sich insbesondere bei den diversen, im DÜ vorgesehenen Fristen. So wurde die Frist für die Einreichung eines Aufnahmeantrags von sechs Monaten auf drei Monate nach Einreichung des Asylantrags gekürzt: es handelt sich hierbei um eine Ausschlussfrist.[91] Der ersuchte Mitgliedstaat muss über das Aufnahmegesuch innerhalb von zwei Monaten, statt wie bisher drei Monaten, entscheiden.[92] In dringenden Fällen, wie zum Beispiel im Falle eines inhaftierten Drittstaatsangehörigen, kann der ersuchende Mitgliedstaat unter Benennung der Gründe dem anderen Mitgliedstaat eine Frist setzen, innerhalb derer er eine Antwort erwartet.[93] Die Antwort sollte innerhalb der gesetzten Frist erfolgen, jedoch spätestens nach Ablauf eines Monats, da ansonsten die Stattgabe des Aufnahmegesuchs fingiert wird.[94] Auf sechs Monate verlängert wurde hingegen die Frist für die Durchführung der Überstellung des Asylbewerbers in den zuständigen Mitgliedstaat nach Annahme des Aufnahmegesuchs oder nach der Entscheidung über einen Rechtsbehelf mit aufschiebender Wirkung,[95] da die Mitgliedstaaten erhebliche Probleme hatten, die einmonatige Überstellungsfrist des DÜ einzuhalten. Kann die Überstellung nicht innerhalb der Frist von sechs Monaten durchgeführt werden, geht die Zuständigkeit auf den Mitgliedstaat über, in dem der Asylantrag eingereicht wurde. Eine Verlängerung der Frist auf

---

91 Art. 17 Abs. 1 Dublin-II-VO.

92 Art. 18 Abs. 1 Dublin-II-VO.

93 Das bisher nur im Beschluss Nr. 1/97 des Artikel-18-Ausschusses festgelegte Dringlich-keitsverfahren wird nun verbindlich in die Verordnung (Art. 17 Abs. 2) aufgenommen.

94 Art. 18 Abs. 6 und 7 Dublin-II-VO.

95 Art. 19 Abs. 3 Dublin-II-VO.

höchstens ein Jahr ist dann möglich, wenn der Asylbewerber inhaftiert ist bzw. auf achtzehn Monate, wenn der Asylbewerber flüchtig ist.[96]

Die Modalitäten der Wiederaufnahme eines Asylbewerbers werden in Art. 20 geregelt. Ein Mitgliedstaat ist verpflichtet, einen Asylbewerber wieder aufzunehmen, der sich während der Antragsprüfung oder nach Rückzug des Asylantrags unerlaubt in einen anderen Mitgliedstaat begeben hat, und einen Drittstaatsangehörigen wiederaufzunehmen, der sich nach Ablehnung des Asylgesuchs unerlaubt in einen anderen Mitgliedstaat begeben hat.[97] Der Mitgliedstaat, der um Wiederaufnahme ersucht wird, ist gehalten, diesen Antrag so schnell wie möglich, bei Angaben aus dem Eurodac-System binnen zwei Wochen, spätestens aber binnen eines Monats, zu beantworten. Sollte die Überstellung nicht innerhalb einer Frist von sechs Monaten erfolgen, so erlischt die Wiederaufnahmepflicht des zuständigen Staats, und die Zuständigkeit geht auf den ersuchenden Mitgliedstaat über.[98] Im Gegensatz zum DÜ verpflichtet die Dublin-II-Verordnung die Mitgliedstaaten nun auch, den Asylbewerber in einer begründeten Entscheidung nach Eingang der Zusage des ersuchten Mitgliedstaats im Aufnahme- oder Wiederaufnahmeverfahren zu informieren, dass ein anderer Mitgliedstaat für die Prüfung seines Asylverfahrens zuständig ist und ihm zugleich die Frist für die Durchführung der Überstellung mitzuteilen.[99]

3. Beweiswürdigung

Damit die verkürzten Fristen auch Wirkung zeigen und die Feststellung des zuständigen Mitgliedstaates insgesamt problemloser verläuft, wurden in die Verordnung auch Bestimmungen zu Beweismitteln und Indizien aufgenommen. Zwar müssen die bisher im Beschluss Nr. 1/97 des Artikel-18-Ausschusses aufgelisteten Verzeichnisse mit Beweismittel und Indizien noch von dem neu zu gründenden Ausschuss nach Art. 27 Dublin-II-Verordnung erstellt werden,[100] aber die Verordnung enthält bereits wichtige, rechtsverbindliche Ausführungen. So wurde zum Beispiel festgelegt, dass die Mitgliedstaaten bei Fehlen von förmlichen Beweismitteln auch ihre

---

96 Art. 19 Abs. 4 Dublin-II-VO.

97 Art. 16 Abs. 1 Dublin-II-VO.

98 Art. 20 Abs. 2 Dublin-II-VO.

99 Art. 19 Abs. 1 und 2 (Aufnahmeverfahren) bzw. Art. 20 Abs. 1 Bst. e) (Wiederaufnahmeverfahren). Begibt sich der Asylbewerber freiwillig in den anderen Mitgliedstaat, werden Zeitpunkt und Ort, zu dem oder an dem er sich zu melden hat, in der Entscheidung angegeben.

100 Art. 18 Abs. 3 Dublin-II-VO.

Zuständigkeit anerkennen, wenn die Indizien kohärent, nachprüfbar und hinreichend detailliert sind.[101]

4. Erlöschen der Pflichten

Hat der Asylbewerber sich nachweislich mehr als sechs Monate in einem Mitgliedstaat aufgehalten oder hat ein Mitgliedstaat ihm einen Aufenthaltstitel erteilt, so geht die Verantwortung auf diesen Mitgliedstaat über. Die Verpflichtungen erlöschen ebenfalls, wenn sich der Drittstaatsangehörige mindestens drei Monate nicht im Hoheitsgebiet der Mitgliedstaaten aufgehalten hat.[102] Hat der Mitgliedstaat nach Rücknahme des Asylantrags durch den Asylbewerber oder nach Ablehnung des Asylantrags seinerseits das Notwendige getan, damit der Drittstaatsangehörige in sein Heimatland oder ein anderes Land, in das er sich rechtmäßig begeben kann, zurückkehrt, ist er von der Verpflichtung zur Rücknahme befreit.[103]

IV. Verwaltungskooperation

Wie bisher schon im DÜ, ist auch im Verordnungsvorschlag die Möglichkeit des Informationsaustausches zwischen den Mitgliedstaaten geregelt, um die eventuelle Zuständigkeit eines Mitgliedstaates zu bestimmen.[104] Die Richtlinie 95/46/EG des Europäischen Parlaments und des Rates vom 24. Oktober 1995 zum Schutz natürlicher Personen bei der Verarbeitung personenbezogener Daten und zum freien Datenverkehr[105] gilt uneingeschränkt für die Verarbeitung der Daten und den Informationsaustausch. Neu ist die Bestimmung in Art. 21 Abs. 3, dass der zuständige Mitgliedstaat einen anderen Mitgliedstaat ersuchen kann, soweit dies zur Prüfung des Asylantrags erforderlich ist, ihm die Gründe, die der Asylbewerber im Rahmen seines Antrags angeführt hat und gegebenenfalls die Gründe für die bezüglich dieses Antrags getroffene Entscheidung, mitzuteilen. Zwingende Voraussetzung zur Erteilung dieser Auskünfte ist die schriftliche Zustimmung des Asylbewerbers, zudem kann der ersuchte Mitgliedstaat bei der möglichen Verletzung wichtiger Interessen des Staates oder des Schutzes der Grundrechte und -freiheiten des Betreffenden oder einer anderen Person das Ersuchen ablehnen. Die Mitgliedstaaten sind gehalten, innerhalb einer sechswöchigen Frist auf die Informationsersuchen zu antworten.[106]

---

101 Art. 18 Abs. 5 Dublin-II-VO.
102 Art. 16 Abs. 3 Dublin-II-VO.
103 Art. 16 Abs. 4 Dublin-II-VO.
104 Art. 22 Dublin-II-VO.
105 ABl. L 281/331 vom 23.11.1995.
106 Art.21 Abs. 5 Dublin-II-VO.

Ein Asylbewerber hat das Recht, sich auf Antrag die über seine Person erfassten Daten mitteilen zu lassen und bei einem Verstoß gegen die Datenschutz-Richtlinie vom 24. Oktober 1995[107] die Berichtigung, Löschung oder Sperrung der unvollständigen oder unrichtigen Daten zu erwirken.

Den Mitgliedstaaten steht es frei, auf bilateraler Ebene Verwaltungsvereinbarungen zu treffen, die die Durchführung der Bestimmungen der Verordnung erleichtern. Hierzu zählen zum Beispiel der Austausch von Liaison-Beamten, die Vereinfachung der Verfahren, die Verkürzung der Antwortfristen oder auch Verfahren zur Vereinfachung der Überstellungen. Diese Vereinbarungen, mit Ausnahme des Austausches von Liaison-Beamten, müssen der Kommission mitgeteilt und von ihr genehmigt werden.[108]

C. Bewertung der Verordnung

I. Beibehaltung des Zuständigkeitssystems

Keines der von der Kommission in ihrem Arbeitsdokument diskutierten „Alternativmodelle" ist mit der Dublin-II-Verordnung verwirklicht worden.[109] Die Verordnung beharrt auf dem gleichen Zuständigkeitskonzept wie das DÜ, wonach die Zuständigkeit in der Regel bei dem Mitgliedstaat liegt, der am stärksten an der Einreise des Asylbewerbers in das Hoheitsgebiet der Mitgliedstaaten oder an seinem Aufenthalt in diesem Gebiet beteiligt ist. Obwohl die Kommission in ihrem Arbeitsdokument zur Überprüfung des DÜ selbst zu dem Schluss gekommen ist, dass aufgrund der unbefriedigenden Erfahrungen mit dem DÜ die glaubwürdigste Alternative darin bestünde, die Zuständigkeit vom Ort der Asylantragstellung abhängig zu machen, hat sie dieses – auch von den Nichtregierungsorganisationen und dem UNHCR

[107] RL 95/46/EG des Europäischen Parlaments und des Rates, ABl. 1995 L 281 vom 23.11.1995, S. 31.

[108] Art. 23 Dublin-II-VO, siehe auch Anregung zum Abschluss von bilateralen Verträgen in der Präambel Nr. 9.

[109] Vgl. Arbeitsdokument der Kommissionsdienststellen, Überprüfung des DÜ (Fn. 50), S. 22 f., Rn. 56. Von der Kommission diskutiert wurden: eine Regelung, nach der der letzte bekannte Transitstaat innerhalb der EU für einen Asylbewerber zuständig ist; eine nicht näher präzisierte Regelung, nach der die Zuständigkeit des Mitgliedstaats nicht an die Verantwortung für die Einreise einer Person, sondern an andere Aspekte der Einwanderung anknüpft; eine Regelung, die an den Herkunftsstaat des Asylbewerbers anknüpfen sollte und schließlich eine Regelung, nach der die Zuständigkeit vom Ort der Asylantragstellung abhängt.

favorisierte – Zuständigkeitsmodell[110] zum jetzigen Zeitpunkt für nicht geeignet erachtet. Nach Ansicht der Kommission sei zunächst eine Harmonisierung des europäischen Asylrechts erforderlich, damit Asylbewerber davon abgehalten werden, sich den Mitgliedstaat auszusuchen, in dem sie ihren Asylantrag stellen.[111]
Die Beibehaltung des bisherigen Zuständigkeitssystems ist angesichts der unbefriedigenden Erfahrungen mit dem DÜ nur schwer zu rechtfertigen. Die Verordnung versucht, ein Gleichgewicht zwischen zwei entgegengesetzten Bestrebungen zu finden, sie versucht, einerseits, den Missbrauch der Asylverfahren zu verhindern und andererseits den Asylbewerbern einen effektiven Zugang zu den Verfahren der Anerkennung als Flüchtling zu garantieren. Dieses System provoziert die Mitgliedstaaten, durch immer neue Kontrollmechanismen die Asylbewerber von ihrem Hoheitsgebiet fernzuhalten und so das Einreichen von Asylanträgen zu verhindern. Sinnvoller wäre es gewesen, den Asylbewerbern die Wahl des Mitgliedstaats selbst zu überlassen und nur das mehrfache Stellen von Asylanträgen zu unterbinden. Die Wahlfreiheit wäre sowohl im Sinne der Mitgliedstaaten als auch des Asylbewerbers; denn die Mitgliedstaaten hätten weniger administrativen Aufwand, um die Zuständigkeit festzustellen und die Asylbewerber weniger Anreiz, Ausweisdokumente zu zerstören oder trotz Anerkennung in einem Mitgliedstaat in einen weiteren Mitgliedstaat zu emigrieren. Erwägenswert wäre auch ein System, das, anstatt Flüchtlinge in der EU zu „verschieben“, denjenigen Mitgliedstaaten, die einer größeren Belastung aufgrund höherer Flüchtlingszahlen ausgesetzt sind, einen finanziellen Ausgleich gewährt.[112] Die Kommission selbst hatte im Verordnungsentwurf angeregt, dass die Mitgliedstaaten im Zuge der bilateralen Verwaltungskooperation nicht alle vereinbarten Überstellungen durchführen, sondern nach Ablauf eines vereinbarten Zeitraums eine „Verrechnung“ der von beiden Mitgliedstaaten zu überstellenden Asylbewerber vornehmen sollen und nur die Anzahl von Asylbewerbern tatsächlich überstellen, die der Differenz zwischen den beiden Personengruppen entspricht.[113] Dieser Vorschlag wurde jedoch nicht in die Dublin-II-Verordnung übernommen.

---

[110] Siehe ECRE (http://www.ecre.org) mit einer Übersicht zu den zum Arbeitsdokument der Kommission abgegebenen Stellungnahmen.

[111] Arbeitsdokument der Kommissionsdienststellen, Überprüfung des DÜ (Fn. 50) S. 24, Rn. 54. Siehe auch die Präambel zur Dublin-II-Verordnung (Nr. 3 und 5), in der der Rat die Übernahme des Dublinsystems mit der schrittweisen Einführung der Gemeinsamen Europäischen Asylsystems erklärt.

[112] Vgl. *Immigration Law Practitioners' Association (ILPA)*, ILPA Representations on the ‚Commission Staff Working Paper' Revisiting the Dublin Convention, London, 2000.

[113] Art. 24 Abs. 1 Bst. c VO-Entwurf. Vgl. *Hailbronner*, ZAR 2002, 259.

II. Verbesserter Familienschutz

In Anbetracht der Erfahrungen mit dem DÜ ist es sehr zu begrüßen, dass in der Verordnung die Kriterien und Ausnahmeregelungen zur Erhaltung der Familieneinheit ausgeweitet wurden und somit der Wahrung der Familieneinheit von Asylbewerbern größeres Gewicht beigemessen werden soll. Wünschenswert wäre es jedoch, wenn Art. 7 nicht nur Familienangehörige umfassen würde, die den Flüchtlingsstatus nach der GFK innehaben, sondern auch jene Asylbewerber, die aus anderweitigen Gründen rechtmäßig in einem Mitgliedstaat leben oder sogar durch Einbürgerung die Nationalität des Mitgliedstaats erworben haben.[114] Da der Begriff der „Familienangehörigen"[115] jedoch nach wie vor nur die Kernfamilie, zu der Vater, Mutter, Ehegatte oder Lebenspartner zählen, umfasst, löst die Verordnung das Problem der Familientrennung nur teilweise. In Einzelfällen muss daher weiterhin Rückgriff auf die „Souveränitätsklausel" (Art. 3 Abs. 2) oder die „humanitäre Klausel" (Art. 15) genommen werden.

Die Verordnung sieht auch vor, dass die Situation eines mit dem Asylbewerber einreisenden Minderjährigen untrennbar mit der seines Elternteils oder seines Vormundes verbunden ist. Dies betrifft auch Kinder, die nach der Ankunft des Asylbewerbers im Hoheitsgebiet der Mitgliedstaaten geboren werden.[116] In der Vergangenheit war es gerade bei der Geburt eines Kindes häufig problematisch, den für die gesamte Familie zuständigen Mitgliedstaat zu bestimmen; mitunter versuchten die Eltern auch den Mitgliedstaat, in dem das Kind geboren wurde, zur Übernahme der gesamten Familie zu bewegen.[117]

III. Individuelle Rechte des Asylbewerbers?

Im Gegensatz zum DÜ, das nach herrschender Meinung in Rechtsprechung und Literatur als völkerrechtliches Abkommen keine subjektiven Rechte des einzelnen Asylbewerbers beinhaltet, da es sich allein an die Mitgliedstaaten wendet und nicht darauf gerichtet ist, einzelnen Personen Rechtspositionen einzuräumen,[118] könnten sich aus der Dublin-II-Verordnung aufgrund der

---

114 Vgl. *UNHCR*, UNHCR's Observations on the European Commission's Proposal for a Council Regulation... (Dublin II), 2002, S. 4; *ECRE*, Comments from ECRE on the Proposal for a Council Regulation ... (Dublin II), 2001, S. 7.

115 Siehe Definition in Art. 2 Bst. i). Im Regelfall ist Voraussetzung, dass die Familie bereits im Herkunftsland bestanden hat; eine Ausnahme besteht aber z.B. bei Art. 7.

116 Art. 4 Abs. 3 Dublin-II-VO.

117 Vgl. hierzu die deutsche Rechtsprechung oben S. 168 ff.

118 VG Freiburg, ASYLMAGAZIN 2003, S. 32 m.w.N. Vgl. *Hailbronner*, Ausländerrecht, § 29 AsylVfG Rn. 22; *Marx*, AsylVfG, 1999, § 29 Rn. 23 ff.; a.A. *Hoffmann*, InfAuslR

gewählten Rechtsform einer Verordnung und der Auslegung der betreffenden Bestimmungen individuelle Rechte der Asylbewerber ergeben. Charakteristikum einer Verordnung gemäß Art. 249 Abs. 2 EG ist ihre allgemeine Geltung, die Verbindlichkeit in all ihren Teilen und die unmittelbare Geltung in den Mitgliedstaaten, ohne dass es einer innerstaatlichen Umsetzung bedarf. Adressaten der Verordnung sind nicht nur die Gemeinschaft und ihre Institutionen, sondern gleichermaßen die Mitgliedstaaten und die natürlichen und juristischen Einzelpersonen innerhalb der EG.[119] Folglich sind neben den Mitgliedstaaten prinzipiell auch die betroffenen Asylbewerber Adressaten der Dublin-II-Verordnung. Eindeutig zu identifizierende Rechte des Asylbewerbers sind zum Beispiel: das Recht, sich auf Antrag die über seine Person erfassten Daten mitteilen zu lassen,[120] oder das Recht, gegen einen Überstellungsbescheid einen Rechtsbehelf einzulegen.[121] Art. 3 Abs. 2 und Art. 15 sind ihrem Wortlaut nach jedoch an die Mitgliedstaaten gerichtet. Auch Sinn und Zweck der Verordnung sprechen dafür, dass der zuständige Mitgliedstaat nach objektiven Kriterien bestimmt wird und die Mitgliedstaaten nicht beabsichtigten, dem Asylbewerber ein subjektives Recht auf Wahl des Mitgliedstaats einzuräumen. Das Recht auf freiwillige Übernahme eines Asylverfahrens stellt lediglich ein Ausnahmekriterium dar. Hieran ändert auch die stärkere Achtung der Familieneinheit in der Dublin-II-Verordnung nichts; in der Präambel wird klargestellt, dass dies nur soweit gilt, wie es mit den sonstigen Zielen der Verordnung vereinbar ist.[122]

Die beiden Klauseln eröffnen jedoch ein Recht auf ermessensfehlerfreie Prüfung durch die zuständige Behörde. Hierfür spricht der Wortlaut der Normen („kann jeder Mitgliedstaat ... einen Asylantrag prüfen..." bzw. „jeder Mitgliedstaat kann aus humanitären Gründen..."), der den Mitgliedstaaten ein Ermessen über die freiwillige Übernahme der Prüfung einräumt,[123] sowie die

---

1999, 94; *Huber*, NVwZ 1998. Siehe unter diesem Aspekt eine Übersicht zur deutschen Rechtsprechung zu Art. 3 Abs. 4 und Art. 9 DÜ bei *Züfle* in *Faria* , S. 123 (125 f.).

119 *Oppermann*, Europarecht, 2. Aufl., 1999, S. 208 f.

120 Art. 21 Abs. 9 Dublin-II-VO.

121 Art. 19 Abs. 2 Satz 3 Dublin-II-VO.

122 Vgl. Nr. 6 der Präambel.

123 Da es sich um eine Verordnung der EU handelt, kann nicht auf das dogmatische Konzept der Entscheidungsspielräume im deutschen Verwaltungsrecht abgestellt werden, sondern es muss Rückgriff auf einen europäischen „Ermessensbegriff" genommen werden. Wie *Schwarze* in seiner umfassenden Untersuchung nachgewiesen hat, kennen sowohl die Mitgliedstaaten der EU als auch die Gemeinschaftsorgane der EU den Begriff des Ermessens, auch wenn im Einzelnen grundlegende Unterschiede zwischen einer Begründungspflicht oder einer Abgrenzung von unbestimmten Rechtsbegriffen und Ermessen bestehen. Vgl. *Schwarze*, 1988, S. 280 ff.

Begründung der Kommission zu Art. 15, in der sie explizit ausführt, dass „auch künftig im Interesse der Mitgliedstaaten wie der Asylbewerber eine humanitäre Klausel erforderlich (ist), die nach Ermessen angewandt wird".[124] Da die Mitgliedstaaten zukünftig verpflichtet sind, ihre Entscheidungen zu begründen und ihre Ermessensgründe offen zu legen, ist die Ausübung des Ermessens daher für die Gerichte einfacher zu überprüfen.[125] Eine (gerichtliche) Geltendmachung dieser Klauseln dürfte für Asylbewerber unter der Dublin-II-Verordnung daher erfolgversprechender sein als unter dem DÜ.

IV. Beschleunigte Verfahren

1. Fristen

Die Kommission hebt in der Begründung ihres Verordnungsentwurfs die Beschleunigung des Dublinverfahrens aufgrund der Verkürzung der Fristen für das Aufnahme- und das Wiederaufnahmegesuch hervor. Die einzige Frist, die tatsächlich stark verkürzt wurde, ist die Frist zur Einreichung eines Übernahmeersuchens.[126] Es darf jedoch nicht übersehen werden, dass gleichzeitig die Frist für die Überstellung eines Asylbewerbers an den zuständigen Mitgliedstaat von einem Monat auf sechs Monate erhöht wurde. Während das Verfahren nach dem DÜ maximal neun Monate dauern konnte,[127] kann das Verfahren nach der Dublin-II-Verordnung sogar zehn Monate dauern.[128] Allerdings sind alle Fristen nun als Ausschlussfristen angelegt, so dass ein nicht unerheblicher Druck auf die Mitgliedstaaten entstehen kann, die Verfahren tatsächlich zügig durchzuführen. So ist zu hoffen, dass die Mitgliedstaaten auch regen Gebrauch von der Möglichkeit eines dringlichen Ersuchens machen, um zum Beispiel die Inhaftierung eines Asylbewerbers in der Abschiebehaft so kurz wie möglich zu halten. Noch fehlen praktische Erfahrungen mit der erst seit dem 15. Januar 2003 technisch funktionsfähigen Eurodac-Datenbank, in die die Mitgliedstaaten große Hoffnungen für eine bessere Beweisführung und eine zügigere Antragsbearbeitung setzen.[129]

---

124 Vgl. Art. 16 Verordnungsentwurf der Kommission vom 26.7.2001 und Begründung S. 16.

125 Vgl. Art. 19 Abs. 1 und 2.

126 Diese wurde von sechs Monaten auf drei Monate verkürzt, vgl. Art. 17 Abs. 1 Dublin-II-VO.

127 Unter der Voraussetzung, dass kein Rechtsbehelf gegen den „Dublinbescheid" eingelegt wurde.

128 *Battjes*, EJML 2002, 159.

129 Zur Eurodac-Verordnung siehe ausführlich oben S. 226 ff.

2. Rechtsmittel

Die Verordnung sieht vor, dass gegen einen „Dublinbescheid" ein Rechtsbehelf eingelegt werden kann.[130] Ein gegen die Entscheidung eingelegter Rechtsbehelf hat jedoch keine aufschiebende Wirkung für die Durchführung der Überstellung, es sei denn, das innerstaatliche Recht sieht eine derartige Möglichkeit vor und die Gerichte oder die zuständigen Stellen entscheiden im Einzelfall hiernach.[131] Im Verordnungsentwurf der Kommission war ursprünglich geregelt, dass Rechtsbehelfen gegen „Dublinbescheide" keine aufschiebende Wirkung mehr zukommen darf und somit eine Überstellung zügig durchgeführt werden könnte.[132] Im Laufe der Verhandlungen ist die Bestimmung jedoch einer Öffnungsklausel gewichen, so dass jeder Mitgliedstaat wie bisher nach seinem innerstaatlichen Recht festlegen kann, ob einem Rechtsbehelf aufschiebende Wirkung zukommt.[133] Diese „Öffnungsklausel" korrespondiert auch mit den im Richtlinienentwurf der Kommission für ein gemeinsames Asylverfahren vorgesehenen Ausnahmeregelung, die vorsieht, dass Mitgliedstaaten im Falle einer Dublinentscheidung Ausnahmen in ihrem innerstaatlichen Recht vorsehen können.[134]

V. Drittstaatenklausel

Nach wie vor behält jeder Mitgliedstaat gemäß Art. 3 Abs. 3 das Recht, einen Asylbewerber nach seinen innerstaatlichen Rechtsvorschriften unter Wahrung der Bestimmungen der GK in einen Drittstaat zurück- oder auszuweisen. Diese Bestimmung, die das Zuständigkeitssystem der Verordnung unterhöhlt, wurde bereits im Rahmen des DÜ von nichtstaatlichen Organisationen, dem UNHCR und den Kirchen scharf kritisiert, da diese „Öffnungsklausel" die Gefahr von Kettenabschiebungen mit sich bringe. Zwar kann bis zu einer

---

130 Art. 19 Abs. 2 Satz 3 Dublin-II-VO für das Übernahmeersuchen, Art. 20 Abs. 1 Bst. d) Dublin-II-VO für das Wiederaufnahmegesuch.

131 Art. 19 Abs. 2 Satz 4 Dublin-II-VO.

132 Vgl. Art. 20 Abs. 2 Verordnungsentwurf der Kommission vom 26.7.2001 (Fn. 54) und Begründung S. 20. Nach Ansicht der Kommission birgt die Überstellung in einen anderen Mitgliedstaat nicht die Gefahr eines groben und schwer wiedergutzumachenden Schadens für die betreffende Person, weshalb es auch nicht erforderlich sei, die Überstellung bis zum Ende des Streitverfahrens auszusetzen.

133 Krit. zur mangelnden Einräumung der aufschiebenden Wirkung eines Rechtsbehelfs *UNHCR*, 2002, S. 5; *Battjes*, EJML 2002, S. 159.

134 Vgl. Art. 40 Abs. 3 Bst. a) geänderter Vorschlag für eine Richtlinie des Rates über Mindestnormen für Verfahren in den Mitgliedstaaten zur Zuerkennung oder Aberkennung der Flüchtlingseigenschaft; KOM (2002) 326 endg./2; ABl. C 291E vom 26.11.2002, S. 143; dazu allg. *Renner,* ZAR 2003, S. 88.

Harmonisierung des europäischen Asylrechts nicht von einem gleichwertigen Schutz der Asylbewerber vor *refoulement* in den einzelnen Mitgliedstaaten ausgegangen werden, der Richtlinienentwurf der Kommission für ein gemeinsames Asylverfahren sieht nun jedoch im Sinne einer widerlegbaren Vermutung eine Einzelfallprüfung vor der Abschiebung in einen sicheren Drittstaat vor und minimiert somit die Gefahr des *refoulement*.[135]

D. Zusammenfassung und Ausblick

Die Dublin-II-Verordnung übernimmt in großen Teilen das Zuständigkeitskonzept des Dubliner Übereinkommens, weist jedoch Verbesserungen in den Bereichen des Familienschutzes, der Fristen und der Information der Asylbewerber auf. Zu kritisieren sind die Beibehaltung der Drittstaatenklausel, die enge Definition der „Familienangehörigen" der Asylbewerber und die fehlenden Vorgaben für eine Ermessensausübung im Hinblick auf die Souveränitätsklausel gemäß Art. 3 Abs. 2 der Verordnung. Trotz der unbefriedigenden Anwendung des Dubliner Übereinkommens seit seinem Inkrafttreten im Jahr 1997 haben die Kommission und die Mitgliedstaaten keinen Anlass gesehen, das Zuständigkeitskonzept grundlegend zu verändern. Die Dublin-II-Verordnung sieht jedoch vor, dass die Kommission spätestens drei Jahre nach ihrem Inkrafttreten dem Europäischen Parlament und dem Rat Bericht über die Durchführung der Verordnung erstattet und gegebenenfalls die erforderlichen Änderungen vorschlägt.[136] Dies soll gleichzeitig mit einer Bewertung der Anwendung der Eurodac-Verordnung erfolgen. So könnte die Dublin-II-Verordnung vielleicht in einem zweiten Schritt auf dem Weg zu einem Gemeinsamen Europäischen Asylrecht durch ein „Alternativmodell" ersetzt werden.

Aufgrund der oben beschriebenen Änderungen ist aber bereits jetzt von einer größeren Wirkung der Verordnung auf die in der EU gestellten Asylanträge auszugehen. So wird insbesondere die nun funktionstüchtige Eurodac-Datenbank dafür sorgen, dass der zuständige Mitgliedstaat effektiver und schneller ermittelt werden kann.[137] Auch die verkürzte Frist für das Stellen eines Übernahmeersuchens und die Möglichkeit, ein Dringlichkeitsverfahren durchzuführen, werden die Verfahren zwischen den Mitgliedstaaten

---

[135] Vgl. Art. 28 geänderter Richtlinienentwurf vom 26.11.2002 (Fn. 75). Kritisch hierzu *Hailbronner*, ZAR 2002, 259.

[136] Art. 28 Dublin-II-VO.

[137] Laut Mitteilung der Kommission an den Rat und das Europäische Parlament über die gemeinsame Asylpolitik und die Agenda für den Flüchtlingsschutz, KOM(2003)152 vom 26. März 2003, S. 21, konnten ab der Inbetriebnahme der Datenbank am 15. Januar 2003 bis zum 2. März 2003 bereits 238 „Treffer" erzielt werden.

beschleunigen. Ebenso dürften die verbesserten Kriterien für den Schutz der Familieneinheit zu einer Abnahme der Rechtsmittel gegen „Dublinbescheide“ führen und somit insgesamt zu einer Verfahrensbeschleunigung.

Abzuwarten bleibt auch die Verabschiedung der zur Zeit noch in den Arbeitsgruppen des Rates verhandelten Richtlinie zur Flüchtlingsdefinition[138] und der Richtlinie zum Asylverfahren.[139] Aus dem derzeitigen Verhandlungsstand ist bereits zu erkennen, dass beide Richtlinien nur sehr begrenzt eine Harmonisierung bewirken werden, da die Mitgliedstaaten sich entweder nur auf einen Minimalkonsens einigen konnten oder diverse Öffnungsklauseln für die Beibehaltung ihres nationalen Rechts aufgenommen haben. Die Kommission kritisiert in einer Mitteilung an den Rat und das Europäische Parlament vom 26. März 2003 sehr offen das niedrige Niveau der Normen und teilt mit, dass sie es begrüßen würde, „wenn im Rat Diskussionen stattfänden, die von einer größeren politischen Reife zeugten und ehrgeizigere Harmonisierungsziele vorgeben“ würden.[140] Solange in den Mitgliedstaaten aber eine unterschiedliche Auslegung der Genfer Flüchtlingskonvention erfolgt, wird man nicht von einer Chancengleichheit der Asylbewerber in den Mitgliedstaaten ausgehen können. Wie bereits bei der Evaluierung des DÜ festgestellt, ist die Grundvoraussetzung einer fairen Anwendung der Verordnung die Harmonisierung des europäischen Asylrechts.[141]

Die Richtlinie zum Asylverfahren enthält neben den oben bereits beschriebenen Regelungen zum Rechtsmittelverfahren in Abschnitt II auch Bestimmungen, welche Asylanträge als unzulässig angesehen werden können. Nach Art. 25 Bst. b) des geänderten Entwurfs der Kommission kann ein Mitgliedstaat einen Asylantrag als unzulässig ablehnen, wenn nach den Kriterien der Dublin-II-Verordnung ein anderer Mitgliedstaat für die Prüfung des Asylbegehrens zuständig ist. Den Mitgliedstaaten steht es frei, derartige Asylanträge in einem beschleunigten Verfahren zu bearbeiten.[142]

Ein wichtiger Faktor für die gute Anwendung der Verordnung ist somit im ersten Schritt des europäischen Asylrechts eine schnelle und effektive Umsetzung der Richtlinien in den Mitgliedstaaten und eine tatsächliche Harmonisierung der europäischen Asylpolitik im zweiten Schritt. Abzuwarten

---

138 Vorschlag der Kommission vom 12. September 2001, ABl. C 51E vom 26. Februar 2002, S. 325.

139 Geänderter Vorschlag der Kommission vom 18. Juni 2002, ABl. 2002 C 291E vom 26. November 2002, S. 143.

140 Siehe S. 10 der Mitteilung (Fn. 137).

141 Siehe oben S. 266.

142 Art. 23 Entwurf RL-Asylverfahren (Fn. 139).

bleibt auch, ob Vorschläge, wie etwas das sog. „Blair-Papier“ des britischen Premierministers,[143] der eine Behandlung aller Asylanträge in Lagern außerhalb der EU vorschlägt, nur „Eintagsfliegen“ bleiben oder eine grundsätzliche Änderung der europäischen Asylpolitik bewirken werden.

[143] Vgl. Meldung von Agence Europe vom 19.3.2003.

Literaturverzeichnis

Abollivier Raoult, Béatrice, "La Convention de Dublin dans la pratique: application adéquate de la clause humanitaire", in: The Dublin Convention on Asylum: Its Essence, Implementation and Prospects, hrsg. von Marinho, Maastricht 2000, S. 65-67.

Achermann, Alberto /Gattiker, Mario, "Sichere Drittstaaten: Überlegungen aus schweizerischer und europäischer Sicht", ASYL 1994, S. 23-35.

Achermann, Alberto/Bieber, Roland/Epiney, Astrid /Wehner, Ruth, Schengen und die Folgen: Der Abbau der Grenzkontrollen in Europa, Bern 1995.

Achermann, Alberto, "Schengen und Asyl: Das Schengener Übereinkommen als Ausgangspunkt der Harmonisierung europäischer Asylpolitik", in: Schengen und die Folgen: Der Abbau der Grenzkontrollen, hrsg. von Achermann et. al., Bern 1995, S. 79-128.

Achermann, Alberto /Gattiker, Mario, "Safe Third Countries: European Developments", IJRL 1995, S. 19-39.

Akman, Torsten, "Die Zusammenarbeit in den Bereichen Justiz und Inneres als "3. Säule" des Maastrichter Unionsvertrages", JA 1994, S. 49-55.

Albors-Llorens, Albertina, "Changes in the Jurisdiction of the European Court of Justice under the Treaty of Amsterdam", CML Rev. 1998, S. 1273-1294.

Albuquerque Abell, Nazaré, "The Compatibility of Readmission Agreements with the 1951 Convention relating to the Status of Refugees", IJRL 1999, S. 60-83.

Alleweldt, Ralf, Schutz vor Abschiebung bei drohender Folter oder unmenschlicher oder erniedrigender Behandlung, Berlin u.a. 1996.

Amnesty international, Für Verfolgte ausgeschlossen? Asylpolitik in der Europäischen Union, Bonn 1999.

Amnesty international, Amnesty international comments on the Commission staff working paper, Brüssel 2000.

Angenendt, Steffen (Hrsg.), Migration und Flucht: Aufgaben und Strategien für Deutschland, Europa und die internationale Gemeinschaft, Bonn 1997.

Battjes, Hemme, "A Balance between Fairness and Efficiency? The Directive on International Protection and the Dublin Regulation", European Journal of Migration and Law 2002, S. 159-192.

Battjes, Hemme, "Nieuwe Dublin-Verordening: een verbetering van de Overeenkomst van Dublin?", NAV 2003, S. 252-258.

Bade, Klaus J., Europa in Bewegung - Migration vom späten 18. Jahrhundert bis zur Gegenwart, München 2000.

Bäumler, Helmut, "Der Schutz von Asylbewerberdaten", RDV 1995, S. 66-70.

Baldwin-Edwards, Martin, "The Emerging European Immigration Regime: Some Reflections on Implications for Southern Europe", J. Common Mkt. Stud. 1997, S. 497-519.

Bamberger, Wilhelm, Ausländerrecht und Asylverfahrensrecht, 2. Aufl., München 1997.

Barwig, Klaus/Lörcher, Klaus /Schumacher, Christoph (Hrsg.), Asylrecht im Binnenmarkt, Baden-Baden 1989.

Barwig, Klaus et.al. (Hrsg.), Asyl nach der Änderung des Grundgesetzes, Baden-Baden 1994.

Bergen, Lizette van, "Bijzondere gevallen van humanitaire aard en de tenzij-clausule", NAV 1999, S. 265-270.

Bieber, Roland, "Die Abkommen von Schengen über den Abbau der Grenzkontrollen", NJW 1994, S. 294-297.

Bieber, Roland /Monar, Joerg (Hrsg.), Justice and Home Affairs in the European Union, Brüssel 1995.

Bierwirth, Christoph /Göbel-Zimmermann, Ralph, "Handlungsspielräume und Grenzen einer Änderung des Asylrechts", ZRP 1992, S. 470-475.

Blake, Nicholas, "The Dublin Convention and Rights of Asylum Seekers in the European Union", in: Implementing Amsterdam – Immigration and Asylum rights in EC Law, hrsg. von Guild /Harlow, Oxford- Portland 2001, S. 95-120.

Blanke, Hermann-Josef, "Der Unionsvertrag von Maastricht – Ein Schritt auf dem Weg zu einem europäischen Bundesstaat?", DÖV 1993, S. 412-423.

Böcker, Anita /Havinga, Tetty, Asylum Migration to the European Union: Patterns of origin and destination, Luxemburg 1998.

Boeles, Pieter, "Contouren van een Europees vreemdelingenrecht", MR 1997, S. 205-210.

Boeles, Pieter, "Kroniek van het migrantenrecht", NJB 1997, S. 1476-1483.

Boeles, Pieter, Fair Immigration Proceedings in Europe, Den Haag 1997.

Boeles, Pieter, "Erkenning van gezinseenheid in geval van verschillende verantwoordelijke Staten: een belgische doorbraak", NAV 1998, S. 437-440.

Boeles, Pieter, “Parliamentary and Judicial Control in Matters of Asylum and Immigration under the Treaty of Amsterdam”, in: The European Union after Amsterdam - A Legal Analysis, hrsg. von Heukels/Blokker/Brus, Den Haag 1998, S. 215-226.

Boeles, Pieter (Hrsg.), Vorming van Europees Immigratie en Asielrecht, Nijmegen/Leiden 1999.

Boer, Monica den, The Implementation of Schengen: First the Widening, Now the Deepening, Maastricht 1997.

Boer, Monica den (Hrsg.), Schengen's Final Days?, Maastricht 1998.

Boer, Monica den, Taming the Third Pillar: Improving the Management of Justice and Home Affairs Cooperation in the EU, Maastricht 1998.

Bolten, José J., "Het recht om asiel te zoeken in Europa", NJB 1989, S. 797-807.

Bolten, José J., "From Schengen to Dublin", NJB 1991, S. 165-178.

Boon, P.J./Brouwer, J.G. /Schilder, A.E., Regelgeving in Nederland, Zwolle 1996.

Bröring, H.E., "Beleidsregels in het vreemdelingenrecht", MR 1994, S. 103-106.

Brouwer, Evelien, "De Eurodac Conventie", Privacy & Informatie 1999, S. 15-20.

Brouwer, Evelien, "Eurodac: Ist Limitations and Temptations", European Journal of Migration and Law 2002, S. 231-247.

Brübach, Thomas, Die Zusammenarbeit der Mitgliedstaaten der Europäischen Union auf dem Gebiet Inneres und Justiz, unter besonderer Berücksichtigung der Asyl- und Einwanderungspolitik sowie der polizeilichen Zusammenarbeit, Aachen 1997.

Bruin, René, “'Interstatelijk vertrouwen'?”, in: Het Akkoord van Schengen en vreemdelingen – Een ongecontroleerde grens tussen recht en beleid?, hrsg. von Giuseppin/Jansen, Utrecht 1997, S. 84-98.

Bruin, René, "Over beulen en schurken, justitieel jokken en de brokken", NAV 1998, S. 456-469.

Bruin, René, "Discriminatie", NAV 1999, S. 538-543.

Bruin, René, "Vreemdelingenwet 2000 - Verblijf in een ander land", NAV 2000, S. 333-339.

Bundesministerium des Innern (Hrsg.), Das Schengener Abkommen - Dokumentation des Bundesministeriums des Innern zum Schengener Durchführungsübereinkommen (SDÜ) anlässlich des ersten Jahrestages der Inkraftsetzung, Bonn 1996.

Carlier, Jean-Yves/ Vanheule, Dirk (Hrsg.), Europe and Refugees : A Challenge ? L'Europe et les réfugiés : un defi ?, Den Haag/London/Boston 1997.

Carlier, Jean-Yves (Hrsg.), Who is a Refugee? A Comparative Case Law Study, Den Haag/London/Boston 1997.

Cholewinski, Ryszard, "The Baltic States in the Context of the Dublin Convention and Related Asylum Norms", IOM, Helsinki 2001.

Chorus, Jeroen et.al. (Hrsg.), Introduction to Dutch Law. 3. Aufl., Den Haag/London/Boston 1999.

Classen, Claus Dieter, "Sichere Drittstaaten - ein Beitrag zur Bewältigung des Asylproblems?", DVBl. 1993, S. 700-705.

Classen, Claus Dieter, "Der Verweis auf Drittstaaten - eine offene Flanke der europäischen Asylrechtsabkommen?", AVR 1995, S. 219-244.

Corrado, Laura, "L'intégration de Schengen dans l'Union Européenne: problèmes et perspectives", R.M.C. 1999, S. 342-349.

Crépeau, François, Droit d'asile - De l'hospitalité aux contrôles migratoires, Brüssel 1995.

Cruz, Antonio, "Achievements in the Fields of Immigration and Asylum since January 1998", EJML 1999, S. 243-254.

Curtin, Deirdre /Meijers, Hermann, "Openbaarheid in Europa - Geheim bestuur door 'Schengen' en 'Maastricht'?", NJB 1995, S. 158-180.

Dammann, Ulrich / Simitis, Spiros, EG-Datenschutzrichtlinie Kommentar, München 1997.

Danish Refugee Council, "Safe third country" policies in European countries, Kopenhagen 1997.

Danish Refugee Council, Report on Legal and Social Conditions for Asylum Seekers and Refugees in Western European Countries, Kopenhagen 2000.

Danish Refugee Council, The Dublin Convention - Study on its implementation in the 15 Member States of the European Union, Kopenhagen 2001.

De Poorte, Joëlle, "Rechtspraak overzicht - onthouden opvang Dublinclaimanten en indieners tweede of volgend asielverzoek (deel 1, 2)", NAV 2000, S. 224-231, 302-308.

Dijk, P. van /Hoof, G.J.H. van (Hrsg.), Theory and Practice of the European Convention on Human Rights. 3. Aufl., Den Haag/London/Boston 1998.

Discher, Thomas, "Wehrdienstentziehung als Asylgrund", ZAR 1998, S. 217-226.

Donner, J.P.H., "De toekomst van de nationale vreemdelingenwetgeving", in: Toekomstperspectieven van het Nederlandse vreemdelingenrecht, hrsg. von Staatsrechtkring, Zwolle 1994, S. 1-23.

Doublet, Frédérique, "L'action de l'Union Européenne dans le domaine du droit d'asile", in: Colloque de Caen - Droit d'asile et des réfugiés, hrsg. von Société Française pour le Droit International, Paris 1997, S. 217-227.

Dörr, Oliver, "Das Schengener Durchführungsübereinkommen - ein Fall des Art. 24 Abs. 1 GG", DÖV 1993, S. 696-705.

Drüke, Luise, "Refugee Protection in the Post Cold War Europe: Asylum in the Schengen and EC Harmonisation Process", in: Les accords de Schengen: Abolition des frontières intérieures ou menace pour les libertés publiques?, hrsg. von Pauly, Maastricht 1993, S. 105-169.

Drüke, Luise, "Harmonization of Asylum Law and Judicial Control under the Third Pillar", in: Justice and Home Affairs in the European Union, hrsg. von Bieber/Monar, Brüssel 1995, S. 167-185.

Eck, Carina van, "De beperkte interpretatie van Artikel 3 EVRM in de Duitse asieldoctrine", NAV 1998, S. 668-677.

Eck, Carina van, De-facto Flüchtlinge - In den Niederlanden und Deutschland im Lichte des Völkerrechts und einer europäischen Harmonisierung, Frankfurt am Main 1999.

ECRE, Safe Third Countries, London 1995.

ECRE, Position zur Umsetzung des Dubliner Übereinkommens, London 1997.

ECRE, Comments from the European Council on Refugees and Exiles (ECRE) on the European Commission staff working paper revisiting the Dublin Convention, London 2000.

ECRE, Comments from the European Council on Refugees and Exiles on the Proposal for a Council Regulation establishing the criteria and mechanisms for determining the Member State responsible for examining an asylum application lodged in one of the Member States by a third country national, London 2001.

Efionayi-Mäder, Denise, Sozialhilfe für Asylsuchende im europäischen Vergleich: Dänemark, Deutschland, Frankreich, Großbritannien, Niederlande, Italien, Österreich, Schweiz, Spanien, Neuenburg 1999.

Efionayi-Mäder, Denise u. a., Asyldestination Europa : Eine Geographie der Asylbewegungen, Neuchatel 2001.

Ehlermann, Claus-Dieter /Bieber, Roland, Handbuch des Europäischen Rechts, Loseblattwerk, Baden-Baden, Stand: Dez. 2001.

Elderman, Elmy, Orientatie in het vluchtelingenrecht, 3. Aufl., Utrecht 1999.

Faria, Cláudia (Hrsg.), The Dublin Convention on Asylum: Between Reality and Aspirations, Maastricht 2001.

Fernhout, Roel, Erkenning en toelating als vluchteling in Nederland, Deventer 1990.

Fernhout, Roel, "Status determination and the safe third country principle", in: Europe and Refugees: A Challenge? L'Europe et les réfugiés: un défi?, hrsg. von Carlier/Vanheule 1997, S. 187-198.

Fleuren, Joseph /Zwaan, Karin, "'Dublinclaimanten' en het recht op huisvesting van artikel 11 lid 1 IVESCR", NJB 1999, S. 543-546.

Formgren, Anna /Berselius, Björn, "Swedish case law with regard to decisions involving the application of the Dublin Convention on Asylum", in: The Dublin Convention: Its Essence, Implementation and Prospects, hrsg. von Marinho, Maastricht 2000, S. 205-223.

Fromont, Michel, "La Convention de Schengen et le droit d'asile en France", in: Recht zwischen Umbruch und Bewahrung: Völkerrecht, Europarecht, Staatsrecht, Festschrift für Rudolf Bernhard, hrsg. von Beyerlin, Berlin 1995, S. 1177-1191.

Frowein, Jochen Abr. /Peukert, Wolfgang, Europäische Menschenrechtskonvention: EMRK-Kommentar, 2. Aufl., Kehl, Straßburg, Arlington 1996.

Gattiker, Mario, "Der Beitrag des Europarates zur Entwicklung des Asylrechts", ASYL 1998, S. 87-93.

Geiger, Rudolf, Grundgesetz und Völkerrecht, 3. Aufl., München 2002.

Gemeinschaftskommentar zum Asylverfahrensgesetz, bearbeitet von Roland Fritz et.al., Loseblattwerk, Neuwied und Kriftel, Stand: Juni 2002.

Gerlach, Axel, "Asylverträge in der Europäischen Gemeinschaft: Die asylrechtlichen Regelungen des Dubliner und des Zweiten Schengener Übereinkommens", AWR-Bulletin 1991, S. 34-41.

Gerlach, Axel, "Dubliner Asylrechtskonvention und Schengener Abkommen: Lohnt sich die Ratifikation?", ZAR 1993, S. 164-166.

Gil Bazo, Maria Teresa, "The Role of Spain as a Gateway to the Schengen Area: Changes in the Asylum Law and their Implications for Human Rights", IJRL 1998, S. 214-229.

Gilsdorf, Peter, "Die Kompetenz der Gemeinschaft zur Angleichung asylrechtlicher Bestimmungen in der EG", EuR 1990, S. 65-70.

Giuseppin, Paolo R. /Jansen, W.A.M. (Hrsg.), Het Akkoord van Schengen en vreemdelingen – Een ongecontroleerde grens tussen recht en beleid?, Utrecht 1997.

Göbel-Zimmermann, Ralph, Asyl- und Flüchtlingsrecht, München 1999.

Göbel-Zimmermann, Ralph /Masuch, Thorsten, "Das Asylrecht im Spiegel der Entscheidungen des Bundesverfassungsgerichts", InfAuslR 1996, S. 404 - 417.

Goldstein, Mara, Die Kompetenzen der Europäischen Gemeinschaften zur Regelung des Asylrechts - Neuere Entwicklungen in den Gemeinschaften sowie eine Untersuchung der EG-Kompetenz, Frankfurt am Main 1994.

Golsong, Heribert et.al., Internationaler Kommentar zur Europäischen Menschenrechtskonvention, Köln, Berlin, Bonn, München 2000.

Goodwin-Gill, Guy S., The Refugee in International Law, 2. Aufl., Oxford 1996.

Goodwin-Gill, Guy S., "The Individual Refugee, the 1951 Convention and the Treaty of Amsterdam", in: Implementing Amsterdam, hrsg. von Guild/Harlow, Oxford, Protland 2001, S. 141-163.

Gornig, Gilbert-Hanno, Das Refoulement-Verbot im Völkerrecht, Wien 1987.

Grabitz, Eberhard /Hilf, Meinhard, Das Recht der Europäischen Gemeinschaft, Loseblattwerk, München, Stand: Feb. 2002.

Grahl-Madsen, Atle, The Status of Refugees in International Law, Bd. 1, Leyden 1966.

Grahl-Madsen, Atle, The Status of Refugees in International Law, Bd. 2, Leyden 1972.

Grahl-Madsen, Atle, "Refugees in Orbit - Some Constructive Proposals", AWR-Bulletin 1979, S. 118-123.

Groeben, Hans van der /Thiesing, Jochen /Ehlermann, Claus-Dieter, EU-/EG-Vertrag Kommentar, 5. Aufl., Baden-Baden 1997.

Guild, Elspeth, The developing immigration and asylum policies of the European Union, Den Haag 1996.

Guild, Elspeth /Harlow, Carol (Hrsg.), Implementing Amsterdam: Immigration and Asylum rights in EC Law, Oxford, Portland 2001.

Gutmann, Rolf, "Datenschutz und europäisches Aufenthaltsrecht", ZAR 1999, S. 229-231.

Haberland, Jürgen, "Der Asylkompromiß vom 6. Dezember 1992 - ein Jahr danach (1. Teil)", ZAR 1994, S. 3-9.

Hailbronner, Kay, Möglichkeiten und Grenzen einer europäischen Koordinierung des Einreise- und Asylrechts: Ihre Auswirkungen auf das Asylrecht der Bundesrepublik Deutschland, Baden-Baden 1989.

Hailbronner, Kay, "Perspectives of a Harmonization of the Law of Asylum after the Maastricht Summit", CML Rev. 1992, S. 917-939.

Hailbronner, Kay, Asyl- und Einwanderungsrecht in der Europäischen Gemeinschaft, Saarbrücken 1992.

Hailbronner, Kay, "Die Asylrechtsreform im Grundgesetz", ZAR 1993, S. 107-117.

Hailbronner, Kay, "Der Flüchtlingsbegriff der Genfer Flüchtlingskonvention und die Rechtsstellung von De-facto-Flüchtlingen", ZAR 1993, S. 3-11.

Hailbronner, Kay, "Visa regulations and third country nationals in EC law", CML Rev. 1994, S. 969-995.

Hailbronner, Kay, "Die europäische Asylrechtsharmonisierung nach dem Vertrag von Maastricht", ZAR 1995, S. 3-13.

Hailbronner, Kay, "Migration Law and Policy within the Third Pillar of the Union Treaty", in: Justice and Home Affairs in the European Union, hrsg. von Bieber/Monar, Brüssel 1995, S. 95-126.

Hailbronner, Kay, "Das Asylrecht nach den Entscheidungen des Bundesverfassungsgerichts", NVwZ 1996, S. 625-631.

Hailbronner, Kay, "Art. 3 EMRK - ein neues europäisches Konzept der Schutzgewährung?", DÖV 1999, S. 617-624.

Hailbronner, Kay, Immigration and Asylum Law and Policy of the European Union, Den Haag/London/Boston 2000.

Hailbronner, Kay, "Asylpolitik in der Europäischen Union", ZAR 2002, S. 259-264.

Hailbronner, Kay, Ausländerrecht Kommentar, Loseblattwerk, Heidelberg, Stand: Mai 2002.

Hailbronner, Kay /Randelzhofer, Albrecht, "Zur Zeichnung der UN-Folterkonvention durch die Bundesrepublik Deutschland", EuGRZ 1986, S. 641-648.

Hailbronner, Kay /Thiery, Claus, "Schengen II und Dublin - Der zuständige Asylstaat in Europa", ZAR 1997, S. 55-66.

Hailbronner, Kay /Thiery, Claus, "Amsterdam - Vergemeinschaftung der Sachbereiche Freier Personenverkehr, Asylrecht und Einwanderung sowie Überführung des Schengen- Besitzstands auf EU-Ebene", EuR 1998, S. 583-615.

Harrison, Stephanie, “The Law and Practice in the Application of the Dublin Convention in the United Kingdom”, in: The Dublin Convention on Asylum - Its Essence, Implementation and Prospects, hrsg. von Marinho, Maastricht 2000, S. 163-175.

Hathaway, James C., "The Evolution of Refugee Status in International Law: 1920-1950", International and Comparative Law Quarterly 1984, S. 348-380.

Havinga, T. /Böcker, A.G.M., “Asielmigratie naar Nederland; patronen van herkomst en bestemming”, in: Asielbeleid onder druk, hrsg. von Justitie, Den Haag 1998, S. 19-32.

Heckmann, Friedrich /Tomei, Verónica (Hrsg.), Freizügigkeit in Europa - Migrations- und europapolitische Aspekte des Schengen-Vertrages, Bonn 1996.

Heinonen, Matti, “The Impact of the Dublin Convention: Statistical Data Regarding Its Application”, in: The Dublin Convention: Its Essence, Implementation and Prospects, hrsg. von Marinho, Maastricht 2000, S. 281-297.

Heinonen, Matti, “The Impact of the Dublin Convention“, in: The Dublin Convention on Asylum: Between Reality and Aspirations, hrsg. von Faria, Maastricht 2001, S. 175-190.

Heukels, Ton/Blokker, Niels /Brus, Marcel (Hrsg.), The European Union after Amsterdam – A Legal Analysis, Den Haag/London/Boston 1998.

Hildebrandt, Achim, “Das Visumsregime im Schengener Vertragswerk”, in: Freizügigkeit in Europa – Migrations- und europapolitische Aspekte des Schengen-Vertrages, hrsg. von Heckmann /Tomei, Bonn 1996, S. 45-61.

Hoffmann, Holger, "’Dublin’ – Fakten, Mythen und Symbole in der europäischen Asylpolitik", ASYLMAGAZIN 12/2001, S. 4-8.

Hoffmann, Holger, "Europäische Flüchtlingspolitik - Die Verträge von Dublin, Schengen und Amsterdam - Praxiserfahrungen und Perspektiven", InfAuslR 1999, S. 94-100.

Hofman, J.A., “Het afnemen van vingerafdrukken ingevolge de Eurodac-Overeenkomst”, in: Ongebogen Recht, hrsg. von Steenbergen, Den Haag 1998, S. 63-70.

Holterman, Thomas, Vreemdelingenrecht: toelating en verblijf van vreemdelingen in Nederland, 2. Aufl., Zwolle 1990.

Holterman, Thomas, “Constanten en trends in het vreemdelingenrecht”, in: Toekomstperspektiven van het Nederlands vreemdelingenrecht, hrsg. von Staatsrechtskring, Zwolle 1994, S. 73-95.

Holterman, Thomas, "Vreemdelingenrecht over de drempel van het derde millennium", NJB 2000, S. 404-409.

Hoogenberk, Nathalie /Pastoors, Karla, "Asiel op recept: De rol van medische informatie in asielgerelateerde zaken", NAV 2001, S. 148-158.

Hreblay, Vendelin, Les accords de Schengen - Origine, Fonctionnement, Avenir, Brüssel 1998.

Huber, Bertold, "Artikel 16 Abs. 2 Satz 2 GG und europäischer Binnenmarkt", in: Asylrecht im Binnenmarkt, hrsg. von Barwig/Lörcher/Schumacher 1989, S. 43-81.

Huber, Bertold, "Asyl- und Ausländerrecht in der Europäischen Gemeinschaft", NVwZ 1992, S. 618-626.

Huber, Bertold, "Das Asylrecht nach der Grundgesetzänderung", NVwZ 1993, S. 736-743.

Huber, Bertold, "Voraussetzungen der Anerkennungsfähigkeit einer Asyl-Entscheidung eines anderen EG-Mitgliedstaates", in: Asyl nach der Änderung des Grundgesetzes, hrsg. von Barwig/Brinkmann/Huber/Lörcher/Schumacher 1994, S. 123-134.

Huber, Bertold, "Das Schengener Durchführungsübereinkommen und seine Auswirkungen auf das Ausländer- und Asylrecht", NVwZ 1996, S. 1069-1074.

Huber, Bertold, "Das Dubliner Übereinkommen", NVwZ 1998, S. 150-151.

Huber, Bertold, "Die europäische Asylpolitik nach Inkrafttreten des Amsterdamer Vertrags", InfAuslR 2000, S. 302-307.

Huber, Bertold, Handbuch des Ausländer- und Asylrechts, Loseblattwerk, München, Stand: Feb. 2002.

Hummer, Waldemar, "Flüchtlinge im Europäischen Binnenmarkt", ZfRV 1991, S. 129-149.

Hurwitz, Agnès, "L'application pratique de la Convention de Dublin: premières expériences", ASYL 1999, S. 3-7.

Hurwitz, Agnès, "The 1990 Dublin Convention: A Comprehensive Assesment", IJRL 1999, S. 646-677.

Hurwitz, Agnès, "The 'Schengen' Practice and Case-Law in Belgium", EJML 2000, S. 37-48.

Hutter, Franz-Josef/Mihr, Anja /Tessmer, Carsten (Hrsg.), Menschen auf der Flucht, Opladen 1999.

Huygen, Nina, "Case-Law on the Dublin Convention in the Netherlands", in: The Dublin Convention on Asylum: Between Reality and Aspirations, hrsg. von Faria, Maastricht 2001, S. 123-130.

ILPA, ILPA Representations on the 'Commission Staff Working Paper' Revisiting the Dublin Convention, London 2000.

ILPA, ILPA's Scoreboard on the Proposal for a Council Regulation establishing the criteria and mechanisms for determining the Member State responsible for examining an asylum application lodged in one of the Member Staates by a third country national, London 2001.

Inter-Governmental Consultations for Asylum, Refugee and Migration Policies in Europe North America and Australia, IGC Report on Readmission Agreements, Geneva 1999.

Inter-Governmental Consultations on Asylum, Refugees and Migration Policies in Europe, North America and Australia, Report on Asylum procedures: overview of policies and practices in IGC participating states, Genf 1997.

Internationaler Kommentar zur Europäischen Menschenrechtskonvention, Heribert Golsong et.al., Köln, Loseblattwerk Stand: 2002

Ipsen, Knut, Völkerrecht, 4. Aufl., München 1999.

Joly, Danièle, Haven or Hell? Asylum Policies and Refugees in Europe, London/New York 1996.

Jong, Cornelius D. de., "Het Akkord van Schengen: Doelstelling, consequenties en stand van zaken", MR 1989, S. 191-196.

Jong, Cornelius D. de, "Laverend tussen Scylla en Charybdis? Een werkbaar alternatief voor Schengen", NJB 1992, S. 97-102.

Jong, Cornelius D. de, "Is het huidige asielrecht achterhaald? Naar een nieuw, wereldwijd systeem van regionale opvangcentra", in: Asielbeleid onder druk, hrsg. von Justitie, Den Haag 1998, S. 59-71.

Kadelbach, Stefan, "International Law and the Incorporation of Treaties into Domestic Law", GYIL 1999, S. 66-83.

Kälin, Walter, "Das Prinzip des Non-Refoulement", Bern, Frankfurt/M. 1982.

Kerber, Karoline, "Temporary Protection: An Assessment of the Harmonisation Policies of European Union Member States", IJRL 1997, S. 453-471.

Kimminich, Otto, Der internationale Rechtsstatus des Flüchtlings, Köln/Berlin/Bonn/München 1962.

Kimminich, Otto, "Die Entwicklung des internationalen Flüchtlingsrechts - faktischer und rechtsdogmatischer Rahmen", AVR 1982, S. 369-410.

Kimminich, Otto /Hobe, Stephan, Einführung in das Völkerrecht, 7. Aufl., Tübingen/Basel 2000.

Klaauw, Johannes van der, "The Dublin Convention, the Schengen asylum chapter and the treatment of asylum applications", in: Het Akkoord van Schengen en vreemdelingen – Een ongecontroleerde grens tussen recht en beleid?, hrsg. von Giuseppin/Jansen, Utrecht 1997, S. 37-47.

Klaauw, Johannes van der, "The Dublin Convention: a difficult start", in: Schengen's Final Days?, hrsg. von den Boer, Maastricht 1998, S. 77-89.

Klaauw, Johannes van der, "Het asielbeleid; is de toekomst aan Europa?", in: Asielbeleid onder druk, hrsg. von Justitie, Den Haag 1998, S. 51-58.

Klaauw, Johannes van der, "Towards a Common Asylum Procedure", in: Implementing Amsterdam: Immigration and Asylum Rights in EC Law, hrsg. von Guild/ Harlow, Oxford, Portland 2001, S. 165-193.

Klein, Christiane, Asylrecht in Frankreich und Deutschland - Ein Vergleich, Siegburg 1997.

Klein, Eckart, Gutachten für das Bundesministerium des Innern zu ausgewählten Fragen des Asylrechts, Potsdam 2001 (http://www.bmi.bund.de).

Kloesel, Arno /Christ, Rudolf /Häußer, Otto, Deutsches Ausländerrecht, Loseblattwerk, Stuttgart, Stand: April 2002.

Kloth, Karsten, "The Dublin Convention - An Introduction", in: The Dublin Convention; Its Essence, Implementation and Prospects, hrsg. von Marinho, Maastricht 2000, S. 7-16.

Kloth, Karsten, "The Dublin Convention on Asylum: A General Presentation", in: The Dublin Convention on Asylum: Between Reality and Aspirations, hrsg. von Faria, Maastricht 2001, S. 7-26.

Klug, Anja, "The Humanitarian Clause of the Dublin Convention and Family Protection", in: The Dublin Convention: Its Essence, Implementation and Prospects, hrsg. von Marinho, Maastricht 2000, S. 69-82.

Kok, Stefan, "De overeenkomst van Dublin; een beschrijving en praktijkervaringen", NAV 1998, S. 677-688.

Kok, Stefan, "Vreemdelingenwet 2000 - Van voorstel tot wet: overzicht van veranderingen en aanvullingen", NAV 2001, S. 159-171.

Kokott, Juliane, "Kontrolle der auswärtigen Gewalt", DVBl. 1996, S. 937-950.

Kokott, Juliane, "Zur Rechtsstellung von Asylbewerbern in Transitzonen", EuGRZ 1996, S. 569-571.

Kooijmans, P.H., International publiekrecht in vogelvlucht, Groningen 1996.

Krämer, Walter, "Datenschutz im Ausländerrecht", VBlBW 1999, S. 325-332.

Krais, Jürgen /Tausch, Christian, Asylrecht und Asylverfahren, München 1995.

Krieken, Peter van, "Folter und Asyl", ZAR 1986, S. 17-23.

Krieken, Peter van, "Europa, vluchtelingen en migranten", Int'l Spectator 1998, S. 319-324.

Kroese, Saskia Stenfert /Bruin, René, "Dublin in Nederland: De EHRM-uitspraak over T.I. versus het Verenigd Koninkrijk en de nationale rechtspraktijk", NAV 2001, S. 636-643.

Kugelmann, Dieter, "Spielräume und Chancen einer europäischen Einwanderungspolitik", ZAR 1998, S. 243-250.

Kuijer, A. /Steenbergen, J.D.M., Nederlands vreemdelingenrecht, 4. Aufl., Utrecht 1999.

Kunig, Philip, "Einige Aspekte des Asylrechts", Jura 1992, S. 219-224.

Kunig, Philip, "Völkerrecht und staatliches Recht", in: Völkerrecht, hrsg. von Graf Vitzthum, 2. Aufl., Berlin/New York 2001, S. 87-159.

Langguth, Heide, "Der 'Vetter-Bericht' - Die Stellungnahme des Europäischen Parlaments zum Asylrecht", in: Asylrecht im Binnenmarkt, hrsg. von Barwig/Lörcher/Schumacher, Baden-Baden 1989, S. 252-267.

Lankers, Frans, "De Rechtseenheidskamer over verschillen in uitzettingsbeleid", NAV 1997, S. 36-43.

Laubach, Birgit, Bürgerrechte für Ausländer und Ausländerinnen in der Europäischen Union Unionsbürger und Drittstaatsangehörige - Ein Vergleich, Baden-Baden 1999.

Lavenex, Sandra, "Asylum, Immigration, and Central-Eastern Europe: Challenges to EU Enlargement", European Foreign Affairs Review 1998, S. 275-294.

Lavenex, Sandra, Safe Third Countries - Extending the EU Asylum and Immigration Policies to Central and Eastern Europe, Budapest 1999.

Lavenex, Sandra, The Europeanisation of Refugee Policies, Aldershot u.a. 2001.

Lehnguth, Gerold /Maaßen, Hans-Georg, "Freiheitsentziehung durch die Unterbringung von nicht einreiseberechtigten Ausländern im Transitbereich von Flughäfen?", DÖV 1997, S. 316-322.

Lobkowicz, Wenceslas de, "Intergovernmental Cooperation in the Field of Migration - From the Single European Act to Maastricht", in: The Third Pillar of the European Union – Cooperation in the fields of justice and home affairs, hrsg. von Monar/Morgan, Brügge 1994, S. 99-122.

Lobkowicz, Wenceslas de, "Der "dritte Pfeiler" des Unionsvertrages in der Perspektive der Regierungskonferenz 1996", in: Europäische Zusammenarbeit in den Bereichen Justiz und Inneres: Der dritte Pfeiler der Europäischen Union, hrsg. von Müller-Graff, Baden-Baden 1996, S. 42-60.

Löper, Friedrich, “The Dublin Convention: Future Perspectives”, in: The Dublin Convention: Its Essence, Implementation and Prospects, hrsg. von Marinho, Maastricht 2000, S. 299-304.

Löper, Friedrich, "Das Dubliner Übereinkommen über die Zuständigkeit für Asylverfahren", ZAR 2000, S. 16-24.

Löper, Friedrich, “The Dublin Convention Provisions on Time Limits and the Exchange of Information: Which Are the Provisions and What Are the Problems?”, in: The Dublin Convention on Asylum: Between Reality and Aspiration, hrsg. von Faria, Maastricht 2001, S. 27-35.

Loescher, Gil, "The European Community and refugees", International Affairs 1989, S. 617-636.

Maaßen, Hans-Georg /Wyl, Marion de, "Folgerungen aus dem Asylurteil des Bundesverfassungsgerichts vom 14. Mai 1996 zur Drittstaatenregelung", ZAR 1996, S. 158-165.

Maaßen, Hans-Georg /Wyl, Marion de, "Folgerungen aus den Asylurteilen des Bundesverfassungsgerichts vom 14. Mai 1996 zur Herkunftsstaaten- und zur Flughafenregelung", ZAR 1997, S. 9-17.

Mahnig, Hans /Giger, Beat, "Rückkehrpolitik in Europa: Ein historischer Abriss der Erfahrungen Deutschlands, Frankreichs und der Niederlande", ASYL 2000, S. 23-30.

Mangoldt, Hermann von /Klein, Friedrich /Starck, Christian, Das Bonner Grundgesetz: Kommentar, Baden Baden 2000.

Marinho, Clotilde /Heinonen, Matti, "Dublin after Schengen: Allocating Responsibility for Examining Asylum Applications in Practice", EIPASCOPE 1998, S. 2-13.

Marinho, Clotilde (Hrsg.), The Dublin Convention on Asylum: Its Essence, Implementation and Prospects, Maastricht 2000.

Marugg, Michael, Völkerrechtliche Definition des Ausdruckes "Flüchtling", ein Beitrag zurGeschichte unter besonderer Berücksichtigung sogenannter de-facto-Flüchtlinge, Basel/Frankfurt 1990.

Marx, Reinhard, "Die Konvention der Vereinten Nationen gegen Folter und andere grausame, unmenschliche oder erniedrigende Behandlung oder Strafe", ZRP 1986, S. 81-85.

Marx, Reinhard, "Die Drittstaatenregelung des Artikels 16a II GG nach dem Urteil des Bundesverfassungsgerichtes vom 14. Mai 1996", InfAuslR 1997, S. 208-223.

Marx, Reinhard, AsylVfG - Kommentar zum Asylverfahrensgesetz, 4. Aufl., Neuwied 1999.

Marx, Reinhard, "Menschenrechtlicher Abschiebungsschutz", InfAuslR 2000, S. 313-318.

Marx, Reinhard, "Nichtstaatliche Verfolgung und deutsches Ausländerrecht", ZAR 2001, S. 12-18.

Marx, Reinhard, "Adjusting the Dublin Convention: New Approaches to Member State Responsibility for Asylum Applications", European Journal of Migration and Law 2001, S. 7-22.

Marx, Reinhard, "Zur Vergemeinschaftung der asylrechtlichen Entscheidungsgrundlagen", ZAR 2002, S. 44-50.

Maunz, Theodor /Günter, Dürig (Hrsg.), Grundgesetz Kommentar, Loseblattwerk, München, Stand: Juli 2001.

Meijers, Hermann/Fernhout, Roel /Spijkerboer, Thomas, "Who is a "refugee"?", in: Democracy, migrants and police in the European Union: the 1996 IGC and beyond, hrsg. von Standing Committee of experts in international immigration, Utrecht 1997, S. 75-87.

Meijers, Hermann/Fernhout, Roel /Terlouw, A., "Forced Repatriation: towards minimum guarantees for repatriation treaties", in: Democracy, migrants and police in the European Union: the 1996 IGC and beyond, hrsg. von Standing Committee of experts in international immigration, Utrecht 1997, S. 105-115.

Melander, Göran, "Refugees in orbit", AWR-Bulletin 1978, S. 59-75.

Menke, Mathias, Bedingungen einer Asylgesetzgebung der Europäischen Gemeinschaft, Baden-Baden 1993.

Monar, Joerg /Morgan, Roger (Hrsg.), The Third Pillar of the European Union – Cooperation in the field of Justice and Home Affairs, Brügge 1994.

Müller-Graff, Peter-Christian, "The Dublin Convention: Pioneer and Lesson for Third-Pillar- Conventions", in: Justice and Home Affairs in the European Union, hrsg. von Bieber/Monar, Brüssel 1995, S. 49-63.

Müller-Graff, Peter-Christian (Hrsg.), Europäische Zusammenarbeit in den Bereichen Justiz und Inneres: Der dritte Pfeiler der Europäischen Union, Baden-Baden 1996.

Müller-Graff, Peter-Christian, "Europäische Zusammenarbeit in den Bereichen Justiz und Inneres - Funktion, Ausgestaltung und Entwicklungsoptionen des dritten Pfeilers der Europäischen Union", in: Europäische Zusammenarbeit in den Bereichen Justiz und Inneres: Der dritte Pfeiler der Europäischen Union, hrsg. von Müller-Graff, Baden-Baden 1996, S. 14-39.

Münch, Ingo von /Kunig, Philip (Hrsg.), Grundgesetz-Kommentar, Bd. 1, Präambel, Art. 1–19, 5. Aufl. München 2000; Bd. 2, Art. 20-69, 5. Aufl., München 2001.

Münz, Rainer, "Phasen und Formen der europäischen Migration", in: Migration und Flucht: Aufgaben und Strategien für Deutschland, Europa und die internationale Gemeinschaft, hrsg. von Angenendt, Bonn 1997, S. 34-47.

Nanz, Klaus-Peter, "Der "3. Pfeiler der Europäischen Union": Zusammenarbeit in der Innen- und Justizpolitik", Integration, Beilage zur Europäischen Zeitung 1992, S. 126-140.

Nanz, Klaus-Peter, "Schengener Übereinkommen und Personenfreizügigkeit", ZAR 1994, S. 99-107.

Nascimbene, Bruno, "Das Übereinkommen von Schengen und seine Anwendung in Italien", ZAR 1998, S. 259-262.

Neuman, Gerald L., "Buffer Zones Against Refugees: Dublin, Schengen, and the German Asylum Amendment", Va. J. Int'l L. 1993, S. 503-526.

Noll, Gregor, "Prisoners' Dilemma in Fortress Europe: On the Prospects for Equitable Burden-Sharing in the European Union", GYIL 1997, S. 405-437.

Noll, Gregor, "Formalism v. Empiricism: Some Reflections on the Dublin Convention on the Occasion of Recent European Case Law", Nordic Journal of International Law 2001, S. 161-182.

Nowak, Manfred, "Die UNO-Konvention gegen die Folter vom 10. Dezember 1984", EuGRZ 1985, S. 109-116.

O'Keeffe, David, "The Schengen Convention: A Suitable Model for European Integration?", Yearbook of European Law 1991, S. 185-219.

O'Keeffe, David, "European Immigration Law and Policy: The Schengen Conventions and European Community Law", in: Les accords de Schengen: Abolition des frontières intérieures ou menace pour les libertés publiques?, hrsg. von Pauly, Maastricht 1993, S. 171-183.

O'Keeffe, David, "The New Draft External Frontiers Convention and the Draft Visa Regulation", in: The Third Pillar of the European Union - Cooperation in the fields of justice and home affairs, hrsg. von Monar/Morgan, Brügge 1994, S. 135-177.

Olivier, Ben, "Vreemdelingenwet 2000 - Van oud naar nieuw: perikelen in het overgangsrecht", NAV 2001, S. 84-90.

Opperman, Thomas, Europarecht, 2. Aufl., München 1999.

Pauly, Alexis (Hrsg.), Les accords de Schengen: Abolition des frontières intérieures ou menace pour les libertés publiques?, Maastricht 1993.

Pearce, Graham /Platten, Nicholas, "Achieving Personal Data Protection in the European Union", J. Common Mkt. Stud. 1998, S. 529-547.

Pechstein, Matthias, "Amsterdamer Vertrag und Grundgesetz", DÖV 1998, S. 569-576.

Peers, Steve, "Building Fortress Europe: The Development of EU Migration Law", CML Rev. 1998, S. 1235-1272.

Peers, Steve, "Mind the Gap! Ineffective Member State Implementation of European Union Asylum Measures, ILPA/Refugee Council, London 1998.

Peers, Steve, EU Justice and Home Affairs Law, Harlow/England 2000.

Peers, Steven, "Immigration, Asylum and the European Union Charter of Fundamental Rights", EJML 2001, S. 141-169.

Pingel, Claudia, Flüchtlings- und Asylpolitik in den Niederlanden, Oldenburg 1998.

Prantl, Heribert, "Asyl: Debatte und Finale", in: Asyl nach der Änderung des Grundgesetzes, hrsg. von Barwig et.al., 1994, S. 135-162.

Reermann, Olaf, "Verhinderung illegaler Einreise und Verantwortlichkeit für Asylbewerber und schutzbegehrende Drittstaatsangehörige nach den Abkommen von Dublin", ZFSH/SGB - Sozialrecht in Deutschland 1998, S. 323-329.

Renner, Günter, "Grundrecht auf Asyl und Asylanerkennungsverfahren", in: Asylrecht im Binnenmarkt, hrsg. von Barwig/Lörcher/Schumacher, Baden-Baden 1989, S. 65-86.

Renner, Günter, Ausländerrecht in Deutschland - Einreise und Aufenthalt, München 1998.

Renner, Günter, Ausländerrecht Kommentar, München 1999.

Renner, Günter, "Von der Rettung des deutschen Asylrechts", ZAR 1999, S. 206-217.

Renner, Günter, "Europäische Mindestnormen für Asylverfahren", ZAR 2003, S.88-96.

Ress, Georg, "Die Auswirkungen der Abkommen von Schengen und Dublin auf die Asylpolitik der EG", in: Les accords de Schengen: Abolition des frontières intérieures ou menace pour les libertés publiques?, hrsg. von Pauly, Maastricht 1993, S. 79-104.

Ritter, Markus, "Die Einreise an einem Flughafen als Schengen-Außengrenze", ZAR 2000, S. 69-72.

Rohrböck, Josef, "Das Übereinkommen von Dublin und das österreichische Asylrecht", in: Neue Perspektiven im Ausländerrecht, hrsg. von Wiederin, Wien 1996, S. 47-93.

Sachs, Michael (Hrsg.), Grundgesetz Kommentar, München 1999.

Schieffer, Martin, "The Readmission of Third-Country Nationals within Bilateral and Multilateral Frameworks", in: The Implementation of Schengen: First the Widening, Now the Deepening, hrsg. von den Boer, Maastricht 1997, S. 97-108.

Schieffer, Martin, Die Zusammenarbeit der EU-Mitgliedstaaten in den Bereichen Asyl und Einwanderung, Baden-Baden 1998.

Schmahl, Stefanie, "Die Vergemeinschaftung der Asyl- und Flüchtlingspolitik", ZAR 2001, S. 3-11.

Schmid, Christian /Bartels, Romy, Handbuch des Dubliner Übereinkommens, Wien 2000.

Schoch, Friedrich, "Asyl- und Ausländerrecht in der Europäischen Gemeinschaft", DVBl. 1992, S. 525-536.

Schoenemann, Peter, "Das deutsche Asylrecht im Licht der europäischen Asylrechtsharmonisierung und des nationalen Asylrechts in Westeuropa", NVwZ 1997, S. 1049-1053.

Schraml, Alexander, "Das Schengener Übereinkommen und Artikel 16 Absatz 2 Satz 2 des Grundgesetzes der Bundesrepublik Deutschland", AWR-Bulletin 1991, S. 65-71.

Schröder, Birgit, "Das Fingerabdruckvergleichssystem EURODAC", ZAR 2001, S. 71-76.

Schröder, Birgit, "Die EU-Verordnung zur Bestimmung des zuständigen Asylstaats", ZAR 2003, S. 126-132.

Schröder, Birgit /Marinho, Clotilde, "The Dublin Convention and the National Administrations: Dublin Procedures in the Member States", in: The Dublin Convention on Asylum: Its Essence, Implementation and Prospects, hrsg. von Marinho, Maastricht 2000, S. 85-159.

Schwarze, Jürgen, "Europäisches Verwaltungsrecht, Bd. I, Baden-Baden 1988.

Schweitzer, Michael, "Europäische Gemeinschaften und Asylrecht", ZAR 1992, S. 147-154.

Schweitzer, Michael, "Das Asylrecht im Europäischen Gemeinschaftsrecht", in: Festschrift für Bodo Börner, Europarecht, Energierecht, Wirtschaftsrecht, hrsg. von Baur/Müller-Graff/Zuleeg 1992, S. 403-416.

Shah, Prakash, "Refugees and Safe Third Countries: United Kingdom, European and International Aspects", European Public Law 1995, S. 259-287.

Société française pour le droit international (Hrsg.), Colloque de Caen - Droit d'asile et des réfugiés, Paris 1997.

Spijkerboer, Thomas, "Toch nog: het Asielverdrag van Dublin", NJB 1996, S. 1852-1858.

Spijkerboer, Thomas P. /Vermeulen, Ben P., Vluchtelingenrecht, 3. Aufl., Utrecht 1998.

Standing Committee of experts in international immigration, refugee and criminal law (Hrsg.), Democracy, migrants and police in the European Union: the 1996 IGC and beyond, Utrecht 1997.

Staples, Helen, "Adjudicating the Schengen Agreements in the Netherlands", EJML 2000, S. 49-83.

Steenbergen, J.D.M.(Hrsg.), Ongebogen Recht, Den Haag 1998.

Stéfanini, Patrick /Doublet, Frédérique, "Le Droit d'asile en Europe: la Convention relative à la détermination de l'état responsable de l'examen d'une demande d'asile présentée auprès d'un État Membre des Communautés Européennes", R.M.C. 1991, S. 391-399.

Streit, Christian /Srocke, Frank-Rüdiger, "Der Datenbestand des Ausländerzentralregisters", ZAR 1999, S. 109-118.

Sule, Satish, Europol und europäischer Datenschutz, Baden-Baden 1999.

Terlouw, A. /Boeles, Pieter, "Minimum guarantees for asylum procedures", in: Democracy, migrants and police in the European Union: the 1996 IGC and beyond, hrsg. von Standing Committee of experts in international immigration, Utrecht 1997, S. 89-104.

Tessenyi, Geza /Newman, Simon, "The Work of the Council of Europe in the Field of Refugees and Migration", EJML 1999, S. 229-241.

Thränhardt, Dietrich, "Zuwanderungspolitik im europäischen Vergleich", in: Migration und Flucht: Aufgaben und Strategien für Deutschland, Europa und die internationale Gemeinschaft, hrsg. von Angenendt, Bonn 1997, S. 137-153.

Tiberghien, Frédéric, "Statut de réfugié et persécution par des agents non publics", Revue français du droit administrative 1998, S. 244-257.

Tiemersma, Heleen, "Overeenkomst van Dublin, een onderonsje tussen staten?", NAV 1999, S. 257-264.

Tomuschat, Christian, "Asylrecht in der Schieflage", EuGRZ 1996, S. 381-386.

Tousek, Lisa, "Case-Law on the Dublin Convention in Sweden", in: The Dublin Convention on Asylum: Between Reality and Aspirations, hrsg. von Faria, Maastricht 2001, S. 141-147.

Toussaint, Mascia, "EURODAC: un système informatisé européen de comparison des empreintes digitales des demandeurs d'asile", R.M.C. 1999, S. 421-425.

Türk, Volker, Das Flüchtlingshochkommissariat der Vereinten Nationen (UNHCR), Berlin 1992.

Uibopuu, Henn-Jüri, "Extraterritorial Effects of the Recognition of Refugee Status by Virtue of the 1951 Convention with Special Regard to European States", in: Staatsrecht- Völkerrecht - Europarecht: Festschrift für Hans-Jürgen Schlochauer, hrsg. von Münch, Berlin/New York 1981, S. 717-738.

Uibopuu, Henn-Jüri, "Der Schutz des Flüchtlings im Rahmen des Europarates", AVR 1983, S. 60-103.

Ulmer, Mathias, Asylrecht und Menschenwürde - Zur Problematik der "Sicheren Drittstaaten" nach Art. 16 a Abs. 2 und 5 GG und die Harmonisierung des Asylrechts in Europa, Frankfurt am Main 1996.

UNHCR, "UNHCR Position on Conventions Recently Concluded in Europe (Dublin and Schengen Conventions)", Genf 1991.

UNHCR, Handbook on Procedures and Crieria for Determining Refugee Status under the 1951 Convention an the 1967 Protocol relating to the Status of Refugees, Genf 1992.

UNHCR, Handbuch über Verfahren und Kriterien zur Feststellung der Flüchtlingseigenschaft gemäss dem Abkommen von 1951 und dem Protokoll von 1967 über die Rechtsstellung der Flüchtlinge, (nicht amtliche Übersetzung), Genf 1993.

UNHCR, Regional Bureau for Europe, An Overview of Protection Issues in Western Europe: Legislative Trends and Positions Taken by UNHCR, Genf 1995.

UNHCR, Regional Bureau for Europe, The European Convention on Human Rights and the Protection of Refugees, Asylum-Seekers and Displaced Persons, Genf 1996.

UNHCR, The State of the World's Refugees, Genf 2000.

UNHCR, Revisiting the Dublin Convention: Some reflections by UNHCR in response to the Commission staff working paper, Genf 2001.

UNHCR, Trends in Asylum Decisions in 38 Countries, 1999-2000, Genf 2001.

UNHCR, UNHCR's Observations on the European Commission's Proposal for a Council Regulation establishing the criteria and mechanisms for determining the Member State responsible for examining an asylum application lodged in one of the Member States by a third-country national, Genf 2002.

Vanheule, Dirk, "Wijzigingen in de Vreemdelingenwet m.b.t. asielzoek(st)ers en vluchtelingen", Tijdschrift voor VreemdelingenRecht 1997, S. 149-162.

Verdross, Alfred/ Simma, Bruno, Universelles Völkerrecht, 3. Aufl., Berlin 1984.

Vermeulen, Ben P., "Enkele vragen bij de asielparagraaf van de Schengen Uitvoeringsovereenkomst", in: Het Akkoord van Schengen en vreemdelingen – Een ongecontroleerde grens tussen recht en beleid?, hrsg. von Giuseppin/Jansen, Utrecht 1997, S. 99-111.

Vermeulen, Ben P. /Zwaan, Karin M., "Is Duitsland wel een veilig Schengenland?", NAV 1997, S. 144-152.

Vermeulen, Ben P. et.al., Persecution by third parties, Nijmegen 1998.

Vermeulen, Ben P., "The application of Article 3 (4) of the Dublin convention on Asylum in Dutch Case Law", in: The Dublin Convention: Its Essence, Implementation and Prospects, hrsg. von Marinho, Maastricht 2000, S. 53-64.

Vermeulen, Ben P., "Vreemdelingenwet 2000 - Het nieuwe vergunningenstelsel", NAV 2000, S. 4-8.

Vevstad, Vigdis, Refugee Protection: A European Challenge, Oslo 1998.

Villiger, Mark E., Handbuch der Europäischen Menschenrechtskonvention (EMRK), 2. Aufl., Zürich 1999.

Vitzthum, Wolfgang Graf (Hrsg.), 2. Aufl., Völkerrecht, Berlin/New York 2001.

Voßkuhle, Andreas, ""Grundrechtspolitik" und Asylkompromiß - Zur Verfassungsänderung als Instrument politischer Konfliktbewältigung am Beispiel des Art. 16 a GG -", DÖV 1994, S. 53-66.

Waldstein, Michael, Das Asylgrundrecht im europäischen Kontext: Wege einer europäischen Harmonisierung des Asyl- und Flüchtlingsrechts, Frankfurt am Main 1993.

Weber, Albrecht, "Einwanderungs- und Asylpolitik nach Maastricht", ZAR 1993, S. 11-18.

Weber, Albrecht, "Möglichkeiten und Grenzen europäischer Asylrechtsharmonisierung vor und nach Amsterdam", ZAR 1998, S. 147-152.

Weber, Albrecht, "Ansätze zu einem gemeineuropäischen Asylrecht", EuGRZ 1999, S. 301-313.

Weber, Albrecht /Grewe, Constance, "Conseil Constitutionnel (CC), Paris, 13. August 1993 – Zur Reform des Ausländer- und Asylrechts", EuGRZ 1993, S. 508-511.

Weichert, Thilo, "Drittausländer in der Europäischen Gemeinschaft (EG)", InfAuslR 1990, S. 257-268.

Weis, Paul, "Refugees in Orbit", Israel Yearbook on Human Rights 1980, S. 157-166.

Westphal, Volker, "Die Berücksichtigung des Schengener Durchführungsübereinkommens bei aufenthaltsrechtlichen Maßnahmen", ZAR 1998, S. 175-180.

Wetenschappelijk Onderzoek- en Documentatiecentrum, Ministerie van Justitie(Hrsg.), Asielbeleid onder druk, Den Haag 1998.

Wiederin, Ewald (Hrsg.), Neue Perspektiven im Ausländerrecht, Wien 1996.

Wiederkehr, Marie-Odile, "L'oeuvre du Conseil de l'Europe dans le domaine du droit d'asile et des réfugiés", in: Colloque de Caen - Droit d'asile et des réfugiés, hrsg. von Société Française pour le Droit International, Paris 1997, S. 197-215.

Wilke, Axel, "Vollendung des EG-Binnenmarktes und Asylrecht – Zum Vorentwurf einer EG-Asylrichtlinie", ZRP 1989, S. 225-229.

Winter, Heinrich /Kamminga, Avelien /Herweijer, Michiel (Hrsg.), Een grens gesteld: Een eerste evaluatie van het Nederlandse terugkeerbeleid, Deventer 1999.

Wollenschläger, Michael /Becker, Ulrich, "Änderung des Grundrechts auf Asyl (Art. 16 II 2 GG)? - Verfassungsrechtlichen Möglichkeiten und Grenzen", ZRP 1987, S. 326-330.

Wollenschläger, Michael /Becker, Ulrich, "Harmonisierung des Asylrechts in der EG und Art. 16 Abs. 2 S. 2 GG - Rechtsvergleichende Bestandsaufnahme und Reform-Perspektiven in den zwölf EG-Staaten", EuGRZ 1990, S. 1-10.

Wollenschläger, Michael /Schraml, Alexander, "Art. 16 a GG, das neue "Grundrecht" auf Asyl?", JZ 1994, S. 61-71.

Wollenschläger, Michael, "Das Asyl- und Einwanderungsrecht der EU", EuGRZ 2001, S. 354-364.

Wolter, Miriam, Auf dem Weg zu einem gemeinschaftlichen Asylrecht in der Europäischen Union, Baden-Baden 1999.

Würz, Karl, Das Schengener Durchführungsübereinkommen: Einführung, Erläuterungen, Vorschriften, Stuttgart 1997.

Zander, Constanze, "Übersicht über die Entscheidungen des EGMR", InfAuslR 1999, S. 433-437.

Zander, Constanze, "Übersicht über die Entscheidungen des EGMR betreffend Art. 3 EMRK November 1998 – Mai 1999 sowie Ergänzung für den Zeitraum Juni 1999-August 1999", InfAuslR 2000, S. 61-67.

Zimmer, Anja, "Abschiebungsschutz durch Art. 3 EMRK im Fall nichtstaatlicher Verfolgung", ZAR 1998, S. 115-125.

Zimmermann, Andreas, Das neue Grundrecht auf Asyl, Berlin, Heidelberg, New York 1994.

Zimmermann, Andreas, "Der Vertrag von Amsterdam und das deutsche Asylrecht", NVwZ 1998, S. 450-456.

Züfle, Jeanette, "Case-Law on the Dublin Convention in Germany", in: The Dublin Convention on Asylum: Between Reality and Aspirations, hrsg. von Faria, Maastricht 2001, S. 123-130.

Zühlke, Susanne /Pastille, Jens-Christian, "Extradition and the European Convention –*Soering* Revisited", ZaöRV 1999, S. 749-784.

Zürcher, Gottfried, "Die Initiative des Europarates", ASYL 1989, S. 6-8.

Zwaan, Karin M., "Het gat in het Schengensysteem", NAV 1997, S. 446-452.

FSC
www.fsc.org
MIX
Papier | Fördert
gute Waldnutzung
FSC® C083411

Kolibri 360 GmbH
Ferdinand-Jühlke-Straße 7
99095 Erfurt, Deutschland
produktsicherheit@kolibri360.de

Druck:
CPI Druckdienstleistungen GmbH
im Auftrag der
Kolibri 360 GmbH
Ferdinand-Jühlke-Str. 7
99095 Erfurt